国家社科基金
后期资助项目

吴派与清代的今文经学

赵四方 著

复旦大学出版社

国家社科基金后期资助项目
出 版 说 明

  后期资助项目是国家社科基金设立的一类重要项目,旨在鼓励广大社科研究者潜心治学,支持基础研究多出优秀成果。它是经过严格评审,从接近完成的科研成果中遴选立项的。为扩大后期资助项目的影响,更好地推动学术发展,促进成果转化,全国哲学社会科学工作办公室按照"统一设计、统一标识、统一版式、形成系列"的总体要求,组织出版国家社科基金后期资助项目成果。

全国哲学社会科学工作办公室

序

在近代，吴派经学不能说不被重视，早在章太炎1904年出版的《訄书·清儒》（重刻本），便已指出，清学真正"成学箸系统者，自乾隆朝始。一自吴，一自皖南。吴始惠栋，其学好博而尊闻。皖南始戴震，综形名，任裁断"。

假如清楚章太炎早年曾心仪墨辩、名家之学，并欲以此融摄近代西方学术，便可知章太炎对皖派的判断是极为精审的，何况章学本来就以戴震一派为底色。所谓"综形名"，大体也就相当于近人所说的，建立在逻辑学基础上的科学方法。这一判断后来基本被梁启超、胡适所继承，在后者看来，"这三百年的学术，自顾炎武、阎若璩，以至戴震、崔述、王念孙、王引之，以至孙诒让、章太炎，我们绝不能不说是'严刻的理智态度，走科学的路'"。（《读梁漱溟先生的〈东西文化及其哲学〉》）

但《清儒》对吴派惠栋之学评价却并不高，此时的章太炎似乎仍未跳出前人窠臼，特别是戴震一系对吴派的批评。所谓"好博"，意味着缺乏统纪；所谓"尊闻"，意味着缺少裁断。前者也就是他所说的："初，太湖之滨，苏、常、松江、太仓诸邑，其民佚丽。自晚明以来，熹为文辞比兴，饮食会同，以博依相问难，故好浏览而无纪纲。"（《清儒》）

因此，尽管在《清儒》中章太炎注意到惠栋与"尚洽通"的何焯、陈景云、沈德潜等人的差别所在，说他"揭志经术"，撰写《九经古义》《周易述》等书，"始精眇，不惑于謏闻"，但却依然"泛滥百家"，"犹尚该洽百氏，乐文采者相与依违之"。对于此派的较高评价，只是说其著作"陈义尔雅，渊乎古训是则"；相比之下，"凡戴学数家，分析条理，皆参密严瑮，上溯古义，而断以己之律令，与苏州之学殊矣"。

作为对清代学术加以全面评价的首出著作，章太炎的《清儒》显然影响很大。十六年后，梁启超作《清代学术概论》，便说："戴学所以异于惠学者，惠仅淹博，而戴则识断且精审也。"所不同的则是对惠学立场的判断："惠派治学方法，吾得以八字蔽之，曰'凡古必真，凡汉皆好'。"这一观点在20世纪影响甚广，几乎成为定论。

不过，章太炎的古文经学立场与戴、段、二王终究有别，关键的一点便是，通过晚清今古文的论战，章太炎反而彻底理解了刘歆。大概正是这位在《訄书》中与孔子相提并论的人物，令章氏理解了九流出于王官的真正含义。作为章学诚笔下"辨章学术，考镜源流"的典范，刘歆的《七略》建构了汉代以前最为完整的知识体系。可以说，章太炎之所以从一个纯粹的考据学家演变成一位心仪"一往平等之谈"（《齐物论释》）的哲人，刘歆的意义不可小觑。关于这一问题，此处不拟申说。

正是通过对知识体系的理解，才能明了章太炎在后期何以对惠栋的学问看法发生变化，甚至还提出"就惠、戴本身学问论，戴不如惠"（《国学概论》）之说。章太炎对清学的最新理解，集中体现在1924年为支伟成编写《清代朴学大师列传》所作的指导之中。从这个角度来说，惠栋所提倡的汉学便不止是一般意义上的学术史，而是在晚明以来对宋学不满的潮流中，率先尝试去恢复汉代的整体知识体系。这个工作其实也是章太炎欲保存国粹的核心问题，只不过章太炎所欲保存的不止汉代，而是整个传统。就此而言，即便戴震学术的精审与裁断真的堪称清儒第一，与惠栋的工作依然不无河海之异。惠栋的博学，显然不能再以"无纪纲"的泛滥、博洽视之。

总之，民国之后章太炎的学术发生了根本性变化，从一个欲冲决网罗的革命家，变成对传统学术具备同情理解的学人。章太炎之所以删改《訄书》，重作《检论》，便不难理解。但在新一代青年领袖看来，却是其晚景"渐入颓唐"（鲁迅语）的表现。这或许也是章氏后来的学术变化不太为世人所重的原因之一，其有关吴派的最新理解也是如此。在这一问题上，同辈学者中早执先鞭的当属廖平与刘师培，而新一代学人中与章太炎真正堪称同调的便是蒙文通。我曾想，身为太炎的得意弟子，黄侃何以还要为了学习经学，拜师与己近乎同龄的刘师培？现在看来，刘氏通达清代经学所重的师法与家法，才是关键原因。而这一学术进路其实并不为早年的章太炎所重。

作为廖平的学生，蒙文通是对惠栋至廖平一系的学术进路具有最清醒认知的学者。关于这一点，蒙氏在其1932年发表的《廖季平先生与清代汉学》这一简短的文字中，早已清晰地作出阐明。其中反复致意的便是由惠栋便已开启的"家法"或"师法"观念。20世纪90年代我读书时初见此文，便曾慨叹，何以这样目光如炬的论述竟然长期得不到重视。后来方始释然，蒙文通先生之所以有此见地，与他十五岁便抄读《四库总目提要》、张之洞《书目答问》等书，并因此接近"辨章学术"的道路有莫大关联。而20世纪以来，中国史学界早已脱离这样的训练，最为流行的不过是建立在各种"科学"名义上的外缘式研究。即便有人以"内在理路"之说相倡，却也仅止于树一赤帜而已，其问题意识本身依旧是外来的。因为真正的内在理路，只能是在对整体知识体系予以通观的基础上，做到"辨章学术，考镜源流"而后可。在20世纪的学者中，除了蒙文通以外，一直对"考镜源流"抱有浓厚兴趣的还有周予同，他对经今古文学的基本分判，主要便来自廖平的《今古学考》。可惜因为种种原因，周予同先生一生关于经学的学术抱负远未实现，但其学术眼光不应被历史所埋没。未来的史家，或许未免以著述的成败论英雄，却不知开风气本身的重要意义。

我个人的学术兴趣尚不完全在清代，虽然存在上述疑问，却并未对此展开研究。只是通过开设"清代思想史专题"等研究生课程，令自己保持对清学的关注。但2004年前后，因为参与北大《儒藏》中《九经古义》的点校工作，还是与惠栋学术发生了一点实际关联。此次点校，除了正式出版的各种文本之外，关键是使用了上海图书馆所藏惠栋的《九经古义》稿本。我非惠栋研究专家，恕我寡闻，此前未见有学者对此稿本加以使用。在对校这一稿本的过程中，我才突然意会到家法观念在惠栋心中的自觉过程，以及何以要在惠栋这里划一条分界，以与清初乃至晚明的博学风潮区隔开来。从以"识小编""九经会最"相继命名，到正式定名为"九经古义"，表明惠栋的关注点由最初的散殊考据，到对相关问题的渐趋综汇，再到呈现早期经学的内在条理，这一完整过程。最终在撰写序言时桶底脱落，直接点明"汉儒通经有家法"。可以说，惠栋乃至整个清学的家法观念，其实是伴随《九经古义》的成书而逐渐形成的。相关结论我在2013年所撰的《九经古义》点校前言中已经指出，此处不再赘述。

传统学术与乡邦地望关系密切，具体学派常被赋予不同的地域名目。如西汉时的齐学、鲁学，魏晋之间的荆州学术，乃至两宋时代的濂、洛、关、闽之学，都是学术史上的显例。而集其大成的则是黄宗羲《明儒学案》，用地域与师承相结合的方法，为明代学术建立了严整的体系。学术贵乎"心通其意"，黄宗羲的理想是像"大禹导山"一样从事学术史研究，其实与刘歆《七略》的精神是相通的。黄宗羲笔下的不同流派，即便以地域为标签，但学术精神实以代表人物的"宗旨"为依归。问题是，并非所有学者都能具备类似的学术自觉，仅就乾嘉汉学而言，对于吴、皖、扬州、常州等地的学术关联便产生种种争议。以地域作为学派的符号，固然可以凸显地方社会及家族网络等因素的影响，但往往也令概念的使用不够周延。换言之，许多争论看似热闹，其实是不明概念边际造成的。譬如，钱穆先生1981年所作《再论中国文化传统中之士》一文，指出常州与扬州之学分别与吴、皖的内在关联，这里的吴、皖两派，便并非只是地域学术的代言："乾嘉经学诸儒，分吴、皖两派。

然吴派不限于吴,皖派不限于皖。尤其如皖派之戴震,北上至京师,终老不归。吴派又分有常州派,诸儒踪迹,更遍国内。而皖派亦分有扬州派,如阮元,仕宦所历更广。"

不仅如此,扬、常两地学者众多,观点互歧,同样不可一概而论。譬如扬州的汪中,常州的张惠言,都与吴派的精神更近。由于在《中国近三百年学术史》中钱穆曾主张"吴皖非分帜",许多学者借此否认吴、皖学术的内在判分;但事实上,这并不妨碍他同时指出,常州学者刘逢禄"论学主家法,此苏州惠氏之风也"。简言之,作为学派的吴、皖所指并非地域,不过是惠、戴两大学术宗主的代称。两家一主师法,一重裁断,乾嘉学者无论地域,凡讲究师法条例者则为吴学,凡综形名、重裁断者入皖派,如是而已。

廖平、刘师培与章太炎本身都是经学大家,其相关判断皆是内行人的指点之语,自然弥足珍贵。蒙文通受三家影响,同时又具备史家的通识,论说虽简,但深中窾窍。从这个角度来说,赵四方的这部著作不妨视作从学术史角度对诸家判断的重新检视。歌德有言,"理论是灰色的,而生命之树常青"。只要进入具体情境,历史总会展现其不完全受理论部勒的一面,并因此表现出二者的张力。但好的理论同样不会被历史情境的丰富性所推翻,这是历史与理论各自的魅力所在。

在对惠氏家学的回溯之后,本书首先对《九经古义》稿本作了细致的梳理。通过"详细校对《四库》本《周易古义》《尚书古义》《毛诗古义》与稿本异同",并对相关增订条目加以分析,由此可以看出"惠书最初的散殊面貌逐渐褪去,古义古音的考求方法日渐成熟,今古文的文字异同多得以考见,汉儒经说的内在条理已呼之欲出"(本书第一章第三节)。不仅如此,通过分析惠栋对何焯、沈德潜的看法,大体可以看出他与此前博学派学者的分道扬镳,以及对唐代经学的扬弃,由此呼应了前述章太炎在《清儒》中所揭示的问题。尤其值得一提的是,本书通过对顾炎武、惠士奇与惠栋有关汉史研究的观察,揭示出惠栋本人具有"一种以'汉义'诠'汉史'的史学思想,这种史学思想与他的经学研究相一致,共同展现出力扬'汉帜'的特征"(本书第三章第四节)。这使得本书能够跳出现代经、史分科的立场,从整体视角把握惠栋学术。当然,假如由此拓展到惠栋对文学的研究,或许可以提出更为全面的观察。

本书第二章讨论吴派家法之学的内在传承。总的来说,既然要回溯汉代的整体学术,第一步便是搜集材料。但一方面由于郑玄、王肃的变乱家法,一方面也因为宋学兴起后整体注疏之学的式微,曾经"一经说至百余万言"(《汉书·儒林传》)的汉代章句之学早已百不存一。也正是因此,吴派学者最先重视辑佚之学，惠栋的《易汉学》、其弟子余萧客的《古经解钩沉》，虽无辑佚之名，而有辑佚之实。到了余萧客再传弟子黄奭的《汉学堂经解》，可谓集其大成。近代以来，清学研究者常常把辑佚、校勘并举，作为乾嘉汉学之能事；这一点固无不可，却不知辑佚与校勘两路学术背后，大体有着吴、皖之分。由辑佚更进一步，便是吴派学者的家法条例之学。本书择选余萧客、江声、王鸣盛三位吴派重要学者及其著作，讨论其具体著作中隐含的师法或家法观念的自觉；同时兼顾吴、皖两派学术之异，从传统经学师法与自得两个角度分别加以概括，还是颇有见地的。

对吴派与常州之学的讨论是本书的一个重点所在。两派的关联早有学者注意，但相对于吴派家法条例之学的自觉，以庄存与、刘逢禄为代表的常州学术，路数显然更为复杂。晚清以降，由于康有为、梁启超一派今文经学主要把自身的学术渊源上溯到常州庄氏，并对继承乾嘉汉学的古文经学严辞批判，从今古文对垒的立场理解常州学术，成为20世纪的主流。近年来，有关常州学术的家族网络及与地域社会的关系，以及常州学者追求圣人微言大义的特殊指向，等等，学界已经做过不少探讨。此前那种今古文对垒意义上的线性理解逐渐被超越。不妨说，尽管同样号称经学，但乾嘉汉学主要意在古义，因此实际表现为考史；而常州之学则一直没有丧失"执古之是以御今之有"的经学诉求。但是否能在既有研究基础上抉发新义，仍然是一个巨大挑战。本书通过对庄述祖、刘逢禄、宋翔凤等的研究，一方面试图揭示吴派汉学渗入常州的深度，一方面彰显诸家学术的独特旨趣。其中，说刘逢禄由最初把吴派师法观念当作"一种工具性手段"，到"以《公羊》'家法'说群经，则是'家法'观念的一种'变异'形态"；论证宋翔凤对今古文分派的首倡之功，以及与刘逢禄在郑玄评价上的对立，等等，皆能立论平允，信而有征。第五节《从"刘歆批判"看清代"今文"意识的兴起》，把晚清今古文相争的学术源头上溯至江声、刘逢禄与宋翔凤，则是一个颇为重要的创获，关于晚清今文经学的形成史或可以因此改观。本书最后一章，以陈寿祺、陈乔枞、陈立、廖平等人的学术为例，探讨"师法"观念在清代中晚期的延续与整合，在各种纷繁复杂的经学问题中清理出具体头绪，表现出探赜索隐的能力。从宏观的角度看，尽管整部书稿还可以补充对某些关键人物（如钱大昕）的研究，以使立论更为完整，但有关清代家法条例之学的学术史脉络已经大体呈现出来。

必须一提的是，本书在讨论惠栋学术时，还特别注意到其《荀子微言》一书。作为孔门传经之儒的集大成者，早在荀子那里，已经在反复使用"师法"概念。这表明惠栋对荀子的推重与自身学术倾向是一以贯之的。相较而言,戴震对孟子的推崇与宋儒偏重自得的学术倾向更为接近。不仅如此,书中还把吴派学者重建学统的努力与晚明"道统论崩溃"这一思潮结合起来,在在都显示出作者的理论关怀。这使得本书已不止是一部"考镜源流"的学术史著作,而进入"辨章学术"的义理论域之中。当然,关于这些问题,似乎还可以进一步申说。

六月中旬,赵四方把一叠厚重的书稿寄到我的案头。此时我才突然意识到,他已经博士毕业八年了。大约2008年前后,四方和同班同学金菊园因为申请学校的"曦源计划",希望我担任他们的指导教师。我的硕士专业是明史,由于研究大礼议的缘故,使用过杨廷和的《视草余录》,当时觉得此书尚有不少材料可供发掘,于是就与他们商定,以此为题目开展研究。他们俩不仅顺利完成了报告,而且提出不少新见,就在不久前,这项研究经过修改后还得以发表。

本科毕业后,金菊园去复旦古籍所深造,而赵四方则随我继续读硕士。四方为人明敏好学,肯于发愤,虽然也曾对未来心存疑虑,但一旦确定方向,便一往直前。2011年下半年,学校的提前攻博计划启动,当时业师朱维铮先生还健在,四方于是报考了朱先生的博士研究生。哪知就在面试前一天,朱先生却遽归道山。但尽管如此,系里依然保留了这一招生名额,由于当时专门史教研室并无教授,因此挂在治近代思想史的章清教授名下。四方通过考试后,承系里的好意,尽管我当时尚无带博士生的资格,依然由我承乏指导。就这样,四方成为我实际上完整带过的第一位博士生。

近年的博士毕业生数量,倘用过江之鲫形容似乎也不为过。许多人在"日理万机"的同时,还能获得博士学位,可谓云淡风轻,挥斥八极。但至少在人文学科,想要真正拿出一篇像样的博士论文,恐怕都要受一番破茧成蝶之苦。记得当时曾和四方讨论过三个选题,一是晚明《易》学,一是清初明史学,一是清学吴派以降直到廖平这一系的经学。古典性命之学在晚明发生过重大调整,特别是在《易》学中具有集中体现,但相关问题并未受到应有的重视。而有关清初明史学的探讨虽多,似乎仍有深入的空间。只是这项研究不仅需要对明史本身有通贯的理解,也需对清代前期的政学关系具备深入探究的能力。两个选题一偏于高明,一偏于沉潜,相比之下,第三个选题不仅要高明、沉潜兼顾,而且需对几乎所有主要经典都下一番苦功,无疑是最难的。经过一段时间的了解和思考后,四方还是选择了后一题目。结果则正如预料,尽管也能不时体会到读书为学的自得之乐,但四年中的常态其实是继晷焚膏、苦思冥索。在我的记忆中,四方从最初常"忽忽若有所亡",

到双目重新焕发神采,大概经过了一年多时光。四方最终的论文颇受评审及答辩专家的好评,毕业之后,先是赴德国图宾根大学访问一年,回来又在浙大历史系跟随陈新教授从事两年的博士后研究,不仅开拓了视野,在理论素养方面也有不小的提升。出站之后,四方进入华东师大历史系工作。说起来,当年他论文答辩会甫一结束,担任答辩主席的严佐之先生就因欣赏其论文,有意邀他去该校古籍所工作,但因为赴德日程已经确定,只好忍痛割爱。不意兜兜转转,最后还是来到华师大,这也是他的因缘。如今八年过去,在修改后的这部书稿中,虽然原稿的骨架尚在,内容显然充实了不少。不仅论证更为精审,视野更为宏阔,而且相较以前,理论上更能自圆其说。在 20 世纪以来有关清学研究的大量学术积累面前,仍然能够作出不乏宏观视野,又鞭辟入里、富有新意的研究,实非易事。当然,就目前所呈现的样貌而言,结构仍存可以改进的空间,立论依然有待学界的检验,也是自然的。期待他在未来的研究中,能够继续有所深入,作出更好的成果。在著作即将出版之际,四方希望我能写几句话,说些什么好呢?略题赘语如上。

是为序。

邓秉元

2024 年 8 月 29 日

目 录

序 ·· 邓秉元

绪论 ·· 1

第一章 重建"师法":惠栋与清初经学的转折历程 ················ 19
  第一节 清初学坛的风气变迁 ·· 19
    一、道统论的衰退与学统论的兴起 ·································· 19
    二、"师"意涵的凸显 ··· 24
    三、苏州地区的复古思潮 ··· 29
  第二节 东吴惠氏的家运与学风 ·· 33
    一、惠有声与惠周惕 ··· 33
    二、学政的厄运:惠士奇倾家之难再考 ··························· 38
    三、惠氏家学中的汉宋分野 ·· 43
  第三节 惠栋"师法"观念形成过程管窥:以稿本《九经古义》为
      中心 ·· 53
    一、《九经古义》的历次更名及定名时间 ························ 54
    二、从"识小"到"会最":《九经古义》增补过程管窥 ········ 55
    三、从惠栋对唐儒、清儒的态度转变看"师法"观念的形成 ··· 61
  第四节 经史研究互动与"师法"观念的形成 ························ 68
    一、从顾炎武到东吴惠氏:清初"汉史"研究的隐蔽脉络 ··· 69
    二、以"汉义"诠"汉史"的史学思想 ································ 73
    三、惠栋经史研究关系论析 ·· 77
  第五节 从"辨是非"到"考源流":惠栋的经学特质及其在清学史上的
      意义 ·· 81
    一、惠栋论清初诸儒 ··· 81
    二、惠栋与汉《易》"源流" ··· 88

三、重注《荀子》的经学史意义 ………………………………… 92

第二章 "师法"观念与吴派经学的传承 ………………………………… 98
第一节 群经辑佚的先声:余萧客的经学成就 ………………………… 98
一、布衣"书痴" ………………………………………………… 98
二、《古经解钩沉》的宗旨与特征 ……………………………… 102
三、从乾嘉以降的评价看《古经解钩沉》的成就与疏失 ……… 107
第二节 惠学薪传:江声与《尚书集注音疏》 ………………………… 112
一、狷介独行的惠门弟子 ……………………………………… 112
二、江声的经学观及《尚书集注音疏》的撰写与刊刻 ………… 117
三、江声《尚书》学的特点分析 ………………………………… 120
第三节 吴派"护法"王鸣盛 ……………………………………………… 125
一、"红豆风流启后贤" …………………………………………… 126
二、王鸣盛对郑玄"家法"的捍卫 ………………………………… 131
第四节 异同与互动:吴、皖经学分派再审视 ………………………… 138
一、"师法"与"自得":重审惠、戴经学进路之别 ……………… 139
二、从江声、段玉裁看吴、皖互动 ……………………………… 144

第三章 从苏州到常州:"师法"观念的传衍与变异 ……………………… 150
第一节 苏、常地区的学人网络与学术传播 …………………………… 150
一、苏、常地区学者间的交游网络 …………………………… 150
二、"汉学"在常州学者间的传播与接受 ……………………… 156
第二节 汉学与家学:庄述祖经学的双重面向 ………………………… 164
一、庄存与、庄述祖与吴派 …………………………………… 164
二、庄述祖与乾嘉汉学家的异趋 ……………………………… 171
第三节 入得其中,出乎其外:刘逢禄的"师法"观念与经学思想
探析 …………………………………………………………… 177
一、从《易》学、《春秋》学看刘逢禄对"师法"的接受 ………… 178
二、破"汉学"之藩篱:晚年刘逢禄的《尚书》学研究 ………… 184
三、"群经相通论"与何休家法的"扩张" ……………………… 188
第四节 宋翔凤的经学立场及其对今古文分野的探索 ………………… 194
一、名宦家族的飘零人 ………………………………………… 195
二、宋翔凤与吴派"师法"观念的渊源 ………………………… 199
三、宋翔凤今文立场的形成及与刘逢禄的异同 ……………… 202

四、学官、经说与礼制：宋翔凤对今古文分野的探索 …………… 207
第五节　从惠、江到刘、宋：从"刘歆批判"看清代"今文"意识的
　　　　兴起 ……………………………………………………………… 211
一、吴派学者与刘歆 ……………………………………………… 211
二、"刘歆批判"与"今文"意识的兴起 ………………………… 215

第四章　"师法"观念在清中晚期的延续与整合 …………………… 225
第一节　从吴派的今文经学研究谈起 …………………………… 225
一、《公羊》学在清前中期的兴起历程管窥 …………………… 225
二、吴派学者与《尚书大传》 …………………………………… 229
三、《五经异义》的"再发现" …………………………………… 234
第二节　咸承"师法"：陈寿祺、陈乔枞经学研究的特质与旨归 …… 238
一、理学重镇的汉学名家 ………………………………………… 239
二、陈寿祺、陈乔枞与今文《诗经》《尚书》学 ……………… 244
三、从《五经异义疏证》看陈寿祺的经学旨归 ………………… 249
第三节　陈立与晚清的礼学、《公羊》学 ………………………… 254
一、刑官、幕宾与经学家：出处之间的学者本色 ……………… 254
二、《白虎通疏证》的撰写过程与今古文区分 ………………… 258
三、《公羊义疏》的今文"家法" ………………………………… 263
第四节　清代"师法"观念的整合：廖平与《今古学考》 ……… 272
一、廖平的"师法"观念与《今古学考》 ……………………… 272
二、清代今文经学"系谱"中的廖平 …………………………… 279

结语："师法"观念与清代学术史再研究 …………………………… 287

参考文献 ……………………………………………………………… 296
后记 …………………………………………………………………… 316

绪　论

一

以经史考证为主流的乾嘉学术，是众多前辈学人精心耕耘过的一块园地。以尊汉复古而著称的吴派，也是一个看似了无新意的话题。即使是吴派的学术宗师惠栋，也早已被学界进行了多种角度的解读，重新探讨的价值与意义因而显得极为有限。尽管如此，倘若将吴派经学置于整个清代学术史的发展脉络中来理解，特别是将其与清代的今文经学联系起来进行考察，那么对这一话题的解读或许还有可以拓展的空间，甚至在一定程度上还可能补充、修正此前对清代学术史的认识。

在笔者的读书体验中，今日学界有关吴派的研究往往呈现的是相似的面孔，对清代今文经学的阐释也多是一种相近的样态。这种学术局面的形成有其历史因素，具体来说，则与 20 世纪前期几位学术大家的影响深相关联。

譬如，一种耳熟能详的观点是，吴派的学术特质在于"淹博"。章太炎曾说过吴派"好博而尊闻"①，梁启超则在和皖派的对比下认为"惠（栋）仅淹博，而戴（震）则识断且精审也"②。章、梁的这样一种判断，对后世可谓影响甚深。周予同先生曾概括说："（吴、皖两派）方法上不同，吴派讲'博'，皖派博而精断。"③不消说，这一判断的直接源头便是章、梁两人。

日本学者内藤湖南在吴、皖异同的问题上，也存在上述倾向。他说："皖派与吴派的不同之处是，吴派的学问、惠栋一家的学问是与苏州这样的繁华地域、文明中心的风土有关的。在这块土地上，学问上的诱惑比较多，如对

---

① 章太炎：《訄书（初刻本、重订本）》，朱维铮编校，上海：中西书局，2012 年，第 132 页。
② 梁启超：《清代学术概论》，朱维铮校注，北京：中华书局，2010 年，第 55 页。
③ 周予同：《中国经学史讲义》，朱维铮编：《周予同经学史论著选集（增订本）》，上海：上海人民出版社，1996 年，第 904 页。

诗文方面的爱好等。……因此，吴派的学术多少有点不离乐趣，是悠闲地为学，而不是一开始就树立一个严格的法则。皖派则是要订立一个规范性的法则，然后依照自己订立的法则进行学术活动。"①内藤氏推重戴震有"一个规范性的法则"，此"法则"若以梁启超的话来说，便是"精断"的方法；而所谓"学问上的诱惑比较多"、没有树立"一个严格的法则"等，以梁氏之言，应当就是"仅淹博"而不精审。

另一种流行的观点则是极力强调惠学"尊汉"。钱穆先生曾说，至惠栋而"汉学之壁垒遂定"②。梁启超将惠学概括为八字："凡古必真，凡汉皆好。"③在与皖派学术的对比下，梁氏说吴派"胶固、盲从、褊狭、好排斥异己"④，又认为："惠派之治经也，如不通欧语之人读欧书，视译人为神圣，汉儒则其译人也，故信凭之，不敢有所出入；戴派不然，对于译人不轻信焉，必求原文之正确然后即安。惠派所得，则断章零句，援古正后而已。戴派每发明一义例，则通诸群书而皆得其读。是故惠派可名之曰汉学，戴派则确为清学而非汉学。"⑤梁氏以降，许多学人都承认惠栋兴复"汉学"之功，然而同时也都指出其"泥古"的弊端。其实这一评价早在清中叶就已经被人提出。如戴震曾说：

> 晤惠定翁，读所著《明堂大道录》，真如禹碑商彝、周鼎齐钟，薶藏千载，班班复睹。微不满鄙怀者，好古太过耳。⑥

其后又有四库馆臣对惠学做了概括性的评论：

> 盖其长在博，其短亦在于嗜博；其长在古，其短亦在于泥古也。⑦

从这种评论到梁启超，再到今日的大量研究，未尝不能见其一脉相承之迹。而尤需指出的是，美国汉学界也有类似的意见："（惠栋）墨守汉代学者

---

① 内藤湖南：《中国史通论》，夏应元等译，北京：社会科学文献出版社，2004年，第565页。有关内藤湖南的清代学术史研究，参钱婉约：《内藤湖南的中国学》，北京：九州出版社，2020年，第263—275页。
② 钱穆：《中国近三百年学术史》，北京：商务印书馆，1997年，第353页。
③ 梁启超：《清代学术概论》，第47页。
④ 同上书，第49页。
⑤ 同上书，第63—64页。
⑥ 吴修：《昭代名人尺牍小传》卷二十三，周骏富编：《清代传记丛刊》第31册，台北：明文书局，1985年，第511页。
⑦ 永瑢等：《四库全书总目》卷二十九《左传补注提要》，北京：中华书局，1965年，第242页。

的见解,把汉代学者看成是解释经书的绝对权威,与其同时代人大学者戴震比较,他在治学方面过于刻板。"①评论惠栋"尊汉"或"泥古",几乎成了今日学界普遍接受的一种学术定位。

也正是因此,有关吴派的学术研究,事实上并未取得与皖派研究相称的地位。既然惠学仅"淹博",乏"识断",而且"泥古""盲从",那么在重视"创新"的现代学人那里,其意义未免落入下乘。惠学之所以在学术界长期以来遭受低评,这是一个相当重要的原因。

然而,对惠学的认识并非没有异样的声音。譬如在章太炎的笔下,吴学与皖学本是清代学术中并驾齐驱的两支,他在《清儒》中点出惠、戴都是"成学箸系统者",并认为清初学术至惠栋"始精眣,不惑于谀闻"②。可知在章氏看来,惠学同样堪称"系统"与"精眣",那么梁启超判断惠学"仅淹博",或许是因其未能看出"系统"与"精眣"之处所致。

值得我们注意的,还有章太炎的如下一段论述:

> 就惠、戴本身学问论,戴不如惠,但惠氏不再传而奄息,戴的弟子在清代放极大异彩,这也有二种原因:甲,惠氏墨守汉人学说,不能让学者自由探求,留发展余地。戴氏从音韵上开出新途径,发明"以声音合文字,以文字考训诂"的法则;手段已有高下。乙,惠氏揭汉学的旗帜,所探求的只是汉学。戴氏并非自命为汉学,叫人从汉学上去求新的发见,态度上也大有不同。③

章氏以为,戴震治学的"法则"与"手段"为惠栋所不及,两者对"汉学"的态度也大有差异。然而,既然在方法与治学态度上惠氏都不如戴氏,那么何以开首即言"戴不如惠"? 此言的原因,章氏未曾细论,然而倘若分析出"戴不如惠"的具体所指,其实这一看似矛盾的言论也并非不可解。

与章氏之言可并观的,有蒙文通的如下之说:

> 清世每惠、戴并称,惠言《易》宗虞,言《左氏》宗服,于《书》《礼》宗郑,能开家法之端者实惠氏;于虞《易》言消息,故通条例之学者亦始惠氏,虽后之通家法、明条例者或精于惠氏,而以惠、戴相较,则惠实

---

① (美)恒慕义(Arthur William Hummel)主编:《清代名人传略》中册,中国人民大学清史所翻译,西宁:青海人民出版社,1990年,第70页。
② 章太炎:《訄书(初刻本、重订本)》,第132页。
③ 章太炎:《国学概论》,北京:中华书局,2009年,第30页。

为优。①

这里明确指出,"惠、戴相较,则惠实为优",且明言其原因在于惠氏通家法、明条例。这与一般认为的"尊汉""泥古"云云,显有差异。而且据此"家法"的观念,蒙先生曾批评过戴震以及近世戴学的推崇者。他说:

> 言汉学,必先明其家法,然后乃能明其学说,又必跳出家法,然后乃能批判其学说。如惠栋是懂家法的,张惠言之于《易》,庄存与之于《公羊》,都可说是明于汉学家法的。戴东原却不懂家法,近世之崇戴者,也多不懂家法,故虽大讲汉学,而实多梦呓。②

此处笔者举出章、蒙两人衡估惠、戴的上述言论,并非有意申惠而抑戴。只是章、蒙的观点与通行的见解颇有不同,那么由此做出新的反思与讨论,无疑是学术上的应有之义。

除章、蒙二氏外,柳诒徵也曾指出:

> 世尊乾嘉诸儒者,以其以汉儒之家法治经学也。然吾谓乾嘉诸儒所独到者,实非经学,而为考史之学。……诸儒治经,实皆考史,或辑一代之学说(原注:如惠栋《易汉学》之类),或明一师之家法(原注:如张惠言《周易虞氏义》之类),于经义亦未有大发明,特区分畛域,可以使学者知此时代此经师之学若此耳。③

柳氏承认惠学讲求"家法",然而他进一步指出此种学术是"考史之学",而非经学。这一认识实能启发今人思考,因为这涉及对整个清代学术尤其是讲"师法""家法"一路学术的基本定位。这一说法与前引章、蒙的说法一样,尽管提出有年,但鲜有学者继续深究。近来邓志峰师在回顾清初以降的学术脉络时指出:

> 惠栋之学的本质既不在于淹博,也不在于尊汉,而是汉代学术史。其尊汉主要因为经学的立场,而学问的路数固与求真无异。只不过由于是研究历史,必须因所研究对象的路数不同而选择研究方法,如同黄

---

① 蒙文通:《廖季平先生与清代汉学》,收入氏著:《经学抉原》,上海:上海人民出版社,2006年,第104页。
② 蒙文通:《治经杂语》,《经学抉原》,第269页。
③ 柳诒徵:《中国文化史》,上海:上海三联书店,2007年,第743页。

宗羲《明儒学案·凡例》中所比喻的大禹导山。……从这个意义上说，惠栋之学正是传统所谓"辨章学术，考镜源流"的学术史。①

此段论述与章、蒙、柳诸人的基本认识有同有异。此处的"研究方法"，在吴派那里正是前文所谓"师法""家法"。而汉代学术史的基本定位又与柳诒徵的"考史"之说相通，只不过将惠栋与章学诚的"辨章学术，考镜源流"建立起联系，又较柳氏而更进一步。综合而论，以上有关惠学的诸多论断，与以往学界所习知的观点有着明显的差异。倘若能够分析其条理，阐发其微意，那么未尝不能对吴派学术乃至整个清学流变有一种新的思考与判断。

二

上文简单探讨了近现代学界有关吴派定位的认识。在今日若要重新讨论吴派学术，需要梳理数十年来有关吴派研究的进展。总体来看，这种研究工作按照内容大致可分为三类。一类是吴派学人著作的纂集，一类是吴派学人生平的考述，还有一类则是有关吴派学术特质的研究。

吴派学人从惠周惕到江藩，有一共同特点，即诗文存世量相对偏少。即使如学术著述，亦多散见，大多未能整理刊行。王欣夫先生毕生服膺惠学，数十年搜寻吴派学人尤其是惠栋的批校，辑录成《松崖读书记》，惜遭受劫难，今仅存残册②。近来接续王先生志业的代表学者有漆永祥等。《东吴三惠著述考》与《东吴三惠诗文集》，是今日关注吴派学术的研究者不可或缺的重要文献资料。前者搜罗惠氏祖孙三代的著作，逐一考释；后者编纂惠氏祖孙的诗文，所收遗文颇丰，为研究三惠提供了基础史料③。惠栋弟子江声，生平不喜为文，台湾学者陈鸿森搜罗江氏遗文，得二十余篇，对研究江声的学者来说极有裨益④。而作为吴派后劲的江藩，其著作也不断得到整理⑤。

---

① 邓秉元：《新文化运动百年祭》，上海：上海人民出版社，2019年，第73页。
② 王欣夫辑：《松崖读书记》，复旦大学图书馆藏王欣夫辑本。
③ 漆永祥：《东吴三惠著述考》，载袁行霈主编：《国学研究》第14卷，北京：北京大学出版社，2004年，第363—427页；惠周惕、惠士奇、惠栋撰，漆永祥整理：《东吴三惠诗文集》，台北："中研院"中国文哲研究所，2006年。
④ 江声撰，陈鸿森辑：《江声遗文小集》，载彭林主编：《中国经学》第四辑，桂林：广西师范大学出版社，2009年，第1—28页。
⑤ 江藩：《江藩集》，漆永祥整理，上海：上海古籍出版社，2006年；江藩撰，高明峰校注：《江藩集校注》，武汉：武汉大学出版社，2023年；江藩：《江藩全集》，高明峰整理，南京：凤凰出版社，2023年。

虽然如此，以吴派著作为中心的整理工作，现今却总体偏少，其他不必论，单是吴派宗师惠栋，其全集的整理工作迄今未见成果问世①。这只消一瞥《戴震全书》与《戴震全集》的相继出版，便可见惠、戴研究的极不平衡。

就吴派学人生平的研究而言，学界已经取得较为可观的成绩。杨向奎《清儒学案新编》中的《三惠学案》，以及李开的《惠栋评传》（附《惠周惕评传》《惠士奇评传》）是较早详细考述吴派学人生平与学术的专门著述，对于惠氏祖孙三代的生平经历都有较详实的考察②。王应宪编撰的《三惠年谱简编》，应当是最早的惠氏祖孙三代合谱，对于继续深入考察三惠生平具有很大的指引作用③。近来谷继明编撰的《惠松崖先生学行系年稿》则是目前较完备的惠栋年表④。此外，陈鸿森的《余萧客编年事辑》、漆永祥的《江藩年谱新编》⑤，详细考述了吴派后学的生平与著述，是对清学研究极有裨益的年谱类论著。吴派学人的生平考述，正在日益得到细化与深化。

有关吴派学术特质的细密研究，近年来呈现愈来愈多的态势。汤志钧《关于清代"吴派"》、陈祖武《清代经学大师惠栋》、陈居渊《乾嘉"吴派"新论》、王法周《惠栋与清代学术》、张素卿《"经之义存乎训"的解释观念——惠栋经学管窥》、刘墨《惠栋与汉学的建立》、於梅舫《惠栋构筑汉学之渊源、立意及反响》，以及近藤光男《清代考证学研究》中的相关章节，等等，是近年来国内外学界有关惠栋学术的代表性论著⑥。以上多篇文章主要涉及吴派学

---

① 近年来，虽然惠栋的《周易述》《易汉学》《易例》以及惠士奇的《易说》等著作相继整理出版，但惠氏家族著述的全部整理仍然是一项任重道远的宏大工作。参惠栋：《周易述（附易汉学、易例）》，郑万耕点校，北京：中华书局，2007年；谷继明校注：《易汉学新校注（附易例）》，北京：中国社会科学出版社，2020年；惠士奇：《易说》，陈岘点校，北京：中国社会科学出版社，2021年。

② 杨向奎：《清儒学案新编》，济南：齐鲁书社，1994年；李开：《惠栋评传》，南京：南京大学出版社，1997年。

③ 王应宪：《清代吴派学术研究》附录一，上海：华东师范大学出版社，2009年，第229—257页。

④ 谷继明：《参赞化育：惠栋易学考古中的大道微言》附录一，北京：三联书店，2024年，第547—599页。

⑤ 陈鸿森：《余萧客编年事辑》，载彭林主编：《中国经学》第十辑，桂林：广西师范大学出版社，2012年，第65—95页；漆永祥：《江藩与〈汉学师承记〉研究》附录一，上海：上海古籍出版社，2006年，第408—499页。

⑥ 汤志钧：《关于清代"吴派"》，《历史教学问题》1991年第4期；陈祖武：《清代经学大师惠栋》，收入林庆彰主编：《经学研究论丛》第一辑，台北：圣环图书公司，1994年；陈居渊：《乾嘉"吴派"新论》，《社会科学战线》1995年第5期；王法周：《惠栋与清代学术》，收入《中国社会科学院近代史研究所青年学术论坛（1999年）》，北京：社会科学文献出版社，2000年；张素卿《"经之义存乎训"的解释观念——惠栋经学管窥》，收入林庆彰、张寿安主编：《乾嘉学者的义理学》，台北："中研院"中国文哲研究所，2003年；刘墨：《乾嘉学术十论》，北京：三联书店，2006年；於梅舫：《惠栋构筑汉学之渊源、立意及反响》，《中国哲学史》2014年第3期；近藤光男：《清代考证学的研究》，东京：研文社，1987年。

术的渊源、惠栋治经的重心、惠栋的经学方法与理念，以及惠栋学术的影响等诸多方面，成果堪称丰硕。王应宪所著《清代吴派学术研究》，是近年来对吴派学术进行全面系统研究的一部代表著作。谷继明新近出版的《参赞化育：惠栋易学考古中的大道微言》则在惠栋的《易》学尤其是义理方面的研究上取得了较大突破。至于有关惠栋单经研究的其他论著，以及以惠栋经学为中心的硕、博士学位论文，更是难以逐一列举①。

总体而言，有关吴派学人与学术的研究成果可称丰硕，然而也不难见及，现今研究惠栋的薄弱之处在于，较少有论著谈及惠栋"汉学"思想的形成历程，也较少谈到惠栋所处的现实情境与他学术研究之间的深刻互动关系。而即使是讨论惠栋的经学史意义，恐怕也不止于前人所多谈的"尊汉"，他对清代学术史的影响，或许还有进一步探讨的余地。再如，有关惠栋的两大弟子——余萧客与江声，研究成果显然不足②。另外，迄今为止的吴派研究多在时间断限上止步于江藩，而未能关注在学理上受到吴派经学方法影响的晚清学人。因而，笔者愈是对吴派的研究走向深入，愈是相信仍然存在多角度、深层次探讨的必要性。

三

有关清代的今文经学，是近代以来学术研究中的另一大重镇。由于今文经学在近代已降的学术史、政治史、思想文化史等领域都具有重要影响，所以这一学术样态历来都受到学界的高度关注。近现代学者专门探讨清代今文经学的论著，实可谓汗牛充栋。这一领域的成果集中在常州今文经学一系，研究的关切点与思路主要在于，从康有为、梁启超上溯龚自珍、魏源，

---

① 举其要者，有陈伯适：《汉易之风华再现：惠栋易学研究》，台北：文史哲出版社，2006年；郑朝晖：《述者微言：惠栋易学的"逻辑化"世界》，北京：人民出版社，2008年；江弘远：《惠栋易例研究》，新北：花木兰文化出版社，2010年；张素卿：《惠栋〈毛诗古义〉与清代〈诗经〉学》，收入中国诗经学会编：《第六届诗经国际学术研讨会论文集》，北京：学苑出版社，2005年；樊宁：《惠栋〈春秋左传补注〉版本考述》，《文献》2020年第6期；耿志宏：《惠栋之经学研究》，台湾政治大学中国文学研究所硕士学位论文，1984年；孙剑秋：《清代吴派经学研究》，台湾政治大学中国文学研究所博士学位论文，1992年；尹彤云：《惠栋学术思想研究》，中国人民大学硕士学位论文，1993年；王祥辰：《惠栋与吴派经学研究》，扬州大学文学院博士学位论文，2020年；等等。
② 范志新：《余萧客的生卒年（外一篇）——文选学著作考（二）》，《晋阳学刊》2005年第6期；王应宪：《清代吴派学术研究》第四章第一节《江声〈尚书集注音疏〉研究》、第四章第二节《余萧客与〈古经解钩沉〉》，第125—142页；孙思旺：《余萧客〈古经解钩沉〉成书及得失考论》，《清史论丛》2020年第1期，第198—226页。

继而再上溯刘逢禄、宋翔凤,再从刘、宋上溯常州庄氏。这一研究理路的源头,最早在章太炎、梁启超关于清代今文经学的论述中可以寻见。尤其是梁氏在《清代学术概论》中有关这一框架的设定,指引了后人进行更为详密的研究,但同时也造成了后来学人在视野上的某种遮蔽①。

美国汉学界在20世纪三四十年代曾撰写了庄存与、刘逢禄等人的短篇传记,关注焦点在于《春秋》学。② 此后,艾尔曼(Benjamin Elman)的《经学、政治和宗族——中华帝国晚期常州今文学派研究》一书,是美国汉学界在这一问题上的代表性论著。该著对常州庄氏的家族历史、学术取向以及学术与政治的关联,进行了深入论述③。然而在研究庄氏学术时往往从《春秋》学着眼,较为单一地关注其《公羊》学的兴盛历程。正如论者所指出的那样,这不免又落入了梁启超以来的叙述窠臼④。

艾尔曼的视角当然有其特定的原因。如所周知,清代常州一系学者因《公羊》学而对思想界产生重要影响。直到今天,以《公羊》学为中心的常州学术仍然是学界的热议话题之一。陈祖武的《今文经学的复兴》、陈其泰的《清代公羊学》、黄开国的《清代今文经学的兴起》《公羊学发展史》《清代今文经学新论》、吴义雄的《清代中叶今文经学派学术思想论略》、陆振岳的《关于清代今文经学的几个问题》等论著,对清代今文经学的兴起历程,以及常州学人内部所呈现的复杂面向,都进行了深入系统的研究⑤。一般而言,有关常州学派的研究,皆从庄存与的《春秋》学,讨论到刘逢禄、宋翔凤等人的学术思想,复及龚自珍、魏源等人的学术与政论,这一脉络成为许多论著的基本线索。而具体对常州某一些学人的讨论,也基本依托这一框架而展开。

需要注意的是,钱穆在论述常州学术时的观点独树一帜,一方面他批评庄氏为学"徒牵缀古经籍以为说,又往往比附以汉儒之迂怪,故其学乃有苏

---

① 梁启超认为庄存与是今文学的"启蒙大师",刘逢禄继之,龚自珍与魏源乃是"今文学之健者",康有为则是"今文学运动之中心"。见梁启超:《清代学术概论》,第113—120页。这一论述框架在今日仍产生着重要影响。
② (美)恒慕义:《清代名人传略》中册,第170—172、475—478页。
③ (美)艾尔曼:《经学、政治和宗族——中华帝国晚期常州今文学派研究》,南京:江苏人民出版社,1998年。
④ 蔡长林:《常州庄氏学术新论》,台湾大学中国文学研究所博士学位论文,2000年。
⑤ 陈祖武:《乾嘉学派研究》第五章第三节《今文经学的复兴》,石家庄:河北人民出版社,2005年,第571—587页;陈其泰:《清代公羊学》,北京:东方出版社,1997年;黄开国:《清代今文经学的兴起》,成都:巴蜀书社,2008年;黄开国:《公羊学发展史》,北京:人民出版社,2013年;黄开国主撰:《清代今文经学新论》,北京:人民出版社,2017年;吴义雄:《清代中叶今文经学派学术思想论略》,《中山大学学报》1993年第2期;陆振岳:《关于清代今文经学的几个问题》,《苏州大学学报》1994年第1期;等等。

州惠氏好诞之风而益肆"①,另一方面则着重突出常州学术所受苏州的影响。钱先生指出,刘逢禄"以家法治《易》""论学主家法,此苏州惠氏之风";刘氏以条例之学必遵何休,"常州公羊学之渊源于苏州惠氏家法之论,此等处最显";"常州公羊学与苏州惠学,实以家法之观念一脉相承"②。对钱先生的这一论断,今日学界多有忽视,鲜有沿其途辙进而深求者。究其原因,或是过度关注常州经学的"纵向"发展所致,常州经学与并世学术的"横向"关系反而未能引起注意。

然而据笔者管见所及,能够完全跳脱出受梁启超影响的一般论述框架,来看待常州经学的学者,当推台湾学者蔡长林,而其基本观点则颇受钱穆上述之论的启发③。从博士学位论文开始,蔡长林即关注常州庄氏家族的经学,对常州庄氏家族的渊源、学术取向进行了颇有新意的研究。比如,他的一个重要论断是,不宜以"晚清"来理解常州学术,也不宜以单纯的微言大义来解读"今文"经学,而是要看出在考据学风潮的掩袭之下,以科举文章为底色的常州学术如何从庙堂儒学逐渐转变到接受考据话语,并以之说明"今文"经学框架所造成的视野的局限④。在学界所熟知的论述框架对比下,这一种新的研讨方向无疑值得重视。

由梁启超等学者设定的晚清"今文"的框架,究竟造成了哪些遮蔽?易言之,"今文"经学是否只属于常州?有关此点,章太炎曾经明确指出:

> 今文之学,不专在常州。其庄、刘、宋、戴(宋之弟子)诸家,执守今文,深闭固拒,而附会之词亦众,则常州之家法也。若凌曙之说《公羊》,陈立之疏《白虎》,陈乔枞之辑三家《诗》、三家《尚书》,只以古书难理,为之征明,本非定立一宗旨者,其学亦不出自常州。⑤

---

① 钱穆:《中国近三百年学术史》,第582页。
② 同上书,第585、586页。
③ 蔡长林:《论常州学派的学术渊源——以钱穆〈中国近三百年学术史〉的评论为起点》,收入氏著:《从文士到经生:考据学风潮下的常州学派》,台北:"中研院"中国文哲研究所,2010年,第47—118页。
④ 蔡长林:《论常州学派研究之新方向》,收入氏著:《从文士到经生:考据学风潮下的常州学派》,第1—46页。此外,亦有学者从不同的视角提出,应重新衡估梁启超的"今文"框架。参戚学民:《汉学主流中的庄氏学术:试析〈清史稿·儒林传〉对常州学术的记载》,收入氏著:《清史档案中的清代文史书写》,北京:清华大学出版社,2022年,第28—54页;张锦少:《庄存与〈毛诗说〉经学史意义新考——从梁启超的清代学术史谈起》,载虞万里主编:《经学文献研究集刊》第二十七辑,上海:上海书店出版社,2022年,第278—306页。
⑤ 支伟成:《清代朴学大师列传》卷首《章太炎先生论订书》,第8页。

章氏此处点出凌曙、陈立、陈乔枞等人,以为此派学者同样属于"今文学",只是他们在学统上并不出自常州,而且其为学风格也与常州显然有异。章氏的这一论述,长久以来鲜有学者继续深求之。①

章太炎的观点当然并非孤声,蒙文通的如下分疏同样值得重视:

> 前乎廖师(指廖平)者,陈寿祺、乔枞父子,搜辑《今文尚书》《三家诗遗说》,而作《五经异义疏证》,陈立治《公羊春秋》,而作《白虎通义疏证》,皆洞究于师法,而知礼制为要,然大本未立,故仍多参差出入。廖师推本清代经术,常称二陈著论,渐别古今。廖师之今文学固出自王湘绮之门,然实接近二陈一派之今文学,实综合群言而建其枢极也。②

此处蒙氏指出陈寿祺、陈乔枞、陈立"洞究师法",其"今文学"成就不容忽视。而且蒙氏认为乃师廖平的学术气质,"实接近二陈一派之今文学"。倘若联系其关于清代今文"谱系"的系统论述,则可知他所不满的"今文学",正是刘、宋、龚、魏等常州一系③。毫无疑问,蒙氏关于清代今文经学的论述重心,放在了二陈一脉。

继章、蒙两人之后,齐思和阐述了清代今文经学分"经生派"与"政论派"的说法:

> 自魏源以后,今文学家又分两派。一为经生派,如陈乔枞之辑《三家诗》,精审远出魏源上。陈立之疏《公羊礼》、疏《白虎通》,纯以乾嘉诸老之方法,明西京诸儒之微言。而皮锡瑞实事求是,不尚武断,尤集清代今文学之大成。此派学者,其工作之细密,态度之矜慎,绝不在乾嘉诸老之下,确能发扬绝学,张皇幽渺。此一派也。一为政论派,如康、廖、梁、谭,其提倡今文之宗旨,在于倡导变法维新。……此等思想,当时风靡一世,在政治上发生极大的作用,而其学术上之价值盖微。盖其经术,实政论也。④

此处"经生派"与"政论派"的截然划分是否成立,当然可再讨论。然而

---

① 在这方面,章太炎弟子贝琪的《吴学甄微》值得重视。参王应宪:《贝琪及其〈吴学甄微〉考述》,《史学史研究》2012年第2期。《吴学甄微》已有王应宪整理本,即刊。
② 蒙文通:《井研廖季平师与近代今文学》,《经学抉原》,第95页。
③ 张凯:《平议汉学:蒙文通重构近代"今文学"系谱的尝试》,《中国哲学史》2012年第4期,第115—125页。
④ 齐思和:《魏源与晚清学风》,据杨慎之、黄丽镛编:《魏源思想研究》,长沙:湖南人民出版社,1987年,第1—50页,引文见第42—43页。

值得注意的是,齐氏将陈乔枞、陈立、皮锡瑞等学者单独列出,认为他们"明西京诸儒之微言";同时指出"政论派"在"学术上之价值盖微"。无疑地,这仍然承认而且表彰了陈、皮等人治今文经的成就。倘若联系章、蒙两人所论,则颇能见他们三者的共识。

如何在清代学术史上对上述这一系今文经学予以定位,在学界中曾发生过意见分歧。总体而言,章、蒙、齐诸人的上述发论,并未得到今日学界的普遍接受。正如吴、皖对比下的吴派,陈寿祺、陈立等人的今文经学,在常州一系的对比下,往往得到的评价较低。譬如杨向奎评价陈立之师凌曙:"改变了刘申受的学风而注意于《公羊》的礼制,多卑微不足道,可谓'不贤者识其小'。"[1]再如杨先生评价陈立《公羊义疏》:"既言《义疏》,应当对义理有疏,凌曙不足语此,陈立亦不足语此。……陈立虽然没有'非常异义可怪之论',但无发挥无判断,因之我们说他没有本领为《公羊》作总结。"[2]此言是针对凌曙、陈立等人沉酣训诂,无发挥、无创制的特点而发的。此后陈其泰、黄开国等多位研究者,对凌、陈诸人的评判与定位,都可以视为在这一思路下所作的继承与发展[3]。今日研究清代今文经学的多数论著,或对二陈等人弃置不道,或将其作为常州今文经学的附属,由此也正可看出梁启超有关晚清"今文"框架的深刻影响。至于有关二陈的专门论著,其数量远远少于有关常州诸儒的研究,其原因也不外于受这一主流论述框架的影响所致[4]。

然而,倘若将二陈一系今文学的特质与上文讨论的吴派学术并观,则会有助于我们重新认识清代经学史。事实上,前辈学者已经指出了一条途径,只是后来乏人深究,遂使这一脉络暗昧不彰。如章太炎曾明确指出凌曙、陈立、陈乔枞:

---

[1] 杨向奎:《清代的今文经学》,收入氏著:《绎史斋学术文集》,上海:上海人民出版社,1983年,第325—389页,引文见第351页。
[2] 杨向奎:《清代的今文经学》,《绎史斋学术文集》,第355页。
[3] 陈其泰:《清代公羊学》,第123—143页;黄开国:《公羊学发展史》,第557—567页。
[4] 有关陈寿祺的代表性研究论著,可参吴守礼:《陈恭甫先生父子年谱附著述考略》,载台北帝国大学文政学部《文学科研究年报》第三辑,1937年,第109—211页;陈祖武:《陈恭甫先生之人格与学术精神》,《闽江学院学报》第33卷第1期,2012年1月,第1—3页;史革新:《陈寿祺与清嘉道年间闽省学风的演变》,《福建论坛(人文社科版)》2002年第6期,第82—88页;刘奕:《学文汉宋之间:陈寿祺的文论》,《闽江学院学报》2009年12月,第1—5页;宋一明:《陈寿祺交游研究》,复旦大学古籍所博士学位论文,2015年。有关陈立的专门性研究,参黄世豪:《陈立〈公羊义疏〉研究》,中国文化大学中国文学研究所硕士学位论文,2002年;施德顺:《上海图书馆藏陈立〈公羊义疏〉稿本考述》,《文献》2021年第3期,第83—95页。

此种与吴派专主汉学者当为一类,而不当与常州派并存也。①

章氏又言:

左海父子(指陈寿祺、陈乔枞),学本近吴,列吴派下为得。②

章氏明言二陈一系今文经学应当划归吴派。事实上,支伟成最终听从了这一建议,在《清代朴学大师列传》中"吴派"的条目之下,便赫然有陈寿祺父子在列。

上文已论及,蒙文通认为廖平的学术气质与二陈相近,而蒙氏对廖平学术的总体判断则是:

求之清儒,于惠为近。③

以蒙氏之见,从惠栋到陈寿祺、陈立,再到廖平,其学术源流端然可寻,后继者承袭先行者之衣钵,而逐渐开出"平分今古"的学术创见。此条脉络与章氏所言不无相似之处,然而却是清代学术史上一向为人忽视的一条脉络。

除章、蒙两人外,近来邓志峰师在将惠学本质定位为"汉代学术史"的同时,又指出:

惠栋以后,如陈寿祺、陈乔枞父子以下,一直到廖平的所谓今文经学,都必须放到这个系统理解,始能心知其意。④

这样的一种论述脉络,从对清代学术史的总体认知而言,显然与以往不同。既然前辈学者都已指出这一方向,那么它是否是一条通途,就需要今日的研究者进行重新检验。因而,一系列问题已经呼之欲出,那就是,何以诸位前辈学人皆认为清代今文经学的其中一支与吴派学术为近?对于吴派与清代的今文经学,我们究竟应当如何理解,才能跳出通行论述的窠臼?从吴派到清代的今文经学,都十分重视"师法""家法"的学术路径,那么以之为视

---

① 支伟成:《清代朴学大师列传》卷首《章太炎先生论订书》,第8页。
② 同上书,第9页。
③ 蒙文通:《廖季平先生与清代汉学》,载《经学抉原》,第105页。
④ 邓秉元:《新文化运动百年祭》,第74页。

角,是否可以对目前的清代学术史研究框架做出微调?

四

　　研究史叙述至此,必须讨论的一大重要概念就是清代这一系学者经常提及的"师法""家法"。从更广的视野来看,这一学术进路产生于先秦。孔门文学科的代表弟子子夏,以传经著称;在战国末年至西汉初年,公认的传经大师则是荀子。从子夏到荀子这一系儒者,尤为重视博学与文本,重视学问的渊源与来历,强调师承有自、"有师有法"。这与曾子、孟子一系主修省、内充、"自得"者大异其趣①。先秦儒者中,正式提出"师法"这一概念的是荀子。而这一进路被汉代儒者继承,皮锡瑞所概括的"师之所传,弟之所受,一字毋敢出入,背师说即不用"②,便是"师法"进路在汉代所表现出的极端形式。

　　应当说,"师法""家法"是整个经学史、学术史上的重要概念。它不仅是两汉时期经学发展过程中的核心概念,更是清代学术的重要语汇。明清之际学术思想发生转折,"师法""家法"的观念逐渐兴盛,直至清末民初,这一观念依然影响着学术界的中心议题。它是解开整个清代学术思想的重要钥匙之一,其地位类似于宋学中的"道统"观念。

　　学界对两汉时期"师法""家法"的认识存在严重分歧。皮锡瑞所做的"前汉重师法,后汉重家法""师法者,溯其源;家法者,衍其流"的判分③,当然还可以再讨论④。但这一观点确实影响了近代经学史家周予同、马宗霍以及日本的本田成之等一大批学者,同时也成为今日众多研究的起点。王国维《汉魏博士考》、钱穆《两汉博士家法考》、徐复观《西汉经学史》等对汉代"师法""家法"的区别与联系相继有考论。当代学者如沈文倬、罗义俊、林庆彰、黄开国、叶国良、陈居渊、丁进、蒋国保、赵灿鹏、杨青华等也都在这一问

---

① 邓秉元:《孟子章句讲疏》,上海:上海人民出版社,2022年,第101页;邓志峰:《王学与晚明师道复兴运动(增订本)》,上海:复旦大学出版社,2020年,第19—22页。
② 皮锡瑞:《经学历史》,北京:中华书局,2008年,第77页。
③ 同上书,第136页。
④ 如周予同先生曾质疑皮氏之说,认为"师法不出于汉立博士之后","汉人言师法、家法很难区别,其间有分义,也有通义"。同时因西汉言"家"、东汉始言"家法"而提出疑问:"家是否就是家法?"叶国良提出,"家"在汉代的使用范围极为广泛,指一经的不同先师用"家",指同一师承的不同支派也用"家"。陈居渊认为:"在东汉,似乎并没有人对'师法'、'家法'的意义作如此(指皮锡瑞)严格的界定。"以上分别见朱维铮编:《周予同经学史论著选集(增订本)》,第703页;叶国良:《师法家法与守章改学》,收于《经学今诠四编》,辽宁教育出版社,2004年;陈居渊:《汉学更新运动研究:清代学术新论》,第118页。

题上深入探索。综合来看,认为"师法"立于学官而"家法"未立学官者有之①,认为汉代的"师法""家法"两者本为一物者有之②,认为"师法"与师说同义而"家法"指别有创获者有之③,认为"师法"重开创而"家法"重传承者有之④,认为"师法"为本门诸师经说而"家法"为亲炙老师之说者有之⑤,等等。可以说,汉代"师法""家法"的问题迄今尚未形成定论,皮锡瑞的论断仍是目前最主流的说法。

而对于清代的"师法""家法"观念的研究,学界分歧则相对较小。这一问题自清末以来,已经有不少的积累。伴随着对清代学术的总结与反思,章太炎、梁启超、刘师培、钱穆、蒙文通等学术巨擘都对"师法""家法"观念表达过见解,形成了一定的共识。章太炎评价吴派"好博而尊闻",皖派"任裁断",两者的差异其实就在于是否讲"师法""家法"。与章氏之意相近,刘师培认为清初学者大都"无家法"⑥,至惠栋才有学术上的转折。钱穆对于清代家法的论述主要集中在常州经学,前文对此已有探讨。而蒙文通重新梳理了清代学术脉络,其言下之意在于,认为从惠栋到廖平其实代表了清代"师法""家法"观念的一大发展线索。

1980年代以来,学界前辈如汤志钧、朱维铮、李学勤、陈祖武、王俊义、近藤光男、林庆彰、陈其泰、黄开国、陈居渊等,对清代经学的"师法""家法"问题都有讨论。李学勤认为,以"平分今古"而著称的廖平《今古学考》并未完全解决汉代的"师法""家法"问题,廖说往往自相抵牾⑦。黄开国主张,不

---

① 参沈文倬:《黄龙十二博士的定员和太学郡国学校的设置》,收入氏著:《宗周礼乐文明考论》,杭州:浙江大学出版社,1999年;罗义俊:《论汉代博士家法——兼论两汉经学运动》,《史林》1990年第3期,第6—12页。
② 如林庆彰指出:"师法和家法其实是指的一件事情,都是传经的老师所留下的种种说法和规范。只不过西汉的时候是比较接近最先传这一个经的老师,所以称为师法。到了东汉以后,因为分家越来越多,所以各家老师的说法就称为家法。"见林庆彰:《我研究经学史的一些心得》,《中国思想史通讯》2006年第1辑。邓志峰师也认为"师法"与"家法"的"内涵本身却无大异"。邓志峰:《王学与晚明道复兴运动(增订本)》,第24页。相近观点可参杨青华、杨权:《"师法""家法"辨》,《现代哲学》2017年第6期,第136—142页。
③ 参黄开国:《汉代经学的师法与家法》,《经学研究论丛》第2辑,新北:圣环图书有限公司;赵灿鹏:《汉代经学师法与家法问题探微》,收入氏著:《汉宋相假:中国学术思想史论集》,北京:中国社会科学出版社,2017年。
④ 参丁进:《汉代经学中的家法和师法辨析》,《湖南大学学报(社会科学版)》2011年第5期,第33—40页。
⑤ 参蒋国保:《汉儒之"师法"、"家法"考》,《中山大学学报(社会科学版)》2011年第3期,第141—148页。
⑥ 刘师培:《南北学派不同论》,据李妙根编:《刘师培辛亥前文选》,上海:中西书局,2012年,第334页。
⑦ 李学勤:《〈今古学考〉与〈五经异义〉》,收入李学勤:《古文献丛论》,上海:上海远东出版社,1996年。

论对于汉代还是清代,有关"师法""家法"的讨论须区分出概念上的广狭层次,要考察汉代、清代学者使用该词的具体语境①。陈居渊认为,清代学术史上的一些派别如扬州学派等,注重通变,非汉学"家法"所能限。② 这些观点和认知对于研究清代的"师法""家法"而言极有裨益。

近来,罗检秋对于汉代、清代"师法""家法"的区分堪称精当。他说:

> 首先,汉代家法是在经有数家、家有数说的纷繁局面中,朝野士大夫用以确定儒家经、传、章句及师说的异同,带有学术规范性,而清代家法意识是学者在究心汉学、推尊汉学趋向中的学术自觉。其次,清代家法只是清儒主张的治学宗旨、途径和方法,不像汉代家法直接关涉官学,并作为经师任职的依据,故清代家法没有直接的利益牵连,主要是经学观念。③

笔者认为此处对汉代、清代"师法""家法"的区分颇能探其根本,所以在本书的论述过程中,所谓清儒的"师法""家法"其实指的是他们治经的观念、宗旨与进路,与汉代的"师法""家法"不可混淆为一。

罗检秋《清代汉学的家法观念辨析》一文,将清儒区分为今学与古学两大派,系统梳理了惠栋、钱大昕、刘逢禄、陈寿祺、皮锡瑞等人的家法观念。文章认为古文家所说的家法注重区分汉宋,侧重小学方法与经说师承;今文家所说的家法倾向于区分今古文经,核心内容为"三统""三世"说。该文还对家法观念在清代史学、文学领域的流播有所探讨④。或因篇幅所限,该文对一些关键的人物与问题并未展开细论,但尽管如此,仍是迄今为止在清代家法观念问题上最具宏观视野和方向性指引的一篇论述。

笔者在梳理清代学术史的过程中,基本认同上述诸位研究者的看法。清代学者所说的"师法""家法",其实通常是一种治经的观念与进路。但若仔细分疏,仍可以区分出一些层次。例如,在讲究"传承"与"师授"这个意义上,"师法""家法"在清代学者那里几乎可以等同,本书也对此二词并不作严格区分。据笔者的观察,清代学者如惠栋、王鸣盛、陈寿祺等人对"师法""家法"就不刻意区分,甚至将其等同。这在一定意义上代表了清代学人研究

---

① 黄开国:《清代今文经学新论》,北京:人民出版社,2017年,第13页。
② 陈居渊:《汉学更新运动研究:清代学术新论》,第98页。
③ 罗检秋:《清代汉学的家法观念辨析》,《中国史研究》2018年第2期,第63—80页,引文见第66页。
④ 同上。

"汉学"时所采取的基本态度。但是,具体到某一家汉儒学术时,清代学者多用"家法"而不用"师法"。例如吴派学者多称郑玄"家法",而不称郑玄"师法"。再如清儒多称《公羊》"家法",而不称《公羊》"师法"等。这说明"家法"更有针对某一家派的明确指向性。因而,本书在讨论到具体的经学派别时,也多用"家法",以与清儒的用语基本相协。

另需指出的一点是,清代学术中的"师法""家法"观念有一个逐步细化的过程。在东吴惠氏之前,这一观念基本不为人关注,而从惠栋以后,"家法"观念被彻底"激活"。然而,雍、乾之际的学界并未细分汉儒家派,惠栋亦只是就普遍意义上的汉儒"家法"开展汉学研究。其《周易述》融会汉儒之说,早就被梁启超批评为"不知家法"①。与之相较,张惠言的《易》学研究就更为"专门"。另如江声《尚书集注音疏》融会伏生、马融、郑玄等多位汉儒之说,王鸣盛只尊郑玄,晚清皮锡瑞则独崇伏生。笼统而言,上述诸人自然均讲"家法",但不难发现,时代愈后者则执守愈严。由此可知,清儒的"家法"观念本身经历了渐趋严密、专门的过程,我们不可以后来严格的"家法"来否定"汉学"初兴时期的"家法"。

明了"师法""家法"的学术脉络后,再结合前文分析的清代学术史研究的薄弱环节,则可知有一些重要的研究方向正待展开。对于持守"师法""家法"的陈寿祺、陈立、陈奂等,目前的研究难称丰硕;而在此脉络下,重新理解吴派经学,则实有必要。再如,"师法""家法"观念与晚明清初学术的关系,以及这一观念与清末民初经史转型的关系,迄今皆未见到全面深入的论述。这些问题是清代学术史研究中的应有之义,也是中国学术史、思想史上亟待解决的重要课题。相对于宋学中的"道统"观念而言,清学中的"师法""家法"观念受关注不多。本书从"师法""家法"观念的视角出发,重点关注吴派与今文经学的关系,或许能为清代学术史研究提出一些可能的新方向。

五

笔者不赞成前辈学者曾经提出的"吴、皖非分帜","从吴派到皖派是一种历史过程",以及"吴、皖、扬、常汉学一体化"的学术见解②,而是保留了自

---

① 参刘骏勃:《惠栋校本〈周易集解〉辨误——兼论惠栋易学的"不知家法"》,《历史文献研究》总第41辑,第323—333页。
② 钱穆:《中国近三百年学术史》,第357页;陈祖武:《乾嘉学派吴皖分野说商榷》,载《贵州社会科学》1992年第7期,第44—49页;陈居渊:《汉学更新运动研究:清代学术新论》,第93—101页。

章太炎、梁启超以来的吴、皖分派的传统界说。原因也很简单,乾嘉学者虽然在当时可能并无如此严格的分派意识,可是学术史研究的要义之一便是考寻不同学术的特征与差异,只要言之成理,便无妨以不同的视角划分派别,明晰同异。

如前所述,前辈学人已经指出,惠栋的学术特质在于以"师法""家法"来研究汉代经学。那么以此"师法""家法"观念为视角,是否可以清理出一条与以往论述稍显不同的脉络?倘若我们承认,清代经学家的学术观念与其人生境遇和生活氛围都有紧密联系,学术观念本身也有其独特的产生、传播与接受过程,那么就不得不关注这一观念的渊源、流播、影响、变异、接续、整合等过程。正因如此,惠栋"师法""家法"观念的由来,以及它对清代学术产生的深远影响,自应是这一论题的核心内容所在。

清代"师法""家法"的观念由来已久,但真正将其恢复出并以之治经的,始于惠栋。然而惠栋如何从晚明以降的学术态势下,开出这一条通途,仍是可以重新讨论的议题。因而,对惠栋此种观念的产生过程,本书力图在惠氏生平与学术研究中将其还原出来。这是本书有关吴派论述的首要问题。

其次,惠栋以"师法""家法"观念治经,在清代产生了重要影响。这一观念首先在及门弟子与论学友朋中传承。笔者选择余萧客、江声与王鸣盛进行论述,前二位为惠门弟子代表,后者为惠栋论学友人,可以呈现吴派学术在惠栋之后的基本面貌。与此同时,因戴震亦受惠栋为学影响,段玉裁与吴门学人关系甚密,那么进而探求皖派学人对"师法""家法"观念的基本态度。并由此进一步探寻吴、皖学术在"师法""家法"观念上的分歧。

"师法""家法"的观念在苏州诞生后,伴随当时学界对惠栋学术的接受,开始了向其他地区传播的历程。因苏州、常州二地毗邻,常州的多数学人逐渐接受这一新兴的治学方法与理念。举其代表者,有臧庸、张惠言、孙星衍、洪亮吉等,当然还包括常州庄氏家族中的多位学人。他们对"师法""家法"观念持何种态度,究竟是否如钱穆所说"家法观念一脉相承",是苏、常学术互动中的关键问题。当然,常州庄氏家族中的学者对苏州惠学持何种态度,以及吴派中人如何看待常州庄氏学术,亦是此问题中的应有之义。

依前文研究史所述,除却常州外,清代尚有另外一系"今文经学"。此系学术以陈寿祺、陈乔枞、陈立等人为代表,且章太炎、蒙文通等人将之视为吴派学人的同道。那么这是否意味着,二陈一系的今文经学乃是沿着吴派途辙而在从事汉代经学的研究?他们的治经方法与理念,以及他们与吴派在学术上而非在学统上的关联,是这一部分论述的重心所在。而"初变"时期的廖平则可以被视为这一路学术的殿军性人物。《今古学考》的"平分今古"

立足于"师法""家法"观念,正是从惠栋等吴派学者到二陈的一种学术硕果。廖氏其人其书,在这样的框架下不仅可以获得更深层次的理解,而且以之反观吴派经学,同样有助于我们调整对吴派的基本认识。

叙述至此,本书的基本逻辑思路已经呈现。笔者围绕此论题,依上述思路进行论述。因学力有限,错陋难免,祈请方家不吝赐正。

第一章　重建"师法":惠栋与清初经学的转折历程

第一节　清初学坛的风气变迁

经学中的概念是在历史中产生的,反过来又作用于历史。因而,我们在探讨经学中的某些观念时,倘若脱离历史情境,不仅难以呈现其产生之根源,而且容易遮掩其本身所可能产生的历史意义。尤其是在中国历史上,一种学术观念的产生总有其特定的历史背景,而一种学派或一位学者的出现,也往往有其特定的原因与渊源。

笔者在考察吴派经学的产生与传承的过程中,一直在思索如惠栋这样的学者何以会出现在雍、乾时期,他又凭借何种力量,引来了同声相应、同气相求的广泛效应。致力于保存、恢复"汉学"的学者,惠栋当然不是第一人,早在李鼎祚的《周易集解》与王应麟的《周易郑氏注》中,就已经显露了这种学术的端倪;而且后者还常常被认为是清代"汉学"的远源。那么,究竟是什么历史原因使得惠栋与李、王两人相比出现了根本不同?钱大昕曾评价惠栋说"今士大夫多尊崇汉学,实出先生绪论"①,今日学界普遍认同此说,那么惠栋何以有此巨大的影响?前贤对惠栋的考察,多集中于惠氏著作中的"汉学"观念与具体成就,较少从晚明以降学术进路变迁的视角观察之。其实,如欲历史地解答上述问题,仍须在学术史自身的发展变迁以及学者个体生命的展开过程中仔细探寻。

一、道统论的衰退与学统论的兴起

南宋以降,由韩愈提出雏形,至朱熹最终确立的"道统"观念,获得了儒

---

① 钱大昕:《潜研堂文集》卷二十四《古文尚书考序》,《嘉定钱大昕全集(增订本)》第9册,南京:凤凰出版社,2016年,第358页。

者的普遍认同。依据这一观念,"道"的长期断绝并不必然导致其永久幽暗不彰,即使是生当千年之后的儒者,只要能与往圣前贤深相接契,在理论上就具有使"道"得以传续并重新彰显的可能。在这一观念下,"道"的传承显非师生亲授,后世之人对往圣前贤的追认与回溯方是重心之所在。孟子所讲的"自得"与"五百年必有王者兴",不仅为"道统"论的确立提供内在资源,而且也毫无疑问为后世之人进入"道统"谱系,提供了理论上的依凭。

在南宋至明初的很长一段时间内,"道统"谱系并未面临挑战。元代的多数儒者,在理学思想上并无太大创获,大体皆可被视为程朱理论的尊奉者与延续者。直至明初,士林之中总体的思想格局仍可被概括为"此亦一述朱,彼亦一述朱"①。这不仅表明明初儒者仍旧在程朱旧局中徘徊,而且也透露出程朱学自成为官方意识形态后,其本来所蕴含的现实批判性也在逐渐消退。特别是在《四书大全》《五经大全》《性理大全》等书的笼罩下,士子们争相从事举业,纯正的学术反而无人问津。直至明朝仁、宣时期民间学术逐渐兴起,正德、嘉靖以后又诞生了王学并走向兴盛,有关"道统"谱系的问题才渐渐凸显出来。

晚明王学中的"会通派",以追求生命解脱为基本学术蕲向。此派学者不仅在学问上颇杂佛老,而且在立身处世上亦非如江右王门那般俨然君子风范。在此派学者看来,各家思想只要能餍足我心,皆有其存在的依据。被黄宗羲《明儒学案》所摒弃的李贽,就曾发出"轲之死,不得其传"乃大谬的感叹,以他之见:

"轲之死,不得其传"者,真大谬也。惟此言出,而后宋人直以濂、洛、关、闽接孟氏之传,谓为知言云。吁!自秦而汉而唐而后至于宋,中间历晋以及五代,无虑千数百年,若谓地尽不泉则人皆渴死矣,若谓人尽不得道,则人道灭矣,何以能长世也?终遂泯没不见,混沌无闻,直待有宋而始开辟而后可也?何宋室愈以不竞,奄奄如垂绝之人,而反不如彼之失传者哉?②

大致与李贽同时的钟天完、管志道等有会通取向的晚明学者,也都发出了类似的声音。也正是因此,"道统"论在理论上其实已经崩溃,因为它的基本前提"道可绝"已经为儒者自身所否定,后来的衰退历程虽然漫长,真正的

---

① 黄宗羲:《明儒学案》卷十《姚江学案》,沈芝盈点校,北京:中华书局,2008年,第178页。
② 李贽:《李温陵集》卷十五《道学》,《续修四库全书》第1352册,第206页。

肇端实已在此①。此后,虽然仍旧有儒者续写"道统"谱系,然而这种"道统"建构的多元化与它理论上的唯一性,正构成一对尖锐的矛盾。这种内在的矛盾,也注定了它的历史生命终究要走到尽头。

如所周知,晚明清初涌现了大量的儒林谱系著作。荒木见悟先生《道统论的衰退与新儒林传的展开》仍然是迄今为止在该问题上最具广度的一篇长文,堪称"道统论"的一部简史②。在这数十种儒林谱系著作中,大体而言,熊赐履的《学统》、张伯行的《道统录》、魏裔介的《圣学知统录》等与官方意识形态最为切近,依然捍卫传统的"道统"谱系。此外的大多数儒林谱系著作,均在"道统"问题上提出了新说。如明清之际的大儒孙奇逢,便将王守仁视为"道统"谱系的延续者,在《理学宗传叙》中明言:

> 盖仲尼殁至是且二千年,由濂、洛而来且五百有余岁矣,则姚江岂非紫阳之贞乎?余谓元公接孔子生知之统,而孟子自负为见知。静言思之,接周子之统者,非姚江其谁与归?程朱,固元公之见知也,罗文恭、顾端文意有所属矣。③

孙奇逢以孔子、周敦颐、王守仁为生知之统,以孟子、程朱、罗钦顺、顾宪成近见知之统,且暗示"濂、洛以来五百有余岁",实际上已经宣示了以王守仁来承继"道统"之意。后来黄宗羲在《明儒学案》中对王守仁的评价大致与此相同。黄宗羲曾说:

> 识者谓五星聚奎,濂、洛、关、闽出焉;五星聚室,阳明子之说昌;五星聚张,子刘子之道通,岂非天哉!岂非天哉!④

显然,黄宗羲此处意在强调南宋以来的"道统"脉络由王守仁承续之;王

---

① 邓志峰:《王学与晚明师道复兴运动(增订本)》,第233—236页。邓志峰师将"学统"与"道统"视为"经学时代中国学者在学术上的两个基本进路","由理学向朴学的转变,在经学史上,便是由汉唐学统脱胎而来的宋明道统,在自身崩溃之后,向前者又一次回溯。"参邓志峰:《学术自由与中国的思想传统——兼论会通派王学与晚明经学的突破》,收入刘青峰、岑国良编:《自由主义与中国近代传统——中国近现代思想的演变研讨会论文集(上)》,香港:香港中文大学出版社,2002年,第3—40页,引文见第16、30页。
② (日)荒木见悟:《道统论的衰退与新儒林传的展开》,收入吴震、吾妻重二主编:《思想与文献:日本学者宋明儒学研究》,上海:华东师范大学出版社,2010年,第1—43页。
③ 孙奇逢:《孙奇逢集》上《理学宗传叙一》,张显清主编,郑州:中州古籍出版社,2003年,第621页。
④ 黄宗羲:《明儒学案》卷六十二《蕺山学案》,第1514—1515页。

守仁之后学术思想纷呈,统绪未免多歧,而刘宗周出,亦能承续之。由此,黄宗羲构建了明代学术的简略脉络,即由"有明儒宗"方孝孺开其端,至王守仁而接续"道统",至刘宗周则为明代学术殿军而亦能跻身"道统"之列。《明儒学案》的撰写脉络虽兼顾地域与师承,然而黄宗羲的上述观点至少可以表明,他在撰写明代学术史的过程中,仍旧保留着"道统"观念。然而,倘若考察明清之际数十种儒林谱系著作,则会发现它们大多并未认同刘宗周能够承接"道统"。从这个意义上说,黄宗羲的观点无疑为晚明清初"道统"谱系的多元化展示了一个独特范例。

私淑黄宗羲的全祖望曾经总结说,黄氏编撰《宋元学案》时采取了"以濂、洛之统,综会诸家"的基本立场①。我们顺此也可以说黄宗羲撰写《明儒学案》时的基本架构乃是"以王、刘之统,综会诸家"。在黄宗羲处,我们仍然可以找寻"道统"端绪,而倘若分疏全祖望的学术史观,则可以看出这位"私淑"弟子与其老师的意见多有不合。比如全祖望在对刘宗周的评价上就显然与黄宗羲不契,前者曾引述阎若璩之论,以为上述"五星聚室""五星聚张"一段当删去②。由此可知,全祖望实际上将黄宗羲理解明代学术的基本架构予以否定了。

从黄宗羲到全祖望,颇可一窥学术史观念的变迁。全氏曾郑重提出:"今蕺山之名于天下,以念台少师也。然亦尝知先河后海之义乎?是山之学统,自宋乾道间韩氏始也。"他将蕺山学统追溯至北宋韩琦后人,并认为韩氏是"六百年来,儒林所不及知"之一支学脉,故而"表而出之"③。在全祖望的观念中,"海"之盛大固然值得赞誉,然而不有"先河","海"何以成其大?这是他提出"先河后海"之论的基本考虑。本着这一学术信念,全祖望总是在找寻儒者的学术来源与传衍。例如黄宗羲曾认为杨简之学在明初失传,而全祖望却坚持予以否认,在历史之中找出明据予以反驳。又如薛瑄自明初以来就被看作是学无师承,而全祖望则考查薛瑄的师承脉络,坚持认为其学"渊源有自"④。

毫无疑问,全祖望的"先河后海"思想已与"道统"观念甚不契合。有学者已经注意及全祖望在《宋元学案》的补本中极力淡去"道统"观念,而更多

---

① 全祖望:《全祖望集汇校集注》,《鲒埼亭集》卷十一《梨洲先生神道碑文》,朱铸禹汇校集注,上海:上海古籍出版社,2000年,第220页。
② 全祖望:《全祖望集汇校集注》,《鲒埼亭集外编》卷四十四《与郑南溪论明儒学案事目》,第1693页。
③ 全祖望:《全祖望集汇校集注》,《鲒埼亭集》卷三十《蕺山相韩旧塾记》,第579、580页。
④ 全祖望:《全祖望集汇校集注》,《鲒埼亭集外编》卷四十四《与郑南溪论明儒学案事目》,第1692页。

的关注了多元的学术思想及其与政治环境的关联①。其实在对于整部学术史的评判上,全祖望何尝不是如此。在全祖望的文集中,为汉唐传经之儒辩护并请求将之从祀孔庙的文字,比比皆是。与此同时,他又详考孔门弟子,亦是他追寻学术传承的一大显例。

这种"先河后海"的思想在晚明清初其实甚为普遍。王圻在《续文献通考》中说:"天下不可一日而无此道,则斯道之统不可一日而无传,统之绝续,道之存亡系焉。"②王氏认为:"(汉唐经师)恪守师门,讨析经义,阐明圣蕴,俾斯文之统不遂斩绝,以俟宋室诸君子,其功可尽泯哉?"③因而他将汉唐经师与周、程、张、邵、王皆视为"翼统先儒"。毫无疑问,王圻亦是认同"道未尝绝"的。

"道未尝绝"的观念,愈至后来愈成为清儒的基本思维方式。康熙末年,陈遇夫撰成《正学续》,在该书中,他只录西汉、东汉、晋、北朝、隋、唐数代诸儒,将儒学史做了大幅删减。陈遇夫并不认为"道"有绝,他之所以选择上述几代诸儒,乃是因为"绝者续之,其不绝者可无续也"。④ 这样的一种学术宣言,为之奠基的正是"道未尝绝"的学术信念。他说:"圣贤之道,如日月丽天,遗经具在,岂自汉至唐,一千年好学深思得圣贤之旨者,仅一二人而止?"且又问及:"圣人之道行于天下,未尝绝也。屏汉唐则道绝矣。道岂有绝哉?"⑤陈遇夫想通过这种反问来表明,汉唐诸儒理所当然地应在"道统"之内。

其实,倘若从后来的历史来看,能够展示"道统"论变迁方向的,正是上述此类学术史著作。康熙末年,与周汝登、王圻、陈遇夫持同一观点的儒者圈正在逐渐扩大。阎若璩不仅考证出"虞廷十六字"乃伪古文,而且在一条笔记中呈现出"道统"一词的意涵正在发生急剧变化:"韩文公之婿李汉为文公作集序,止称门人而不称婿;朱文公之婿黄榦为文公作行状,止称门人而不称婿。古人重道统而轻私亲如此。"此条笔记为吴派开山惠栋在札记中所转引⑥。"道统"一词在儒者心中已经变成一种宽泛的师生间的文化传承关系,它所特指的那种"道"由断裂而被后来者重新发现并予以追认的意涵正在逐渐消逝。而且从本质上来说,上述此条笔记仍是在讨论传统所言的"学

---

① 何俊:《宋元儒学的重建与清初思想史观——以〈宋元学案〉全氏补本为中心的考察》,载《中国哲学》,2006年8月,第49—58页。
② 王圻:《续文献通考》卷一百九十八《道统考》,《续修四库全书》史部第766册,第10页。
③ 同上书,第11页。
④ 陈遇夫:《正学续·论略》,北京:中华书局,1985年,第2页。
⑤ 陈遇夫:《正学续·叙》,第7、8页。
⑥ 惠栋:《九曜斋笔记》卷二,《丛书集成续编》第92册,第516页。

统",而实非"道统"。

因而,朱彝尊在《经义考》中专列《承师》五卷,全祖望关注孔门弟子以及汉唐经师的传承,都是这一时期"道统"论衰退与"学统"论渐兴的典型体现。既然传统所言的"道统"架构正在遭受质疑,那么紧接的一个疑问便是,何处为"道"?既然"道"未尝中绝,那么考寻"道"的历历相承之迹,是否是另一种通途?

明代中叶,我们就已经可以看到如《授经图》之类的著作出现。朱睦㮮《授经图》收录先秦两汉的经师传记及授受渊源,他的撰作动机正如林庆彰先生所说:"这就是要彻底解决宋人所说'诸儒穷经而经绝''千载无真儒'等问题。惟有将传经的统系,经师的传记、著作,原原本本的排列出来,才足以证明宋人说法的偏颇。"① 这种思想在清代的延续,便是《传经表》《通经表》《经师表》之类的著作,以及在清代学者笔下经常出现的"经师"谱系。吴派学者尤其关注两汉经师的传承谱系,其思想渊源亦在于此。因而,"道统"观念的崩溃与"学统"观念的渐兴,其实是一体两面,从这个意义上说,在学术进路上清儒异于宋明儒者的一大要义便是由"道统"而转向"学统",由"自得"而转向"师法"。②

二、"师"意涵的凸显

我们知道,宋明儒者强调自身对"道"的体认与思考,并且毫不讳言自己的体察可能与孔子有所差异。程颢说:"吾学虽有所受,'天理'二字却是自家体贴出来。"③ 王守仁在《答罗整庵少宰书》中强调:"夫学贵得之心,求之于心而非也,虽其言之出于孔子,不敢以为是也,而况其未及孔子者乎?求之于心而是也,虽其言之出于庸常,不敢以为非也,而况其出于孔子者乎?"④ 这种思想倘若置诸清代,则几乎是不可想象之论。既然每个人都能通过"自得"而得道,那么汉儒所重视的师弟、家学传承,也就自然不被重视,宋明儒者之所以在学术进路上与汉晋儒者显现出不同,这一点无疑是一个重要原因。其实也正是由于这种"自得"的思想,晚明许多儒者尤其是会通

---

① 林庆彰:《朱睦㮮及其授经图》,收入氏著:《明代经学研究论集》,上海:华东师范大学出版社,2015年,第243—278页,引文见第252页。
② 邓志峰:《学术自由与中国的思想传统——兼论会通派王学与晚明经学的突破》,刘青峰、岑国良编:《自由主义与中国近代传统——中国近现代思想的演变研讨会论文集(上)》,第30页。
③ 程颢、程颐:《二程集》,《河南程氏外书》卷十二,王孝鱼点校,北京:中华书局,2004年,第424页。
④ 王守仁:《传习录》中《答罗整庵少宰书》,吴光等编校:《王阳明全集》第一册,杭州:浙江古籍出版社,2010年,第82页。

派诸人,对师弟关系基本未有强调,转而多去讨论友道与友伦①。

但是需要注意的是,伴随着"道统"论的衰退与"学统"论的兴起,一种对"师"的重新理解与定位,正在逐渐成为学者的中心议题之一。我们可以看到,一方面明末清初至清中叶的一批学者不断反思"师"的意涵,另一方面他们也重新建立并维护着自身的"学统"谱系,重视师承、家学与"渊源"逐渐成为清儒所认同的一种观念。吴派学者江藩的两部名著《汉学师承记》与《宋学渊源记》②,单是书名就已经体现了这一重要的观念变迁。

清初的顾炎武曾写有一篇名为《广师》的文字,在这篇文字中他列举了多位同时代的学者,并谦逊地指出这些学者具体在哪些方面令他自叹弗如。值得重视的是,顾炎武以"广师"而不是"广友"二字概括该篇文字,证明了他心中的学问之"道",已经颇为有意识地强调有来源,有资取。这与晚明士大夫强调各自为师、重视友伦的思路已经明显有差异了。

倘若我们留意晚明清初的学人有关"师"的讨论,确实可以看出这一变化。如宣城的梅文鼎曾说:

> 古者学莫不有师。汉经学皆专家授受,韩愈能文章,作《师说》。有宋诸儒俨然以师道自任,明则有王文成公,讲明圣人之学而归之有用。师友之道,于斯为盛。及其季也,私立门户,以倾异己,天下之是非,樊然淆乱,以底于沦胥。呜呼!师友者,学术所从出。学术者,人材所由生而治乱系焉,非细故也。③

宣城梅氏以算学名家,这类以数术、技艺为中心的学问,尤其看重家学与师弟间的传承,故而梅氏能特发此论。只不过此处所言,对汉宋之"师"意涵的区分,未免失之含混。然而他能指出"古者学莫不有师""师友者,学术所从出",这在受晚明以降特重友伦的风气下,不可不谓是一种难得的眼光。

此时前后讨论的"师"的当然不只梅氏,例如惠周惕的前后两任老师徐枋与汪琬,都在这一问题上有所思考。徐枋《师说》曾言:

---

① 参邓志峰:《王学与晚明师道复兴运动(增订本)》,第21页。
② 李纪祥提出,江藩的"汉学"观念与"师承"意识能进入著作名称中,与作为师门之源的惠栋最有关联。参李纪祥:《"汉学"与"师承":江藩〈汉学师承记〉研究》,收入氏著:《道学与儒林》,上海:上海辞书出版社,2020年,第413、455页。
③ 梅文鼎:《绩学堂诗文钞》文钞卷三《梁质人四十寿序》,何静恒、张静河点校,合肥:黄山书社,1995年,第92页。

> 世之盛也,师道在君,及其既衰,而师道在下;道之盛也,以道为师,及其既衰,而以经为师。……迨秦之季,焚书坑儒,汉兴而六艺残缺,鲜能兼通,于时田生言《易》,申培公、辕固生、韩太傅言《诗》,伏生言《尚书》,高堂生言《礼》,胡母生、董仲舒言《春秋》,儒者各以一经为师,而师道又一变矣。呜呼,师不以道而以经,非师道之极衰乎?……浸淫至于今日,而今之为师者又何如乎?以一经为师,又可得乎?向之所谓极衰,而今又邈然其不可几乎?为可悲也。①

在这篇文字中,徐枋屡屡道及"师道绝矣",上引文字中从"以道为师"向"以经为师"的转变,实际上便是徐枋慨叹"师道断绝"的一大原因。在徐枋看来,清初之世较汉世传经又有不如,因为"以经为师"的学者尚不能见,更何况重新以"师道"自任的儒者?从后世的历史来看,徐枋的这一担忧恰恰成为清代学术的谶言,为清儒普遍尊奉的观念仍然可以归为"以经为师"。这是宋明学术与清代学术的一大不同,同时也能印证由"自得"向"师法"的学术进路的根本转换。

汪琬与徐枋同样关切"师道"的存续问题,汪氏提出:

> 师之为言,汉孔氏曰"法也",宋曾氏曰"正己而使观之者化也"。无所可法,无所可观,"呼先王以欺愚者,而求衣食","得委积足以掩其口,则扬扬如者",是荀卿氏所谓俗儒者也,奚其师?②

毫无疑问,"师"的意涵正在明末清初的士人中逐渐凸显。在汪琬看来,章句训蒙记问之学,不足以为师,他所强调的"人师"与"经师"分别是可法可观的道德、经术之师,"人师、经师之祖"乃是"受业于孔子者,受其道德仁义,与夫《易》《诗》《书》《礼》《乐》《春秋》之旨"者。因而汪琬对于这种"人师"与"经师"极为看重,他说:

> 仆宦游十五年矣,其有经学修明者得二人焉,曰顾子宁人、李子天生;其内行淳备者得二人焉,曰魏子环极、梁子曰缉。此四君子者,皆与

---

① 徐枋:《居易堂集》卷九《师说上》,黄曙辉、印晓峰点校,上海:华东师范大学出版社,2009年,第213—215页。
② 汪琬:《钝翁前后类稿》卷三十八《师道或问》,《汪琬全集笺校》,李圣华笺校,北京:人民文学出版社,2010年,第764页。

第一章 重建"师法":惠栋与清初经学的转折历程

仆为友。仆老矣,虽不能师之,固所为欣然执鞭者也。①

汪琬此处之意,与顾炎武《广师》篇可并观。虽然都是与诸人以友道相处,然而特意点出"师"字,其蕴含的时代风气,由此可见一斑。

一直到清中叶的章学诚,之所以撰写与韩愈同名文章《师说》,也未尝不能与上述晚明以降的这一学术态势相印证。章氏强调:

> 经师授受,章句训诂;史学渊源,笔削义例;皆为道体所该。古人"书不尽言,言不尽意",竹帛之外,别有心传,口耳转授,必明所自,不啻宗支谱系不可乱也。此则必从其人而后受,苟非其人,即已无所受也,是不可易之师也。学问专家,文章经世,其中疾徐甘苦,可以意喻,不可言传。此亦至道所寓,必从其人而后受,不从其人,即已无所受也,是不可易之师也。②

这篇与韩愈《师说》的同名之作,似乎未得到今日学界应有的重视。章学诚深知韩愈之意,开头即引"师者,所以传道受业解惑者也"等四句,表明章氏对韩愈的思路甚为明晓。然而倘若对比来看,两篇《师说》的主旨显然不同。韩愈的"师道",重心在于以道为师,道在何处,师即在何处。以韩愈自己的话来讲,便是"吾师道也""道之所存,师之所存也""弟子不必不如师,师不必贤于弟子"③。反观章学诚的《师说》,则可以看出清代学术的一种基本进路。章学诚要说明的是"可易之师"与"不可易之师",二者不可同日而语。"师"之于"道",是一种进路,人通过"师"才能闻道,在这一层面,师与君、亲等,故"谨事三者而已矣"。章学诚对"不可易之师"尤为强调,从闻道的层面言,这一观点毋宁指向了"师之所存"即"道之所存"。因而,他才有意强调师承有自,明确指出"必从其人而后受,不从其人,即已无所受也"。

由章学诚的这一思路,恐怕不难理解他所强调的"浙东史学"的传承谱系。在他生活的清中期,早已不是倡言"自得"的时代,所以他即使自称"吾于史学,盖有天授",也必然要为自己的史学传承寻求一种谱系④。从这一点而言,尽管章氏是清代学人中反思"师"的意涵最为深刻的学者,然而也未能自外于时代。同样的,姚鼐在建立"桐城文派"时努力构建了一种"桐城文

---

① 汪琬:《钝翁前后类稿》卷二十一《答从弟论师道书》,第521页。
② 章学诚:《文史通义校注》卷三《师说》,叶瑛校注,北京:中华书局,1985年,第317页。
③ 韩愈:《韩昌黎文集校注》卷一《师说》,上海:上海古籍出版社,2014年,第47、49页。
④ 参余英时:《论戴震与章学诚:清代中期学术思想史研究》,北京:三联书店,2012年。

统",援方苞与刘大櫆为"先导",使得方、刘、姚这一传承谱系甚为明确,从本质上而言,这仍是重"学统"、重"师承"的观念的体现①。

因而,在某种意义上,我们可说清代是"师法"的时代。我们看到,在清代的学坛中,家学与师弟关系几乎处处皆有。东吴惠氏四世传经,宣城梅氏四世以算学鸣,此外,嘉定九钱、高邮二王、绩溪三胡、仪征刘氏、闽中陈氏等,置诸中国学术史上,这种浓厚的家学风尚恐怕在汉代才能觅得。另外,被阮元视为汉学开山的毛奇龄,将自撰《竟山乐录》与《仲氏易》分别假托其父、仲兄之作,全祖望将自己研究《水经注》的创获,归之于四代祖宗②。这也在另一方面说明了为学讲求渊源、学术不由己出的一种学术尊尚。钱泰吉明言道:"大抵为学必有师承,而家学之濡染为尤易成就。"③陈居渊先生曾详列"清代经典研究家庭传承状况"表,统计出清代的传经世家有四十余家。其中近亲组成的家学传承有 8 家,祖孙三代一脉相承的有 10 家,以父子兄弟叔侄相传的有 22 家,而这三类"几乎包揽了十八世纪汉学研究的主要代表人物"④。

从"道统"复归"学统",由"自得"转向"师法",这是从宋明儒学到清代学术在学术进路上的重要转换。也正是在这个意义上,笔者认为惠栋在经学史上的地位可以再度重新考察。我们知道,从晚明以降,复归汉学的风尚正在逐渐形成,然而最终完全摆脱唐宋、直探汉儒的正是惠栋。惠栋解经以汉儒为准,从学理上便是因"汉人通经有家法"这一认识。与此同时,惠栋又是清儒中率先对《荀子》一书系统研究的学者,他在《荀子》的每处"师法"下摒弃杨倞的注而重新作注,殊非偶然。从惠栋到江藩,对传统所言的"道统"观念皆弃置不道⑤,而且吴派学术几乎不作"裁断",因而所做的工作毋宁可以看作是对汉人经学的"述而不作"。因而,倘若我们将视野放宽至晚明以来的学术史进程中,则会发现在惠栋处,学术进路发生了根本变化。这一更新了的进路,简言之即是"师法",在惠栋以前,此观念并未被明确揭橥;在惠栋以后,则几乎无人不受此种观念沾溉。从这个意义上说,惠栋是受惠于他所处的时代,同时又能因应这一时代而开出一条学问路途的学者。惠栋被后

---

① 王达敏:《姚鼐与乾嘉学派》,北京:学苑出版社,2007年,第103—139页。
② 参王达敏:《姚鼐与乾嘉学派》,第119页。
③ 钱泰吉:《曝书杂记》卷中"桐城方氏所著书"条,钱泰吉:《曝书杂记 甘泉乡人题跋》,冯先思整理,北京:中华书局,2020年,第98页。
④ 陈居渊:《汉学更新运动研究:清代学术新论》,第68页。
⑤ 朱维铮先生曾指出,江藩在叙述中国经学的历史概貌时,"矢口不提韩愈的那个'道统'"。见朱维铮:《汉学师承记(外二种)》导言,载江藩、方东树《汉学师承记(外二种)》,徐洪兴编校,上海:中西书局,2012年,第6页。

世推尊为清学大师,是当之无愧的。

三、苏州地区的复古思潮

惠栋是苏州人。倘若说上述"道统"论向"学统"论的转变历程为惠栋的出现提供了时间维度的背景,那么苏州一地则是惠栋形成"师法"观念的至关重要的空间因素。

我们知道,晚明的复古之风乃是先从文学领域兴起,进而影响其他学术领域。蒙文通先生曾指出:

> 明正德、嘉靖间所谓"七子"者,他们在文学上的口号是"文必西汉,诗必盛唐",换句话说,就是不要宋代的文和诗。在学术方面,由于明代统治者最尊"朱学",因而不敢正面的提出反对理学,却提出"不读唐以后书"的主张,这自然也就是不要宋的理学了。继七子之后,又有所谓"十才子""四十才子",遂使这种新的学风因以大盛。在这种风气下,这些"才子"以及受他们影响的朋友,都喜博览旧文,不受官修"五经""四书"《大全》的束缚。常以古义攻击宋代学者的错误,这就开启了"汉学"的途径。①

考索清代"汉学"的兴起原因,是清学史研究中的经典问题。虽然在研究过程中,逐渐形成了多种解释"范式",然而历史地来看,蒙先生的上述叙述将"汉学"与晚明的文学复古相联系,可谓独具只眼。而倘若我们详细考察晚明的文学思潮,又不得不特别留意苏州一地。不应忘记,王世贞、归有光、钱谦益等人在晚明文学坛坫上极有影响,而论其籍贯则都是苏州;而倘论晚明清初的吴地其他学者,我们至少还可以举出顾炎武、陈启源、朱鹤龄等。有学者曾观察到,吴中学者往往兼治经、史、子、集,旁及释、老、小说,与理学的学风明显不同,苏州一地尤重经学②。苏州的特殊性无疑是值得关注的。

归有光尝言:

> 盖汉儒谓之讲经,而今世谓之讲道,夫能明于圣人之经,斯道明矣,道亦何容讲哉?凡今世之人,多纷纷然异说者,皆起于讲道也。③

---

① 蒙文通:《中国历代农产量的扩大和赋役制度及学术思想的演变》,收入氏著:《中国史学史》,上海:上海人民出版社,2006 年,第 192 页。
② 龚鹏程:《晚明思潮》,北京:商务印书馆,2005 年,第 298 页。
③ 归有光:《震川先生集》卷九《送何氏二子序》,周本淳校点,上海:上海古籍出版社,2007 年,第 195 页。

与此极为类似的是,钱谦益曾说:

> 汉儒谓之讲经,而今世谓之讲道。圣人之经,即圣人之道也。离经而讲道,贤者高自标目,务胜于前人,而不肖者汪洋自恣,莫可穷诘。①

归有光与钱谦益在批评"讲道"的同时,提出要返于经典,"明于圣人之经,斯道明矣""圣人之经,即圣人之道也",这与我们前文所讨论的"以经为师"的言论可以并观。晚明学人大多高标性命,而这一批学者则提倡返于六经,置诸明末清初的学术变更背景下看,他们的提倡无疑极为敏锐地把握住了时代的脉搏。

清初的苏州,尤其需要我们关注的是,曾以丁宏度为中心形成了一个治经群体。据《丁氏宗谱》载:

> 先生丁姓,讳宏度,字临甫,一字子临,别号舆舍,苏之长洲人也。幼颖敏,治《易》《春秋》世家学,有闻于时。鼎革后,绝意举业,教授其徒专门经学,以汉时说经各有师承,贯穿钩穴,口诵如澜翻,执经问难者,接踵门墙,愿得先生一言论定。时人尊之曰"经圣"。亲炙弟子惠周惕、顾丁琜、顾嗣立,其选也。世多以章句训诂之学推重先生。②

这里提及的惠周惕,是吴派大师惠栋的祖父。他与丁宏度的从学与交往,是研究吴派学术兴起的一大关键。从上引文字可以看出,苏州人丁宏度以经学传家,并在当时引来了一批学人,这批学人尊称丁氏为"经圣"。由此一例,我们不仅可将吴派的渊源进一步追溯至丁宏度,而且也为苏州一地崇尚经学提供了一则显例。

吴地的好古之风,悠久且浓厚。陈继儒《太平清话》载:

> 至今吴俗,权豪家好聚三代铜器、唐宋玉窑器书画,至有发掘古墓而求者。③

---

① 钱谦益:《牧斋初学集》卷二十八《新刻十三经注疏序》,钱仲联标校,上海:上海古籍出版社,2009年,第851页。
② 丁有铭:《苏州丁氏宗谱》卷二十二《孝介先生传略》,清光绪间刊本,转引自陈居渊:《汉学更新运动研究:清代学术新论》,第95页。
③ 陈继儒:《太平清话》卷四,《四库全书存目丛书》子部第244册,第302页。

不消说,这是一种典型的复古之风。清中叶的江藩更有嗜古之癖,江声明确说"吾家子屏(江藩字)嗜古"①。就连苏州甚有名望的彭氏家族中的彭绍升,也展现出这样一种精神风貌:

> 修净业,好读古德书,间作汉隶,收弄金石文字。尝谓江藩曰:"朱子亦爱金石碑版,此《论语》所谓'游于艺',非玩物丧志也。"②

彭绍升引朱子好金石碑版为援,充分说明其本人不免好古,可以与陈继儒所说的相印证。而且,倘若我们搜检《苏州府志》,也可发现早在惠栋、江声之前,吴地学人中就有尊尚篆书的风气。比如陈启源就曾以篆字撰写《毛诗稽古编》③。后来余萧客以篆书为他人著作撰序④,江声以篆体刊刻《尚书集注音疏》,从地域渊源上来看,便是受苏州尊尚古篆的深刻影响。

晚明清初的崇古之风,在学术领域中表现得尤为明显。常熟毛晋的汲古阁、钱曾的述古堂、姚际恒的好古堂、海宁马思赞的道古楼、海盐胡震亨的好古堂、嘉兴高承埏的稽古堂,等等⑤,单是此种名号,都已能令人感受到强烈的复古气息。而吴地的特殊性不仅表现在得风气之先,而且事实上它所具有的图书资源亦为"汉学"的兴起,提供了关键的助缘。钱谦益曾说:

> 自元季迄国初,博雅好古之儒,总萃于吴中。南园俞氏、笠泽虞氏、庐山陈氏,书籍金石之富,甲于海内。景、天以后,俊民秀才,汲古多藏。继杜东原、邢蠡斋之后者,则性甫、尧民两朱先生其尤也。其他则又有邢量用文、钱同爱孔周、阎起山秀卿、戴冠章甫、赵同鲁与哲之流,皆专勤绩学,与沈启南、文征仲诸公相颉颃。吴中文献,于斯为盛。⑥

钱氏为苏州人,对苏州文献的这一盛况颇为熟悉。而且中岁迁居苏州的段玉裁,也留下了这样的记录:

---

① 江声:《江子屏藏新莽泉母跋》,据陈鸿森辑:《江声遗文小集》,《中国经学》第四辑,第22页。
② 徐珂:《清稗类抄》第九册,北京:中华书局,1986年,第4327页。
③ 王昶:《春融堂集》卷四十三《跋稽古编》载:"乾隆戊辰,始见是书(指《毛诗稽古编》)于惠定宇所,盖长发先生手书,字画杂出于大小篆,古质端雅可爱。"《清代诗文集汇编》第358册,第436页。
④ 参陈鸿森:《余萧客编年事辑》,《中国经学》第十辑,第87页。
⑤ 陈居渊:《汉学更新运动研究:清代学术新论》,第35页。
⑥ 钱谦益:《列朝诗集小传》丙集"朱处士存理",上海:上海古籍出版社,2008年,第303页。

> 吴中文献甲东南，好书之士，难以枚数。若钱求赤、钱遵王、陆敕先、叶林宗、叶石君、赵凡夫、毛子晋及其子斧季，皆雄于明季。入本朝，义门何氏屺瞻暨弟小山，爬搜古本，闭户丹黄，尤称博洽。乾隆初，朱丈文游颇搜辑精好，见称于惠定宇、戴东原两先生。①

从钱曾以下的多位藏书家，以至康熙时的何焯、乾隆时的朱奂等人，都是苏州极有名望的藏书家。而吴派大师惠栋本人也是保存了四代藏书，其中不乏善本。在这样的一种文化氛围下，无疑为惠栋的学术造诣提供了有利条件。

能够说明惠栋受益于苏州的文化氛围的直接证据当然是有的。比如苏州的遂初园，藏书数万卷之多，以宋、元刻本为多，乃是吴泰来秉承其祖吴铨、其父吴用仪的三代藏书之地，而惠栋经常往来其间。据王昶所记：

> 其（吴泰来）尊人用仪，复购书数万卷于其中，多宋、元善本。遂与江浙诸名士流连觞咏，座无俗客。惟李布衣果、惠征君栋、王光禄鸣盛、钱詹事大昕、曹学士仁虎、赵少卿文哲、张舍人熙纯、朱明经方霭、上舍昂、凌孝廉应增、汪员外棣、张岗、沙维杓两布衣，及名僧逸云、念亭，画师则王存素，琴师则周紫芝，皆一时之选也。②

由此则材料，大体可想见当时盛况。其中的画师王愫，曾为吴泰来"写《寒山雅集图》十四人，文悫及定宇征君皆在"③。可知以苏州地区为中心的江浙名士，都曾雅集于遂初园，而惠栋则是其中的重要一员。

另外，还可以发现，惠栋曾利用这种图书资源开展学术研究。段玉裁曾记：

> 入都时，在苏州借朱文游奂所藏《礼记注疏》。此书乃惠定宇先生依吴进士泰来所藏宋刊本校出，凡为卷七十，与唐、宋《志》合，除此本外无不六十三卷者。其字句不同处，今本脱去连行无考处，一一完善，程太史鱼门晋芳、姚比部姬传鼐及玉裁皆临缮一部。④

---

① 段玉裁：《经韵楼集》卷八《周漪塘七十寿序》，钟敬华校点，上海：上海古籍出版社，2008年，第199页。
② 王昶：《湖海诗传》卷二十三"吴泰来"，《续修四库全书》第1626册，第89页。
③ 王昶：《湖海诗传》卷十二"王愫"，《续修四库全书》第1625册，第651页。
④ 段玉裁：《戴东原先生年谱》，见戴震：《戴震文集》附录，北京：中华书局，1980年，第227页。

由此则知惠栋颇利用吴泰来的藏书。江浙间的这种学术风气与学术资源，为惠栋的经学研究提供了关键性的助缘①。

因而，惠栋出现于清初的苏州，绝非历史的偶然。从时间和空间上，我们可以考察惠栋所因应的时代风气与地理特色。他所处的时代，是一个由"道统"论逐步转向"学统"论的时代，所处的地域，乃是有着深厚复古之风以及长久文化积淀的苏州。惠氏的出现受惠于时空两大要素。然而清初的吴地学人亦可称众，惠氏本人置身其中的特殊性，则又是需要考察的内容。如欲探寻"师法""家法"最终由惠氏而非其他学者揭橥的缘由，则必须回至惠氏家族"人"的历史，考寻他们迭经起落的生命历程。

第二节 东吴惠氏的家运与学风

从清初到清中叶，因四世传经而名重学坛的东吴惠氏，家运几经升沉，从遗民到知县，从学政到征士，一门四代无论出仕与否，都与现实政治有着难以隔断的紧密联系。宦途的起伏升降，并未妨碍惠氏经学代代传承，惠栋凭借深厚的家学渊源与自身长期的学术积累，最终建立起规模宏远、学理精微的"汉学"体系。这一学术创获，不仅赢得了并世学者的广泛认同，而且具体指引了此后经学的发展路向，即使是置于整个清代经学史上，其重要性也是无可替代。读其书当知其人，治其学必论其世。在惠氏四代的出处、生平与家运变迁中，考寻惠栋"师法"思想的萌生与形成，当能促进我们对惠栋学术的整体把握与深入探索。

一、惠有声与惠周惕

清初的苏州是举业兴旺之地。据乾隆年间所修《元和县志》载："吴中为人文渊薮，千百年来人材辈出，文章事业震耀前后。入国朝，举礼闱第一、廷对第一者，指不胜屈，称极盛焉。"②地方史志中的记载，虽不无夸大之嫌，然而苏州本为科举兴旺之地，要亦不争之事实。陈黄中说："本朝中吴世族，以经义名家取科第者，无虑数十家。"③同样也可以反映苏州一地的科举盛况。

---

① 黄丕烈曾见到"惠校本"《大戴礼记》、《国语》、《经典释文》、《后汉书》、《荀子》、《逸周书》、《礼记郑注》、《广韵》等。这些"惠校本"在清代版本学上占有重要地位。参徐雁平：《清代的书籍流转与社会文化》，南京：南京大学出版社，2021年，第202页。
② 沈德潜、顾诒禄纂：《乾隆元和县志》卷二十《科目》，南京：江苏古籍出版社，1991年，第221页。
③ 陈黄中：《惠征君栋墓志铭》，据漆永祥整理：《东吴三惠诗文集》，第499页。

苏州惠氏一族处于科举兴盛之地,这促使我们反思,惠栋何以最终选择了疏离举业、终身沉潜的命运。他所做出的学术成就与他在现实政治中的作为适成一种强烈的反差。

惠氏先世居陕西扶风,倘若依照惠栋对"惠姓"源流的考证,有可能源自《西京杂记》所云"长安惠庄",不过惠氏先祖"不显于六朝,略见于唐",至宋代才稍有声名①。惠栋的远祖惠元佑在北宋末徙居洛阳,南宋初又举家迁往湖州。以后历八传而至惠伦,徙居苏州吴县东渚村②。以后又历八传而至惠栋的曾祖惠有声。

惠有声(1608—1677),原名尔节,字律和,号朴庵。他本是明季的诸生,鼎革后足不入城,以九经教授乡里。今日能见到的有关惠有声的史料极为有限,不过有一个关键之处可以确定,那就是从惠有声开始,惠家便有不少藏书。惠士奇曾说"(先王父)家有藏书,手自校雠,以故书多善本"③,惠栋也言"余家四代藏书",多有珍本④。这批藏书一直为惠栋所珍藏,而且惠栋曾撰写《百岁堂书目》三卷,今虽不见其具体内容,但是藏书数量大体亦可推知。

惠有声没有留下完整的学术著作。在乾隆间所修《苏州府志》中,也并未见其名。身为一介遗民,除却与少数几位友朋来往较频外,惠有声并未留下太多的历史履迹。惠有声友朋中最相契者,为明遗民徐枋(1622—1694)。惠周惕有云:

> 先生(徐枋)于丁未(康熙六年,1667)秋,自莲华峰迁于东渚之宜桥。……稍西,其地稍闲旷,有屋数十椽,翠竹千竿,桑柘百本,还其左右,先君之室在焉。先君弃诸生后,隐居于此,不妄交接,独喜先生之来。先生品行高一世,与先君为旧相识,于是相见欢甚,往来过从辄移日。⑤

徐枋的父亲徐汧因明亡而殉节,徐枋本人则隐居山中,罕通宾客。康熙二年(1663),徐枋从吴县迁至东渚,寄居在其表伯张我成家中⑥。张我成与

---

① 惠栋:《九曜斋笔记》卷一《惠姓》,《丛书集成续编》第92册,第497页。
② 江藩:《汉学师承记》卷二《惠周惕》,第23页。
③ 惠士奇《四书文劝学篇叙》,据王鸣盛《蛾术编》卷八十二"读书必有得力之书"条所引,见王鸣盛:《嘉定王鸣盛全集》第9册,北京:中华书局,2010年,第1713页。
④ 惠栋:《渔洋山人精华录训纂》凡例,《四库全书存目丛书》集部第225册,第690页。
⑤ 惠周惕:《书徐昭法先生手札后》,《东吴三惠诗文集》,第210页。
⑥ 徐枋:《居易堂集》附录,罗振玉辑《徐俟斋先生年谱》,上海:华东师范大学出版社,2009年,第537页。

惠有声同为乱世归隐之人，交情甚笃，而惠、徐两人又是故交，因而三人时相过从，来往甚密。

据惠栋记载，惠有声的朋友有如下数人：

> 金阶升字五贞，陈性字身之（原注：一作升之），朱镒字金兼，张我成字德仲，陆坦履长，章美拙生，王节贞明，陆康稷，薛寀谐孟。①

此数人皆是明遗民，平生遭际有甚为悲惨者。他们在明亡后避难苏州光福山，其中章美后来被缚，一弟一婿惨遭杀戮；王节遭遇盗贼，"劫掠无剩，仅以身免"；陆坦"披剃为头陀"；陆康稷"坚键不出"；薛寀易僧服，终生隐居山中②。有关惠有声的生平，今日知之无多，然而惠栋特意记下曾祖生前好友，由此多位好友，我们也可窥见惠有声本人的生平与性格大概。

惠有声娶妻陈氏③，长子惠周惕出生于明崇祯十四年正月。在九岁之时已"通九经章句"，十余岁便能"暗记三史"，这样的聪慧在那个时代固不属罕见，然而对于以教书度日、隐居多年的惠有声而言，已足以让他有较高的期待。

惠周惕家中，除却父母之外，还有四位兄弟。随着家中人口的增多，以惠有声乡居教书来维持一家生计，显然并不宽裕。苏州地区自明代以来便是重赋所在之区，清初又重被兵火，以后迭经旱灾，惠氏一家的生计艰难可想而知。一向苦于征输的惠周惕曾经慨叹"性命尽一家，博尔胥吏喜""三吴弹丸区，军食半所致"④。这种家庭境遇，让惠周惕在晚年依然难以释怀，他一再强调清初江南赋税之重，而康熙二十七年的减免苏、松诸府赋税，已经足以让他感觉应当"歌咏太平"了⑤。

身为家中长子，自然要为父亲分担穷愁。惠周惕在二十岁时一度放弃学业，转去谋生。他先是充当官府中的小吏，然而"迟钝不及事"；又尝试做下级武官，却又"孱无拳勇"。两次皆失败后，惠周惕又转去囤货，以期在商贾云集的吴门能分得一点商利，不料又多次折了本钱，更使生活雪上加霜。三次改变营生，无一次通向利达，这使得惠周惕在激愤地感叹命运的同时，

---

① 惠栋：《九曜斋笔记》卷二"曾王父友"条，《丛书集成续编》第92册，第524页。
② 惠栋：《九曜斋笔记》卷二"郑桐庵敷教交游籍"条，《丛书集成续编》第92册，第524页。
③ 汪琬著，李圣华笺校：《汪琬全集笺校》、《惠母陈太君七十寿序》，北京：人民文学出版社，2010年，第1470页。
④ 惠周惕、惠士奇、惠栋撰，漆永祥点校：《东吴三惠诗文集》、《砚溪先生诗集》卷一《北征集·呈吴县令郭振公》，第5页。
⑤ 惠周惕：《砚溪先生文集·陆淑人七十寿序》，据《东吴三惠诗文集》，第146页。

不得不无奈地折回书斋。虽然生活依旧贫苦困顿,然而也只能安贫乐道,借读书来排遣穷愁①。

惠周惕早年的读书生涯,除了父亲的耳提面命之外,还得益于与徐枋的三年交往。从康熙二年至五年,惠周惕从徐枋学诗学文,朝夕相从。多年之后,惠周惕还保留着徐枋指点其诗文的手书翰墨十七通,所写《书徐昭法先生手札后》一文便饱含了他对这位老师的深厚情谊②。

长于诗文丹青的徐枋,对于惠周惕而言,绝非仅仅是词章之师。徐枋十分欣赏惠周惕的才学,他曾评价惠周惕的诗文"精微痛快处,几于笔歌墨舞,致足乐也"③。因他对惠周惕"极欲有所裨益",故特意写下这段文字:

> 夫人能立事业文章于天地之间者,固以才与气,然徒恃其才与气而不能养之充之,即气如贾生,才如江郎,而不免于竭且尽,而况其下者乎? 故人不可以不学也。学者,所以养吾气而充吾才也。……或曰:文人之所成就,果如贾与江亦可矣。曰:否。文章系乎世运,世愈衰则人之气与才亦愈薄且弱,而文章亦愈下,其理然也。④

惠栋曾言徐枋为其祖父的早岁之作《阳山堂诗草》作序⑤,《阳山堂诗草》今已不见,序文当即此篇。在这篇序文中,徐枋并不期许惠周惕只成为一文士,而是在词章之外,复以学问勉之。日后惠周惕虽多与文士交往,然而并不以文士自期,这与徐枋的此番期许不无关联。

徐枋迁居而去之后,惠周惕所长期跟随的老师,乃是身为清初文坛精英之一的汪琬(1624—1691)。康熙九年(1670),汪琬在经历了多年宦海浮沉之后,告病还吴,此后除却短暂地应诏博学鸿儒,前后乡居凡十数年,而惠周惕便在此时以之为师,勤相问学。

汪琬虽以文名著称于时,然而说他文人气质中保有儒者的气象,不仅是当时人的感受,亦是后世史家的论评。他与古文名家侯方域、魏禧并称"国初三家",而后人评价侯方域为"才人之文"、魏禧为"策士之文",唯有汪琬被称为"儒者之文"⑥。他与同年进士、清初诗坛领袖王士禛论文不合,颇有争辩;又与以考据著称的阎若璩考礼有异,常相乖违。同时引来文学与经学两

---

① 惠士奇:《先府君行状》,据《东吴三惠诗文集·补遗》卷二《惠士奇遗文》,第377页。
② 惠周惕:《砚溪先生遗稿》卷下《书徐昭法先生手札后》,据《东吴三惠诗文集》,第209页。
③ 徐枋:《居易堂集》卷四《与惠而行》,第95页。
④ 徐枋:《居易堂集》卷五《惠而行诗草序》,第122页。
⑤ 惠栋:《砚溪公遗事》,据《东吴三惠诗文集·补遗》卷四《惠栋遗文》,第423页。
⑥ 《清史列传》卷七十,北京:中华书局,1987年,第198页。

位领军人物与之争论,这本身已经表明,他虽然不能与王、阎并驾齐驱,然而其造诣已颇不凡①。日后惠周惕言汪琬之学"其指以六经为归",可谓深得其师之心。而在经学的研究上,惠周惕亦曾受到汪琬的影响。惠周惕撰写的《诗说》,不难发现其承袭汪琬《诗经》学之处,而惠氏一门治《礼》学与《春秋》学,倘若上溯师承,亦能够在汪琬处觅得渊源②。

在父师的引导与鼓励下,惠周惕闭门读书多年。他的涉猎范围非常广博,曾研治"阴阳消息之度,躔次疆理之说,礼乐律历之数",而对"井田、封建之规,郊祀、百官之制,食货、兵刑、河渠、沟洫利害之源",也都靡不深究。惠周惕凭借这种"通儒"之学,获得了当时人对他"才比贾、董"的极高赞许。

自康熙十六年,家中的窘境逼迫惠周惕不得不外出谋食③。是年春天,三十七岁的惠周惕赶赴京华。以江南一隅的微贱寒士投谒京城中的权贵轻肥,频遭冷遇自是常态。这对抱有期待的惠周惕而言,无疑是极大的打击。他也因此对京城中的生活并无太多好感,他曾劝友人归乡之后再勿返回京师,在送行诗中竟然写下"君如谓我不可信,看我作客悲不悲"④。大凡有过同样经历的人,都会知道那是一种在穷困中寄身都会之人的普遍心态。

惠周惕北上未久,父亲惠有声去世,他不得不回家守丧。然而就在次年(康熙十七年,1678),博学鸿儒科的征令遍布大江南北。这一征令曾引起不少士人的反响,应征者从四面八方陆续赶赴都门。在征召的这一百余人当中,仅江苏一省就占20位,惠周惕其名虽亦在应征之列,然而却因为父丧未能成行。与这一机会失之交臂的遗憾不难想象,更何况在云集京城的应征者中,便有惠周惕的老师汪琬与好友潘耒。前者归隐林下之时曾作《反招隐词》,后者亦曾遭到其师顾炎武的劝阻,然而都最终成行并顺利中试。在与身边诸人的对比下,惠周惕的心态变得极其复杂,他言及潘耒中试之后"犹以禄不足养为叹",便未尝不可视为他对丧失良机的一种自我安慰。

此后,已至不惑之年的惠周惕开始了"不下数万里,凡历十有二年"的游历行程,其最大的动力仍在于改变淹蹇窘困的人生际遇。惠周惕做过塾师,当过清客,在山东德州的两年之中寄寓在文士田雯家中,连衣被之需亦得仰

---

① 永瑢等:《四库全书总目》卷一百七十三《尧峰文钞》提要,第1522页。
② 张舜徽先生曾指出此点:"周惕从琬游十数年,亲承指授。其子士奇、孙栋继起,三世传经,以《易》名家,而兼能议《礼》。揆厥师承,又必溯源于尧峰矣。"《清人文集别录》,武汉:华中师范大学出版社,2004年,第45页。汪琬与吴派经学的关系,参李圣华:《汪琬的经学思想及吴派经学近源论》,《甘肃社会科学》2013年第2期,第71—75页。
③ 惠周惕:《砚溪先生诗集》卷一《北征集·出门》云:"饥寒逼腐儒,颠倒作奇想。长安远于日,无故思一往。"据《东吴三惠诗文集》,第3页。
④ 惠周惕:《砚溪先生诗集》卷一《北征集·送吴生》,据《东吴三惠诗文集》,第6页。

赖田雯,遑论其他的生活用度。然而多年游历之后,"自穷益甚",他只得返回家中,以"达则见之功业,穷则托之文章"自勉,在孜孜著书的同时只能等待良机的出现①。

康熙二十九年,惠周惕因母命而不得不以五十之年再赴秋闱。二十余年的场屋困顿,不会让他想到这次竟然遂愿,乡试第十或许已能让其稍展欢颜,次年春天进京得中会试,更是可以告慰他多年困于场屋的愁苦。惠周惕虽然有幸成为惠氏一门中的首位进士,不过对于他的人生而言,这一荣耀或许来得过晚,而且紧接而来的仍旧是逆运。惠周惕选入翰林院做了三年的庶吉士,散馆之时因不通满文而外调,改授密云知县。密云在京师正北方向约百余里,自明朝以来便是朝廷北征的必经之地。而惠周惕上任正值康熙三十五年,这一年蒙古准噶尔部噶尔丹叛乱,康熙帝御驾亲征,分三路进行征讨。处于北征大道上的密云县,一时"烦费骚然",迫使身为知县的惠周惕不得不"日夜奔走供应"②。多年的穷苦困顿,骤然的命运升降,再加上难以应对的纷繁扰攘,使得惠周惕出任密云知县不到一年,便病卒在任上。这位年仅五十七岁的惠家首位进士,尚未看到日后承继家学的孙儿惠栋的出生,便结束了短暂的生命行程。

二、学政的厄运:惠士奇倾家之难再考

康熙十年(1671),惠周惕的次子惠士奇出生,惠周惕因梦中得见著名的明朝大学士、"三杨"之一杨士奇,故而以"士奇"命名。毫无疑问,这是惠周惕期待自己的儿子有朝一日振兴家声,致身庙堂。

然而惠周惕或许没有想到,自己的人生际遇已经足够偃蹇,儿子的仕途先顺后逆,倍加艰辛。康熙四十七年(1708),惠士奇中乡试第一,次年中进士,选庶吉士,科举之途堪称顺利。此后他与多年挚友李绂同入史馆,纂修《三朝国史》。康熙五十二年、五十四年,又两次充任会试同考官。五十八年因太皇太后升祔礼成,而奉命祭告炎帝、黄帝陵。这对身为翰林院编修的惠士奇而言,乃是莫大的荣耀。他曾专门为此慨叹道:"文学小臣蒙上特达之知,天高地厚如此。"③

康熙五十九年(1720)冬,50岁的惠士奇出任广东学政。当时的广东巡抚是年羹尧的兄长年希尧,两广总督则是杨琳。三年之后,惠士奇任满,由年希尧与杨琳共同奏请,保留连任。雍正四年(1726)冬,惠士奇任满还京,

---

① 惠士奇:《先府君行状》,据《东吴三惠诗文集》,第378页。
② 惠周惕:《暮山亭记》,《东吴三惠诗文集·补遗》卷一《惠周惕遗文》,第355页。
③ 惠士奇:《奏对纪恩录》,《东吴三惠诗文集·补遗》卷二《惠士奇遗文》,第370页。

觐见雍正后不久便发生了被罚修镇江城垣一案。学界对此已有详细论述①,然而对惠士奇获罪之因由,仍然不无讨论的空间。

学政连任,是清代政治中颇为罕见的一种政治现象。作为清代政治中的重要角色之一,从清初到清中叶,学政的地位、权力以及与皇帝、督抚之间的关系,经历了颇为复杂的变迁。倘若我们一瞥学政制度的历史,即可知在雍正期间学政职权的变动甚大。因而,惠士奇在广东学政任上的连任,以及此后的遭际,不得不使我们将观察的视角集中在学政制度的变迁上,由此不仅可将惠士奇获罪的原因深入细论,而且可以借以考察雍正帝的统治策略。

惠士奇自道获罪因由:

> 初召入都,声华炳蔚。请安宫门,延入大内。造次失仪,仓皇奏对。弗慎弗详,时时追悔。天子曰吁,池德不类。与朕所闻,前后相背。髡为城旦,轻令赎罪。皇恩其如空汇。兄曰无伤,我心不愧。日远天高,无光不被。竭力致身,何忧何畏?②

惠士奇的弟子杨超曾为惠氏作墓志铭云:"丁未(1727),奉旨修理镇江城垣。辛亥(1731),以产尽停工,罢官。"③惠栋的文字对此亦从未直言。然而在惠士奇与雍正所留下的部分文字中,可以大致窥探两人的心理以及此案之缘由。这里惠士奇所说"造次失仪,仓皇奏对"云云,显然是门面语。

先看惠士奇与李绂在此前后的通信。李绂《穆堂初稿》中有《复惠天牧》一书,可知惠士奇原有一书寄达李绂,惜今已不见。此《复惠天牧》一书史料价值极高,却罕见深究者,兹特录该书如下:

> 前辱手书,以试牍颁示,即寄一函谢教,知达左右矣。弟谬蒙圣王恩遇,复有量移。京畿重地,政务殷繁,奸宄丛居,旗民杂处,北枕三边,东连沧海,寓抚绥于句稽控制之中,宜有良法。从前任事之人,仰藉朝廷威德,卧治二十余年,幸免陨越。然九郡之民,亦罢弊甚矣。弟闻命之后,深以覆悚为忧,吾兄长于史学,通知治体,有可以教所不逮者,是所望也。至于位遇遭际,时命为主,庸人皆能幸获。自君子观之,受恩重则图报愈难,所处高则责备愈众,此可惧不可贺也。来翰所云"汉人

---

① 王应宪:《清代吴派学术研究》,第32—51页。
② 惠士奇:《祭从兄端明先生文》,《东吴三惠诗文集·补遗》卷二《惠士奇遗文》,第382—383页。
③ 杨超曾:《翰林院侍读学士惠公墓志铭》,《东吴三惠诗文集》附录,第488页。

翰林,稀任总制",此亦偶然事,存为玉堂清话可耳。至于吾辈,以文章、功业相期,或出或处,要地,或散局,皆能有所表见,岂屑屑于此乎?兄督学岭南,公明澈底,超前绝后,所云"粤西无两"之称,弟固不敢当,而吾兄学政为"粤东无两",固然而不可易矣。若乃久于其道而后化成,圣人犹然。学使三年报满,即有转移风气之志,时暂而功浅,或以不善者继之,迄无成绩。吾兄受圣天子之知,特留任三年,教化之行,久则难变。将来岭南人知实学,士皆通经,足备国家之用,此于吾党夙昔所期文章、功业兼而有之,实不朽之盛事。以清曹受殊知,建绝业,而来札有"云泥贵贱"之语,则未免世俗之见,非所望于吾兄也。圣天子在上,群贤旅进,兄亦岂久淹于南?然事会各有其时,未容造次。弟昨破拘忌,荐下相,反为故人之累,又不如阳羡之相安无事,岂非命耶?弟生平所宝二语,处境则居易以俟命,临事则行法以俟命。命之所在,俟之而已,职之所在,不敢不勉。吾两人惟相期益励,晚节比诸松竹,贯四时而不改柯易叶,即"两江解元"可以并传不朽矣。迂语拙语,吾两人知之,不足为外人道也。弟未延幕友,即书启号件,亦无其人。草复不庄,希宥。附侯(候)近祺,并问幼郎安好。不罄欲言。①

李绂于雍正二年(1724)四月,任广西巡抚;雍正三年(1725)八月,改任直隶总督。而惠士奇从康熙五十九年冬至雍正四年冬,在粤任广东学政六年。李绂此信中既云"京畿重地",又云惠士奇"留任三年",因而当可推知此信作年在李绂到直隶总督任后不久,即雍正三年秋至四年冬之间。

惟此信中有多处言语,可借以推测惠士奇出任广东学政的心态。惠士奇较李绂年长四岁。早在康熙四十年(1701),李、惠两人相识吴中,并结集诗文之会②。康熙四十七年,两人各在乡试中荣膺榜首,在当时即并称为"两江解元"(见上引书信)③。次年,两人同中进士,此后又同入史馆,交情堪称莫逆。而且,尤为值得一提的是,李绂极为欣赏惠士奇的次子惠栋,信中所言"幼郎",即指随父宦游广东的惠栋而言。

不过,同样是以文章、功业兼而有之相期,广东学政惠士奇与适逢从广西巡抚改任直隶总督的李绂相比,官阶之差,自不可以道里计。从李绂的复书中可知,惠士奇曾寄一书相贺,直言"汉人翰林,稀任总制",又赞其"粤西无两",自言"云泥贵贱"。在这诸多言语中,惠氏心中的艳羡之情、自惭之意

---

① 李绂:《穆堂初稿》卷四十一《复惠天牧》,《续修四库全书》第1422册,第66—67页。
② 李绂:《穆堂类稿》卷二十六《蒋树存七十寿谨序》,《续修四库全书》第1422册,第429页。
③ 同上。

第一章　重建"师法"：惠栋与清初经学的转折历程

已不能掩。因而李绂不得不回誉惠士奇"粤东无两"，并批评其未免"世俗之见"。而且李绂复书中明言"圣天子在上，群贤旅进，兄亦岂久淹于南"，饱含劝慰之意。综合以上数语来看，可知惠士奇对自己的宦途遭际并未满意，更何况在多年好友的对照下，益发显得未符己心。

惠士奇有此心态，与雍正初年的学政制度极为相关。雍正初年，学政与督抚尚有统属关系，前者主要掌管一省文教，负责岁科二考，实际上并无太大权力。尤其是学政离任时，督抚要对之作衡量，这也就在事实上不能保证学政所选拔的人才不受地方督抚的干预①。尽管惠士奇衡文能力颇强，在广东也曾一度效仿文翁，力倡经术，然而在他任学政的六年间，从未得到负面评价一点看，他与督抚的关系都堪称和睦，尤其是广东布政使常赉到任后，窥伺近一年后，向雍正密报了总督孔毓珣、巡抚杨文乾等五人，未有对学政惠士奇的片语意见。由此也大体可知惠士奇个人性格的一二了②。

惠士奇当然不愿长久居于地方督抚之下。他所希冀者在于回京，否则李绂不会以"兄亦岂久淹于南"相宽慰。因而他与督抚关系的和睦，以及他尤为注意自己的名声，也都是不难想见之事。

然而，惠士奇从未得到过雍正的信任。早在雍正元年六月二十日，年希尧举荐惠士奇留任时，雍正的朱批如下：

> 另差一个去，保□比惠士奇更强。③

这是雍正早有更换广东学政之心的明证。再看雍正的如下一段朱批：

> 向闻惠士奇声名着实好，今见其人，甚平常，想必随波逐浪、到处逢迎、邀誉窃名之所致。此等欺世奸诈之行，不可法也。虚名虽盗，实祸随之，何益之有？你乃朕特用之人，尤非惠士奇之可比，但以实力真诚为之，化导士风，整理习俗，乃尔专责。若不奖善惩恶，何由于变时雍？若一味好好先生，袒护不法士子、顽劣绅衿之恳求，惟言是听，权要廷臣之请托，惟命是从，谄媚督抚，迎合提镇，将此以谓平和安静、文武相安，

---

① 王庆成：《清代学政官制之变化》，《清史研究》2008年第1期，73—80页。
② 中国第一历史档案馆编：《雍正朝汉文朱批奏折汇编》第八册，《广东布政使常赉奏报孔毓珣杨文乾等五人官声操守折（雍正四年十月二十六日）》，南京：江苏古籍出版社，1991年，第318页。
③ 中国第一历史档案馆编：《雍正朝汉文朱批奏折汇编》第一册，《署广东巡抚年希尧奏广东学臣惠士奇清介公明折（雍正元年六月二十日）》，第552页。

则大误矣。如此巧为，自然誉言日闻于朕耳，但恐朕别有观察之道也。①

这是雍正在杨尔德奏折上的朱批。雍正的这段话，绝非一般的训诫之语，其背后有着特殊的制度更张背景。雍正四年，雍正改学院为学道，保证了学政的建言不受地方督抚干涉，同时将督抚与学政之间确立了相互制衡的一种关系。我们可以看到，在雍正四年后，学政的实际权力明显增大，来自各地学政的密折明显增多。雍正此种策略的考虑无非一条，即防止地方朋党，因而分散权力，让学政独立行使选拔地方人才的职权，督抚不得深入其间②。

明乎此，我们当可知雍正朱批中的"你（指杨尔德）乃朕特用之人""谓平和安静、文武相安，则大误矣"等，字字背后都隐藏了惠士奇的得罪缘由。惠士奇得罪，与雍正改学院为学道，时间上（雍正四年）完全吻合，这显然非偶然因素可以解释。也正是因此，时隔数年之后，雍正对此并不讳言，直言惠士奇"夤缘督抚"，并对其"清廉之名"尤为厌恶：

惠士奇夤缘督抚，保留两任学政，伊在广东惟事逢迎，巧诈沽名，致令士习浮嚣，毫无整顿约束，深负委用之恩。及离任回京，奸状毕露，派修镇江城垣，又复迟延推诿，将资财尽为藏匿，只修三千余两之工程，兼欲邀清廉之名，希图脱卸，甚属奸鄙。③

可知，在雍正眼中，惠士奇是夤缘督抚、邀名窃誉的典型；从他对杨尔德的训诫来看，牵制督抚势力，在地方上达到文武平衡的权力态势，才是雍正所希望看到的局面。因而，处在广东学政的任上，惠士奇与地方督抚力图保持和睦关系，竟然达到联名留任的地步，这其实已经埋下了惠士奇获罪的隐患。

因而，由以上内容的叙述，笔者尝试提出，惠士奇的获罪应当是雍正朝学政制度变更背景下的产物，与惠士奇是否贪墨、是否有效化导广东士风的

---

① 中国第一历史档案馆编：《雍正朝汉文朱批奏折汇编》第八册，《广东学政杨尔德奏请圣安并报到任日期等事折（雍正五年正月二十五日）》，第944页。
② 王庆成：《清代学政官制之变化》，《清史研究》2008年第1期，73—80页；李自华：《试论雍正对学政制度的发展》，《史学集刊》2006年第5期，第22—28页。
③ 《雍正朝起居注册》第5册，雍正十二年九月十六日，转引自漆永祥：《东吴三惠著述考》，《国学研究》第14卷，第423页。

关系其实并不密切。惠士奇由督抚举荐而留任成功，同时又享有上佳的居官声望，在使学政与督抚相互制衡的总体改革方向下，恐怕没有哪位官员比惠士奇更适合作这一制度更张的牺牲品。杀鸡儆猴本是雍正统驭臣下的惯用手腕，惠士奇的倾家之难，可谓在劫难逃。日后惠栋对政治乃至举业都采取了一种自觉疏离的态度，其最为直接的刺激，其实也就在这位做了六年学政、修了五年城墙的不幸父亲身上。

三、惠氏家学中的汉宋分野

惠氏第一代学人惠有声，选择了终生不仕，僻处草野；第二代惠周惕与第三代惠士奇，则无不仕宦艰辛，几经升沉。家中的这样一段历史，对惠栋影响甚深。正是因为家中数代的仕宦遭际，尤其是惠士奇的飞来横祸，使得惠栋自觉疏离政治，毕生不入仕途。

从惠士奇赴任广东，到罚修镇江城垣，再到公堂对簿、官府查产，直至家财耗尽，膏火为艰，惠栋都伴随其父，目睹了家道剧变。此数年间是惠氏一家最为艰难的时日，在惠栋的文字中，我们虽然看不到他有关此事的直接叙述，然而他一生不仕、疏离举业的行动取向，已足以表明此事在惠栋心中所留下的烙印。在家道陡然败落之际，惠栋研经治史，专注"汉学"，未有辍怠，此举本身便蕴含着与现实政治隐微抗争的意味。我们知道，清廷所提倡的程朱理学属"宋学"范畴，而惠栋所尊奉的"汉学"正与之隐隐相抗。有关此点，牟润孙先生言之最畅，他认为"惠栋就是受到讲理学的统治者迫害的一个人，所以他很明白清王朝统治者不自治而去治人的痛苦"，"惠栋因家祸而了解到胤禛、弘历讲理学之可怕"，所以包括《周易述》在内的著作都是有意"反理学的"。而正是因此，牟先生认为惠栋思想是"乾嘉时代反理学思想"的一大典型①。

另外，倘若仔细披览惠栋的文字，则未尝不会发现他对政治的隐微态度。他在笔记中借傅山所论"人才命脉系提学官"记下：

> （傅）山谓人才命脉系提学官，此至言也！东南之人，言人才者从未及此。山意谓提学官贤则人才出，提学官不贤则人才不出，此至言也！②

---

① 牟润孙：《反理学的惠栋》，收于氏著：《注史斋丛稿》，北京：中华书局，2009年，第619—624页，引文见第619、621、622、624页。
② 惠栋：《九曜斋笔记》卷三"人才命脉系于提学官"条，《丛书集成续编》第92册，第489页。

惠士奇任广东学政期间，广东人才如苏珥、罗天尺、何梦瑶、陈海六被称为"惠门四子"，惠士奇对之青睐有加。惠栋特意记下提学官对人才升降的重要性，其实未尝不可视为对父亲居官事业的肯认①。

惠栋又尝记下：

> 山谷云："阴阳家谓克己者为官。既已从仕，则受制于官，不得悉如意也。"②

不待明言，这是惠栋借黄庭坚之口，道出自己的心声。惠氏家运的几经升沉，直接促使惠栋选择著述以终，同时又促使惠栋对四世传经的家学渊源在在提及。曾为惠栋作墓志铭的陈黄中曾说：

> 君（指惠栋）晚岁遇虽益蹇，名益高，四方士大夫过吴门者，咸以不识君为耻，人亦以小红豆称之，其所以绍门风者，盖不以爵而以德也。③

此处的"德"，自然是包含家学而言。事实上，我们不仅可据以推测，此语之中包含了支撑惠栋一生的坚定信念，而且可以想见，惠栋凭借这种"德"确实受到了当时人的景仰④。

惠栋特意描摹了四世传经图，从曾祖到自己，以志家学渊源。戴震、王昶、沈廷芳等人对此传经图都有题赞，存各家集中⑤。惠栋在自己的经学著作中，屡屡道及的"子惠子"，便是指代曾祖惠有声。同时，他又搜辑祖父遗文，编成《砚溪先生遗稿》二卷。对于父亲惠士奇，惠栋更是毕生不忘。惠栋留有手札一通，从中可知他曾托人寻访乃父著述，说"先人著述惟《礼说》授

---

① 参王应宪：《清代吴派学术研究》，第51页。
② 惠栋：《九曜斋笔记》卷三"官"条，《丛书集成续编》第92册，第532页。
③ 陈黄中：《惠征君栋墓志铭》，《东吴三惠诗文集》附录，第500页。
④ 此处étant不为学界所熟知的一则趣事，以见惠栋晚年在苏州声名益著的景象。从游惠栋的沈大成，有女弟子名徐映玉，字冰冰，生于雍正六年六月，卒于乾隆二十七年十二月，年仅三十六，喜读书。据沈大成记：
　　余往来吴中，馆其（徐映玉）家。尝留惠征君松崖饮，媛入厨治具，或以为脍，曰："吾重惠先生之经学也。"它日，咸有为县者饭其舍，或又以为俭。曰："若徒知取科名耳，安得侪惠先生哉！"
沈大成收徐映玉为徒，时在甲戌（乾隆十九年，1754），惠栋于次年为徐映玉诗集作序，对其诗才大加赞赏，并以"河南女子传《说卦》、济南博士女传《尚书》"希冀他日有如徐映玉之才者，从己"受业而发其秘"。见沈大成《学福斋集》卷十九《徐媛传》，《续修四库全书》第1428册，第233页；惠栋：《南楼授诗图序》，《东吴三惠诗文集》，第402页。
⑤ 王欣夫：《蛾术轩箧存善本书录》，未编年稿卷三《惠氏四世传经图》，鲍正鹄、徐鹏整理，上海：上海古籍出版社，2002年，第1567页。

第一章 重建"师法":惠栋与清初经学的转折历程

梓,其余经说及天文、乐律诸书尚须钞录"①。今《九曜斋笔记》中的"过庭录",便是惠栋记载下的惠士奇之语。由此也可知,惠栋对家世耿耿不忘,然而既然选择不仕,则只能借遗文经说来传续四世不绝的家学。

章太炎先生尝谓"定宇曾祖朴庵先生,已兆经学之先"。② 据惠栋所记:

> 惠氏经学,权舆于曾王父。……曾王父极推汉学,以为汉人去古未远,论说各有师承,后儒所不能及。当时学者皆未之信,故其书藏于箧衍,未尝问世。及遭散迁徙,遂亡其书。既老,不复著述,以其说口授公(指惠周惕),公授之先君(指惠士奇),由是雅言古训,遂明于世。③

惠栋《春秋左传补注序》云:

> 栋曾王父朴庵先生,幼通《左氏春秋》,至耄不衰,因杜氏之未备者,作《补注》一卷,传序相授,于今四世矣。……栋少习是书,长闻庭训,每谓杜氏解经,颇多违误,因刺取经传,附以先世遗闻,广为《补注》六卷,用以博异说、祛俗议。④

惠有声的经学成就究竟是否如惠栋所言,可以重新讨论,但是在惠栋那里,惠有声确实代表了家学的开端。其《易汉学自序》云:

> 栋曾王父朴庵先生有声,尝闵汉《易》之不存也,取李氏《易解》所载者,参众说而为之传。天、崇之际遭乱散佚,以其说口授王父,王父授之先君子。先君于是成《易说》六卷。又尝欲别撰汉经师说《易》之源流而未暇也。栋趋庭之际,习闻余论,左右采获,成书七卷,自孟长卿以下五

---

① 吴修:《昭代名人尺牍小传》卷二十一,《清代传记丛刊》第31册,第414页。
② 王欣夫:《蛾术轩箧存善本书录》,未编年稿卷三《惠氏四世传经图》附记,第1568页。
③ 王欣夫:《蛾术轩箧存善本书录》,癸卯稿卷四《砚溪先生遗稿》附记,第1039页。
④ 惠栋:《春秋左传补注自序》,《东吴三惠诗文集》,第305页。今上海图书馆藏有惠栋《左传补注》手稿。据笔者检证,上述文字原作:
   > 栋曾王父幼通《左氏春秋》,尝手抄数十过,至耄不衰,传序相授,于今四世矣。……栋少习是书,长闻庭训,每谓杜氏解经,颇多违误,值典籍散亡之后,先儒异说莫可得闻。汉末涿郡高君为《吕览》、《淮南》二书训解,其言多有与《左氏》相发明者,因刺取其说,附以汉儒诸经训诂及《说文》、诸子百家之说,集为《补注》四卷,用以广异闻、祛俗说。(卷一,第5—6页)

   惠有声作《左传补注》一卷之事以及"附以先世遗闻"云云,为惠栋后来所增补。今《左传补注》中引"子惠子"之语多处,然而据笔者初步考察,"子惠子曰"四字多为惠栋后来所增补。

家之《易》，异流同源，其说略备。①

倘若对比汉初诸儒尤其是《尚书》学鼻祖伏生传经的历史，则可知上述这段不无增饰之嫌的描述，未尝没有汉初传经诸儒的风影在。事实上，正是家学绵长这一有利条件，促进了惠栋领悟到汉儒的"师法""家法"，也导致了惠栋在描摹家学时，有一种独特的"拟汉"情怀。因而，从这个意义上来说，从惠有声到惠士奇的三代家学，乃是"师法"观念得以创生的直接根基②。

问题的关键是汉宋学术的分野，究竟如何在惠氏家学中具体展开。我们知道，清初学术的一种普遍倾向，便是"汉宋兼采"③。作为惠氏第一代传经者，惠有声是否已经具备明确的汉宋分立意识，其实缺少坚实的证据，至少我们在惠周惕以及他的老师汪琬所留下的文字中，尚难以寻见这种汉宋分立的明确观念。此处我们以汪琬至惠周惕的《诗经》学为考察中心来试作探讨，以明惠士奇乃至惠栋所进行的学术转变。

惠周惕师从汪琬长达十多年之久。汪琬的学问本从宋儒而出，复受清初风气之濡染，因而一方面尊崇朱子之经注，一方面又祖尚郑玄之遗说。他的下述这段话尤能反映他在经学上"无所专主"的学术立场：

> 惟其义，不惟其人。其义非也，虽专门名家号为经师者，弗敢信也；其义诚是矣，虽诸家之绪论，其能无择而采之与？采之诸家，而不惟一师之信，此吾学《诗》之指也。④

据此，《诗经》学最重要的是求其"义"，而此"义"出自何家并不重要。易言之，即广采众说，断以己意，这就是汪琬的基本立场。在此立场下，非但"家法"之分、今古之分殊无必要，而且对于汉宋亦无轩轾之别。正因如此，汪琬将《毛诗》《申诗》《韩诗》这些"冠其姓于《诗》"的经说，视为"汉儒之僭"⑤。这相当深刻地反映出，汪琬对作为汉代经学最明显特征的"师法"与

---

① 惠栋：《易汉学原序》，据惠栋：《周易述》（附《易汉学》、《易例》），郑万耕点校，北京：中华书局，2007年，第513页。
② 惠栋的家学渊源对其"师法"观念的形成有着不可忽视的作用。有学者指出，惠栋对家学的标榜与两汉的师法、家法，在"重视口授传承、学有根柢的精神"上是相通的。这是相当准确的观察。参张素卿：《"经之义存乎训"的解释观念——惠栋经学管窥》，收入林庆彰、张寿安主编：《乾嘉学者的义理学》，台北："中研院"中国文哲研究所，2003年，第281—318页，引文见第282页。
③ 皮锡瑞：《经学历史》，第341页。
④ 汪琬：《汪琬全集笺校》，《钝翁前后类稿》卷一四《诗问》，第408页。
⑤ 同上书，第410页。

"家法"缺乏最基本的肯认。

值得注意的是，汪琬《诗问》的学术宗旨以"惟其义，不惟其人"可以大体涵盖，然而惠周惕《诗说》的学术态度则更为复杂。虽然它在汉宋之间各有采获，然而它尊信《诗序》，批驳《诗集传》，强调"以经解经"，这已经最为鲜明地展现出基本立场。

如所周知，朱熹《诗集传》的一大特点在于废弃《诗序》不用。汪琬对该问题并无明确议论，而惠周惕的《诗说》却是"其旨本于小序"①。从《诗说》中可以看到，惠周惕多处以《小序》为基础考证经义，纠正朱注之谬。以这一解经方式，惠周惕表达了尊信《诗序》的学术立场。

例如《齐风·敝笱》，《小序》谓其"刺文姜也。齐人恶鲁桓公微弱，不能防闲文姜，使至淫乱，为二国患焉"②。春秋时鲁桓公夫人、庄公母亲文姜与齐襄公私通，《小序》认为此诗是讥刺桓公，而朱注认为《小序》中"桓"字当作"庄"字③。朱熹的这一看法受到惠周惕的驳斥，谓："夫之能禁其妻，不犹愈于子之能禁其母乎？《春秋》桓十八年，'公会齐侯于泺''公与夫人姜氏遂如齐'。则姜氏之淫乱，桓公实导之。"④惠周惕以文姜在桓公生前就已与齐襄公私会，因而《小序》说此诗讥刺桓公，实亦有其道理。又如《陈风·东门之杨》，《小序》谓"婚姻失时"，朱子以为此诗为淫奔之诗，因而认为"序说盖误"⑤。惠周惕反驳道："《东门之杨》，序谓'婚姻失时'，女不从男也。《易·大过》九二，枯杨生稊，老夫得其女妻；九五，枯杨生华，老妇得其士夫。二、五皆阳，以杨象之，则杨所以比男也。春气之动，杨最先发，所以比男先于女也。然杨易生亦易老，始而牂牂，既而肺肺，终则至于枯落，故曰后时也。"⑥此处以《小序》和《周易》相印证，批驳朱熹对《小序》的怀疑，惠氏此解是否准确暂且不论，其维护《诗序》的立场实由此可见一斑。再如《鲁颂·泮水》有"采芹""采藻""采茆"之句，宋儒陆佃将其解释为"士之于学，揽其芳臭，则采芹之譬也"；"学文则采藻之譬也"；"知道之味，嗜而学焉，则采茆之譬也。"惠周惕根据《小序》"颂僖公能修泮宫"，认为此诗"始终言鲁侯在泮事，是克淮夷之后，释菜而傧宾也"。陆说与《诗序》所云相去绝远，因而惠周惕视之为"穿凿"⑦。

---

① 田雯：《诗说序》，载惠周惕：《诗说》卷上，《续修四库全书》第1421册，第121页。
② 惠周惕：《诗说》卷中，《续修四库全书》第1421册，第131页。
③ 朱熹：《诗序辨说》，《朱子全书》第1册，第374页。
④ 惠周惕：《诗说》卷中，《续修四库全书》第1421册，第131页。
⑤ 朱熹：《诗序辨说》，《朱子全书》第1册，第379页。
⑥ 惠周惕：《诗说》卷中，《续修四库全书》第1421册，第133—134页。
⑦ 惠周惕：《诗说》卷下，《续修四库全书》第1421册，第142页。

废《序》不用,实为朱熹《诗集传》的一大特色。而惠周惕以《诗序》言诗,正与批驳《诗集传》为一体之两面。惠周惕指斥《诗集传》的谬误尚不专在此,令他不满的还有相沿已久的"淫诗"与"赋比兴"等问题。

朱熹曾一反"思无邪"的说法,认为《诗经》中有"淫诗"。《郑风》共21篇,大多被朱熹斥于"淫诗"之列。惠周惕对朱熹的"淫诗"之说不以为然,认为朱熹至少在批评郑国方面犯了避重就轻的错误。他结合春秋史事说:"郑国之乱在君臣,风俗之淫犹其小者也。……君臣之变,未有甚于郑者,岂区区淫乱之罪足以蔽其辜哉?朱子欲绝郑而实宽其大恶,亦弗思矣。"①通过考察郑国史事,惠周惕认为"淫诗"之说不足以尽郑国之罪,他立足于政治教化而批评郑国君臣,而集中于风俗之淫的朱注,在惠周惕看来未免是舍大取小了。惠周惕又认为,风、雅、颂是《诗》之名,兴、比、赋是《诗》之体,"体不可遍举,故兴、比、赋合而后成《诗》。……毛公传《诗》独言兴,不言比、赋,以兴兼比、赋也。人之心思必触于物而后兴,即所兴以为比而赋之,故言兴而比、赋在其中。毛氏之意未始不然也。"②以惠周惕之见,赋、比、兴三者是合一的,其中兴是三者的中心,这是本《毛传》而立论的。惠周惕指出《毛传》的一个缺点,即唯独以首章发端者为兴,不能见"篇法错综变化之妙"。不过除此之外,惠周惕完全维护《毛传》的"赋比兴"见解。而对于朱熹在《诗集传》中将赋、比、兴分开并一一注明的做法,惠周惕严厉批评道:"无乃失之愈远乎!"③毋庸置疑,惠周惕认为《毛传》虽有瑕疵,但大体是准确的,而朱熹的做法则失之于无根据。

总体来看,惠周惕的经学成就集中在《诗说》上。惠周惕解说《诗经》"本于《小序》",批判朱熹的《诗集传》的"淫诗"说与"赋比兴"说,已经展露出了"以经证经"的学术倾向。惠周惕与朋友在讨论《诗说》之时,明确表明"仆立说之旨,惟是以经解经"④,极力反对师心自用。他说:"古人立说,彼此不妨异同,然其要归,必折衷于六艺,未闻率臆任心,无所证据。"⑤"以经解经"的提出,表明惠周惕已深刻认识到任意解经的危害,因而他力图"折衷于六艺",考诸经典,求得原义。

然而惠周惕在解经之时,对汉儒实亦未能认同。例如在"风、雅正变"和"诗无天子、诸侯之别"的问题上,惠周惕遵从汪琬之解,而对郑玄等人展开

---

① 惠周惕:《诗说》卷中,《续修四库全书》第1421册,第131页。
② 同上书,第124页。
③ 惠周惕:《诗说》卷上,《续修四库全书》第1421册,第124页。另可参鲁梦蕾、宫辰:《论惠周惕〈诗说〉在诗经研究史上的地位》一文,《黄山学院学报》第8卷第2期,第104—108页。
④ 惠周惕:《砚溪先生文集·答薛孝穆书》,据《东吴三惠诗文集》,第165页。
⑤ 同上书,第167页。

了批评。我们知道,"正变"之说,出自《毛诗·大序》。郑玄认为"正""变"应以时代分,即周夷王以前之作为"正风""正雅",周夷王至陈灵公之作为"变风""变雅"。孔颖达的《毛诗正义》沿袭此说①。提出不同意见的是陆德明,他认为应以篇目分正变,即《周南》《召南》为"正风",《邶风》以下的十三国风是"变风";《鹿鸣》至《菁菁者莪》属于"正小雅",《六月》至《何草不黄》属于"变小雅";《文王》至《卷阿》为"正大雅",《民劳》至《召旻》为"变大雅"②。陆德明的这一看法被朱熹大体接受,《诗集传》的序文即本此而认为《周南》《召南》"独为《风》诗之正经",而自《邶风》之下为"变风"③。

针对此问题,汪琬提出:

> 一国之诗,有正有变焉;一时之诗,有正有变焉。吾疑其不可以国次、世次拘之也。……凡言正、变者,必当考求其诗;考求其诗,然后能得其实。褒美之诗为正,则刺讥之诗为变也;和平德义之诗为正,则哀伤淫佚之诗为变也。④

诗之"正变",完全取决于善恶美刺,与时代无关,与篇目亦无关。这自然将郑、孔、陆、朱的观点全部否定。而这一观点被惠周惕全部继承了下来,惠氏强调:

> 以余观之,正变犹美刺也。《诗》有美不能无刺,故有正不能无变。……美者可以为劝,刺者可以为惩,故正变俱录之。编诗先后,因乎时代,故正变错陈之。若谓诗无正变,则作诗无美刺之分,不可也。谓《周》《召》为正,十三《国风》为变;《鹿鸣》以下为正,《六月》以下为变;《文王》以下为正,《民劳》以下为变,则《序》所谓美与刺者,俱无以处之,亦不可也。⑤

与乃师同样,惠周惕认为"正变"应以"美刺"为参照,各个时代的诗中都有,不能以时代、篇目分正变。在此问题上,惠周惕继承了汪琬之说,显然,郑玄的说法也在否定之列。

---

① 孔颖达:《毛诗正义》,北京:北京大学出版社,2000年,第9页。
② 陆德明:《经典释文》第五、六、七,张一弓点校,上海:上海古籍出版社,2012年。
③ 朱熹:《诗集传序》,《朱子全书》第1册,第351页。
④ 汪琬:《汪琬全集笺校》,《钝翁前后类稿》卷一四《诗问》,第404页。
⑤ 惠周惕:《诗说》卷上,《续修四库全书》第1421册,第123—124页。

另如"《诗》无天子、诸侯之别"的问题。吾人皆知,《诗经》之中无"鲁风",郑玄认为原因在于"周尊鲁,故巡狩述职,不陈其诗";而《诗经》之中有《鲁颂》,郑玄的解释是:"孔子录之,同于王者之后。"朱熹对此提出异见,认为正因"《鲁颂》有僭",才"著之于篇,所以见其僭"①。郑、朱二解适成相反之论,汪琬则提出己见:

> 天子之国,非无《风》也。诸侯之国,非无《雅》《颂》也。何以言之?十五国之中有《二南》,有《王风》,又有《豳风》,是皆天子之诗也。《雅》《颂》之中,《小雅》有《宾之初筵》,《大雅》有《抑》,《颂》有《鲁》,是皆诸侯之诗也。不得以《风》诗专属之诸侯,《雅》《颂》专属之天子也。②

于此问题,惠周惕仍然认同乃师,认为郑、朱之说皆为误解,而错误之根源乃在于"泥《风》为诸侯之诗,《雅》《颂》为天子之诗"。惠周惕认为汪琬的观点"足以破众说之纷纷",正可见他对于师说的遵循与墨守③。

以上问题皆为《诗经》学中的关键。汪、惠师弟对郑玄与朱熹无所偏主,对汉、宋之别无所偏向,惠之承袭汪,表明清初儒者在经学上左右采获,断以己心,对汉代经学之"师法""家法"还远未意识到。因而,从这一角度而言,四库馆臣评价惠周惕《诗说》"于毛传、郑笺、朱传,无所专主,多自以己意考证"④,概括的是不谬的。

那么,真正对惠栋"汉学"意识产生关键影响的人物何在?惠氏家族中,区分汉宋最力者乃是惠士奇⑤。与其父惠周惕相比,惠士奇的文人气质已有所褪却。他不仅对《毛诗》《汉书》《后汉书》《荀子》等经、史、诸子进行了考核校订,皆为惠栋后来的研究开示途辙,而且尤为关键的是,在惠士奇处,已逐渐意识到汉宋学术的分野问题,并对惠栋以汉儒"师法"治经产生了直接影响。这一点尤为重要。

我们知道,惠士奇的著名楹帖"六经尊服郑,百行法程朱",对其解读方式固有多种,然而皆不可否认其本身是将汉学与宋学对举的一种表征。惠士奇尝言:"宋儒可与谈心性,未可与穷经。"又言:"汉有经师,宋无经师。汉

---

① 惠周惕:《诗说》卷上引,《续修四库全书》第1421册,第125—126页。
② 汪琬:《汪琬全集笺校》,《钝翁前后类稿》卷一四《诗问》,第403页。
③ 惠周惕:《诗说》卷上,《续修四库全书》第1421册,第126页;另可参李开:《惠栋评传》附《惠周惕评传》,第507页。
④ 永瑢等:《四库全书总目》卷十六《诗说》提要,第133页。
⑤ 参张素卿:《"经之义存乎训"的解释观念——惠栋经学管窥》,林庆彰、张寿安主编:《乾嘉学者的义理学》,第309—310页。

第一章 重建"师法":惠栋与清初经学的转折历程

儒浅而有本,宋儒深而无本,有师与无师之异。"①察此二语之意,"有本""无本"之别,注定宋儒在经学上不能与汉儒比肩,而惠栋对此论则"三复斯言,以为不朽"②。汉儒的重要性在于有师有本,这与惠栋所认识到的"师法""家法"之论,已相去不远了。

惠士奇曾用《韩非子》中的"郢书燕说"的比喻来批评宋人。据惠栋所记:

> 《外储说》曰:"郢人有遗燕相国书者,夜书,火不明,因谓持烛者曰'举烛'云,而过书'举烛'。'举烛',非书意也。燕相受书而说之,曰:'举烛者,尚明也;尚明也者,举贤而任之。'燕相白王,大悦,国以治。治则治矣,非书意也。今世学者多似此类。"家君曰:"宋人不好古而好臆说,故其解经皆燕相之说书也。"③

惠士奇此说为惠栋特意记下,后者所受到的影响自不待言。而且惠栋以"郢书燕说"来批评朱熹,惠氏尝云:

> 子曰:"盖有不知而作者。"不知,谓不从见闻中所得而凿空妄造者。朱子谓"不知其理"。"郢书燕说"何尝无理?④

此条笔记已能显露出惠栋的"师法"意识。以惠栋来看,师法即是"见闻",因而解"不知而作"时,惠栋特意点出"不知"乃是"不从见闻中所得";针对朱熹所解的"不知其理",惠栋不以为然,他认为"凿空妄造""郢书燕说"同样可以解读出"理",但这种"理"未必是符合原意的⑤。对宋儒的为学产生出深刻质疑,并在汉、宋对比下突显汉代经学的重要,这是惠士奇影响惠栋的一大表征。因而,对于惠栋"师法"意识的萌生而言,惠士奇乃是真正意义上的学术先导。

惠氏父子的这一继承关系,章太炎已注意及之,章氏在《清儒》中独言惠栋"承其父士奇学"⑥,而丝毫不及惠氏本人所在在标榜的"四世",其观察惠

---

① 惠栋:《九曜斋笔记》卷二"趋庭录",《丛书集成续编》第92册,第525、526页。
② 同上书,第525页。
③ 惠栋:《九曜斋笔记》卷一"郢书燕说"条,《丛书集成续编》第92册,第504页。
④ 惠栋:《九曜斋笔记》卷二"不知而作"条,《丛书集成续编》第92册,第513页。
⑤ 参张素卿:《"经之义存乎训"的解释观念——惠栋经学管窥》,林庆彰、张寿安主编:《乾嘉学者的义理学》,第309—311页。
⑥ 章太炎:《訄书(初刻本、重订本)》,第132页。

氏学术变迁的眼光不可谓不敏锐。就学术本身而论,惠栋所承袭惠有声、惠周惕处其实并不多,同样是研治《诗经》,惠栋对陈启源《毛诗稽古编》的推尊程度似乎要超越惠周惕(参本章第五节)。而对惠士奇则不同,就现有的经学文献来看,许多惠栋的观点便是承袭自惠士奇。如据钱大昕所记:

> 其(惠士奇)论《周礼》曰:"《礼经》出于屋壁,多古字古音。经之义存乎训,识字审音,乃知其义,故古训不可改也。康成注经,皆从古读,盖字有音义相近而讹者,故读从之。后世不学,遂谓康成好改字,岂其然乎! 康成《三礼》,何休《公羊》,多引汉法,以其去古未远,故借以为况。"①

倘若对照惠栋的《九经古义·述首》,则可见其一脉相承之迹:

> 汉人通经有家法,故有五经师。训诂之学,皆师所口授,其后乃著竹帛,所以汉经师之说立于学官,与经并行。五经出于屋壁,多古字古言,非经师不能辨,经之义存乎训,识字审音乃知其义,是故古训不可改也,经师不可废也。②

所不同者,乃在于惠栋将《周礼》扩展至了五经,同时明确提出"汉人通经有家法",在"古训不可改"的基础上又强调"经师不可废"。这是惠栋对惠士奇的发展之处。

除却上述内容,在惠士奇的著作中我们都可以找寻影响惠栋的多处痕迹。在惠士奇处,已经觉察到汉《易》之价值,在惠士奇看来,"汉儒言《易》,如孟喜以卦气,京房以通变,荀爽以升降,郑康成以爻辰,虞翻以纳甲。其说不同,而指归则一,皆不可废。"而王弼则将费直本《周易》"尽改为俗书,又创为虚象之说,遂举汉学而空之,而古学亡矣"③。倘若联系惠栋的基本《易》学观点看,所受惠士奇的影响显而易见。

惠士奇又言:

> 夫汉远于周,而唐又远于汉,宜其说之不能尽通也,况宋以后乎?

---

① 钱大昕:《潜研堂文集》卷三十八《惠先生士奇传》,《嘉定钱大昕全集(增订本)》第9册,第613页。
② 惠栋:《九经古义·述首》,《景印文渊阁四库全书》第191册,第362页。
③ 江藩:《汉学师承记》卷二,第24—25页。

周秦诸子,其文虽不尽雅驯,然皆可引为《礼经》之证,以其近古也。①

由此已可知,惠栋摒弃晋、唐以后的经说,乃是承袭乃父之言;而且他援引先秦诸子以证群经,在乃父这里已经可以看到端绪。这只消一瞥《九经古义》对《荀子》《墨子》《庄子》《吕氏春秋》等著的大量援引,便可了然。

王昶曾说:"惠氏四世传经,至学士(指惠士奇)而大,至征君(指惠栋)而精。"②这不仅道出了惠氏的家学渊源,而且相当深刻地指出了惠栋对于惠士奇而言的发展所在。我们看到,在惠士奇处,惠氏家学的基本观念大体得以形成,同时也展露出了博通经史诸子的学术规模,惠栋在内容与方法上也多有继承。然而,惠士奇依然未能完全笃守"汉学",也未曾意识到汉儒"家法""师法"的特殊意涵。也正是因此,尽管惠士奇的《易说》《礼说》《春秋说》展现出遍治多部经典的宏大格局,然而被奉为吴派宗师的依然是惠栋。至惠栋时,完全以汉儒"师法"治经,其《周易述》融汇汉儒之说,自注自疏,《易汉学》则以各家分门别述,条理井然。汉儒《易》学在惠栋那里真正走向复兴,对后世的影响亦远远超出《易》学本身之外。明确以"师法"治经,这是惠栋经学的独特贡献,他为后来学者明确开示了一条学术进路。这一点不仅是王昶评价惠学"精"的原因所在,同时也促使我们反思对惠学所作的"博而不精"的论断是否合乎惠栋学术的真实样貌。

第三节 惠栋"师法"观念形成过程管窥:以稿本《九经古义》为中心

由惠栋揭橥并在清学史上产生重大影响的"师法"观念,有着漫长的产生历程。惠栋之所以提出这一具有变革性的观念,除却上述章节中提到的历史际遇外,更须在惠栋的经史研究本身中探求。据笔者观察,惠栋长期的经史研究为其逐步萌生"师法"观念提供了最为直接的学术基础,在他留下的文字中,可以清楚地看到这一观念逐渐萌生的历程。上海图书馆藏有惠栋的《九经古义》稿本,从其删削、增补过程中,可以见及"师法"意识的由微而著。此下对《九经古义》稿本进行分析,并在下节中结合惠栋的史学研究,论述"师法"观念的产生历程。

---

① 江藩:《汉学师承记》卷二,第25页。
② 王昶:《湖海诗传》卷十四"惠栋",《续修四库全书》第1625册,第675页。

一、《九经古义》的历次更名及定名时间

《九经古义》代表了惠栋研治群经的成就。所谓"九经",即《周易》《尚书》《毛诗》《周礼》《仪礼》《礼记》《公羊》《谷梁》《论语》。该书稿本今藏上海图书馆,计九卷,每经各一卷①。

稿本首页题"九经古义"与"易、书、诗",次页题"九经古义"与"三礼、公、谷、论语"。根据笔迹判断,应为惠栋手泽。"九经古义"下皆有小字注明"先子手稿",因惠栋长子惠嘉学早逝,次子惠嘉绪(后改名惠承绪)曾参与《九经古义》的刊刻校役,故"先子手稿"四字或为后者所书。稿本之中,前四卷原分别题《周易考》《尚书考》《毛诗考》《论语考》②,后五卷皆题《识小编》。邓志峰师已指出,稿本各卷篇名皆有勾抹,前四卷的"某某经考"下方或右侧有"九经会最卷某"字样。后五卷的"识小编"经勾抹后,或下题"改九经会最",或于右侧题"九经会最卷某"。由此可知,《九经会最》一名在《识小编》之后。另外,各卷改题篇名中的"会最"二字,或被勾抹,或被保留,其右侧皆另题"古义"二字,知《九经古义》一名又在《九经会最》之后③。

由诸篇各题"九经会最卷某",可知稿本九卷即成型于《九经会最》完成之时④。今本《九经古义》中,卷四、卷七、卷十二称引《易古义》,卷五称引《易考》,卷二、卷六、卷七、卷十四称引《尚书考》,卷二、卷十称引《诗考》,卷十三称引《礼记古义》⑤,检稿本之中原分别作《易考》《尚书考》《诗考》《礼记考》。知《九经会最》成型之时,各卷即称"某某经考"。又各卷首条考释之前,另书"某某经古义",知书名改题《九经古义》后,各卷亦改称"某某经古义"。

不仅书名、篇名有更定,卷次也有更改。《论语考》先题"九经会最卷四",后将"会最"改为"古义",下又书"此卷当附三传后"七字,则可知书名改题《九经会最》之时,全书卷次尚为《周易》《尚书》《毛诗》《论语》《周礼》《仪礼》《礼记》《公羊》《谷梁》。及至改题《九经古义》,方将《论语古义》移至末卷。

---

① 上海图书馆藏《九经古义》稿本九卷,原书无页码。笔者所见为该书扫描件,所引页码皆据扫描件。
② 《论语考》卷次有更定,详下文。
③ 邓秉元:《〈九经古义〉校点说明》,邓秉元主编:《新经学》第二辑,上海:上海人民出版社,2018年,第346页。
④ 邓秉元:《〈九经古义〉校点说明》,《新经学》第二辑,第346页。
⑤ 分别见惠栋:《九经古义》,《景印文渊阁四库全书》第191册(下文所述《九经古义》四库本"皆此本),第378、397、404、423、430、431、452、462、471、484页。

学界此前多以《九经会最》与《九经古义》为二书，今据稿本可明其非是。惠栋著作如《渔阳山人精华录训纂》《后汉书补注》中凡称引《九经会最》者，皆指后来更名为《九经古义》之书，并非《九经古义》之外别有《九经会最》存焉。

根据王欣夫的记载与近来谷继明的研究，则可进一步考定《九经古义》的定名时间。王先生曾于苏州文物管理委员会见《周易古义》手稿一册，"序题乙卯"①，当雍正十三年（1735）。谷继明对该稿本详加研究，指出稿本卷端《述首》亦改于乙卯岁②。据此可知《九经古义》的定名当即在雍正十三年，惠栋时年三十九③。

可以作为参证的是，与《九经会最》更名《九经古义》相似，《后汉书补注》书名乃是从《范氏后汉书训纂》更改而来④。"训纂"二字常为惠氏取以冠己著，如《山海经训纂》《渔洋山人精华录训纂》等。详味其义，与《九经会最》中的"会最"一词相去不远，皆不过是材料的综会，其思想倾向未必十分鲜明。及至《范氏后汉书训纂》成书后，惠栋更其名为《后汉书补注》，其指向便十分明显，乃是针对范氏《后汉书》及注文的疏漏⑤。根据书名的转换，已可知惠氏用心大端。因而，很有可能的一种情况是，在长期经史研究的推动下，惠栋尊崇"古义"的思想渐趋成型，故而才郑重将自己的经史著作相继改名。

二、从"识小"到"会最"：《九经古义》增补过程管窥

在《九经古义》稿本中，《周礼》《仪礼》《礼记》《公羊》《谷梁》诸篇初名《识小编》，应当是惠氏取《论语》"贤者识其大者，不贤者识其小者"之义而得⑥。由此名可推知，惠书最初仅是治经所得的零言积累，与日后成型的"汉学"思想之间，尚有较大距离。《识小编》中不乏恆钉考证的内容，其中尤能体现惠氏"识小"的最初样貌者，有如下数处：

---

① 王欣夫：《蛾术轩箧存善本书录》甲辰稿卷三《松崖读书记》，第 1317 页。
② 谷继明：《参赞化育：惠栋易学考古中的大道微言》，第 446—448 页。
③ 惠栋在《九经古义·述首》中提及"诸儿尚幼"。考雍正十三年（1735），惠栋长子 9 岁，次子 7 岁，三子年岁不详，四子 1 岁，与"诸儿尚幼"之说可合作。惠栋：《九经古义·述首》，据漆永祥点校：《东吴三惠诗文集》，第 300 页。需要说明的是，《述首》一文，《九经古义》稿本无，《周易古义》稿本有，《九经古义》四库本题《九经古义原序》，第 362 页。惠栋诸子生年参王欣夫：《蛾术轩箧存善本书录》，第 1317 页；关于《周易古义》手稿的详细研究，参谷继明：《参赞化育：惠栋易学考古中的大道微言》，第 446—454 页。
④ 李保泰《跋后汉书补注》："稿本标名《训纂》，……至缮本则定为《补注》云。"见惠栋：《后汉书补注》卷首，《续修四库全书》第 270 册，第 513 页。
⑤ 参王应宪：《清代吴派学术研究》，第 96—97 页。
⑥ 邓秉元：《〈九经古义〉校点说明》，《新经学》第二辑，第 346 页。

《礼运》："孔子曰：'大道之行也，与三代之英，丘未之逮也，而有志焉。'"注云："志谓识，古文。"①

《丧服大记》："君大夫鬘爪实于绿中。"注云："绿当为角，声之误也。角中，谓棺内四隅也。"②

《表记》："仁者，人也。"注云："人也，谓施以人恩也。《春秋传》曰：'执未有言舍之者，此其言舍之何？人也。'"《正义》云："施人以恩，谓意相爱偶人也。引《春秋传》者，成十六年《公羊传》文。《传》称欲人爱此行父，故特言舍之。引之者，证人是人偶相存爱之义也。"③

此三条中前二条为原有条目，第三条系增补内容，皆直录原注疏，未有片语考释。钮树玉在校读《九经古义》时，曾援引顾广圻之说，以为此数条中考订"古义"之文遗脱④。王欣夫先生则以为"实则于此诸条，只摘出备考，而钞时不详，径自并入此未毕之说"⑤。今据稿本证之，顾氏判断显误，王先生之言甚确。由此也可知，惠书最初的撰作实为材料抄撮，其后方参以他书进行考订。因而，包含自谦意味的"识小"之名，从惠栋最初的治经方法而论，也未尝不是据实之言。

"会最"一词，常为惠氏取来作书名，如《周礼会最》《汉事会最》《汉事会最人物志》《诸史会最》等⑥。"会最"一词的解释，可在《九经古义》中觅得。《礼记古义》云：

《乐记》："竹声滥，滥以立会，会以聚众。"注云："滥之意，犹挚聚也，会犹聚也。聚或为。"古"最""聚"通用。《管子·禁藏篇》曰："冬收五藏，最万物。"注："最，聚也。"《史记·殷本纪》云："大最乐戏于沙丘。"徐广曰："最，一作聚。"又《周本纪》有"周聚"，徐广曰："一作最。最亦古之聚字。"（注：《公羊》隐元年《传》云："会犹最也。"何休云："最之为言聚，若今聚民为投最。"）⑦

---

① 惠栋：《九经古义》稿本卷七，第125页；《九经古义》四库本卷十一此条同，第460页。
② 惠栋：《九经古义》稿本卷七，第130页；《九经古义》四库本卷十二此条同，唯"丧服大记"作"丧大记"，第465页。
③ 惠栋：《九经古义》稿本卷七，第131页；《九经古义》四库本卷十二此条同，第467页。
④ 钮树玉：《九经古义参证》，复旦大学图书馆藏钞稿本，原书无页码。
⑤ 王欣夫：《蛾术轩箧存善本书录》辛壬稿卷一《九经古义参证》，第415页。
⑥ 参漆永祥：《东吴三惠著述考》，《国学研究》第十四卷，第393、402、403页。
⑦ 惠栋：《九经古义》四库本卷十二《礼记古义》，第464页。

由此可知，"会最"即会聚，由散殊而渐至综会之意。《九经古义》手稿中，每页眉端、行间、地脚处，多有增补，且惠栋在序言中明言"日有省也，月有得也，岁有记也"①，则惠氏将《识小编》改题《九经会最》，必是取上述之意。

　　从《识小编》到《九经会最》的具体增补过程，尤需留意。笔者详细校对《四库》本《周易古义》《尚书古义》《毛诗古义》与稿本异同，此三部分的增订条目得以考见。兹先列表如下：

表1　《周易古义》《尚书古义》《毛诗古义》增订条目统计表

	原有条目数	删去条目数	未增改的原有条目数	有增改内容的原有条目数	新增条目数	四库本条目数
周易古义	74	2	33	39	15	87
尚书古义	72	4	34	34	23	91
毛诗古义	96	2	56	38	33	127

　　由此表可知，《九经古义》中的大部分条目皆系惠氏增改而成，未经增改的原有条目不足今本半数。为呈现该书增改的具体内容，以及惠氏通过"会最"材料而进行辨字审音的具体过程，以下详举数例而明之。

　　据稿本可知，惠书有借增补内容而论定古字相通者。如《周易考》原有一条作：

　　　　《豫·象》曰"四时不忒"，京房"忒"作"貸"。《尚书·洪范》曰"衍忒"，《史记》引作"貸"。疑古字通。（标着重号者为惠栋删除内容，下皆同）

　　惠氏初作此条文字时，对于"忒""貸"相通，未有定见。其后增补为：

　　　　《豫·象》曰"四时不忒"，京房"忒"作"貸"。《尚书·洪范》曰"衍忒"，《史记》引作"貸"。《管子》曰"如四时之不貸，如星辰之不变"，皆古"忒"字。《月令》云"无或差貸"，"貸"即"忒"也。《吕览》正作"忒"。

----
① 惠栋：《九经古义》四库本《原序》，第362页。另，《九经古义》稿本中，《周易考》《尚书考》《论语考》皆在篇名右侧另题"九经会最卷某"，《毛诗考》则因篇名右侧增补内容已多，无处可书"九经会最卷某"，不得不题于该页下方。此亦可为"会最"改名在增补内容之后提供一直观证明。

"贷"当为"貣"字之误。①（标下划线者为惠栋增补内容，下皆同）

惠氏考寻《管子》与《吕氏春秋》中的例证，确信"忒""貣"二字相通，并以之推定《月令》中的误字。惠氏勾抹"疑古字通"四字，足可见此一增补过程使其由疑至确。

又如《尚书考》中原有一条作：

"尔谓朕曷震动万民以迁"，蔡邕《石经》曰："今尔惠朕曷祗动万民以迁。"栋案："震"与"振"同。《虞书》"震惊朕师"，《史记》作"振"。又"祗""振"每相乱。《无逸》云"治民祗具"，《史记》又作"振惧"，或古字通用，未详。

惠氏起初以"祗""振"二字多相乱，又疑二者可通用，意见未定。其后此条增订为：

"尔谓朕曷震动万民以迁"，蔡邕《石经》曰："今尔惠朕曷祗动万民以迁。"栋案："震"与"振"同。《虞书》"震惊朕师"，《史记》作"振"。又"祗""振"每通用。《皋陶谟》云"日严祗敬六德"，《无逸》云"治民祗具"，《史记》皆作"振"。（注：《内则》云"祗见孺子"，郑元云："祗，敬也。或作'振'。"）②

惠氏因考稽《皋陶谟》与《史记》的异同，又参酌郑注《内则》语，确定"祗""振"二字相通。疑虑因之明朗，惠氏于是改"相乱"为"通用"，删去"未详"。

惠氏又借增补内容，渐明一字的今古文之异。如《尚书考》原有一条作：

"鸟兽孳尾"，《史记》作"字微"。"字"与"孳"通，"微"与"尾"通。《说文》曰："字者，言孳乳而侵多。"《战国策》有尾生高，高诱以为鲁人，即《论语》之微生高也。《庄子》或作"尾"，或作"微"。《说文》曰："尾，微也。"

---

① 惠栋:《九经古义》稿本卷一，第8页;《九经古义》四库本卷一此条与改后内容同，第365页。
② 惠栋:《九经古义》稿本卷二，第36页;《九经古义》四库本卷三此条与改后内容同，唯"治民祗具"作"治民祗惧"，"郑元"作"郑玄"（"玄"阙末笔），第390页。

惠氏起初唯以"字"与"孳"通,"微"与"尾"通。其后则有新见:

"鸟兽孳尾",《史记》作"字微"。"字"与"孳"通,"微"与"尾"通。《说文》曰:"字者,言孳乳而侵多。"《战国策》有尾生高,高诱以为鲁人,即《论语》之微生高也。《庄子》或作"尾",或作"微"。《说文》曰:"尾,微也。"<u>《汗简》云:古文《尚书》"字"作"孳"。是"孳"为古文"字"也。《释文》云:"孳,音字。"案:"字"本有"孳"音。《士冠礼》字辞云"昭告尔字",读为"滋",与"宜""之"协。《释名》曰:"尾,微也,承脊之末稍。微,杀也。"《古今人表》有尾生高、尾生晦,师古曰:即微生高、微生亩也。</u>①

此例中最可注意者,乃在于惠氏由《汗简》而知"孳"为古文,"字"为今文,而论定此字的今古文之异。《尚书考》中又有一条原作:

"共工方鸠僝功",《说文》引《虞书》曰"旁逑(注:又作救)僝(注:又作孱)功"云:逑,敛聚也。与《孔传》同。疑古文"鸠"字作"逑"耳。许慎、马融皆云:"僝,具也。"孔氏训为"见",《史记》又训为"布"。案:僝,徐邈音撰,许、马说是,孔训非也。《尚书》中如"方鸠僝功""方施象刑""方告无辜",汉儒皆引作"旁"(注:见《白虎通》《论衡》等书)。《孔传》于"方鸠""方割",皆训为方,方是读如字。栋谓:"方"当依字读为"旁"。(注:《立政》云:"方行天下。"亦读为"旁"。《传》云:"方,四方。"非也。)

其后惠氏将其增补为:

"共工方鸠僝功",《说文》引《虞书》曰"旁逑(注:又作救)僝(注:又作孱)功"云:逑,敛聚也。与《孔传》同。疑古文"鸠"字作"逑"耳。许慎、马融皆云:"僝,具也。"孔氏训为"见",《史记》又训为"布"。案:僝,徐邈音撰,许、马说是,孔训非也。《尚书》中如"方鸠僝功""方施象刑""方告无辜",汉儒皆引作"旁"(注:见《白虎通》《论衡》等书),<u>而"方命"之字仍作"方",读为放</u>。《孔传》于"方鸠""方割",皆训为方,方是读如

---

① 惠栋:《九经古义》稿本卷二,第 29 页;《九经古义》四库本卷三此条与改后内容同,第 383 页。

字。栋谓:"方"当依字读为"旁"。郑注《士丧礼》云:"今文'旁'为'方'。"是"旁"为古文"方"也。薛宣古文"方"字皆作"匚"。(注:《立政》云:"方行天下。"亦读为"旁"。《传》云:"方,四方。"非也。)①

因增补考订,惠氏从郑玄《仪礼注》中知"今文'旁'为'方'",故论定"方"为"旁"字之今文。并观上述二例,可知正是在博稽群书、会最旧注的过程中,古训条理渐得清晰,今古文文字的区分亦渐趋明畅。

惠书的增补,不仅可论定文字相通与今古文之异,即如文字古音,亦可借补充例证而审定。如《毛诗考》有一条原作:

《板诗》云:"天之方难,无然宪宪。"《传》云:"宪宪,犹欣欣也。"栋案:"欣"当音"轩",古"宪""献"二字皆有"轩"音。《乐记》曰:"《武》坐,致右宪左。"郑注云:"宪,读为轩。"刘熙《孟子注》(注:《文选注》引)曰:"献犹轩。轩,在物上之称也。"

由"当"字可知惠氏并未确信己说。经增补后,该条改定为:

《板诗》云"天之方难,无然宪宪",《传》云:"宪宪,犹欣欣也。"栋案:"欣"读为"轩",古"宪""献"二字皆有"轩"音。《乐记》曰:"《武》坐,致右宪左。"郑注云:"宪,读为轩。"刘熙《孟子注》(注:《文选注》引)曰:"献犹轩。轩,在物上之称也。"《左传》"掀公出于淖",徐邈云:"掀,许言反。"是古音"欣"与"轩"同。郑注《内则》云:"轩,读为宪。"二字又反复相训。(注:吴时姚信有《昕天论》云:"昕,读为轩。"见《月令正义》。《说文》"昕,读若希",与此异。)②

惠氏据徐邈、姚信之言,佐证"欣""轩"音同之说;又据郑注而考定"轩""宪"二字反复相训。此时确信己见,因而特改"当音"为"读为"。

《九经古义》全书过半内容的增补改订,多与上述例证相类似,因而通过以上的讨论,惠书的增订过程可见一斑。由此可知,惠栋将《识小编》更名为《九经会最》,不仅是就增加考释的条目而言,即使是在同一条目中,也因博

---

① 惠栋:《九经古义》稿本卷二,第 31 页;《九经古义》四库本卷三此条与改后内容同,第 384 页。
② 惠栋:《九经古义》稿本卷三,第 70 页;《九经古义》四库本卷六此条与改后内容同,第 420 页。

考群书、会最古注而使得群经文字的古义古音逐渐明朗。经增补后,惠书最初的散殊面貌逐渐褪去,古义古音的考求方法日渐成熟,今古文的文字异同多得以考见,汉儒经说的内在条理已呼之欲出。此一增补过程,为惠氏总结出"经之义存乎训,识字审音乃知其义",①提供最为详实的材料,同时也为其笃守汉儒训诂,形成"汉学"思想,奠定最为坚固的学术基石。

三、从惠栋对唐儒、清儒的态度转变看"师法"观念的形成

惠栋以《九经古义》《禘说》《明堂大道录》《周易述》等著,为后世学人开示了研治"汉学"的重要法门。钱大昕称誉其"今士大夫多尊崇汉学,实出先生(指惠栋)绪论"②,实非虚美之辞。近来中国台湾学者张素卿从"典范转移"的角度,指出"惠栋致力于以'汉学'解经的治学门径,确立它为一种经学的解释典范"③,也相当准确地把握到了惠栋在经学史上的特殊地位与意义。

如前所述,惠栋的"汉学"思想有其逐渐形成的具体过程。单就《九经古义》而论,惠栋通过博稽群书、详参古注而进行的大量增改,无疑就是催生"汉学"思想的动力之一。此外,惠栋在初撰该书时,对唐儒《正义》之学尚持有信奉态度,对清初诸儒的解经意见也稍有简择,只是在后来的修订过程中才对唐儒和清儒的意见严加删汰。这一转变过程,是近来学界研究惠栋时所常常忽略的一点。

惠栋在对《九经古义》屡加增补的同时,也多有删削。检惠氏稿本,有删除先前误见数处,如《周易考》原有一条作:

> 《文言》曰:"元者,善之长也。"栋案:自此至"贞固足以干事",鲁穆姜引之,在孔子前。梁武帝曰:《文言》是文王所制。理或然也。④

此条在稿本中已为惠栋删去,不见今本《九经古义》。删去之因,可在《周易述》中觅得,惠栋云:

> 《文言》一篇,皆夫子所释《乾》《坤》二卦卦爻辞之义,故云卦爻辞也。梁武帝曰:《文言》是文王所制。案:"元者,善之长也"一节,鲁穆姜

---

① 惠栋:《九经古义》四库本《原序》,第362页。
② 钱大昕:《潜研堂文集》卷二十四《古文尚书考序》,《嘉定钱大昕全集(增订本)》第九册,第358页。
③ 张素卿:《"经之义存乎训"的解释观念——惠栋经学管窥》,林庆彰、张寿安主编:《乾嘉学者的义理学》,第318页。
④ 惠栋:《九经古义》稿本卷一,第4页。

引之,在孔子前,故以为文王所制。然则初九以下,著答问而称"子曰",岂亦文王所制耶?是知《文言》者,指卦爻辞也。以卦爻辞为文王制,故谓之《文言》。孔子为之传,故谓之《文言传》,乃十翼之一也。①

起初惠栋以梁武帝之说不为无见,其后觉察初九以下有称"子曰"者,则《文言》并非文王所作可知。依惠氏看来,《文言》乃指《乾》《坤》二卦卦爻辞,为文王所作,《文言传》方为孔子对此二卦卦爻辞的解释。梁武帝笼统而言《文言》乃文王所制,为惠氏所不取。

在此类被删除的条目中,尤以下例最当关注。《尚书考》卷末原有一条,被惠氏全部勾抹,稿本该页眉端有惠栋识语云:

> 读书未造至极,为孔颖达所惑。

今迻录该条如下:

> 东莱张霸所撰百两篇,其略见于《律历志》。郑康成注《尚书》亦用其说。《论衡》载百两篇云:"伊尹死,大雾三日。"(增补:《律历志》载《伊训》之"诞资有牧方明"。)今汲郡古文亦有是事。又《律历志》载《武成》篇云:"(增补:惟一月壬辰,旁死霸,若翌日癸巳,武王乃朝步自周,于征伐纣。)粤若来三月,既死霸,粤五日,咸刘商王纣。""惟四月既旁生霸,粤五日乙卯,乃以庶国祀馘于周庙。"案:其文皆见《周书·世俘》篇中。又《嗣征》"厥篚元黄,昭我周王",《伊训》"载孚在亳",与《孟子》所引略同。盖霸荟萃周秦诸书而为之者。②

惠氏曾认为,上述文字中的《胤征》《伊训》经文,系张霸荟萃诸书而成,而《汉书·律历志》中所引《武成》,也可能是张霸参合《逸周书》所伪造。因而以惠氏之见,郑玄注《尚书》时引及《胤征》《伊训》上述经文,又以《武成》为逸书,亡于建武之际,这些都可证明郑玄注《尚书》亦用张霸百两篇。然而惠氏此解,实源于孔颖达误说。孔颖达因信从东晋晚出《尚书》二十五篇古文,故以郑玄所述二十四篇(即十六篇,内《九共》有九篇)为张

---

① 惠栋:《周易述》卷十九《文言传》,郑万耕点校,第 347 页。
② 惠栋:《九经古义》稿本卷二,第 50 页。按:此段文字中"嗣征"应作"胤征","元黄"应作"玄黄",惠氏因避清世宗、清圣祖讳而分别改字。

霸之徒所伪造①。惠氏沿袭此说,可知作《尚书考》时,尚尊信唐儒《正义》之学,未对晚出古文《尚书》多加怀疑,同时对郑玄的"真古文"自然也无从发阐。

因而,惠氏对唐儒《正义》之学渐生怀疑的转变历程,便值得重视。《古文尚书考》卷上云:

> 孔冲远以孔氏十六篇为张霸伪书。其说之可疑者有四焉。……《律历志》载《伊训》篇曰:"惟元年十有一月乙丑朔,伊尹祀于先王",《武成》篇云:"惟一月壬辰,旁死霸(注:古文'魄'、'霸'通),若翌日癸巳,武王乃朝步自周,于征伐纣。"《毕命》曰"惟十有二年六月庚午朏"云云。案:其文与梅氏所载略同,后人斥之为张霸伪书者也。愚考王充《论衡》曰:"霸造百二篇,成帝出秘《尚书》以校考之,无一字相应者。"夫霸书不与百篇相应,何后出古文独与之同?其疑四也。②

惠氏因参证《汉书·儒林传》与《别录》,以及刘歆、郑玄、王充所引逸《书》,俱可证张霸百两篇与孔氏十六篇有别,故而怀疑孔颖达所说。惠氏复考《汉书·律历志》中所录,与东晋晚出古文相近,而张霸百两篇在汉成帝时已被证明与中秘本无一字相同,那么张霸之书必非孔氏逸书可知。惠氏又言:

> 案霸所撰,有百两篇,无伪造二十四篇之说。二十四篇之文(注:《九共》同卷,实十六篇),刘歆、班固皆以为孔安国所得逸书,非张霸书也。自东晋二十五篇之文出,于是始以二十四篇为伪书。信所疑而疑所信,此后儒者所以不能无辨也。③

上述二段引文皆作于雍正十二年(1734)夏秋间④,则此时惠氏已知孔颖达之非。因此,勾抹《尚书考》末条文字,并特意记下"读书未造至极,为孔颖达所惑",皆当在此时或稍后。由此可以明白,惠氏对唐儒《正义》之学明

---

① 孔颖达认为,张霸之徒"伪造《尚书》凡二十四篇",郑玄从而信之;《汉书·律历志》中所引《武成》亦是"焚书之后有人伪为之"。此皆直接导致惠栋有上述误判。孔颖达:《尚书正义》,黄怀信整理,上海:上海古籍出版社,2007年,第29、429页。
② 惠栋:《古文尚书考》卷上,《续修四库全书》第44册,第58—59页。
③ 同上书,第59页。
④ 同上书,第67页。

显经历了转变过程,即先由尊信,继而怀疑,终至不为其所惑①。

与这一问题相关的,还有今本《九经古义》卷三《尚书古义》首条。该条云:

> 康成《书赞》云:"孔子撰《书》,乃尊而命之曰《尚书》。尚者,上也,盖言若天书然。"《尚书纬·璇玑铃》云:"因而谓之书,加尚以尊之。"《墨子·明鬼篇》云:"《尚书》夏书,其次商、周之书。"则"尚"字为孔子所加信矣。孔颖达为伪孔氏作《正义》,诎郑氏之说,以为伏生传《书》始加"尚"字,其说非也。②

此条为惠氏增补文字。惠氏认为"尚"字为孔子所加,固然不必为定论,然而文中已明言"伪孔氏",则可知惠氏考定晚出古文《尚书》为伪后,复对《尚书古义》稍加修订③。此条黜孔扶郑,正可见惠氏思想由尊信唐儒向崇奉汉儒的转变历程。

惠氏对唐儒《正义》之学,由怀疑而舍弃,这是清学由唐返汉的重要转关。钱谦益曾说:"六经之学,渊源于两汉,大备于唐、宋之初……汉不足,求之于唐,唐不足,求之于宋,唐、宋皆不足,然后求之近代,庶几圣贤之门仞可窥,儒先之铃键可得也。"④顾炎武也认为:"经学自有源流,自汉而六朝,而

---

① 惠氏尝校九经注疏,此役于惠氏摒弃唐儒《正义》之学,具有重要影响。王欣夫先生曾辑录《松崖读书记》(复旦大学图书馆藏钞稿本),今观《毛诗注疏》惠栋校本中多有惠氏驳斥孔颖达之语,如"孔颖达不能疏辄曰无文"(第3页),"既不能疏,辄无文,是启后人之惑也"(第5页),"孔氏之妄"(第6页),"孔氏之陋","陋而劣"(第11页),等等。惠氏又言,"宋人尽更先儒之注,以为不足信,实自唐儒启之"(第11页),"愚谓六经不亡于秦而亡于晋"(第23页)。由此亦可见惠氏对晋唐儒者的不满。王先生言惠栋校读之书多先有惠士奇评注,传录本又未可据字迹辨认,因而无从分析(见《蛾术轩箧存善本书录》甲辰稿卷三《松崖读书记》,第1320页)。不过从上引文字来看,当出于惠栋而非惠士奇。
② 惠栋:《九经古义》四库本卷三《尚书古义》,第382页。
③ 今本《九经古义》有多条文字考稽东晋晚出《古文尚书》中之《大禹谟》《咸有一德》《说命》《泰誓》《武成》《周官》《君陈》诸篇。钮树玉校读《九经古义》时,于此数篇上方一一注明。王欣夫指出:"此书既称古义,则不应诠释晚出《书》,……可知撰《古义》时,于《古文尚书》真伪之辨,尚无定论,此早岁之说也。"(《蛾术轩箧存善本书录》辛壬稿卷一《九经古义参证》,第415页)今据稿本,可知惠氏终未删除此数条,其中《武成》《君陈》二条为后来所增补。考惠栋《古文尚书考》撰写于雍正十二年之前,乾隆八年采录阎若璩《尚书古文疏证》进行修订,《古文尚书》之伪已得确证。则《尚书古义》必始撰于惠氏早年,及至改《会最》为《古义》,并未删去考稽晚出《古文尚书》的相关文字。此可证《九经古义》未经惠氏晚岁改定。另,如前所述,《九经古义》四库本中常称引"某某经考",据内容可知,"某某经考"即指今本"某某经古义"。各篇篇名已改而书中所引篇名仍旧,此又可证《九经古义》未经惠氏最终修订。
④ 钱谦益:《牧斋初学集》卷七十九《与卓去病论经学书》,第1706页。

唐,而宋,必一一考究而后及于近儒之所著,然后可以知其异同离合之指。"①这表明,在晚明清初的学者那里,从两汉到清初的经说都是研治经学不可或缺的一部分。因而,通考历代经说的《经义考》出现在清初,便绝非偶然之事。也正是在这样的对照下,我们才可以明白,顾炎武等人对"汉学"固然有草创之功,然而从学术进路的根本变更而言,仍然不能与力扬汉帜的惠栋相比肩。

由此再来看惠栋对清初儒者的批评。惠栋曾讥诮顾炎武"不通《易》学",倘若知道顾氏对王弼与程颐的《易》注皆深为服膺,倘若明白惠氏认为"汉《易》自有源流",与前引顾氏的"经学源流"说相去甚远,那么这种讥诮不难得到索解。再如,惠栋对孙承泽、毛奇龄等清初学者极为不满,以为他们的著作"非汉非宋",不足传世②。

这种对清初前辈学人的不满,在《九经古义》稿本中也有体现。这一点可为惠氏思想的转变历程,提供具体例证。如《毛诗考》中原有如下一条:

> 《崧高》云"往近王舅",《传》云:"近,己也。"《笺》云:"近,辞也。声如'彼记之子'之'记'。"何焯云:"近当作㧏。《说文》在丌部,与'近'非一字。"栋案:《说文》云:"㧏者,古之遒人以木铎记诗言,从辵,从丌,丌亦声,读与记同。"《玉篇》云:"㧏,今作记。"今《释文》、唐石经皆作"近",此传写之误。

此条所引何焯语,见《义门读书记》卷八③。可知惠氏初作《毛诗考》时,尚参考何焯的校订意见。此后惠氏将该条更订为:

> 《崧高》云"往近王舅",《传》云:"近,己也。"《笺》云:"近,辞也。声如'彼记之子'之'记'。"毛居正《六经正误》云:"近,《说文》作(左辵右丌),从丌,从辵,丌音基,辵音绰。今作㧏,音记,字讹作近,不敢改也。"《说文》云:"㧏者,古之遒人以木铎记诗言,从辵,从丌,丌亦声,读与记同。"《玉篇》云:"㧏,今作记。"今《释文》、唐石经皆作"近",此传写之误。(注:郑读如"彼记"之"记"者,《王风·扬之水》云"彼其之子",《笺》云:

---

① 顾炎武:《亭林文集》卷四《与人书四》,《清代诗文集汇编》第42册,第669页。
② 惠栋:《九曜斋笔记》卷二"本朝经学",《丛书集成续编》第92册,第514页。
③ 何焯:《义门读书记》卷八,北京:中华书局,1987年,第153页。

"其或作记,或作已,读声相似。"故毛训为"已",郑读为"记"。)①

　　细察惠氏前后考订,大意本无改变,只是将所引何焯语删除,而何焯语又本无误。清初学坛中的何焯,是颇受士人瞻敬的学者,惠栋好友沈彤曾从学何氏,徐夔亦为何氏高足②。惠氏在《后汉书补注》中多处引及何焯之见,然而何以于《九经古义》中有意删去之？③

　　与此相类似的,惠书又有特删朱彝尊之例。《毛诗考》中原有一条作:

"采采卷耳,不盈顷筐",《传》云:"顷筐,易盈之器也。"荀卿子引此《诗》亦云:"顷筐,易满也。卷耳,易得也。然而不以贰周行。"《经典·序录》云:"孟仲子传根牟子,根牟子传赵人孙卿子,孙卿子传鲁人大毛公。"此《传》盖用其师说。近代朱君彝尊云:"《序》作于子夏,子夏授《诗》于高行子,此《丝衣序》有高子之言。又子夏授曾申,申授李克,克授孟仲子,此《维天之命注》有孟仲子之言。皆以补师说之未及,毛公因而存之不废。"是也。

　　所引朱彝尊语,出《经义考》卷九十九④。此条经惠氏更订后,朱彝尊语遂不见。该条更订后作:

"采采卷耳,不盈顷筐",《传》云:"顷筐,易盈之器也。"荀卿子引此诗亦云:"顷筐,易满也。卷耳,易得也。然而不以贰周行。"<u>《大雅·行苇》云:"敦弓既坚。"《传》云:"天子敦弓。"敦与雕,古今字。荀卿子云:"天子雕弓,诸侯彤弓。"《正义》以天子雕弓为事不经见,非也。</u>《经典·序录》云:"孟仲子传根牟子,根牟子传赵人孙卿子,孙卿子传鲁人大毛公。"此《传》<u>及《行苇传》</u>盖用其师说。<u>王伯厚云:"《毛传》以平平为辨</u>

---

① 惠栋:《九经古义》稿本卷三,第70—71页;《九经古义》四库本卷六此条与改后内容同,第420—421页。
② 惠栋《沈君果堂墓志铭》云:"君少方古,举止若成人,弱冠从学士何公焯游。"见《松崖文钞》卷二,《东吴三惠诗文集》,第344页。惠栋跋徐夔《李义山诗集笺注》云:"故友长洲徐君夔,字龙友,为丈义门高弟。"见王欣夫《蛾术轩箧存善本书录》庚辛稿卷四《李义山诗集笺注》,第240页。
③ 《九经古义》四库本卷七《周礼古义》亦有一条引及何焯,何焯信从宋王与之《周礼订义》之说,惠栋言其非是。第426页。
④ 朱彝尊:《经义考新校》卷九十九,林庆彰等主编,上海:上海古籍出版社,2010年,第1871页;另见朱彝尊:《曝书亭集》卷五十九《诗论二》,《清代诗文集汇编》第116册,第455页。

治,又以五十矢为束,皆与《荀子》同。"①

朱彝尊语本无误,惠氏在增补数处文字之外,特将朱彝尊语删去,此有意为之甚明。检今本《九经古义》全书,未有一处引及朱彝尊。朱、惠两家可称世交,惠栋祖父惠周惕与朱彝尊交情莫逆,惠栋在卢见曾幕中时,又曾助朱彝尊之孙朱稻孙参校《经义考》②。惠栋撰写《古文尚书考》多处征引《经义考》内容,然而为何于《九经古义》中特删朱彝尊意见?

依笔者浅见,惠氏特删何、朱两人语,与前文所述惠氏对清初诸儒的评价深相关联。何焯、朱彝尊固然是清初名儒,然而以经学研究的进路而论,仍未出晚明清初诸儒的窠臼。何焯对经典的校订在清初影响甚大,然而涉及经义、史书、诗文等,不免琐细,有失博杂,远未能抽绎出汉儒经学的内在条理。章太炎在《清儒》中曾言:"先栋时有何焯、陈景云、沈德潜,皆尚洽通,杂治经史文辞。至栋,承其父士奇学,揖志经术……始精眇,不惑于謏闻。"③何焯等人,不明汉儒经学的家法条例,在学术上可称杂而未可称精。章太炎以为清学至惠栋"始精眇,不惑于謏闻",盖指此而论④。

朱彝尊的学术著作,以《经义考》一书最负盛名。惠氏曾参与其校役,自然熟知此书。全书上起先秦,下迄清初,分门别类,通考历代诸儒说经书目。如《通说》类中《说经》三卷,摘录庄子、荀子直至顾炎武、钱谦益、陆陇其诸家说经意见。此种意见出于不同时代、不同学派,内容则涉及方方面面,虽然可称搜罗完备,然而在经学进路上仍是历代兼采,未能有根本变更。朱氏尝为孙承泽采择历代经说的《五经翼》作序,文中云:

> 然守一家之说,足以自信,不足以析疑,惟众说毕陈,纷纶之极而至一者始见。故反约之功,贵夫博学而详说之也。……自汉迄唐,各以意说,散而无纪,其弊至于背畔,贵有以约之。此宋儒传注所为作也。今则士守绳尺,无事博稽,至问以笺疏,茫然自失,则贵有以广之。先生是书所为述也。⑤

---

① 惠栋:《九经古义》稿本卷三,第51—52页;《九经古义》四库本卷五此条与改后内容同,第401—402页。
② 王应宪:《清代吴派学术研究》,第88页。
③ 章太炎:《訄书(初刻本、重订本)》,第132页。
④ 邓秉元:《〈九经古义〉校点说明》,《新经学》第二辑,第346页。
⑤ 朱彝尊:《曝书亭集》卷三十四《五经翼序》,第291页。

原朱氏之意，汉唐经说滋多，漫无统纪，宋儒传注正可约之；而宋以下的儒者贵约厌博，只有广博之学才可以正之，因此唯有博稽众说，方能探求"至一"。《经义考》的撰作，与此思想最有关联。因而朱氏为学固然推重汉儒，然而博采众说，广搜宋明儒意见以供参考，与惠栋"宋儒之祸，甚于秦灰"之论，相去绝远①。清初诸儒多主汉宋兼采，唯有惠栋尊奉汉儒，排毁宋儒不遗余力，因而钱穆先生以为至惠栋而"汉学之壁垒遂定"②。惠栋对何焯、朱彝尊等清初诸儒最不满处，即在于后者仍牵缠唐以下的经说，未能直探汉儒而寻求"古义"，更未能对"汉人通经有家法"有学术上的自觉。明乎此，才能理解惠栋在一部标榜"古义"的著作中特删何焯与朱彝尊之语，当是别有深意存焉。

与惠栋交情甚深的王昶，曾写下这样一段评论："自孔、贾奉敕作《正义》，而汉魏六朝老师宿儒专门名家之说并废；又近时吴中何氏焯、汪氏份以时文倡导学者，而经术益衰。先生（指惠栋）生数千载后，耽思旁讯，探古训不传之秘，以求圣贤之微言大义……海内人士无不重通经，通经无不知信古，而其端自先生发之，可谓豪杰之士矣。"③王昶表彰惠氏，特点出孔颖达与何焯等人，在一种宏大格局下，表明了惠栋学术不仅对清学而言是一重要转关，即使是对唐以降的经学而言，也是重要的转折所在。正是在惠栋处，真正意义上的"汉学"研究才正式揭橥，而这种"典范"的确立，则指引了清代学者尤其是吴派学人致力于对汉代经学的恢复与重建，使得沉霾千余年的"汉学"走向复兴。不仅清代学术的学派意识明确得以显露，而且经学研究的进路也终于为之一新，只有明白这一点，才能理解惠栋作为清学吴派"大师"的真正意涵。

第四节　经史研究互动与"师法"观念的形成

学界历来对惠栋在经学领域的创获多所关注，而于其史学思想讨论不多④。

---

① 需要指出的是，惠栋与朱彝尊对孙承泽的经学态度迥异，朱氏上述序文显然认同孙氏，而惠栋则云："近代经学，北平孙退谷（原注：承泽）《五经》皆有著述，而其书不足传。……非汉非宋，皆思而不学者也。"惠栋对孙承泽经学的最大不满，即在于汉宋杂陈，而这一点正可为对朱彝尊经学的不满提供参照。《九曜斋笔记》卷二"本朝经学"条，《丛书集成续编》第92册，第514页。
② 钱穆：《中国近三百年学术史》，第353页。钱先生又言："吴学高瞻远瞩，划分汉、宋，若冀、越之不同道也。"同前，第354页。
③ 王昶：《春融堂集》卷五十五《惠定宇先生墓志铭》，《清代诗文集汇编》第358册，第543—544页。
④ 参李开：《惠栋评传》第十章；王应宪：《清代吴派学术研究》第三章；李立民：《惠栋与乾嘉史学》，《清史论丛》2016年第一辑，页234—248；陆骏元：《惠氏家藏〈前汉书〉批校考》，《经学文献研究集刊》第16辑，2016年，第193—217页。

这一现象在很大程度上是由于惠氏经学格外引人瞩目,故而其史学成就未免受到忽视。实际上,有关惠栋史学的一些基本问题,皆尚有深化与细化的空间。譬如,惠氏不仅"补注"《后汉书》,而且对《汉书》颜注大张挞伐并力主恢复"古注",可知惠氏对汉史尤为关切,且研究视角不同往昔;而惠氏在家境最为困窘之时,同步开展经学与史学的深入研究,此举本身又透露出经史研究之间的深刻互动。因而,倘对惠氏的史学缺乏深入细论,恐难以呈现其人学术之全貌,亦难以对惠氏"师法"观念的形成,做出具体而有建设性的考察。

一、从顾炎武到东吴惠氏:清初"汉史"研究的隐蔽脉络

以经学名家的惠氏学人,学术中未必无史学研究的印痕。譬如惠士奇就曾受到与之交情颇深的李绂称道,言其"长于史学"①,而钱大昕亦记其"盛年兼治经史"②。再如惠栋的《后汉书补注》,引领了清儒对《后汉书》作全面研究的先声,从侯康的《后汉书补注续》、周寿昌的《后汉书注补正》,到王先谦的《后汉书集解》,可以说清中期以降曾致力于《后汉书》研究的学者,几乎无人不受惠氏史学的沾溉。洪亮吉曾评价惠栋史学"非近时所能及"③,而王先谦更是直接称道:"近儒致力于《后汉书》,莫勤于惠栋所著《后汉书补注》。"④

惠氏一门的史学渊源值得考索。钱穆先生曾指出:"亭林为《音学五书》,大意在据唐以正宋,据古经以正唐,即以复古者为反宋,以经学之训诂破宋明之语录,其风流被三吴,是即吴学之远源也。"⑤此言乃从经学立论,自是不刊。不过以笔者的粗浅观察,顾炎武对东吴惠氏的影响尚不止此,《日知录》中的史学研究对惠氏学人的直接启发,便是一个颇为重要而又不常引起人们注意的面向。

惠氏学人与顾炎武的学术结缘,由来已久。惠周惕的好友潘耒曾厕身顾氏门墙,另一好友张弨与顾氏交情甚深,且实际刊行了顾氏的多部著作,因而通过张弨、潘耒的机缘,惠周惕研读过顾氏之书。今《砚溪先生文集》中多处道及《日知录》,可资明证。与其父相比,惠士奇的文人气质已有所褪

---

① 李绂:《穆堂初稿》卷四十一《复惠天牧》,《续修四库全书》第1422册,第66页。
② 钱大昕:《潜研堂文集》卷三十八《惠先生士奇传》,《嘉定钱大昕全集(增订本)》第九册,第612页。
③ 洪亮吉:《洪亮吉集》,《卷施阁文甲集》卷九《惠定宇先生后汉书训纂序》,刘德权点校,北京:中华书局,2001年,第195页。
④ 王先谦:《后汉书集解述略》,《续修四库全书》第272册,第178页。另可参王应宪:《清代吴派学术研究》,第101—102页。
⑤ 钱穆:《中国近三百年学术史》,第353页。

却。他不仅有意识地区分汉宋,而且也致力于史学研究。前述钱大昕所言其"盛年兼治经史"之"史",便是特指两《汉书》而言。惠士奇对《汉书》与《后汉书》的校语,后者多被惠栋采入《后汉书补注》,前者则见于后人所纂集的《汉书纂录》①。今合二书观之,惠士奇的史学大体可窥。

惠士奇治史颇受《日知录》的影响。例如《汉书·梅福传》赞语谓梅福上书合于《大雅》"殷鉴不远,夏后所闻"之义,颜注以为"赞引此者,谓梅福请封孔子后,是案武王克商之法而行之",惠士奇校语则引顾炎武之论谓:"师古注非也。谓福引吕、霍、上官之事以规切王氏。"②顾炎武认为赞语引《大雅》乃是因梅福规切王凤,而非颜师古所说的请封孔子后一事。惠士奇引录之,显见认同顾说。再如《赵充国传》载汉宣帝书云"将军不念中国之费,欲以岁数而胜微,将军谁不乐此者",颜注"岁数而胜微"谓:"久历年岁,乃胜小敌。"惠士奇校语则云:"顾宁人云:'微字当属下句读,言岂独将军苟安贪便,人皆欲为之。以微字属上句非。'"③另如《武五子传》中《广陵歌》"千里马兮驻待路",张晏注云"待以答诏令",惠士奇校语则谓:"顾宁人曰:'张说非也。言神魂飞扬,将乘此马而远适千里之外。'"④以上数例中,所引顾炎武之语皆见《日知录》卷二十七⑤,如此直录原文、不加引申者,《汉书纂录》惠士奇校语中尚有多例。由此可知惠士奇在初治《汉书》之时,未尝不将《日知录》视为学术上的重要梯航。

而惠栋的史学研究,在受惠于家学的同时,亦得益于顾炎武的启示。一个最明显的现象就是《日知录》中几乎所有关于《后汉书》注的条目,皆被采录在了《后汉书补注》之中,且较之其父的不加引申,惠栋多在顾氏的基础上复有考辨。兹举二例而论。《后汉书·杨厚传》中有"阴臣"一语,章怀太子注"阴,私也",意谓阴臣即私臣。惠栋注云:

> 顾炎武曰:"'阴臣'谓妇人,下文'宋阿母'是也。"栋案:《公羊春秋》曰:"定十四年,城莒父。"何休曰:"或说无冬者,坐受女乐,令圣人去。冬,阴臣之象。"则"阴臣"为妇人审矣。注训"私",非也。⑥

---

① 《汉书纂录》为惠士奇、惠栋批校《汉书》的校语纂集,包含惠氏父子的史学观点甚多,惜罕见使用者。笔者所见为上海图书馆藏劳格钞本(扫描件)。惠校《汉书》原本今藏台湾省图书馆。参漆永祥:《东吴三惠著述考》,《国学研究》第十四卷,第378页。
② 班固:《汉书》卷六十七,北京:中华书局,第2929页;惠士奇、惠栋:《汉书纂录》,第27页。
③ 班固:《汉书》卷六十九,第2980页;惠士奇、惠栋:《汉书纂录》,第27页。
④ 班固:《汉书》卷六十三,第2763页;惠士奇、惠栋:《汉书纂录》,第26页。
⑤ 顾炎武:《日知录》卷二十七,严文儒、戴扬本校点,上海:上海古籍出版社,2012年,第607、608页。
⑥ 惠栋:《后汉书补注》卷八,《续修四库全书》第270册,第552页。

惠栋援引《公羊传》何休注文,证实了顾氏之说。再如,《后汉书·安帝纪》中载安帝永初元年"调扬州五郡租米",章怀太子注谓:"五郡,谓九江、丹阳、庐江、吴郡、豫章也。扬州领六郡,会稽最远,盖不调也。"惠栋案语则云:

> 安帝时扬州止有五郡,顺帝永建中始分会稽立吴郡。又永初七年,调零陵、桂阳、丹阳、豫章、会稽租米,则会稽非以远故不调明矣。注两失之。①

此条虽未明言顾炎武,然而《日知录》此条考释谓:"永建四年,分会稽为吴郡。安帝时未有吴郡,止五郡无可疑者,注非。"②惠氏此条考证由顾炎武道夫先路,已不待明言。

不难见及,从惠士奇到惠栋,所引顾炎武之说皆有一共同倾向,即反驳两《汉书》的颜师古注与章怀太子注。这种做法在中国传统史学中并不罕见,即使是在清初,除顾炎武之外尚有何焯、陈景云等人对两《汉书》进行校订,其中亦不乏驳注之处。因而,倘仅观上述发论,尽管对考察惠氏的史学渊源而言不无裨益,但却很难见及惠氏史学的真正特质所在。

对唐人史注进行批评、驳正,关键在于评判的标准与尺度。前述《杨厚传》"阴臣"一例,大体可窥见惠栋所据以驳正章怀太子的,乃是汉人何休之说。相较顾炎武之论,显然因多了汉儒的依据而更加令人信服。不过,这种援引汉儒之说而诠解汉史的方法,其开端并不在惠栋,而依然是惠士奇。

与治经的态度颇为相似,惠士奇在史学上渐对汉儒"古义"多所留心。例如,东汉的袁安、任隗得罪窦氏家族后,《袁安传》载:"但安、隗素行高,亦未有以害之。"惠士奇认为此处"但"字不合"古训",谓:

> 先秦、两汉文,凡转捩语从未有用"但"字者。南宋文气卑靡,朱子《集注》多用"但"字,范蔚〔宗〕文气亦卑,此蔚宗之笔,非东汉文也。"但",古文"袒",后世改"但"为"袒",而以"但"为语辞。汉文作"第",不作"但",故"但去"为"第去",非转语,乃后世方言,不合古训。③

以作转语的"但"字不合汉代文辞,故而批评范晔史笔之失。此虽从文辞着眼,然而惠氏推崇"古训"的学术倾向亦可概见。

---

① 惠栋:《后汉书补注》卷三,《续修四库全书》第270册,第524页。
② 顾炎武:《日知录》卷二十七,上海:上海古籍出版社,2012年,第1057页。
③ 惠栋:《后汉书补注》卷十一引惠士奇语,《续修四库全书》第270册,第569页。

其实不仅在文字上，惠士奇对汉史的研究，多从汉制立论，因而往往洞察前人所未察。《后汉书·李固传》载，李固少子李燮曾对"谄贵卖友，贪官埋母"的甄邵大加笞挞，将此八字"大署帛于其背"。惠士奇独具只眼地指出："《周官注》曰：'明刑，书其罪恶于大方版，著其背。'贾山云：'衣赭衣，书其背。'汉之罪人如此。"①

对汉制颇为熟稔的惠士奇，在这一点上曾深刻影响过惠栋。例如《礼说》曾经指出："汉律有矫诏害、矫诏不害，害者死。……汉律虽不害，犹免官。"②"矫诏有害、不害"，为汉末郑氏之说③，惠士奇因其为汉儒之言，因而据以证古礼。惠栋尝谓：

> 家君曰：无害谓无害于法律，故汉律有"矫诏害""矫诏不害"，师古训"害"为"胜"，误矣。愚谓：无害即不害也。④

此段论述乃针对《汉书·酷吏列传》中周亚夫所说的"（赵）禹无害"一语而发。颜注"无害"为"无人能胜之者"，⑤惠士奇援引汉律以证颜说之非，而惠栋则完全依从其父。由此可证惠氏父子留心于汉代制度，且前后相承，力申"汉义"。

在上述多例中，已可见惠士奇在研治汉史的过程中，渐对汉儒"古义"有了独特的认知，且这种认知伴随家学的传承给惠栋带来了深刻影响。只不过，惠士奇的校语在数量上尚为有限，且包含不少评论文辞的内容，这是惠氏父子间的最大不同。及至惠栋处，不仅对唐人史注全面作了检核，恢复"汉义"不遗余力；而且"评文"之语亦在惠栋的史学研究中，遭到了有意删汰⑥。惠氏学人文士面目逐渐退却、经师底蕴渐次彰显的履迹变迁，于此又得一重要表征。

以顾炎武的驳正唐人史注为先导，经惠士奇尊崇"古义"思想的直接启发，复对"评文"之语有一种自觉的疏离，惠栋的史学研究无论在思想倾向还是在学术格局上，都已经具备了超越前人的条件。因而，一种对

---

① 惠栋：《后汉书补注》卷十五引惠士奇语，《续修四库全书》第270册，第591页。
② 惠士奇：《礼说》卷十三，《景印文渊阁四库全书》第101册，第636页。
③ 班固：《汉书》卷五十二，第2393页。《汉书叙例》谓："郑氏，晋灼《音义》序云不知其名，而臣瓚《集解》辄云郑德。既无所据，今依晋灼但称郑氏耳。"第4页。
④ 惠士奇、惠栋：《汉书纂例》，第34页。
⑤ 班固：《汉书》卷九十，第3652页。
⑥ 王欣夫先生谓："其（惠士奇）评文语，例不入《补注》。"王欣夫：《蛾术轩箧存善本书录》，未编年稿卷四《后汉书》，第1650页。

"汉史"作通贯考察,并系统审核乃至摒弃唐人史注的思想,其实已经呼之欲出了。

二、以"汉义"诠"汉史"的史学思想

李慈铭曾说:"惠氏栋史次于经,而两汉则致力亦甚深。"① 此语颇能道出惠氏史学的重心所在。惠栋的史部著作,为人熟知者有《汉事会最人物志》《汉事会最》《诸史会最》《后汉书补注》等。除上述诸书之外,约在《后汉书补注》撰成前后,惠栋在其父的基础上复校订《汉书》,并有意撰写一部《汉书》"古注"(详下文)。这些事实表明,承继家学的惠栋曾持续深入地进行过史学研究,而尤以两《汉书》的研治最堪瞩目。

《汉事会最人物志》乃惠栋从《史记》《汉书》《后汉书》《三国志》《世说新语》《文选》《太平御览》《艺文类聚》等书正文或注文中,辑录两汉之事,按人编排,会最成书②。该书篇首识语云:

> 《两汉人物志》三册,皆撰集前、后汉逸事,经营缀辑,颇寓苦心。他日脱稿后,当与同志者共欣赏也。松崖。③

从内容可知,这部"颇寓苦心"的辑佚著作,是惠栋为注解两《汉书》的储材之作。如该书中辑录的马融"在东观十年,穷览典籍"事,郑玄赠服虔《春秋传》注事,皆被惠栋采入《后汉书补注》之中。考虑到《后汉书补注》始撰于雍正九年(1731,惠栋35岁),则可知在此年之前,惠栋对汉史的研究已经初步开启。

《后汉书补注》在体例上的特色,正如顾栋高所言:"仿裴松之注《三国》之例,以范史为主,悉本《东观记》及皇甫谧《帝王世纪》,谢承、谢沈、袁山松所撰《后汉书》及司马彪《续汉书》,袁宏、薛莹《后汉纪传》为之附。"④惠书之中多补充传文与赞语,此皆因范氏《后汉书》原书与注文未备,因而仿效《三国志注》而多所采选,片语亦不轻遗。

除却补充史文外,《后汉书补注》所用心者,每每在于"汉义"的保存与恢复。为了恢复"汉义",惠栋极为有意识地广引汉碑以证汉史,他同意朱彝尊

---

① 李慈铭:《越缦堂读书记》,由云龙辑,上海:上海书店出版社,2000年,第1290页。
② 参漆永祥:《东吴三惠著述考》,《国学研究》第十四卷,第403页。
③ 惠栋:《汉事会最人物志》题记,上海图书馆藏稿本(扫描件),第3页。
④ 顾栋高:《后汉书补注序》,载《后汉书补注》卷首,《续修四库全书》第270册,第511页。

所言:"范蔚宗去汉二百余年,传闻失真,当以碑为正。"①与此同时,惠栋对宋至清初的学者如刘攽、胡三省、何焯等人对《后汉书》的误读,多所纠谬,惠氏评胡三省"穿凿不可依据",论刘攽、何焯陷于"臆说",其依据皆是汉儒所言之"古义"②。即使是对影响甚大的章怀太子注,惠氏亦是直陈其谬,批评有加。如《后汉书·安帝纪》言及"昔在帝王承天治民,莫不据旋机玉衡以齐七政","旋机玉衡以齐七政"出自《尚书》,章怀太子注援引晚出《尚书》孔注进行解释,惠栋指出其误:"伪孔氏《尚书》注出于东晋,汉人所未见者,不当用孔说以注《汉书》。"③惠氏援据《尚书大传》及郑玄注中的相关内容阐释之,可谓还汉儒之本义。

在惠栋那里,对章怀太子注的谬误,一字亦不轻忽。在《章帝纪》注中,章怀太子误将《周颂》"相维辟公,天子穆穆"视为《大雅》中语,惠栋引南宋范处义《诗补传》而论:"贤之此注,岂韩、齐、鲁三家以《颂》为《雅》耶?《雅》《颂》昔尝乱矣,赖孔子删《诗》,然后《雅》《颂》各得其所。贤欲复乱之耶?"④惠栋对宋儒普遍无好感,此处特征引范说的用意显而易见,完全因其批评李贤欲"乱"《诗经》,与惠氏的态度正相符合⑤。

以惠栋之见,不仅唐人已不明"汉义",即使是生当南朝的范晔也造成了"汉学"的沦亡。是以惠书之中不仅驳注,而且攻驳史书正文。如惠栋注"幽人"一词云:

>《易·履》:九二,幽人贞吉。虞仲翔注曰:"《履》自《讼》来,二在《坎》狱中,故称幽人。"《荀子》曰:"公侯失礼则幽。"是"幽人"为幽系之人明矣。蔚宗《逸民传》论曰:"光武侧席幽人。"盖自东晋以来,汉学沦亡,末学之徒,始目高士为幽人矣。⑥

惠氏考寻虞翻《易》注与《荀子》,明"幽人"本为"幽系之人",范晔以"幽

---

① 惠栋:《后汉书补注》卷二十,《续修四库全书》第270册,第623页;王应宪:《清代吴派学术研究》,第99页。
② 惠栋:《后汉书补注》卷九、卷五,《续修四库全书》第270册,第558、557、532页。
③ 惠栋:《后汉书补注》卷三,《续修四库全书》第270册,第524页。同样的情况亦出现在惠栋对刘昭注的批评中:"刘昭注伪孔安国《尚书注》以解汉官,伪《注》出自东晋,殊不足据。"《后汉书补注》卷二十四,第647页。
④ 惠栋:《后汉书补注》卷二,《续修四库全书》第270册,第521页。
⑤ 晚清周寿昌在《后汉书注补正》中对此表达异议:"此注'大雅'二字或出一时误写,勘正作'周颂'可也,似不必发此大议论。"虽是针对范说,然而驳正对象自包括惠氏。见周寿昌:《后汉书注补正》卷一,《二十四史订补》第4册,北京:书目文献出版社,1996年,第614页。
⑥ 惠栋:《后汉书补注》卷十二,《续修四库全书》第270册,第575页。

人"为"高士"乃不合古义。此例中需留意者,乃是惠栋据先秦典籍与东汉经说,批判"东晋以来"之人;而尤需重视者,则在于指斥范氏《后汉书》与汉人经注已不能相协,范书本身亦成为纠核之对象。

《后汉书补注》中这种强烈的保存古义、复兴汉学的倾向,在当时已被察觉。为该书作序的李保泰,认为该书乃是"定宇先生振古之业"①,便可以代表当时学界的一般观感。值得指出的是,这一学术倾向不仅在《后汉书补注》中得以保留,惠氏的《汉书》校语同样可以展现,因《汉书纂录》使用者尚罕,故此处仍有细加说明的必要②。

在注释《汉书》者中,若论对后世影响最大者,莫过于唐代的颜师古。历来学者对颜师古的评价甚高,虽然有人质疑其"抄袭旧注",然而一直到撰写《汉书补注》的王先谦,仍将他推举为《汉书》的"功臣"③。而置诸《汉书》学史之中,惠栋对颜师古的态度则显得尤为特异。

惠栋在《汉书》校订过程中,对汉儒之见往往从而引申,对颜师古之说则力加诋斥。曾注释《汉书》的如淳、苏林皆为汉末人,颜注采择其说,时时立异,而惠栋则往往回护之。如《高帝纪》中"夫人儿子皆以君"一语,如淳注云:"言并得君之贵相也。以,或作似。"颜注云:"如说非也。"而惠栋维护如说,谓:"《论衡》云'皆似君相',故如淳云'或作似',从古本云。"④引《论衡》以证如淳所据为古本,较之颜注更为合理。再如武帝元鼎二年筑"柏梁台",服虔云"用百头梁作台",颜注直斥服虔之非,以为应作香柏之柏。而惠栋则云:"古百字皆作柏,服说是也。"⑤此皆可见惠栋以汉儒之说为准绳纠核颜注的校订风格。

除却文字的音韵、训诂,惠栋对颜注的极力反驳,尚有礼制一端。惠士奇本即留意汉制,惠栋又曾取法王应麟《汉制考》而著《续汉制考》,可知其于汉代典章制度,多所用心。故而在颜注与汉制不符时,往往能指摘其谬。如《高后纪》载,周勃行令军中:"为吕氏右袒,为刘氏左袒。"颜注云:"左右者,偏脱其一耳。"惠栋则云:"古之袒法未有左右皆袒者。吉凶礼皆左袒,惟请罪乃右袒耳。师古读《三礼》不熟,故注不明。"⑥《霍光传》载昌邑王入京途

---

① 冯集梧:《后汉书补注序》,载《后汉书补注》卷首,《续修四库全书》第 270 册,第 513 页。
② 惠栋致力于《汉书》批校,其起讫年岁不甚明朗,然而从校语中采录阎若璩《尚书古文疏证》可知,在乾隆八年(1743)仍在持续。且乾隆九年惠栋在乡试中以《汉书》立论而遭黜落,尤可知此一时期惠氏正寝馈其中。故而惠氏批校《汉书》的时间,当在乾隆八年前后,较《后汉书补注》略晚。
③ 王先谦:《汉书补注序》,载《汉书补注》卷首,北京:中华书局,1983 年,第 1 页。
④ 班固:《汉书》卷一,第 6 页;惠士奇、惠栋:《汉书纂录》,第 3 页。
⑤ 班固:《汉书》卷六,第 182 页;惠士奇、惠栋:《汉书纂录》第 6 页。
⑥ 班固:《汉书》卷三,第 103 页;惠士奇、惠栋:《汉书纂录》,第 4 页。

中"不素食"，颜注以为"素食"即"菜食无肉"，昌邑王因在道食肉，故而不合居丧之制。惠栋则坚信郑玄"素食"为"平常之食"，批评颜注云："汉以前未闻以不茹荤为素者，师古驳之，非是。"①

再举耳熟能详的一则内容。据《汉书·贾谊传》载，汉文帝于宣室问鬼神之本，"夜半，文帝前席"。颜注云："渐迫近谊，听说其言也。"②惠栋对此大加挞伐，云：

> 何休注《公羊》云："礼，天子为三公下阶，卿前席，大夫兴席，士式几。"文帝以谊任公卿之位，前席者，以卿礼敬之。注《汉书》者失其义，遂有促近听谊之事。其后李商隐之徒作诗讥刺轻才，讽说之徒，乌足言学！③

惠士奇《礼说》曾引此何休注，以论先秦坐朝之礼④。而惠栋则以之诠解《汉书》，对唐人颜师古、李商隐的新说极力批判。此例中的"前席"之解，究竟应以"迫近"为准，抑或当与汉礼相符，尚可讨论。只是由此一方面可看出惠氏家学的累积性研究，另一方面亦可说明，惠栋对以古礼证"汉史"已经有着极为自觉的意识。

上述惠栋对颜师古的批评，显然有意为之。今观《松崖笔记》中有"颜师古注《汉书》"一条，云："《唐书》：'王勃九岁得颜师古注《汉书》，读之，作《指瑕》以摘其失。'"⑤此条内容录自《新唐书》卷二百一《王勃传》，用意不待明言，无非是旁证颜注之错漏，已到了童蒙能指摘其失的程度。也正因如此，在惠氏的笔下便流露出一种全面否定颜注的倾向，如批评颜师古"读天下书未遍，如何注书""师古不识卦气，如何注书""如此注书，直是乱道""师古不晓汉语""师古臆说""师古之说陋矣"，等等⑥。

熟悉惠栋对宋儒的批评言论者，自可看出惠栋对颜师古的评语几乎与对宋儒如出一辙。在惠栋看来，宋儒经说使"古义"丧失殆尽，因而其祸甚于秦火；而《汉书》颜注不能持守古义，间求裁断与新解，在方向上与宋儒是一致的。因而吾人方能理解，颜师古在惠栋那里非但不是《汉书》的功臣，反而

---

① 惠士奇、惠栋：《汉书纂录》，第27页。
② 班固：《汉书》卷四十八，第2230页。
③ 惠士奇、惠栋：《汉书纂录》，第23页。另可参惠栋：《九曜斋笔记》卷三"前席"条，《丛书集成续编》第92册，第535页。
④ 惠士奇：《礼说》卷十，《景印文渊阁四库全书》第101册，第591页。
⑤ 惠栋：《松崖笔记》卷一"颜师古注《汉书》"条，《丛书集成续编》第92册，第475页。
⑥ 惠士奇、惠栋：《汉书纂录》，第11、12、21、28页。

可称《汉书》的一大罪人。惠栋有言:

> 余家世通汉学,尝谓乱《左传》者杜预,乱《汉书》者颜籀,故《左传》扶贾、服,《汉书》用古注。一经一史,淆乱已久,他日当为两书删注,以存古义、诏后学耳。①

致力于匡正杜预的《左传补注》今仍存世,《汉书》"古注"则未有成书。不过,从上文所述的内容,以及《后汉书补注》的撰作意旨,已大略可窥该书的思想倾向了。

叙述至此,惠栋的史学思想大体可明。从文字训诂到典章制度,从史料纂集到汉儒经说,皆可见惠栋对"古义"的尊崇,以及对后世新说之批判。惠氏对《后汉书》与《汉书》,一部完成"补注",一部试图"重注",可说惠氏学人的史学研究,到惠栋处已达至巅峰。而尤需注意者,乃是惠氏将杜预、颜师古并称,且明确意识到"一经一史,淆乱已久,他日当为两书删注,以存古义、诏后学",则惠栋的经学与史学又绝非相互独立的两部分。欲明惠氏史学呈现上述特质之深刻原因,仍需诉诸其经学见解,在其经史研究之互动关系中,方能见其史学思想的真正归趋与价值所在。

三、惠栋经史研究关系论析

惠栋对宋明儒者的批评,在今天已是常识。其实即使是去古未远的晋唐诸儒,在惠栋那里,亦必须接受"汉学"的检视。正因如此,王欣夫先生尝论:"盖松崖纯乎汉学,不但于宋人严加诋斥,即唐人亦不免訾议。尝读其注疏校本,于孔颖达、贾公彦亦然。"②

由此复观上述惠栋对《汉书》颜注的批判,其原因亦不外此。如所周知,《汉书》颜注的一大特色在于,综合服虔、应劭等多位先儒之解,间作裁断,而最终形成一家之言。在此过程中,颜师古对汉儒古训或从或否,同时亦不乏提出新见之处。而这一点,正与推尊"古义"不遗余力的惠栋背道而驰。对孔颖达等人的经典注疏,惠氏尚大加挞伐,更不用说为一代汉史作注的颜师古了。

同样的,惠栋在《后汉书补注》中对东晋以后学者的批评,亦是源于对"古义"的推崇。只有明白这一点,才会理解惠栋的史学何以标榜"存古义",

---

① 惠士奇、惠栋:《汉书纂录》题记,第1页。另可参王欣夫:《蛾术轩箧存善本书录》,甲辰稿卷二《汉书》,第1174—1175页。
② 王欣夫:《蛾术轩箧存善本书录》,甲辰稿卷二《汉书》,第1175页。

展现出与经学异途同趋的面貌。

为了进一步说明此点,我们来观察惠栋经史著作的更名情况及对原注者的批评究竟有何关系。特列表2如下:

表2 惠栋著作更名情况及对原注者的批评

	惠栋著作原名	惠栋著作定名	经史原注者	惠栋对原注者的批评
经部	九经会最	九经古义	孔颖达等	孔颖达"妄""陋""劣"
	春秋左氏传集注	春秋左传补注	杜预	"乱《左传》者杜预"
史部	汉书纂录	(该作未成书)	颜师古	"乱《汉书》者颜籀"
	后汉书训纂	后汉书补注	李贤等	"贤欲复乱之(六经)耶?"

由此表可知,惠栋著作原名常有"会""纂""集"等字,以示材料综会之意,但定名则往往冠以"古义""补注"等。他的"汉学"观念的发展历程在这些更名过程中体现得最为明显。盖初撰之时,惠氏仅致力于会集各家材料,并未有崇古扬汉的明显倾向,及至思想成熟,经史著作纷纷更名,于"材料综会"基础上更求与晋唐以下相区别之"古义"。惠注《左传》与《后汉书》都定名为"补注",一经一史,彼此相通,而前引文中惠氏特意点出《汉书》用"古注",又与《九经古义》之"古义"正相呼应。联系惠著中对经史原注者的批评,充分说明他的经学和史学研究都立足于"汉学"观念上,且经史二者起到一种互为补充、相互促进的作用。也正是因此,笔者认为惠栋以"汉义"诠"汉史"的史学思想是其"汉学"观念的重要产物,是他的经学立场在史学研究上的具体表达。前人对这一点多有忽视,但这正是惠栋经学对史学的深刻影响所在。

然而,倘论惠栋的史学仅是其经学研究的旁支与附庸,亦非确论。与此相关的一个重要问题是,惠栋的"师法"观念究竟如何形成。论及此点,除却上文已论的晚明以降尚博复古的学术态势,惠氏一门四世传经的家学渊源,以及惠士奇生平遭际的现实处境外,惠栋对汉史的研究未尝不是一个可供讨论的视角,而此点则常常为学界所忽略。

从具体研究的情境而论,在惠栋的治学历程中,除晚年专心治《易》外,治经与治史大体同步进行。《后汉书补注》(初名《范氏后汉书训纂》)始撰于雍正九年(1731),成书于乾隆七年(1742),此间同时撰写的经学著作则有《九经古义》《易汉学》等。不应忘记,雍正九年正值惠士奇"缘事查产",惠栋自言当日情境亦是"对簿之暇,因著是书(《后汉书补注》)"[①]。在家道陡然

---

① 漆永祥:《东吴三惠诗文集》,附录《惠栋遗文》二,第407页。

败落之时,惠栋却研经治史未有辍怠,此举本身便蕴含着与现实政治抗争的隐微初衷。盖于此时前后,惠栋承继家学的意念渐趋贞定,其"汉学"观念虽未成型,却已萌生,否则他不会有意识地兼治经史,且有选择地将心力集中于《后汉书》上。

惠栋的经史兼治,极大促进了他在经学上的诸多创获。朱维铮先生曾指出:"吴派经学宗师惠栋关于经典的真伪和'古义'的诠释,判断的主要标准,便是两汉史著有没有记载。他的方法,虽然被梁启超讽刺为'凡古必真,凡汉皆好',却无妨我们承认他开创了乾嘉时代的汉史考证学。"① 诚然如是,惠栋正是援据《汉书》中的相关内容,质疑了孔颖达"孔氏十六篇为张霸伪书"论②。至于考订文字音训,亦皆以两汉史著为依凭,这只消一瞥《九经古义》中对《史记》《汉书》的大量援引,便可了然。

再从惠栋研治史学的内容而论,两《汉书》中经师传记颇多,所牵涉之经义亦在在皆是。惠栋为《后汉书》中大儒传记的"补注"过程,本身即是对汉儒的一种综合考察,促进了他对汉学的深入认知。如《九曜斋笔记》所记:

> 《前汉书·匡衡传》:"太子太傅萧望之奏衡经学精习,说有师道,可观览。"衡上疏"臣闻之师曰,妃匹之际"云云。《张禹传》:"望之奏禹经学精习,有师法,可试事。"《孔光传》光对日食曰:"臣闻师曰,天右与王者"云云。《魏相传》:"相明《易》经,有师法。"③

又记:

> 《鲁丕传》:和帝召见诸儒,丕与侍中贾逵、尚书令黄香等相难数事,帝善丕说。丕因上疏曰:"臣闻说经者,传先师之言,非从己出,不得相让;相让则道不明,若规矩权衡之不可枉也。难者必明其据(原注:据,师法或经传),说者务立其义(原注:义,古义),浮华无用之言不陈于前,故精思不劳而道术愈章。法异者,各令自说师法,博观其义。"④

惠栋研治汉史,促使其对"师法""家法"产生自觉,以上二例可为明证。

---

① 朱维铮:《"乾嘉史学":方法与争论》,收入《朱维铮史学史论集》,上海:复旦大学出版社,2015年,第241页。
② 惠栋:《古文尚书考》卷上,《续修四库全书》第44册,第58—59页。
③ 惠栋:《九曜斋笔记》卷二"师法"条,《丛书集成续编》第92册,第523—524页。
④ 惠栋:《九曜斋笔记》卷二"家法"条,《丛书集成续编》第92册,第524页。

尤其是惠氏注文中的"师法"与"古义",乃惠氏学术中最为核心的概念,这些概念的重新激活,自与其史学研究密不可分。

在《后汉书补注》与《汉书纂录》中,亦不乏惠氏对"师法""家法"的关注。如《后汉书·明帝纪》载,永平九年"置五经师",惠注云:

> 汉有《学师宋恩等题名》,其称师者二十人。《易》掾二人,《易》师三人,《尚书》掾、《尚书》师各三人,《诗》掾四人,《春秋》掾、文学、《孝经》掾各一人,文学师四人。盖当时郡国皆置五经师,而五经又各有师,故魏德公曰"经师易获,人师难遭"也。①

惠氏援据汉碑,考论汉时郡国皆置五经师,以明汉儒学有"师法"之普遍。再如《后汉书·逸民列传》载,扶风人法真"好学而无常家",原无注文,惠注则云:"通经有家法,高卿(法真字)不名一家,故云无常家也。"②可知惠栋对汉儒之"师法""家法"处处留意,故而能发前人之未发。

正是因其对汉儒"师法"的深刻认识,惠栋才对不守"师法"之人抱有独特的批评态度。杨雄曾说东方朔"言不纯师",惠栋就敏锐地指出:"汉重经师,故云。"③再如身为董仲舒弟子却不知师说的吕步舒,在惠栋眼中是这样一种形象:"《盐铁论》丞相史曰:'吕步舒弄口而见戮。'夫弟子而不知其师,宜其戮也。"④"师法"观念在惠栋心中的重要性,似已无需多言了。

由以上多例可知,惠栋在史学研究中有意识地将经学与史学相沟通,处处留意汉史之中有关汉儒的记载,以及师弟间的学术传承与变异。这种对汉代"师法"的自觉提炼,既与惠氏经学的深入研究密不可分,同时又与日益贴近的汉史情境深相关联。王应宪指出:"惠氏的史学研究即带有明显的援史证经、据史明经倾向。"⑤是符合惠栋史学研究的特质的。

由此再观《后汉书训纂》《九经会最》之更名,尤能促进吾人思考惠氏学术之转变轨迹。盖惠栋初作二书之时,其推尊"古义"的思想未必十分鲜明,通过长期的经史研究互动,才最终形成尊"汉学"、尚"师法"的学术观念。自经学而言,从作为材料综会的"会最"发展至呈现汉儒经学内在条理的"古义";自史学而言,则从作为史料纂集的"训纂"发展至归宗汉儒、以汉义诠汉

---

① 惠栋:《后汉书补注》卷二,《续修四库全书》第270册,第520页。
② 惠栋:《后汉书补注》卷十九,《续修四库全书》第270册,第617页。
③ 惠士奇、惠栋:《汉书纂录》,第26页。
④ 同上书,第24页。
⑤ 王应宪:《清代吴派学术研究》,第101页。

史的"补注"。惠栋的经学与史学,长期处于相互辅助、相互影响的深刻互动之中,对其最终形成"师法"观念,有着至关重要的促进作用。

综上而论,从顾炎武到惠士奇、惠栋,清初的"汉史"研究存在一条隐蔽的脉络。惠栋在继承顾炎武、惠士奇的基础上,形成一种以"汉义"诠"汉史"的史学思想。这种史学思想与他的经学研究相一致,共同展现出力扬"汉帜"的特征。惠氏的史学研究也促进其"汉学"观念的确立,促使经学在晚明以降的学术态势下完成诠释"典范"的转移。从这点而言,惠氏的史学研究对整个清代学术亦具有重要意义。同时,作为乾嘉学者中率先治史的一位学者,惠氏开启了对《汉书》与《后汉书》做全面研究的先声,具有不可泯灭的导源之功。

惠栋的经史研究之间存在极为密切的互动关系,在立场、方法的形成上可谓相互促进、互为辅翼。同时在著作更名的现象上极为类似,不仅有迹可循,而且意味深远。另需指出的是,惠氏的经史研究与政治隐然相抗,这尤能展现清儒经史研究的现实情境。惠栋的例子提醒我们,在清儒学术中经学与史学本是不可剥离的一体两翼,任何一翼的缺失都会影响我们对另一翼以及经史"整体"的理解。清儒的经史研究处于深刻的互动之中,唯有在经史不偏废的视角下,我们才能更为全面、恰当地理解清代学术。

第五节 从"辨是非"到"考源流":惠栋的经学特质及其在清学史上的意义

我们在考察清代学术时,确实会发现惠氏之前,"汉学"的意识并未为学界深知,而惠氏之后则完全不同。然而,惠氏学术可供讨论者尚不止此,倘若我们放宽视野,仔细探寻"师法""家法"进路的传衍,那么便会发现,晚清有不少学人同样以"师法"治经,并且正是借着这一观念与方法而呈现了汉代今古文的"源流"。那么,反观惠栋,是否具有这种考述汉《易》"源流"的学术史意识?置诸更宽广的学术视野中,惠栋的经学究竟应当如何定位?此节以惠栋对清初诸儒的批评以及惠氏本人的经学特质为中心,考察他对汉《易》"源流"的呈现,进而关注其重注《荀子》的特色,对惠栋的经学史意义重新进行反思。

一、惠栋论清初诸儒

蒙文通先生曾指出:"中国学术,建安、正始而还,天宝、大历而还,正德、嘉靖而还,并晚周为四大变局,皆力摧旧说,别启新途。"①明中叶以降,文学领域首先提出"不读唐以后书",在此种口号下,一种崇尚博雅、追求复古的风气在学界逐渐弥漫开来。一时学人如杨慎、焦竑、陈第、陈继儒、黄佐、王世贞等,共同引领此风趋于兴盛,而此时期的学术,亦往往被学人视为清代汉学的远源。

新学术的端倪诚然在显露,与此同时旧学术形态的残余亦得以保留。晚明清初诸多学人所采取的经学进路,便是摆脱宋学的笼罩,进而广采历代经说,以期求得最为接近孔门教旨的见解。这种崇尚淹通、历考经注、求其一是的做法,虽然与宋学相比,就内容而言已发生了极大的转变,然而在形式上仍是强调断以己心。从学术进路而言,这依然是宋明儒所提倡的"自得"进路的孑遗。

从前文已可约略看出,惠栋对清初诸儒时有不满,他在《九经古义》中特删朱彝尊与何焯的观点,表明其"汉学"意识已相当明确。而检证惠栋的文字,对清初诸儒的批评还有很多,从惠氏的批评其实可以看出其为学尊尚。惠栋曾说:

> 近代经学,北平孙退谷(承泽)《五经》皆有著述,而其书不足传;昆山顾宁人博极群书,独不通《易》学;萧山毛大可《仲氏易》、南海屈介子《易外》,非汉非宋,皆思而不学者也。②

惠栋的这段话意蕴极其丰富。此处共讨论了孙承泽、顾炎武、毛奇龄、屈大均四位学者,以惠氏之见,此四位学者的《易》学研究都存在极大问题,那么惠栋的立场究竟何在?

此处需简略讨论上述诸人的学术。孙承泽(1593—1676),字耳北,号北海,又号退谷,山东益都人,世隶顺天府上林苑(今河北大兴),故惠栋称其籍为北平。虽然孙氏在政治上的声名为士林所不齿,然而他晚年退居林下后,确实留下了数量颇丰的学术著作。举其大者,有《孔易》七卷、《尚书集解》二十卷、《诗经朱传翼》三十卷、《周礼举要》二卷、《春秋程传补》二十卷等,当然还有他辑录成书的《五经翼》二十卷③。惠栋说他"《五经》皆有著述",可知对于孙氏著述,惠栋是了若指掌的。

《五经翼》乃是孙承泽辑录"诸儒先所发明经趣者",时代断限则是从魏

---

① 蒙文通:《评〈学史散篇〉》,收入氏著:《中国史学史》,第116页。
② 惠栋:《九曜斋笔记》卷二"本朝经学"条,《丛书集成续编》第92册,第514页。
③ 《周礼举要》二卷附于《五经翼》中,《五经翼》实十八卷。

晋迄清初。举《易翼》与《书翼》则可知其大略。《易翼》从王弼的《易总论》、孔颖达的《周易正义序》、李鼎祚《周易集解序》到程颐、欧阳修、朱熹、赵汝楳、吴澄、高攀龙、钱一本论述《周易》的序文或篇章,最后尚不忘收录胡世安为孙氏自己所写的《孔易序》。是为《易翼》。而采录孔安国《尚书序》、孔颖达《尚书正义序》,直至朱熹、蔡沈、金履祥、林之奇、归有光等人论述《尚书》的序文或篇章,是为《书翼》①。由此可知,孙承泽对汉代经学其实并无关注,他所作的辑录,搜检固然宏富,然而并无系统与条理可言。

在清代学林中享誉甚高的顾炎武,是否如惠栋所说那样"不通《易》学"? 我们知道,顾炎武是颇受清人瞻敬的学者,他的《音学五书》和《日知录》是清世学人常常称道的名著。而惠栋此处斥顾炎武"不通《易》学",必有其原因。顾炎武是做过《周易》研究的,只不过他对王弼与程颐的《易》学观点更为认同。例如他说:

> 圣人设卦观象而系之辞,若文王、周公是已。夫子作传,传中更无别象。……荀爽、虞翻之徒,穿凿附会,象外生象,……《十翼》之中,无语不求其象,而《易》之大指荒矣。岂知圣人立言取譬,固与后之文人同其体例,何尝屑屑于象哉? 王弼之注虽涉于玄虚,然已一扫《易》学之榛芜,而开之大路矣。不有程子,大义何由而明乎?②

顾氏又言:

> 圣人之所以学《易》者,不过庸言庸行之间,而不在乎图书象数也。今人穿凿图象以自为能者,畔也。③

顾炎武在《易》学研究上,更倾向于义理《易》,因而他对王弼和程颐都是赞誉有加,反而对汉儒的象数《易》视之为"穿凿附会"④。倘若我们知道惠栋认同"辅嗣《易》行无汉学"⑤,同时又高言"宋儒之祸,甚于秦灰",那么可知无论是王弼还是程颐,都属于惠栋治《易》所力求摆脱的对象。明乎此,则

---

① 孙承泽:《五经翼》,《四库全书存目丛书》经部第151册,第481—484、597—598页。
② 顾炎武著、黄汝成集释:《日知录集释》卷一《卦爻外无别象》,栾保群、吕宗力校点,上海:上海古籍出版社,第4—5页。
③ 顾炎武著、黄汝成集释:《日知录集释》卷一《孔子论易》,第20页。
④ 许苏民:《顾炎武评传》,南京:南京大学出版社,2006年,第296—299页。
⑤ 《困学纪闻》中记载赵师秀言:"辅嗣《易》行无汉学,玄晖诗变有唐风。"惠栋曾手书此联,《易汉学原序》中亦有此句。惠栋:《周易述》,北京:中华书局,2007年,第513页。

惠栋对顾炎武做出"不通《易》学"的讥诮,其实是不难理解的。

值得重视的还有毛奇龄。毛奇龄在《易》学上有多部著作留传,如《仲氏易》《推易始末》《春秋占筮书》《易小帖》等。《易小帖》与《仲氏易》相互引申,四库馆臣尝云:

> 今观其书(指《易小帖》),征引前人之训诂,以纠近代说《易》之失,于王弼、陈抟二派攻击尤力。其间虽不免有强词漫衍、以博济辨之处,而自明以来申明汉儒之学,使儒者不敢以空言说经,实奇龄开其先路。①

乾嘉以降将毛奇龄奉为清学开山的,有方东树、阮元、曾国藩等学者②。此条提要中以毛奇龄开汉学的"先路",表明四库馆臣中已有此类意见。由此亦可知,毛奇龄的《易》学对汉学有功,然而惠栋评其"非汉非宋",原因又何在?

在三十卷的《仲氏易》中,毛奇龄提出,《易》有五易,世人只知两易而不知三易。据毛氏所说,两易为变易与交易,三易则为反易、对易、移易。毛奇龄谓:"此三易者,自汉魏迄今多未之著,而《周易》之所为《易》,实本诸此。"③四库馆臣评价毛氏《易》学,"大致引据古人",然而也说其"不免牵合附会、以词求胜之失"。而且毛氏《推易始末》"取汉、唐、宋以来言《易》之及于卦变者,别加综核"④,虽然反映了以古为先的准则,然而仍旧牵缠后世经说,亦未对汉儒《易》学进行条理清晰地考察。这或许是惠栋评价他"非汉非宋"的一个重要原因。

再来看明遗民屈大均。屈大均的多部著作,曾在雍正八年(1730)被销毁。作为屈大均在《易》学上的代表著作,《翁山易外》刊刻于康熙二十七年(1688),此后经雍正年间的禁毁,该书流传并不广远⑤。惠栋所见《翁山易外》是抄本抑或刻本,今难以确知,然而惠氏因为跟随父亲宦游粤省方见到该书,则是很有可能的。

《翁山易外》的解经方式主要是援引经传,辅以后世经说,在此基础上阐述治《易》心得。书中所引最多者为《诗经》,其次为《三礼》、《春秋》三传、《尔

---

① 永瑢等:《四库全书总目》卷六《易小帖》提要,第38页。
② 参朱维铮:《汉学师承记(外二种)》导言,第32页注;陈居渊:《毛奇龄与乾嘉经学典范的重塑》,《浙江学刊》2002年第3期,第125—130页。
③ 毛奇龄:《仲氏易》,《景印文渊阁四库全书》第41册,第185页。
④ 永瑢等:《四库全书总目》卷六《仲氏易》、《推易始末》提要,第37页。
⑤ 参何淑苹:《屈大均〈翁山易外〉研究》,台北:花木兰文化出版社,2009年。

雅》等，史书与诸子亦有所征引，此外则是郭京、吴澄、杨慎、来知德等唐、宋、元、明儒者经说①。屈氏解《易》亦时常援引汉儒象数之说，然而不拘于此。屈氏友人张远说道：

> （屈大均）晚以学《易》，研极于理、气、数之微，以吾之心性命会合之，恍然有得也。发而为文，含弘光大，不拘拘于汉、唐、宋诸家，而理足词达，如风行水上，波澜自生。其深造之言，刚健之气，非学《易》之功不至此，而翁山亦不自知其至于此也。②

由此可知，屈大均的《易外》中，尚可看出时代的气息。"不拘拘于汉、唐、宋诸家"而别出心裁，这是晚明清初甚为流行的一种解经方式。据现代学者检证，《易外》之中尚有不少语涉荒诞之处③。与毛奇龄的《易》学合观，更可见明清之际学术风尚转型的学术风格。在毛、屈等人的身上，我们依然可以看到明代人独抒心得、不依傍前人的风格，惠栋评价毛奇龄、屈大均"思而不学"，其实正是指出了清初人依旧重"自得"而轻"师法"的学术风尚。

据笔者的管见所及，在清初诸儒之中，获得惠栋评价最高的则是陈启源。前文已经提及，陈氏尝撰《毛诗稽古编》，阮元说："近世学者不知此书（指《毛诗稽古编》），惟惠定宇征君亟称之。"④而据钮树玉记载：

> 囊谒艮庭江征君，论及陈氏《毛诗稽古编》。征君云："先师惠松崖先生言：'此书好处已到七分。'"⑤

此处江征君乃指惠栋弟子江声，江氏转述其师之语，理当无误。惠栋多次称道《毛诗稽古编》，以为好处已到"七分"，那么理应考索这一评价原因以及另外"三分"之所在。

陈启源与惠周惕为同时代人，所居之地亦不远，然而未曾看到两人有过学术交往的记载。与陈氏共同研治《诗经》的是朱鹤龄。朱鹤龄所著《诗经

---

① 参何淑苹：《屈大均〈翁山易外〉研究》，第115—152页。
② 屈大均：《翁山文外》，《清代诗文集汇编》第119册，第125页。
③ 参何淑苹：《屈大均〈翁山易外〉研究》，第243页。
④ 阮元：《毛诗稽古编序》，据陈鸿森：《阮元揅经室遗文辑存（增订本）》卷一，收入杨晋龙主编：《清代扬州学术》，台北："中研院"中国文哲研究所，2005年，第678页。
⑤ 钮树玉：《匪石先生文集》卷下《毛诗稽古编札记跋》，《清代诗文集汇编》第463册，第492页。

通义》","于汉用毛、郑,唐用孔颖达,宋用欧阳修、苏辙、吕祖谦、严粲"①。他对汉宋经说,无轩轾之别,亦可说是"汉宋兼采"。而陈启源的《毛诗稽古编》,则"训诂一准诸《尔雅》,篇义一准诸《小序》,而诠释经旨则一准诸《毛传》而《郑笺》佐之……其间坚持汉学,不容一语之出入"②。《毛诗稽古编》之"求古尊汉"特色,由书名已体现,即在尊奉《毛传》的同时,考稽"古义",以求还原《毛诗》之本原③。其学术主张之一即尊信《诗序》,这与惠周惕的学术宗旨是相通的;在驳斥宋儒以己意说经的立场上,二者亦是相合的。唯需指出的是,陈启源对"古义"的自觉追求,恐非惠周惕能望其项背,前者曾旗帜鲜明地说出这样一番话:"先儒释经,惟求合古;后儒释经,多取更新。……故者,古也,合于古所以合于经也。"④对"古义"赋予了准则的意味。陈启源本此立论,将时代先后视为考察经义的一个重要标准:

> 引据之书以经传为主,而两汉诸儒之语次之,以汉世近古也;魏晋六朝及唐又次之,以去古稍远也。宋、元迄今,去古益远,又多凿空之论,讹托之书,非所取信,然其援据详明,议论典确,鄙见赖以触发者,亦百有一二焉。⑤

这表明陈启源对"古义"的探求,已具有相当明确的意识。而尤为难得的是,陈启源曾点出汉儒经说多由"师授"这一重要概念:

> 原古人释经多由师授,不专据经本,况《诗》得于讽诵,非竹帛所书,确有画一。诸儒传写,师读各分,经文亦互异,故字与义有不必相符者,非得师授岂能辨其孰是哉?⑥

观此段文字,已经颇为接近惠栋在《九经古义·述首》中的观点,这又是惠周惕所未尝见及的。惠栋在《诗经》学上虽亦有家学渊源,然而他多次称许《毛诗稽古编》,与陈启源对汉儒抱有的这样一种特殊认识深相关联。

---

① 永瑢等:《四库全书总目》卷十六《诗经通义》提要,第131页。
② 永瑢等:《四库全书总目》卷十六《毛诗稽古编》提要,第132页。
③ 参江尻徹誠:《陳啓源の詩経学:「毛詩稽古編」研究》,北海道大學出版會,2010年。
④ 陈启源:《毛诗稽古编》卷一《序例》,《景印文渊阁四库全书》第85册,第333页。
⑤ 同上书,第334页。
⑥ 同上书,第333页。

第一章 重建"师法":惠栋与清初经学的转折历程

我们由此可对惠栋的《诗经》学特质稍做观察。《九经古义》中的《毛诗古义》集中展现了惠栋的《诗经》学成就。对比祖父惠周惕的《诗说》与陈启源的《毛诗稽古编》而言,惠栋的"求古"之意是更为明显的。他对唐、宋以下的经学著作,非但基本不予相信,而且时时进行攻驳。例如《陈风·宛丘》中有"子之汤兮",《毛传》云"汤,荡也",郑玄引申为"游荡无所不为",孔颖达认为"汤"音"他郎反"①。惠栋在此则考释中写道:

> 汤,本古荡字。王逸引此诗正作"荡",云:"荡,犹荡荡,无思虑兒也。"古文《论语》云:"君子坦荡荡。"郑康成注云:"《鲁论》作'坦汤'。"是古皆以"汤"为"荡"。或音"他郎反"者非。②

此处认为,"汤"是"荡"的古文。惠栋所论证阐明的,其实正是《毛传》的训诂;针对的批驳对象,则是孔颖达的音注。又如《魏风·伐檀》有"河水清且涟猗",《经典释文》云:"涟,力瀍反。"③惠栋案语谓:"《说文》:涟,即'澜'或字也,音洛干切。《尔雅·释水》正作'澜'。"又以小字注云:"《渐渐之石》,《笺》云'与众豕涉入水之波涟',涟即'澜'字,故一本作'澜'。陆氏音'连'亦误。"④这都是在指出陆德明的音注于"古"不合。《小雅·伐木》有"伐木许许"一语,惠栋认为"许""所"古字通,《说文》所引"所所"即解作"伐木之声",因此正可解《伐木》此句。而朱子在《诗集传》中援引《淮南子》云"举大木者呼邪许"。惠栋对此言道:"邪许者,举木之声,非伐木也。"⑤如此,则朱子解释为"举木之声"的注解显然是不合"古训"的。在惠栋这里,推尊汉学的意识较陈启源更为明确与坚决。

因而,在惠栋《诗经》学的对比下,可以看到陈启源的《诗经》研究虽详于名物训诂,但在对汉儒的推尊上,显得不够彻底与完善。整部《毛诗稽古编》未有一语直接点明汉儒之"师法"或"家法",实因他对汉儒之学问进路尚缺乏一种透彻的理解与体认。陈启源于清学史上,固然具有重要意义,然而他之所以未能展现出独立的为学宗旨与学派意识,与此最有关联。刘师培曾批评陈启源"无家法",⑥章太炎认为陈启源只能够被称为"先导耆宿"而不

---

① 孔颖达:《毛诗正义》,北京:北京大学出版社,2000年,第513页。
② 惠栋:《九经古义》卷五,《影印文渊阁四库全书》第191册,第408页。
③ 陆德明:《经典释文》第五,第106页。
④ 惠栋:《九经古义》卷五,《影印文渊阁四库全书》第191册,第407页。
⑤ 同上书,第409页。
⑥ 刘师培:《南北学派不同论》,据《刘师培辛亥前文选》,李妙根编,朱维铮校,上海:中西书局,2012年,第334页。

能被称为"大师"①,皆是从"师法""家法"这一视角着眼而得出的锐见。惠栋所不满意的《毛诗稽古编》的"三分",正在于陈启源仍旧牵缠后世经说②,未能直追汉儒,在学术进路上对汉世"师法"未有明确的意识。

叙述至此,吾人当可明白,倘以一语来总结惠栋眼中的清初学术,以惠栋自己的语言来说,则是"学无师法"。不论是"非汉非宋",还是"好处已到七分",背后的标准都是汉儒"师法""家法"。也正是在这个意义上,在上述诸人的对照下,惠栋的经学研究可说完成了"质"的转变,追寻"古义"、明确以"师法"观念考察汉儒经说的工作,正由惠栋来完成。清初以降的经学研究,到了惠栋这里,才完成了学术进路的根本转折。这种以"师法"治经的观念与方法,直接促使了惠栋将汉《易》"源流"重新呈现于世人面前。

二、惠栋与汉《易》"源流"

学界在评论惠氏为学缺陷之时,常常引述王引之的下述这番话:

> 惠定宇先生考古虽勤,而识不高,心不细,见异于今者则从之,大都不论是非。……来书言之,足使株守汉学而不求是者爽然自失。③

王引之为皖派后劲,此书所致之人为扬州学者焦循。王、焦两人的治学进路与吴派相比有极大差别,他们所共同反对的一点就是"株守汉学"与"不论是非"。在他们的眼中,以惠栋为代表的吴派学者大抵都可以归为此类。

诚然,戴震也说过"定宇求古,吾求是"④。站在皖派"辨是非"与"重裁断"的立场上,惠学称不上"十分之见"。然而倘若站在惠栋的立场上,仍然可以为此辩护,那就是惠栋所做的研究,本不以"辨是非"为根本目的,他的学术贡献更接近于"辨章学术,考镜源流"⑤。因而,单纯以"不论是非"来批评惠栋,自然不能触及惠氏学术的真正价值所在。

惠栋为学,强调"述而不作"。这句出自《论语》的话,被惠栋赋予了很深

---

① 支伟成:《清代朴学大师列传》卷首《章太炎先生论订书》,上海:上海人民出版社,2014年,第2页。
② 陈启源在前引《毛诗稽古编·序例》中已自言对宋元以来经说的酌取,"百有一二"。陈著在一些问题上确实驳汉儒而从宋儒,如认为郑玄解《简兮》"袭《公羊》之误",吕祖谦"驳之允当";严粲解《相鼠》一诗最为"得之"。这类对宋儒经说的酌采,在惠栋的"古义"体系中是难以寻见的。二例分别见《毛诗稽古编》卷三、四,第373、383页。另可参江藩斥陈启源"怪诞不经"的一段批评,见《汉学师承记》附《国朝经师经义目录》诗类,第157页。
③ 王引之:《王文简公文集》卷四《与焦理堂先生书》,《续修四库全书》第1490册,第392页。
④ 王鸣盛:《西庄始存稿》卷十五《古经解钩沉序》,《嘉定王鸣盛全集》第10册,第280页。
⑤ 邓秉元:《新文化运动百年祭》,第73页。

的学术意义。我们知道,吴派学者皆好改经字,在经文问题上大都不从俗本。例如惠栋的《周易》经文,便改动了数十字,改字的主要依据是《经典释文》中所保存的京房、孟喜、郑玄、虞翻、王肃等人的说法,以及《说文》的引录①。这种改字其实是惠栋的"述而不作"的思想的体现,惠氏曾说:

> 《洪范》云:"无偏无颇。"唐元[玄]宗改"颇"为"陂",恐非圣人述而不作之意。当从古文作"诐"。②

惠栋《周易》经文的大多改字,皆谓是以"古义"改今字,还经书以"古义",这在惠栋看来便是恢复原貌,"述而不作"。只有理解这一点,才会理解惠栋乃至江声据"古义"而更改经文的初衷。

惠栋在《九经古义》末条云:

> 惠栋曰:夫子言"述而不作",信哉!《乡党》一书,半是《礼经》;《尧曰》数章(孔壁《论语》,《子张》已下别为一篇),全《书》训典。论君臣虽人言不废,言恒德则南国有人。于善人为邦,则曰"诚哉是言";于隐居行义,则曰"吾闻其语"。素绚、唐棣,逸《诗》可颂;百官、冢宰,逸典可稽。"出门如见大宾,使民如承大祭",此胥臣多闻之所述也;"视其所以,观其所由,察其所安",此《文王官人》之所记也(《文王官人》本载《周书》,大戴采之以为《记》)。"克己复礼为仁",《左氏》以为古志;"己所不欲,勿施于人",《管子》以为古语(见《小问篇》)。"参分天下而有其二",《周志》之遗文也(今《逸周书》即《周志》也,在《程典篇》);"陈力就列,不能者止",周任之遗言也。推此言之,圣人岂空作邪?但经传散佚,不能一一举之耳。③

惠栋以此条为《九经古义》的末条,倘与《九经古义·述首》合观,则更能体会其间之深刻意味。盖在惠栋看来,"述而不作"乃是圣门精义,不仅孔子称道此义,而且先秦诸书又能与此语相印证。惠栋批评宋儒"不知而作""郢书燕说",其实都是"述而不作"的反面表达罢了。

---

① 参漆永祥:《乾嘉考据学研究(增订本)》,北京:北京大学出版社,2020年,第129—130页;刘墨:《乾嘉学术十论》,第68—69页。
② 惠栋:《惠氏读说文记》第三,《续修四库全书》第203册,第475页。《新唐书·艺文志》谓唐开元十四年,玄宗以"无颇"声不协,诏改"颇"为"陂"。《册府元龟》(帝王部文学)谓此事在天宝四载。参屈万里:《尚书集释》,上海:中西书局,2014年,第123页。
③ 惠栋:《九经古义》卷十六《论语古义》,《景印文渊阁四库全书》第191册,第502页。

晚清皮锡瑞尝谓："阎氏（阎若璩）之功在考定古文之伪，而其《疏证》信《蔡传》臆造之事实，邵子意推之年代；其说《诗》，以王柏《诗疑》为然，谓《郑》《卫》为可删；乃误沿宋学，显背汉儒者。……当时如胡渭《易图明辨》，能辟《图》《书》之谬，而《洪范》并攻汉儒。陈启源《毛诗稽古编》能驳宋以申毛，而经说间谈佛教。万斯大、方苞等兼通《三礼》，多信宋而疑汉。"①前文也已分析了毛奇龄、屈大均、顾炎武等人的《易》学，在这样一种学术态势下，当可看出惠栋力倡"汉学"、考镜汉《易》"源流"的意义。

有关汉《易》源流，在惠士奇处已经约略呈现。惠士奇谓：

> 汉儒言《易》，孟喜以卦气，京房以通变，荀爽以升降，郑康成以爻辰，虞翻以纳甲，其说不同，而指归则一，皆不可废。②

惠士奇方向大体已明，只是未能具体将汉《易》源流恢复。因而惠栋秉持此见，以李鼎祚《周易集解》为基础，将散落其中的汉儒经注一一简择出，努力恢复汉《易》，而此中关键则在于发现了汉儒的"师法""家法"。

惠栋晚年曾说治学经历云：

> 栋少承家学，《九经》注疏，粗涉大要，自先曾王父朴庵公以古义训子弟，至栋四世，咸通汉学，以汉犹近古，去圣未远故也。《诗》《礼》毛、郑，《公羊》何休，《传》《注》俱存；《尚书》《左传》，伪孔氏全采马、王、杜元凯根本贾、服；唯《周易》一经，汉学全非。十五年前，曾取资州李氏《易解》，反复研求，恍然悟洁静精微之旨。子游《礼运》，子思《中庸》，纯是《易》理，乃知师法家传，渊源有自。③

惠氏明确标出"汉学"之帜，而最能代表其"汉学"成就的，则为汉《易》研究。可以归为惠栋《易》学系统的著作，举其要者则有《周易述》《易汉学》《易例》《易微言》《明堂大道录》《禘说》等。其中《周易述》虽为未完成之作，然而以虞翻《易》为主，参以荀爽、郑玄诸家，自注自疏，彻底将王弼、韩康伯以降的注解抛弃，代之以汉儒注解。置诸晚明清初的学术背景中，惠栋的《易》学才可谓是真正意义上的"汉学"。他批评清初诸儒"非汉非宋"，其实便是从

---

① 皮锡瑞：《经学历史》，第306页。
② 江藩：《汉学师承记》卷二，第24—25页。
③ 惠栋：《松崖文钞》卷一《上制军尹元长先生书》，《东吴三惠诗文集》，第315页。

第一章 重建"师法"：惠栋与清初经学的转折历程

此点着眼。后来江藩称誉惠氏《易》学"推演古义，针砭俗说"①，亦是站在这种"古义"与"俗学"相对的立场上而言。

在评价惠氏《易》学的言论中，王昶的下述一语或值得今日学界重视：

> 定宇又有《易汉学》，盖《易述》之纲领。不读《汉学》，不知《易述》所以作。②

王昶为惠栋好友，同时又是《易汉学》手稿的托付者，此处所说与惠氏本意当相去不远。今观《周易述》，自注自疏，将注文一一注明"此虞义也""此荀义也""此郑义也"，等等，可谓无一语无本。而其《易汉学》则是将汉儒《易》学的各家源流以及各家的方法、原则完全呈现出来，举凡孟喜、虞翻、京房、干宝、郑玄、荀爽等等多家之义，在惠栋的考辑、甄别、归纳、疏通之下，重新朗现于世。《易汉学自序》云：

> 栋趋庭之际，习闻余论，左右采获，成书七卷。自孟长卿以下五家之《易》，异流同源，其说略备。……以四世之学，上承先汉，存什一于千百，庶后之思汉学者犹知取证，且使吾子孙无忘旧业云。③

惠氏自道"自孟长卿以下五家之《易》，异流同源，其说略备"，因而，体现融汇各家的《周易述》，是在考辨汉《易》源流后的荟萃之作，与《易汉学》相辅相成。王昶说《易汉学》乃是《周易述》的"纲领"，便是指此而论。

惠栋所关注者在于汉儒各家之"家法"，因而在考寻汉学"源流"的过程中，并不存在对今古文有所轩轾的观念。例如他对今文经学的代表《公羊传》极为关注，理由则在于从《公羊传》与何注中可以考寻汉儒"古义"，他在注释《乾》卦卦辞"元亨利贞"时，援引《公羊》何注与董仲舒之说，便是一则显例④。不应忘记，其《公羊古义》亦属《九经古义》之一。再如虞翻的《易》学，亦属于今文经学系统。周予同先生早就指出：

> 惠栋专讲虞氏《易》，而虞翻却是世传西汉今文孟氏《易》，以"互体"解经，推论象数，将八卦与天干、五行、方位相配合的。这样，乾嘉学派

---

① 江藩：《汉学师承记》卷二，第31页。
② 王昶：《春融堂集》卷四十三《惠氏周易述跋》，《清代诗文集汇编》第358册，第436页。
③ 惠栋：《易汉学原序》，《周易述》，北京：中华书局，2007年，第513页。
④ 惠栋：《周易述》，第4页。

的主将之一惠栋就并不完全排斥今文经学。①

因而,传统所认为惠栋从属于古文学派的判分,其实并不能范围惠氏学术的全部。汉学的"师法""家法"视角,则能为惠栋的学术归趋提供助缘。其实惠氏所致力者,在于以"师法""家法"之说恢复汉学,今古文的经典与经说都在其考论范围之内,以惠氏自己的话来说,就是以"师法""家法"而考寻汉学"源流"。

由此再来看惠栋所说的"汉人传《易》,各有源流"、"识得汉《易》源流,乃可用汉学解经"②,就显现出不同了。以汉儒的"师法"观念来考寻源流,这是惠栋《易》学异于前人的最重要的一点。事实上,吴派学人对这一做法,看的十分清楚。如江藩曾说:

> 盖《易》自王辅嗣、韩康伯之书行,二千余年,无人发明汉时师说。及东吴惠氏,起而导其源,疏其流,于是三圣之《易》昌明于世,岂非千秋复旦哉!③

江藩推崇惠栋,直言其对汉《易》"源流"的考辨贡献,可知这一学术特质在吴派学者眼中,至为明晓。后世学人以无"裁断"、无"创见"来贬低惠学,自然触及不到该派学术的精髓所在。殊不知惠栋等吴派学者本不欲提出"裁断"与"新见",他们的着力之处即在于以"师法""家法"考寻汉学之源流,从学术史的角度将汉学予以恢复,并整理出脉络与条理。

也正是在"考辨源流"的视角中,我们方可看出吴派学术与清代中晚期陈奂、陈立、陈寿祺直至皮锡瑞、廖平一系经学研究的共通之处。后者亦不存轩轾今古之见,而是全以"师法""家法"治经,将汉儒经说条分缕析地予以呈现。因而,从这一点来说,清代常州系统之外的今文经学,论其学术气质与归趋,则与吴派为近。此点章太炎、蒙文通先生已有论述,只是后来鲜有研究者沿其途辙继续深究。此处特将惠学的特质予以揭示,也正可为后文对今文经学的探讨提供一种先导性参照。

三、重注《荀子》的经学史意义

惠氏一门,四世穷究经学;而这四代学人,亦皆研读《荀子》。从惠有声、

---

① 周予同:《有关中国经学史的几个问题》,《周予同经学史论著选集(增订本)》,第700页。
② 惠栋:《九曜斋笔记》卷二"趋庭录",《丛书集成续编》第92册,第526页。
③ 江藩:《汉学师承记》附《国朝经师经义目录》,第152页。

第一章　重建"师法"：惠栋与清初经学的转折历程

惠周惕开始，便屡屡以《荀子》证经，不过《荀子》本身尚未成为关注的中心。直到惠士奇，惠氏家族才真正专注于《荀子》的研究。王欣夫先生《蛾术轩箧存善本书录》曾记："《荀子》二十卷，六册，清光绪二年浙江书局刊本。……半农校用朱笔，惠栋校用蓝笔，皆发挥经义，独抒心得为多。"[①]这表明惠士奇、惠栋皆曾校阅《荀子》，而且多有阐发。惠栋所著《荀子微言》首页跋语亦谓"有家大人笔记"，亦可证惠士奇对《荀子》已经有过一些研究。

惠士奇在经学研究中，曾将《易》《荀》相联系。《易说》卷五云：

> 木上有火，鼎。君子以正位凝命。天命靡常，惟德是辅。凝命者，修德以凝道也。故曰："苟不至德，至道不凝焉。"王者位乎天位，凭权借势，能兼而有之，不能有而凝之。《荀子》曰："兼并易能也，惟坚凝之难焉。齐能并宋而不能凝也，故魏夺之；燕能并齐而不能凝也，故田单夺之；韩之上地，方数千里，完全富具以趋赵，赵不能凝也，故秦夺之。能并之而不能凝，则必夺。古者汤以亳，武王以镐，皆百里之地，天下为一，诸侯为臣，无他，能凝之也。故凝士以礼，凝民以政，礼修而士服，政平而民安，士服民安，夫是之谓大凝。"然则秦并七国，一统天下而不能凝，荀子早已知之矣。政不平，礼不修，士不服，民不安，十三年而秦亡。自古亡天下未有如秦之速者，能并之而不能凝也。[②]

这是惠士奇诠释《鼎·象》的一段文字。文中"苟不至德，至道不凝焉"语出《中庸》，《荀子》内容出自《议兵》篇末。惠士奇由《鼎·象》"正位凝命"之"凝"，联系《中庸》的"至道不凝"、《荀子》的"坚凝"与"大凝"，以秦能兼并六国而不能"凝"的历史之象，在义理上沟通了三书。

惠士奇的《荀》《易》相通之说，未能推广至荀子的核心思想上。不过，这一方法确曾给惠栋的《荀》《易》《庸》三者相通论以极大的启发，惠栋在后来的经学研究中，继承并光大了这一学术见解，并在系统性上超越其父，他几乎对《荀子》中的核心思想都有所关注，并努力将它们与《易》《庸》进行沟通[③]。

除却《易》《庸》之外，在惠栋的经学研究中，我们还经常见及惠氏将《荀子》与《诗经》相联系的例证。比如《九经古义》中惠注《周南·卷耳》云：

---

① 王欣夫：《蛾术轩箧存善本书录》辛壬稿卷三《荀子》，第590页。
② 惠士奇：《易说》卷五，《影印文渊阁四库全书》第47册，第737—738页。
③ 参王应宪：《清代吴派学术研究》第三章第四节《惠栋荀学思想刍议》，第102—113页。

> "采采卷耳,不盈顷筐。"《传》云:"顷筐,易盈之器也。"荀卿子引此诗亦云:"顷筐,易满也。卷耳,易得也。然而不以贰周行。"《大雅·行苇》云:"敦弓既坚。"《传》云:"天子敦弓。""敦"与"雕",古今字。荀卿子云:"天子雕弓,诸侯彤弓。"《正义》以天子雕弓为事不经见,非也。《经典·序录》云:"孟仲子传根牟子,根牟子传赵人孙卿子,孙卿子传鲁人大毛公。"此《传》及《行苇传》盖用其师说。①

惠栋将《毛传》与荀子对"顷筐"的解释对照,并根据《经典释文》所言荀子与大毛公的师承关系,表明《荀子》《毛传》其义相通,而《毛传》如此解《诗经》乃是守其师说。同样的论证运用于《行苇》上,惠栋指出"敦"与"雕"乃相通的异字,所以《毛传》所云"天子敦弓"源于《荀子》,可谓谨守师说,渊源有自,而《正义》认为天子雕弓"事不经见"的说法自然不攻自破。《毛诗古义》中的此二例,沟通了荀、毛师弟的经说,在"求古"的基础上又进而强调"师法",使得"古义"本源详明,师说有自。

注重"师法"的考稽,使得不合"古义"之说自然呈露出来。即使是对于《毛传》,惠栋也纠正其不守师说的别解。例如:

> 《既醉》云:"永锡尔类。"《传》云:"类,善也。"王逸曰:"类,法也。"案:荀卿子《礼论》曰:"礼有三本,天地者,生之本也;先祖者,类之本也。"注云:"类,种。"《襄廿二年传》云:"子展废良而立太叔,曰:'请舍子明之类。'"良,子明子,是类为子。《吕览·权勋篇》云:"齐王谓:'触子必划若类'。"又云:"若残竖子之类。"皆谓类为子。《周语》叔向曰:"类也者,不忝前哲之谓也。"韦昭云:"言能以孝道施于族类,故不辱前哲之人。"《后汉书·刘平传》云:"平抱弟仲女云:'仲不可以绝类。'"《郅恽传》:"郑敬云:'今幸得全躯树类。'"注云:"树类,谓有子嗣。"故《郑笺》改《传》以为族类,是也。②

这一则亦是惠栋坚守"古义"的例证,他援引《荀子》、《左传》、《吕氏春秋》、《国语》及韦昭注、《后汉书》,以证《毛传》释"类"为"善"乃是不守师说,而郑玄改释为"族类",与"古义"反而更近。从这一则可以看出,惠栋对于《毛传》并未一味尊信,而是旁征博引两汉及以前的文献,对《毛传》不守"师

---

① 惠栋:《九经古义》卷五,《影印文渊阁四库全书》第191册,第401—402页。
② 惠栋:《九经古义》卷六,《影印文渊阁四库全书》第191册,第419页。

法"的注解也予以明确指陈①。

尤需值得指出的是,这类例子不仅存于《毛诗古义》之中,对《荀子》中所征引《诗经》,惠栋同样指示其师说脉络。《荀子·儒效》中曾引《小雅·鹤鸣》中的"鹤鸣于九皋,声闻于天",以证"君子隐而显,微而明,辞让而胜"。而该诗《毛传》云:"皋,泽也。言身隐而名著。"惠栋注云:"荀卿,毛公之师。故用其师说。"②《儒效》又引《小雅·采菽》中的"平平左右,亦是率从",以证"分不乱于上,能不穷于下,治辩之极也"。该诗《毛传》云:"平平,辩治也。"惠栋于是注云:"平,古文'辩',故云'辩治也'。毛用师说。"③由此可知,惠栋对《荀子》与《毛诗》的传承关系,尤为关注。

凭借多年功力,惠栋撰成《荀子微言》一卷。学者对于该著已经有过较为深入的探讨,并且也关注了惠栋对"师法"的强调④,然而细阅该著,仍有发覆之余地。

书名中的"微言",自然取自"昔仲尼没而微言绝,七十子丧而大义乖"一语,惠栋亦曾言及:"荀子所言七十子大谊,推而上之,即圣人之微言也。"⑤长期以来,为宋明理学家所乐道的"道统"谱系将荀子排除在外,倘若乞求成圣而取法荀子,无异于缘木求鱼。然而惠栋提出,由《荀子》而上溯,同样亦能通向圣人,为荀子"正名"的这一思路贯穿于《荀子微言》整部书中。

在了解书名的弦外之音的同时,倘若仔细考察《荀子微言》的通篇注释,就会发现充斥于注释之中的正是惠栋所精心选取的《四书》原文。例如《致士》篇中有"美意延年"一语,惠栋在该语下径注"仁者寿"(《论语·雍也》)三字⑥。再如《不苟》篇中"操之则得之,舍之则失之",惠栋注"操则存,舍则亡"(《孟子·告子上》)⑦。《性恶》篇中讨论"勇"时曾有"天下有中,敢直其身"一语,惠栋注:"勇尚中,夫子论勇曰'中立而不倚';勇尚直,曾子论大勇曰'自反而缩'。"(《中庸》《孟子·公孙丑上》)⑧再如《王制》中有云:"天地生君子,君子理天地,君子者天地之参也。"惠栋在此语下注"夫君子所过者化,

---

① 参张素卿:《惠栋〈毛诗古义〉与清代〈诗经〉学》,收入中国诗经学会编:《第六届诗经国际学术研讨会论文集》,北京:学苑出版社,2005年,第472—492页。
② 惠栋:《荀子微言》,《续修四库全书》第932册,第475页。
③ 同上。
④ 王应宪:《清代吴派学术研究》,第109—110页;康廷山:《清代荀学史略》,北京:中华书局,2020年,第177—179页。
⑤ 惠栋:《古文尚书考》卷下,《续修四库全书》第44册,第72页。
⑥ 惠栋:《荀子微言》,《续修四库全书》第932册,第478页。
⑦ 同上书,第470页。
⑧ 同上书,第481页。

所存者神,上下与天地同流"(《孟子·尽心上》)①。荀、孟均强调君子与天地相通,所谓君子"与天地参""与天地合其德",这在惠栋看来,均属于原始儒家之精义,荀、孟此处的观点并无二致。

宋明理学家一向强调孔、曾、思、孟谱系,在经典上分别对应《论》《学》《庸》《孟》。惠栋要为荀子"正名",自不能缺少曾、思的旁证。因此,《劝学》篇的"玉在山而木草润,渊生珠而崖不枯"被惠栋注解成"富润屋,德润身","声无小而不闻,行无隐而不形"则被诠释为"莫见乎隐,莫显乎微"②,《不苟》篇的"千万人之情,一人之情是也"也被理解为"是以君子有絜矩之道"③,等等。惠栋的理解是否准确暂且不论,值得关注的是,这看似简单的经典沟通的背后,其实包含了极为深刻的思想暗流。惠栋希望通过将《荀子》与《四书》进行沟通,为由荀子而通向"圣道"提供必要的义理论证。他的这种解释,完全指向《荀子》与《四书》若合覆辙,倘若将这种学术心理推阐开去,则无异于说宋明儒者对荀子的诸多负面评价,完全走入歧途。

那么惠栋何以要如此推尊荀子？联系惠栋的经学来看,原因就在于最受荀子一系儒者重视的"师法",得到了惠栋的认同。在惠栋看来,《荀子》与《四书》同样可以达致圣道,只不过学术进路有所不同罢了。他将"师法""家法"追溯到孔门,认为"子张氏、子夏氏、子游氏,家法之祖也。各自成家,各守其法,至汉犹然"④。他在《荀子》中提及的每一处"师法"之下,都摒去杨倞注而自加阐释。"师法,见闻也"⑤,这一解释明显与宋明儒者所强调的"自得"遥遥相对。在惠栋看来,如果学问仅由"自得",就不免会"窃圣人之说以行其私智","自言其能以乱古训",而通过这种"异说"与"郢书燕说"所能达致者,只能是"贼害仁义"⑥。

惠栋意识到,由子夏、荀子以至汉儒,皆有师有法。正因如此,唯有通过汉儒的经说注解,才可以上窥先秦。明乎此,则可以理解惠栋的群经注解中何以对唐宋以下之经说弃之不顾,何以对汉代经说有如此之推崇。《九经古义》中看似简单的钩沉古义,其背后都有"师法"进路的强力支撑。因而可以说,正是在惠栋这里,"师法"的学术进路重新被发现、重视并继承。由此,我们再次来看惠栋在《九经古义·述首》中的下述这段话:

---

① 惠栋:《荀子微言》,《续修四库全书》第932册,第468页。
② 同上书,第463页。
③ 同上书,第470页。
④ 王欣夫:《蛾术轩箧存善本书录》,辛壬稿卷三《荀子》,第559页。
⑤ 惠栋:《荀子微言》,《续修四库全书》第932册,第467页。
⑥ 同上。引语皆惠栋对"无师无法"一段的注解。另可参王应宪:《清代吴派学术研究》,第110页。

第一章 重建"师法":惠栋与清初经学的转折历程

> 汉人通经有家法,故有《五经》师。训诂之学,皆师所口授,其后乃著竹帛。所以汉经师之说,立于学官,与经并行。《五经》出于屋壁,多古字古言,非经师不能辨。经之义存乎训,识字审音乃知其义。是故古训不可改也,经师不可废也。①

这是惠栋对汉儒经说重要性的明确强调。汉儒"古训"之重要,就在于讲究"师法""家法"。惠栋将这一观念扩展为"求古尊汉"的理论基石,并凭借这一点,彻底摆落宋明儒者的独抒心得,进而求得经典的"古义"。汉儒在惠栋心中地位之高,并非盲目的崇拜,而是有其学理的支撑和学术的自觉,只有明白这一点,才能彰显吴派学术的整体格局与历史意义,而不会落入梁启超所概括的"凡古必真,凡汉皆好"的偏见中去②。

有关惠栋"师法"观念的创生历程以及在惠氏经学研究中的具体体现,本书大致都已论述。需要说明的是,倘若我们仅以传统所言"吴派"来看待这一问题,或许仍不足以彰显这一观念对清代学术的深远意义。前文多次强调,应该在清代学术总体格局中理解惠学的特质与价值。事实上,倘若我们对这一观念所发生的影响有所把握,则会发现这一进路的经学研究,不仅在吴派学术中传承,而且在清代中后期亦有不容忽视的嗣响。学如积薪,后来居上,乾嘉之后讲求"师法"的经学研究,虽然在具体领域的创获可能非惠栋所能及,然而不得不谓都奠基于"师法"观念之上。一种治经的学术进路,在惠栋这里从无到有,这是惠氏在清学史上的居功至伟之处。也只有明白这一点,才不难理解惠氏被称为清学"大师"的真正意涵。

---

① 惠栋:《九经古义·述首》,《景印文渊阁四库全书》第 191 册,第 362 页。这段话亦见卢见曾《经义考序》末附惠栋识语,个别文字微有不同,参李开:《惠栋评传》,第 30—31 页。惠栋激赏卢见曾对宋学所作"义理胜而家法亡"的批评,这与前文所述惠栋重视汉儒"师法"、"家法"的观念正可相参。卢见曾:《雅雨堂文集》卷一,《续修四库全书》第 1423 册,第 450 页。

② 梁启超:《清代学术概论》,第 47 页。

第二章 "师法"观念与吴派经学的传承

第一节 群经辑佚的先声:余萧客的经学成就

学界论及清代的吴派学术,除却惠栋,便多言及余萧客与江声。作为惠门最具名望的两位弟子,余、江两人不乏共同之处。譬如两人都潜居吴门,终老布衣;在学术上皆能秉承师教,绍述门风,分别以《古经解钩沉》与《尚书集注音疏》自立于乾嘉学林。可以说,无论在人格精神还是学术风旨上,余、江两人都明显带有乃师惠栋的影子。他们是吴派经学当之无愧的薪火传承者。

一、布衣"书痴"

身为一代经学大师的惠栋,毕生未仕而以著书终老。这种人生境遇在清代学者中,是较常见的现象。早在清末,章太炎就对于清儒"以学为隐"的心态深相慨叹。漆永祥也分析说:"乾嘉诸儒,虽治汉学,然与汉时学术与时代皆不相同,诸人皆注全力于经史,则场屋文字不时作,比至考场,自然生疏;又科举时文,皆须烂熟《四书》朱注之类,而诸人又不喜朱子,则其落选也必矣。"①上述观察视角提供了一种学术水准与现实境遇相对照的思路。而惠栋弟子余萧客,正展现了清代学人在现实中郁郁不得志,在书斋里兀兀以穷年的又一典型人生。

余萧客(1729—1777)②,字仲林,亦作仲霖,一字景初,号古农,江苏吴县人。其父为寒门士子,撰有《苏黄沧海集》,在余萧客五岁时游幕粤西,从

---

① 漆永祥:《江藩与〈汉学师承记〉研究》,第315页。
② 余萧客之生卒年多被误记。吴修《续疑年录》卷四、《清史列传》卷六十八皆作雍正十年(1732)生,乾隆四十三年(1778)卒,江藩《汉学师承记》记其师得年四十有七,与此说同。唯任兆麟《余君萧客墓志铭》作"没于乾隆四十二年某月日,年四十有九"。据此逆推,则余萧客生年为雍正七年。陈鸿森先生已考定任说之确。见钱仪吉纂录:《碑传集》,《清代传记丛刊》第113册,第576页;陈鸿森:《余萧客编年事辑》,《中国经学》第十辑,第65页。

此音信杳无。据江藩记载,余萧客"顶有二肉角,疏眉大眼,口侈多髯",人戏称之为"鬼谷子"①。出身低微的他"性淡于荣利",在而立之年以前,"人间寂寂,不闻有斯人名字"②。中岁以后因《古经解钩沉》而声名渐起,但终生为布衣,而且贫病交加,殁时年仅四十九岁。

余萧客是典型的嗜古书如命者。据说他在十五岁时已通晓五经,又勤于研读汉唐注疏,每闻他人家中有未见之书,辄往借抄,"虽仆仆五六十里,不以为劳。"③其向学之心,于兹可见。乾隆二十五年(1760),余氏获交苏州大藏书家朱奂,由此得以遍读四部之书。由于手不释卷,"丹铅朝夕,乐不为疲"④,余氏刚过三十岁即患严重目疾,几乎不能见光,百般疗治才渐得好转⑤。他在经学上所从事的工作主要是辑佚,因而博览、校勘与抄撮必不可间断。王欣夫曾见余氏手校《集韵》,谓其"谨慎不苟"⑥。正是因此,余氏除目疾之外,还患有其他疾病,"头不得俯,不得回顾,行不得盘旋,回顾盘旋,眩晕耳鸣,辄通夕不止。"⑦由余氏之病况,亦不难想见其治学过程之刻苦奇绝。从他的著述来看,举凡注疏、诸史,以及《太平御览》《册府元龟》《玉海》等巨帙,皆有征引,甚至佛典、道藏也无不涉猎。他的好友汪缙谓其"埋头唯故纸"⑧,准确道出了他的治学状态。另一好友薛起凤也写诗句称赞他:"最是余知古(原注:谓仲林),淹通第一流。多闻因有漏,大隐更无求。阅古如观掌,谈经可汗牛。"⑨寥寥数语,亦刻画出了余氏的人格风貌与精神。

纪昀曾记述一则故事,可直接证明余萧客对古书的嗜好。乾隆三十年(1765),余氏因北上修《直隶河渠书》,间至京师。此时余氏最重要的著作《古经解钩沉》业已刊刻,在当时学人圈中获一时见重,甚至连京师中的朱筠、纪昀等名流亦对其汉学成就深加赞许。就在此时前后,余萧客与纪昀往来较多,而后者留下了如下一段史料:

---

① 江藩:《汉学师承记》卷二,第 37 页。
② 余萧客:《文选音义》卷首《沈德潜序》,曹守平、曹炜点校,上海:上海古籍出版社,2023 年,第 1 页。
③ 江藩:《汉学师承记》卷二,第 36 页。
④ 余萧客:《古经解钩沉后序》,《景印文渊阁四库全书》第 194 册,第 356 页。
⑤ 江声之兄江筠,曾著《读仪礼私记》二卷,也患目疾。当时苏州人将余、江两人同称为"盲先生"。
⑥ 王欣夫:《蛾术轩箧存善本书录》,第 1169 页。
⑦ 余萧客:《古经解钩沉后序》,《景印文渊阁四库全书》第 194 册,第 356 页。江藩《汉学师承记》中对此也有描述,并言余萧客之病的好转方式甚奇:"有人传以坐暗室中,目蒙蓝布,存想北斗七宿。一年之后,目虽能视,然读书但能读大字本而已。"江藩:《汉学师承记》卷二,第 36 页。
⑧ 汪缙:《汪子诗录》卷四,《续修四库全书》第 1437 册,第 189 页。
⑨ 薛起凤:《香闻遗集》卷一《赠汪明之八首其六》,彭喜双主编:《清儒四家集 彭刻四种广编》,北京:学苑出版社,2015 年,第 43 页。

> 余布衣萧客言：有士人宿会稽山中，夜闻隔涧有讲诵声，侧耳谛听，似皆古训诂。次日越涧寻访，杳无踪迹。徘徊数日，冀有所逢，忽闻木杪人语曰："君嗜古乃尔，请此相见。"回顾之顷，石室洞开。室中列坐数十人，皆掩卷振衣，出相揖让。士人视其案上，皆诸经注疏。居首坐者拱手曰："昔尼山奥旨，传在经师，虽旧本犹存，斯文未丧，而新说叠出，嗜古者稀。先圣恐久而渐绝，乃搜罗鬼录，征召幽灵，凡历代通儒精魂尚在者，集于此地，考证遗文，以次转轮生于人世，冀递修古学，延杏坛一线之传。子其记所见闻，告诸同志，知孔孟所式凭在此不在彼也。"士人欲有所叩，倏似梦醒，乃倚坐老松之下。萧客闻之，裹粮前往，攀萝扪葛，一月有余，无所睹而返。此与朱子颖所述经香阁事大旨相类。或曰萧客喜谈古义，尝撰《古经解钩沉》，故士人投其所好以戏之，是未可知。或曰萧客造作此言，以自托降生之一，亦未可知也。①

此处所说经香阁之事见《阅微草堂笔记》卷一，纪昀评论该事说："此事荒诞，殆尊汉学者之寓言。"②与之类似，余萧客所讲述的那则幽冥故事也一定出自"尊汉学者"之口。文中所述"新说迭出"显指晋、唐以后对汉儒"师法"之毁弃，而"昔尼山奥旨，传在经师""孔孟所式凭在此不在彼"，则是尊汉学者的普遍共识。因而，不论这则故事实际出自何人，都可以清晰表明余萧客曾为目睹古书而不辞辛劳，而其笃爱古书之因正在于古书保存了"古义"。至于纪昀怀疑的"萧客造作此言，以自托降生之一"，也并非无端揣测，因为余氏自谓《古经解钩沉》"信而有征，于先儒言，'匪面命之，言提其耳'焉"③，对自己的治经成就显然颇为自信。

乾隆三十八年(1773)初，诏开四库馆。据江藩记载，余萧客与童钰同时被推荐至四库馆总裁于敏中处，但因童氏为诸生，余氏为布衣，最终皆未能入馆④。但从此事亦可看出，《古经解钩沉》在问世之初具有很大的影响力，余氏学问之博已在当时士林中获得了相当高的认可度。

在经学之外，余萧客还精于《文选》学，他的《文选纪闻》与经学著作一样，以征引浩博著称。他早年撰有《文选音义》，侧重于音义训诂，晚年作《文选杂题》三十卷，后更名为《文选纪闻》，将宋元以前著作中有关《文选》的考

---

① 纪昀：《阅微草堂笔记》卷八，上海：上海古籍出版社，2010年，第121页。有关乾嘉士人对幽冥故事的探索与利用，参王东杰：《探索幽冥：乾嘉时期两部志怪中的知识实践》，成都：巴蜀书社，2022年。
② 纪昀：《阅微草堂笔记》卷一，第7页。
③ 余萧客：《古经解钩沉后序》，《景印文渊阁四库全书》第194册，第356页。
④ 江藩：《汉学师承记》卷二，第37页。

第二章　"师法"观念与吴派经学的传承　101

辨内容,逐条系于对应的篇目之下,堪称详审①。据近来研究统计,《文选纪闻》共征引典籍近600种,引书总次数高达近4 000次,而且种类繁多,内容广泛,蔚为大观②。屈守元指出:"清代《文选》之学,发端于何焯,而有专著则始于余萧客。"③《文选音义》与《文选纪闻》共同构成了清代《文选》学早期的一个高峰,对此后《文选》学的发展意义甚巨。今人所编《清代文选学名著集成》,前二册皆是余氏著作,更直接表明了它们在清代《文选》学史上的地位④。此外,余氏诗文成就甚高,江声评价他说:"豪于诗,驰骋乎唐宋,时而迈轶乎齐梁,当代诗家之哲匠也。"⑤在研究《文选》、驰骋诗文之余,余氏还集注其父《苏黄沧海集》等。彭绍升有诗句说:"江氏新篇尊许郑,余君病眼注苏黄。"⑥前句在说江声的《尚书集注音疏》,后句指的正是余氏此著。除《古经解钩沉》《文选音义》《文选纪闻》外,余氏还撰有《尔雅释》《注雅别钞》《续题襟集》《选音楼诗拾》等多部著作,惜晚年虽交付弟子,但多未见刊刻,至今皆已不传。

余萧客宅第在虎丘附近⑦。他本无子嗣,晚景凄凉,去世后不久母亲与妻子亦相继亡故。人亡家破后,余氏所藏诸多善本书卷随之"尽散如云烟"⑧。作为苏州地区从学于惠栋多年的弟子之一,贫寒清苦、偃蹇一世的布衣"书痴"余萧客,实是章太炎笔下"好博而尊闻"的典型⑨,其"古学"功力堪称一流,只是享年不永,晚年又粹力于《文选》研究,在经学方面的才力或未充分发舒。王欣夫说:"惠门弟子江、余并称,余不如江之老寿,其学问尚未臻精纯。"⑩置于吴派学者的学术序列中,余氏所完成的工作只是第一步的辑佚,而对"古经解"的疏通尚未着手。尽管如此,余氏在清代学术史上亦应占有重要的一席之地。其《古经解钩沉》不仅在问世之初便是歆动一时的

---

① 有关余氏《文选》学的专门研究,可参王忠杰:《余萧客〈文选〉学研究》,华侨大学文学院硕士学位论文,2019年;窦淳冉:《余萧客〈文选纪闻〉研究》,苏州大学文学院硕士学位论文,2020年。
② 窦淳冉:《余萧客〈文选纪闻〉研究》,苏州大学文学院硕士学位论文,2020年,第70—80页。
③ 屈守元:《文选导读》,巴蜀书社,1993年,第107页。今亦有论者指出:"在余萧客之前,清代的选学研究主要集中在诗赋辞藻的评点方面,尚无音韵、训诂、校勘等方面的系统研究,他的这一开创之功在清代选学史上是不容忽视的。"见余萧客著,曹守平、曹炜点校:《文选音义》前言,第2页。
④ 参许逸民主编:《清代文选学名著集成》,扬州:广陵书社,2013年。
⑤ 江声:《雨香集叙》,陈鸿森辑:《江声遗文小集》,《中国经学》第四辑,第19页。
⑥ 彭绍升:《观河集》卷二《杂忆》,《清代诗文集汇编》第397册,第781页。
⑦ 顾禄:《桐桥倚棹录》卷八,来新夏、王稼句点校:《清嘉录 桐桥倚棹录》,北京:中华书局,2008年,第358页。
⑧ 吴翌凤:《与稽斋丛稿》卷十二《感旧诗九首》,《续修四库全书》第1463册,第246页。
⑨ 章太炎:《訄书(初刻本、重订本)》,第132页。
⑩ 王欣夫:《蛾术轩箧存善本书录》,第1683页。

巨制，即使从两百多年后的今日来看，其作为古经义渊薮的价值亦不可轻估。

二、《古经解钩沉》的宗旨与特征

乾隆十五年（1750），22岁的余萧客拜惠栋为师。此前余萧客曾撰《注雅别钞》，初衷在于驳正宋儒陆佃、罗愿与蔡卞的相关著作。余氏以此书就正于惠栋，惠氏指点说，陆、蔡两人乃王安石新学中人，"人人知其非，不足辨"；而罗愿并非宋代大儒，"不必辨"。惠氏还告诫他"读书撰著，当务其大者远者"。① 余氏为其学术格局所动，从此心悦诚服，毕生尊奉。

余萧客从学于惠栋有八年之久。从《古经解钩沉》的成就来看，确实深得惠学精髓。王昶有诗句说："儒宗有惠施（原注：谓惠征君定宇栋），六艺恣该洽……君（余萧客）能从之游，师承未云乏。定得礼堂传，差令小儒愧。赵商讯《风》诗，张逸问禘祫。绍述期无谖，昕夕考遗法。"② 将惠、余分别比作郑玄及其弟子赵商、张逸，并相信余氏能深得惠学心法，超迈于并世俗儒。余氏友人吴翌凤也作诗渲染了这层师弟关系："吾吴松崖翁（原注：即定宇先生名栋），仰屋勤著述。筌蹄守马郑，义理贯虮虱。哲人既云亡，此道翳蒙密。君（余萧客）也绍绝学，斤斤不遑逸。冥心事钻研，钩沉收放佚。"③ 不论从内容还是形式而论，《古经解钩沉》都极力发扬惠学遗风，且格局宏大，遍及群经，"存古"之功实非寻常。正是凭借此著，余萧客成为吴地学者中绍述惠学的翘楚，据说惠栋去世后，"世之欲传惠氏学者，多从之游"④。余氏弟子籍中最著名者应推江藩，他不仅续写了《周易述》，而且在《汉学师承记》中对惠学大力推崇，由此可知余氏对吴派学术的传承与发扬意义巨大。

惠、余师弟间的感情甚为笃厚。乾隆二十三年（1758）五月，惠栋辞世。此时前后，余萧客《文选音义》成书，并随即付刻。也正是在当年九月，余氏开始从事《古经解钩沉》的辑佚工作，并在此后四年间一直专力于此⑤。值得注意的是，该著的撰写起始时间大致衔接惠栋的去世时间，作为延续惠门学风的一部呕心沥血之作，该著的撰写与余氏的尊师心理不无关系。此外，

---

① 江藩：《汉学师承记》卷二，第36页。
② 王昶：《春融堂集》卷二《题余布衣萧客仲霖秋灯夜读图》，《清代诗文集汇编》第358册，第35页。
③ 吴翌凤：《与稽斋丛稿》卷十二《感旧诗九首》，《续修四库全书》第1463册，第246页。
④ 任兆麟：《余君萧客墓志铭》，《碑传集》卷一百三十三，《清代传记丛刊》第113册，第576页。
⑤ 余氏著《古经解钩沉》，始于乾隆二十三年九月，至乾隆二十七年九月撰成，历时整四年。此前研究多承袭《四库全书总目》之误，谓始于乾隆二十四年九月，陈鸿森对此已有考辨驳正。见陈鸿森：《余萧客编年事辑》，第74—75页。至于余氏谓著此书"摈绝交游，五年专力"，盖将始年与撰成之年皆计入。

第二章 "师法"观念与吴派经学的传承

余萧客在结识惠栋生前好友朱奂之后,亲眼见到惠栋校阅过的诸多典籍,《古经解钩沉》中屡引"惠校"诸本,不待言亦是在向恩师致敬。一直到余氏晚年,还特意考证左思《吴都赋》中的"相思之树",指出"红豆有二,皆木种",而两种红豆的大小、形状、色泽均有不同①。这些文字很难不让人联想起他在红豆斋求学的那段岁月。

明白这一撰写背景,十分有助于对《古经解钩沉》宗旨的讨论。通览全书则可知,余氏所收经解以唐代为断限,他特意说明了取材不录唐代以后的原因:

> 汉人、宋人,说经殊旨,鸿沟东西,大约在李唐限断。然卢仝、啖、赵《春秋》,开弃传之宗;王弼、何晏《易》象,有空文之注。递相祖述,宋学要亦本自西京董仲舒、东京马融。今集散失,尽取唐前,非欲独宗汉学,实存稽古之思。②

"稽古"是吴派学人共同的治学宗旨,扬汉弃宋则是其基本态度。余萧客认为汉宋经学的分界点正在李唐一朝,因而他遍研群经,将每部经书从先秦至唐以前散佚不存之注解,钩沉索隐,分条纂录。从这点来说,《古经解钩沉》最重要的学术旨趣在于恢复唐代以前已散佚的经解样貌之一二。这一初衷与惠栋学存"古义"的学术追求基本相合,只是惠栋对晋、唐经说亦无好感,余氏较之乃师标准稍宽,但他之所以保留晋、唐,仍是希望从中寻觅汉儒古训的孑遗。

从具体内容与形式而言,《古经解钩沉》有如下两点最鲜明的特征。从内容而言,余著在古经义的辑考范围上相较此前有了明显扩大,不仅遍及十三经全部经种,而且力求相对完备。早在南宋,王应麟便辑有《诗考》《周易郑氏注》等,惠栋则在王应麟的基础上进一步搜求《周易》郑注。余氏则扩展及其他经典,谓:"今祖述其意,旁及诸经,下尽隋唐旧注。质伯厚独集汉注,初心不无抵牾,要亦孔门各言尔志之意。"③如果说惠栋的《九经古义》对群经系统已经有整体关注,只是未详考《孟子》《孝经》《尔雅》等,那么从余萧客开始,真正将"存古"的目光投向了全部十三经。余著略依《经典释文》中的次序,博考《周易》至《尔雅》的十三经古注,凡单辞碎义,全部系于相应经典文句下。只此一点,已可见余氏著书"务其大者远者",其宏大格局与乃师可

---

① 余萧客:《文选纪闻》卷五,曹炜、巫洁点校,上海:上海古籍出版社,2024年,第79页。
② 余萧客:《古经解钩沉序例》,《景印文渊阁四库全书》第194册,第357页。
③ 同上。

谓一脉相承。

经解范围在扩大,所收录的佚书数目自然在增加,但余著中的佚书又绝非滥收。清初朱彝尊《经义考》遍考先秦至清初的图籍,分为"存""佚""阙""未见"四大门类,但所录经部佚书多是只录未辑。余氏在朱著基础上搜辑佚书,而其原则转较朱著为强,所谓"诸经解并是今所采入,其散失之甚,无一条可见者,不滥载其目"①。易言之,即必须是有辑录之文的佚书,才可采入《古经解钩沉》,汉唐间大量无文可辑的佚书,余氏在所必摈。但尽管如此,我们统计余著《叙录》中依朝代顺序编排的《古经解姓氏书目》,仍发现其中的佚书数目相当可观(见表3)。

表3 《古经解钩沉》所载佚书分经统计表

	易	书	诗	礼	春秋	论语	孟子	孝经	尔雅	五经总义	合计
周	1		2					1			4
汉	16	13	13	25	48	8	2	4	4	4	137
魏	6	2	6	7	10	8		1	3		43
吴	4		3	2		1		1			11
晋	15	8	3	20	23	11		3	2	4	89
蜀	1										1
北凉	1										1
宋	3		4	9	1			1			18
北魏	1		2		2					1	6
南齐	4		1	2				1			8
梁	9		3	9	5	2		3			31
陈	2			1	3			1	3		10
北周	1		1	3	1					2	8
隋	1	2	1	2	3			2		1	12
唐	10		2	2	10	5			3	1	32
时代无考	6	1	3	10	4			1		2	27
姓氏无考	1	2	7	7	7	2		1	2	3	32

由此表统计可知,余著共收录唐代以前可"钩沉"的佚著近500种,其中

---

① 余萧客:《古经解钩沉》卷一,《景印文渊阁四库全书》第194册,第359页。

汉代最多①。除此之外，《古经解钩沉》还收录了"书名无考"的若干经解。这些数据可以直观表明，余氏辑考的对象范围在相当程度上超越了前人。正是因此，梁启超评价余著较《九经古义》"所收益富"，并称赞其为清代"辑佚之嚆矢"②。

余萧客在辑佚过程中，有意识地钩沉那些不常见的佚文。以《周易》经解为例，余氏特意与王应麟、惠栋的辑录有所区分。我们知道，南宋王应麟搜辑郑玄《易》学一卷，存汉《易》于一线，四库馆臣评价其"笃志遗经，研心古义"，"颇见汉学之崖略，于经籍颇为有功"③。然而王应麟辑本郑氏《周易》并未对郑氏网罗殆尽，漏略之处所在多有。另外直录所辑之文，并未一一注明所出，所辑之文的前后次序也间与经文不符。对王辑本的这些不足，惠栋皆为之补正。惠栋重辑的《郑氏周易》，增多六十七条，"重加增辑，并益以汉上、嵩山之说，厘为三卷。"④并详考王应麟原辑所出之书，逐一注明之。综观惠氏辑补本《郑氏周易》，出《周易集解》《周易正义》《经典释文》者居多，出于他书者，十有一二。由此我们再观察余萧客在《易》学上的辑佚成就。余氏先成《周易注疏钩沉》，所辑录之郑注大多出于《后汉书注》、《文选注》以及《周易正义》之外的诸部《注疏》。个中缘由，余萧客早已自道，由于该书初稿确以《十三经注疏》《周易集解》中所载存的旧注为主，然而孔颖达、李鼎祚征引繁多，故而余萧客变更为以《周易正义》《周易集解》中所未载存者为主⑤。这一辑述对象设定的变更尤为重要。仅就《周易》部分而论，余萧客确实取得了略其师所详、详其师所略的重要成果，使得《周易》古经解渐趋完备。这也正是《古经解钩沉》在清代学术史上具有重要的一席之地的原因所在。

再从著书形式而论，余著的最大特点是自觉采用一以贯之的辑佚规范，体例严整，出处详明。吴派学者多以辑佚为基本的治经方法⑥，盖由辑佚而考求古学，进而才能形成较完善的学术源流认知。而余萧客治经恪守惠学家法，在辑佚体例上，亦能看出惠、余之间的学术传承与发展。惠栋的《易》学、《尚书》学著述多以广泛辑佚为基础，但并未形成每则古义必存详细出处

---

① 正因如此，王鸣盛才直接说"近日余萧客辑汉人经注之亡者为《钩沉》"。见王鸣盛：《蛾术编》卷二，第43页。
② 梁启超：《中国近三百年学术史（新校本）》，夏晓虹、陆胤校，北京：商务印书馆，2011年，第314页。
③ 永瑢等：《四库全书总目》卷一，《周易郑康成注》、《新本郑氏周易》提要，第2页。
④ 卢见曾：《雅雨堂文集》卷一《刻郑氏周易序》，《续修四库全书》第1423册，第452页。
⑤ 余萧客：《古经解钩沉序例》，《景印文渊阁四库全书》第194册，第357页。
⑥ 邓志峰师曾指出："惠栋一系学者大都重视辑佚。"孙钦善也说："（辑佚学）与标榜汉学的吴派关系尤为密切，故流为一派。"见邓秉元：《新文化运动百年祭》，第74页；孙钦善：《清代考据学》，北京：中华书局，2018年，第346页。

的原则，其《易汉学》《九经古义》中不乏未注出处者。但余萧客在辑佚过程中，凡唐前旧义有零言碎语可考者，必详细罗列，复存详明出处，每条必注明所出之书及卷数，应当说较之乃师更趋严整。

关于引注，余氏自定体例说："每条下注所出书名，非独则古称先，兼欲读者便于核对。然一书卷帙多或盈千，若不注出某卷，几与不注出所书同。今自诸书两卷以上，便为分别注出。"①整部《古经解钩沉》皆采取这样的引注形式，原原本本，几无遗漏。另外值得一提的是，余萧客晚年所撰《文选纪闻》也是沿袭此法。王欣夫说："其体例博采群书，分条编次，有所见，则附双行案语，一如定宇著书家法。清代治《选》学成专著者，当以此为嚆矢。"②作为一代辑佚大家，余氏治学原则十分明确，且贯通经学与文学，毕生未改。

对于引注形式本身，余萧客持有自己的思考与判断。除了沿袭王应麟、惠栋引书、注书之法外，他还特意考察了引注形式在历史上的履迹。在撰写《古经解钩沉》时，余氏提出：

> 其体自唐李匡乂《资暇集》、辽僧行均《龙龛手鉴》已见。《资暇》中卷曰"《礼记》第十八卷"、"《开元礼》第七十六"。《龙龛》注"锛"字云"在《中阿含经》第五十五卷"，注"憳"字云"出《阿差末经》第三卷"。故程大昌《考古编》引《通鉴》，《演繁露》引《通典》，两用其法。然则王应麟集《郑氏易》，引书注卷，盖非独创。③

晚年在《文选纪闻》中又重加考察：

> 引书各注某卷，向谓其体始辽僧行均《龙龛手鉴》、宋程大昌《演繁露》两书，皆偶一二条注卷。后见江少虞《事实类苑》，竟体注卷，在程大昌前。今《三洞珠囊》，每条称某书某卷。王悬河，唐人，又在江少虞前。④

李匡乂为晚唐人，道士王悬河生活于唐前期。按余氏此论，引书注卷数始于唐朝无歧义，但余氏又从李匡乂上溯至王悬河，对引书注卷之法渊源的考察可谓尽心。钱大昕同意余氏此说，不仅引述上文，又据《四库全书总目》

---

① 余萧客：《古经解钩沉序例》，《景印文渊阁四库全书》第194册，第358页。
② 王欣夫：《蛾术轩箧存善本书录》，第326—327页。
③ 余萧客：《古经解钩沉序例》，《景印文渊阁四库全书》第194册，第358页。
④ 余萧客：《文选纪闻》卷二十六，第408页。引文标点有改动。

加以论证引书注卷始于唐人①。此后梁章钜亦援引余氏之说来叙述引注的历史，并补充论道："今人著述引书，必注明某卷，此法最善。可以杜裨贩之弊，前人所不及也。"②余萧客对引注形式的考察，在清代学术史上属于较早的带有自觉性的一例，其意义不容忽视。

余萧客的辑佚成就与原则，对吴派后辈学人以及此后的辑佚学者均有深刻影响。乾嘉以后，辑佚学蔚为大观，许多著作后出转精，但正如陈鸿森所说："较古农《钩沉》所集者远远过之……然先河后海之义则不可诬也。"③陈氏举例说，余萧客的《尔雅释》"实清代《尔雅》辑佚之滥觞"④。而从学术史的角度来看，余著确实直接影响了此后的清学著述，近来有论者指出，洪亮吉的《春秋左传诂》就承袭了余著的许多辑佚内容⑤。随着清代辑佚学的逐渐兴盛，许多名家名作后来居上，余著反而不甚惹人注意，但它对后世学者所产生的直接或间接影响实不容否认。正是在这个意义上，余萧客对清代辑佚学的奠定与发展做出了不可磨灭的重要贡献。

三、从乾嘉以降的评价看《古经解钩沉》的成就与疏失

据余萧客好友薛起凤记载，《古经解钩沉》成书之时，同学诸友共同"告祀于孔子暨文昌之神"⑥，并多题诗以庆。由此可见余氏当时在吴门已是声名鹊起。薛起凤之诗共四首，其中第三首尤为重要，兹迻录于下：

> 亭林竹垞访遗庐，淮水西河各里居。海内渐知尊汉学，山中仍与课农书。摘残红豆思依树（原注：仲林师松崖先生今已下世矣），记取滋兰肯载车（原注：朱太学文游藏书数万卷，仲林多借其书）。故事题襟家法在，东南文献续谈余（原注：仲林欲续《题襟集》）。⑦

---

① 钱氏说："《四库全书总目》谓李匡乂《资暇集》引《通典》，多注出某卷。匡乂亦唐人。"钱大昕：《十驾斋养新录》卷十九，杨勇军整理，上海：上海书店出版社，2011年，第367页。
② 梁章钜：《退庵随笔》卷三，《续修四库全书》第1197册，第207页。
③ 陈鸿森：《余萧客编年事辑》，第82页。
④ 陈鸿森：《余萧客编年事辑》，第68页。
⑤ 吕东超：《〈春秋左传诂〉成书考——以其所辑〈左传〉汉儒旧注为考察中心》，《中国典籍与文化》2021年第2期，第34—49页。
⑥ 文昌帝君主掌文运功名，在明清时期的苏州有较浓厚的信仰风气。康熙年间，苏州彭氏家族中的彭定求就笃信文昌帝君，曾撰《文星阁修造记》，述及其中之桂殿崇祀文昌帝君。（《同治苏州府志》卷二十六）。与吴派诸人颇多交往的彭绍升在乾隆三十七年又撰有《文昌祠记》。（《同治苏州府志》卷一百四十二）。
⑦ 薛起凤：《香闻遗集》卷二《次余仲林诗原韵四首》，《清儒四家集 彭刻四种广编》，第86页。

薛氏诗句之中直接描述清初以降学风正在发生潜移。他有意将"汉学"之源追溯至顾炎武、朱彝尊、阎若璩、毛奇龄等人处,此后则聚焦于由惠栋而至余萧客这一"汉学"传承。这可以代表《古经解钩沉》在问世之初在余氏友人圈中的观感。

《古经解钩沉》初刊于乾隆二十八年(1763)①。齐召南、王鸣盛、戴震等经学名家在此后数年间先后为之撰序。齐氏从与王应麟的比较着眼,谓:"宋末有王厚斋,好古敏求,独集二汉解经之见他书者,君子称其学冠一代。今仲林氏《钩沈》经不止九,解经不止汉,网罗散失,编次犁然,斯真可谓好学也已。"②王鸣盛最初对该书的推敬亦不可谓不高:

> 学莫贵乎有本,而功莫大乎存古。吾尝持此以求之今世之士,而廑廑乎得余子焉。……余子忧古训之渐灭也,既已遍读注疏,识其崖窾,又复浏览群书,左右采获,断自唐以前,掇拾亡失,为《古经解钩沉》若干卷。每条具注所出,数典而举其祖,按籍稽之,可复视也。其学可谓有本,而其存古之功可谓大矣。后人欲求传注诂训之学者,合《注疏》及是书求之,足矣。……今复得余子,非古不道,而所求者又皆真古而非赝古,古学将自此昌而流俗无本之学可以此疗之矣。③

由此可见,王鸣盛最初对余氏之学甚为推敬。但此后则出现较大幅度的转变(详下文),除了自身学问有所增进的原因外,亦受到戴震对余著批评的影响。

余萧客与戴震相识于乾隆三十年(1765)秋冬间。是年戴氏入都赴试而取道苏州,曾见及惠栋之子惠秉高及余萧客、江声。此时《古经解钩沉》业已刻竣,但或许是由于初面未便直接请序,直至四年后余氏才请求好友朱尔将《古经解钩沉》寄呈戴氏并求序。与齐、王二序稍加对比即可知,戴氏序文颇多婉曲之意。他虽然称赞余著"好古而有师法",但"因之重有感"的却是:"后之论汉儒者,辄曰故训之学云尔,未与于理精而义明……二三好古之儒,知此学之不仅在故训,则以志乎闻道也,或庶几焉。"④此处实际是在指出,

---

① 陈鸿森将刊刻一事系于乾隆二十七年,并说今藏台湾"中研院"傅斯年图书馆的《古经解钩沉》初刻本无齐召南、王鸣盛序。此处据孙思旺说,参见《余萧客〈古经解钩沉〉成书及得失考论》,《清史论丛》2020年第1期,第198—226页。
② 齐召南:《宝纶堂文钞》卷五《古经解钩沉序》,《续修四库全书》第1428册,第538页。
③ 王鸣盛:《西庄始存稿》卷二十四《古经解钩沉序》,《续修四库全书》第1434册,北京图书馆藏清乾隆三十年刻本影印本,第315—316页。
④ 戴震:《戴震文集》卷十《古经解钩沉序》,第145—146页。

《古经解钩沉》虽有可观之处，但只局限于"故训"，尚未触及"道"，因而并非第一流著作①。而这一点也正是吴派学者"求古"之学在戴氏眼中最主要的缺陷所在。

戴震的上述批评总体来说尚属婉转，而且对于一部辑佚著作而言，"志乎闻道"云云亦不免苛求。而真正让学林对《古经解钩沉》的观感有所转变的，则是戴氏"有钩而未沉者，有沉而未钩者"的数语评价②。有关此点，戴氏并未列举具体例证，但以此语为开端，乾嘉以降的清代学者对《古经解钩沉》的指摘逐渐增多。

《古经解钩沉》重刊于乾隆六十年（1795），此时余萧客已殁世近二十年，王鸣盛为之重新撰序。由内容来看，重撰之序显由初刊之序增删更改而成，且内容差别甚大。今择其尤要者，迻录于下：

> 学莫贵乎有本，而功莫大于存古。若余君者，殆近之焉。……余君忧古训之澌灭也，既已遍观注疏，识其崖寀，又复浏览群书，左右采获，以成是编。每条具注所出，数典而举其祖，按籍稽之，可复视也。其学可谓有本，而其存古之功亦可谓有功矣。后人欲求传注诂训之学者，合《注疏》及是书求之焉，斯可矣。……乃今复得余君之书出，非古不道，古学自此大昌，而流俗无本之学可以此瘳之矣。抑求诸古信善矣，要其所求必皆真古，非赝古，夫然后谓之能识古。若余君所收，务为周备，盖笃爱古人，与其过而废之也，宁过而存之。后有识古之君子，得此意而谨择焉，其斯为善读余君之书者与！③

与前引王鸣盛序文对比可知，后序中的推服之情已淡薄许多。前序中数处"余子"皆被更改为"余君"，且前序以余氏为同时代有本之学、存古之士的不二人选，明赞其功"可谓大矣"，而后序则以余氏于有本之学"殆近之"，其存古"亦可谓有功"。王氏的心理升降于此细微处略可窥察。此外，王氏最初认为学者如欲钻研传注诂训，取《十三经注疏》与《古经解钩沉》"足矣"，至后序则变为意有未尽之"可矣"。最值得注意的是，后序尽管仍表推尊之意，然而于末尾处点出"过而存之"，复平添"识古"与"谨择"的一段评论，言

---

① 章学诚评价余著是"以搜逸为功"，显然也不认为是第一流著作。章、戴观点可相参。章学诚：《文史通义新编新注》外篇三《与邵二云书》，北京：商务印书馆，2023年，第448页。
② 江藩：《汉学师承记》卷二，第37页。
③ 余萧客：《古经解钩沉》卷首王鸣盛序，济南：山东友谊书社、北京图书馆藏乾隆六十年刊《古经解钩沉》影印本，1993年，第11—20页。

外之意，不难概见。

王鸣盛《蛾术编》中保留了一些具体批评。宋儒傅寅撰《禹贡集解》，误将《尚书正义》所引郑玄《周礼注》"菁，蔓菁也"当作郑氏《尚书注》中之文。余氏根据该著，将此语辑录至《古经解钩沉》之《尚书》卷内，王鸣盛批评其"好古而不知所择"①。于此条考证末尾，王鸣盛还总结说："近日余萧客辑汉人经注之亡者为《钩沉》，有本系后人语妄搀入者，有本是汉注反割弃者。书不可乱读，必有识方可以有学，无识者观书虽多，仍不足以言学。"②可以看到，这两处又特意点明"识"与"择"，批评态度与重撰序文极为接近。

论者已相继指出，保存汉晋遗说甚多的玄应《一切经音义》，余萧客全未采择，唐代史征《周易口诀义》亦未尽采，即使如《经典释文》《文选注》《太平御览》所引，余氏也多有"沉而未钩"③。考虑到传统时代的辑佚工作多依靠阅读、记忆、翻检与抄录，余氏又处于汉学初兴阶段，"沉而未钩"实有情可原。故而此点连余氏弟子江藩亦未极力袒护。但"钩而不沉"与"钩而不确"者，在《古经解钩沉》中也确实存在不少例证。有研究者指出，余氏不明古人以"传""笺"来表示"注"字之意，于是据此类用字所辑出的"已佚"文字，实际正是传世文献中的文字④。此即最典型的一类"钩而未沉"者。

此外，王鸣盛所慨叹的"要其所求必皆真古，非赝古，夫然后谓之能识古"，亦是有为而发之论。梁启超曾说："（辑佚书）既须求备，又须求真。若贪多而误认他书为本书佚文则劣。"⑤以此标准来看，《古经解钩沉》所辑内容在准确性上也难免失误。最明显的一个例证是有关韦昭的一处"佚文"。余氏在《论语》"秀而不实者"下录"莠草似稷无实"，并标明出自韦昭《鲁论解》，引自《尔雅翼》卷八⑥。但这样一则辑佚是有严重问题的。嘉道间的士人沈涛，详加考察后指出：

> 罗愿《尔雅翼·释草》引韦昭《鲁论解》云"莠草似稷无实"。《论语》无"莠"字。余萧客《经解钩沉》以为'秀而不实'之注，似《鲁论》"秀"作"莠"矣。案《国语·鲁语》云"马饩不过稂莠"，注云"莠草似稷无实"，是

---

① 王鸣盛：《蛾术编》卷二，第42—43页。
② 同上书，第43页。
③ 参永瑢等：《四库全书总目》卷三十三《古经解钩沉》提要，第280页；漆永祥：《汉学师承记笺释（附师经义目录 汉学师承记续记）》，北京：北京联合出版公司，2022年，第221、222页；陈鸿森：《余萧客编年事辑》，《中国经学》第十辑，第81页。
④ 参孙思旺：《余萧客〈古经解钩沉〉成书及得失考论》，《清史论丛》2020年第1期，第220—221页。
⑤ 梁启超：《中国近三百年学术史（新校本）》，第323页。
⑥ 余萧客：《古经解钩沉》卷二十五，《景印文渊阁四库全书》第194册，第720页。

罗氏所引乃韦昭《鲁语解》也,传写误为"论"字。余氏遽以采入《钩沈》,几致燕书郢说矣。①

此处批评甚确。《尔雅翼》误将韦昭的《国语·鲁语解》引作"鲁论解",余氏对此显然失察,遂沿袭此误。沈涛以"郢书燕说"论之,颇为恰当。只是该词本是吴派学人攻击宋儒学无师法之语,一部字字讲求来历的著作竟因疏忽而招致此评,这恐怕是余氏绝未想到的。

由此,我们亦可想见前文所论《古经解姓氏书目》亦存在失误。由上例可知,所谓韦昭《鲁论解》,便是无中生有之书。另如余氏著录有东晋刘昌宗《尚书音》,但经段玉裁考述,刘昌宗并未撰有《尚书音》②。再如东晋李充的经学著作,在《古经解钩沉》中被著录三种:"《论语集注》十卷(《释文》一),《论语释》(《隋书》三十二),《论语音》(《释文》一)。"③前二书并无问题,但《论语音》并未见于《经典释文》卷一,其真实性实可怀疑。从余著对上述几种著作的误判上,可以约略推测出《古经解姓氏书目》中的有效书目数应当少于前表所统计者。虽然余氏标榜不滥收,但难免会存在一些失误。

综上而论,尽管有一些疏失,《古经解钩沉》在清代学术史上仍具有独特的地位。它是最早的遍辑十三经古注的清儒著述,以宏大的辑佚规模引领了清代群经辑佚的先声。尤其是在问世之初,不仅获得了学界高评,而且还被采入《四库全书》,代表了吴派汉学在惠栋之后的发展新阶段。从乾隆后期开始,学林开始严格审视《古经解钩沉》的缺陷,加之此后单经辑佚著作迭出,余著未免遭到轻视。但即使如此,清代学者中亦不乏为其辩护者,如钱林、钱泰吉、陈康祺等皆赞其"精博"④,周中孚更是称许备至:"他人著书惟恐不出于己,余(萧客)此编惟恐不出于人也。如此著述,极得古人务实之意。"⑤余著在乾隆年间两度刊刻后,于道光二十年(1840)复有刊刻,为之精加校勘的正是经学大家柳兴恩、柳荣宗兄弟。道光本在1936年影印出版时,柳诒徵称其为"治朴学者所乐觏"之事⑥,亦可见该著在晚清民国仍有一

---

① 沈涛:《铜熨斗斋随笔》卷二《韦昭鲁论解》,《续修四库全书》第1158册,第628页。
② 段玉裁:《古文尚书撰异》卷三,《续修四库全书》第46册,第98—99页;另可参孙思旺:《余萧客〈古经解钩沉〉成书及得失考论》,第214页。
③ 余萧客:《古经解钩沉》卷一,《景印文渊阁四库全书》第194册,第371页。
④ 钱泰吉:《曝书杂记》卷上,钱泰吉:《曝书杂记 甘泉乡人题跋》,第34页;钱林:《文献征存录》卷五,《续修四库全书》第540册,第194页;陈康祺:《郎潜纪闻二笔》卷八,晋石点校,北京:中华书局,1984年,第461页。
⑤ 周中孚:《郑堂读书记》卷二,上海:上海书店出版社,2009年,第32页。
⑥ 柳诒徵:《劬堂序跋集·重校刊〈古经解钩沈〉跋》,杨共乐、张昭军主编:《柳诒徵文集》卷八,北京:商务印书馆,2018年,第376页。

定的影响力。因而,余著虽然有一些细节缺陷,但它推动了清代学者在辑录"古义"方面的进展,对此后清代学术尤其是辑佚学的发展有着不可忽视的作用。对《古经解钩沉》的成就、缺陷及其在清代学术史上的地位与价值,我们理应平允、全面地看待。

第二节 惠学薪传:江声与《尚书集注音疏》

迄今为止,学界对江声的研究仍显不足①。不论是其人的精神意态,抑或其人的学问旨趣,以及有关江氏学术的传播、接受与影响,都未得到学界的深入细论。究其原因,一在于江氏终生以布衣潜居吴门,生平事迹罕值称述;二在于江氏不喜为文,身后无文集可供披览;三在于江氏最重要的著作《尚书集注音疏》,体大思精,细阅不易,学人多以"尊古崇汉"一语以蔽之,遂使包含其中的具体观点暗昧不彰。

鉴于此,本节力图呈现江氏其人之行止,以见江氏在人格与精神上与惠栋之相通;同时对前人所忽视的江氏《尚书》成就多加抉隐,以明江氏《尚书》学的具体特质,在后面的相关章节中则会讨论江氏与当时的交流互动、对后来学人的深刻影响。江氏作为一代经师,本无及身之荣,倘能发潜德幽光之一二,或不负其人在经学上的毕生耕耘。

一、狷介独行的惠门弟子

出生于苏州的江声,祖籍徽州休宁,与戴震是同乡。徽州与苏州之间行旅的频繁来往,渊源甚早,而明清间的许多徽商徙吴,更形成了一种时代风气。许多名声显赫的吴门世族,如汪氏、潘氏等,都与徽州商贾有着千丝万缕的联系②。而江声一族在苏州虽称不上显赫,不过溯其源头,也属于徽商徙吴的一支。

江声六世祖江禹奠,从休宁迁至吴门。从曾祖江大浙、祖父江文懋,到父亲江黔生,江氏一族在不乏名家显宦、俊彦高才的苏州一地,只能算是寒素之家。尤其是江黔生的经历,与惠栋祖父惠周惕颇有几分相似,他曾因困

---

① 参王应宪:《清代吴派学术研究》,第125—135页;洪博昇:《求古与考据:江声与王鸣盛〈尚书〉学研究》,台北:元华文创股份有限公司,2018年;万茹:《江声〈尚书集注音疏〉研究史》,《学术交流》2018年第6期,第132—137页;张鑫龙:《江声〈尚书集注音疏〉研究》,山东大学儒学高等研究院硕士学位论文,2018年;王祥辰:《惠栋与吴派经学研究》,扬州大学文学院博士学位论文,2020年,第91—107页。

② 参凌郁之:《苏州文化世家与清代文学》,济南:齐鲁书社,2008年。

第二章 "师法"观念与吴派经学的传承

于生计而从事冶业,不久赔折本钱,使得江氏一家愈发困顿①。

在科举时代,改变家中贫窘境遇的有效方法之一,自然是通过读书弋取功名。江黔生尽管经济拮据,然而仍令其子江筠、江声先后入学②。从后来看,江氏兄弟并未在功名上有所成就,尤其是江声,在乃父去世当年就断然放弃科举,未免辜负了乃父的一片苦心。江声放弃举业之后的生活,便是以教书维持生计,毕生致力于"汉学"研究。

疏离举业的行动取向,在江声个人的成长经历中可以觅得渊源。幼年的江声体格羸弱,性情偏于沉稳安静,属于内敛深思的一类孩童。他在七岁时曾问塾师读书何用,在得到"求取功名"的回答时,很不满足,进而问科举之上尚有何种学问③。从江声的学术转变看,至迟在二十多岁时,他就萌生了与科举制艺之学显然有异的学术意识。据江声自言,少年时跟从塾师讽诵朱注《论语》,自言"彼时懵懂",一从朱注。二十岁后,因读何晏的《论语集解》而产生疑问,在"喜其简括,不似宋注之繁芜"的同时,发现两汉诸儒解《论语》者不下数十家,而"何晏所采诸儒之注,往往取其糟粕而遗其精英;至晏自下己说,率皆悖缪荒诞"④。由探究《论语》而产生了对宋儒乃至魏晋儒者的质疑,这是江氏早年为学意向发生的初次转变。他之所以在二十九岁时,"屏弃时学,从事群经"⑤,一直到暮年撰写以"古义"为准则的《论语竢质》,其学术渊源皆可追溯至此。

江氏于二十九岁放弃科举,其直接原因亦不难窥测。江声本是一孝子,孙星衍记其"遭父疾,晨夕侍床褥,不解衣带,手制药饵,至自涤槭窬,视秽以验疾进退。及居忧,哀毁骨立,逾三年,容戚然如新丧者"⑥。江氏有白文"巨孝五十七世孙"印章一枚,其所以自待者亦可概见⑦。在江氏留下的为数不多的文字中,有《李孝子传论》一篇,虽为称道他人孝行之文字,然而未尝不可视为江氏的夫子自道⑧。江父殁世之年,江声正值二十九岁,此时放

---

① 孙星衍:《平津馆文稿》卷下《江声传》,《清代诗文集汇编》第436册,第249页。
② 陈康祺云:"江筠、江声兄弟,并学问浩博,精诣古人。时有'休宁二江,无双有双'之誉。按:二江籍吴县,曰休宁者,其祖贯也。声字艮庭,尤负绝誉。时又援何山大小之例,称曰小江。"见陈康祺:《郎潜纪闻二笔》卷十四"休宁二江"条,北京:中华书局,1997年,第593页。
③ 孙星衍:《平津馆文稿》卷下《江声传》,《清代诗文集汇编》第436册,第249页。
④ 江声:《论语竢质自叙》,据陈鸿森辑:《江声遗文小集》,《中国经学》第四辑,第15页。
⑤ 同上。
⑥ 孙星衍:《平津馆文稿》卷下《江声传》,《清代诗文集汇编》第436册,第249页。
⑦ 此印象见江声《尚书集注音疏后述》末尾,复旦大学图书馆藏清乾隆间近市居刊本。"巨孝",谓东汉孝子江革。江革生平可参《后汉书》卷三十九。孙星衍在所撰《江声传》中亦言,江声乃江革五十七世孙。
⑧ 江声:《李孝子传》,据陈鸿森辑:《江声遗文小集》,《中国经学》第四辑,第27—28页。

弃科举绝非偶然。乃父在时,研习举业尚不致家中丧失希望,及至父殁,江氏一改途辙,此举本身已能透露其人之志向。盖在江氏心中,为普通举子所艳羡的功名举业,或仅为养亲谋生的一种工具而已。

江氏终其一生为布衣,他在《尚书集注音疏》开篇"江声学"三字下作疏云:

> 江声,字朱沄,江南苏州府吴县人也。数奇不偶,动与时书,因取《周易》"艮背"之谊,自号艮庭。①

此段江声自作小传,寥寥数语中所特意突出者,乃在于与世睽违、时运艮背之意。由于史料有限,其"动与时违"的具体史事,今日难以查考,然而其人偃蹇困顿的生活处境已可概知。自放弃科考后,江声治学授徒,鲜与当世交接。嘉庆元年(1796),晚辈学人阮元、孙星衍隐瞒76岁的江声,荐举其为孝廉方正。苏州知府造门请见,江氏予以推辞,"及府县申牒敦请,又陈情不肯应命。"②此事结局以苏州知府在未经江氏同意的情况下举荐告终,由此得来的"六品顶戴",亦自不足为江声介怀③。后来江藩在《汉学师承记》中评价他的这位老师"性耿介,不慕荣利"④,即使仅从此事来看,亦可谓知心之言。

晚岁的江声,学问造诣名闻远近。常州后学孙星衍,在与其讨论《尚书》的同时,时常接济江氏。以著书授徒为乐的江声"口不言钱,一介不以取"⑤,孙星衍曾寄送匹缣,江声累书千言,却而后受⑥。乾隆六十年(1795)前后,孙星衍先后四次接济江氏,江氏特意致书,乞请勿复再赐,信中云:"前次既不可追,后此宜深自厉,见利辄取,毋乃累乎!"⑦当世多人皆看重江声品藻,与惠栋、江声皆相交甚深的王昶,就曾赞其"草生书带守遗经""箪瓢屡空身犹乐"⑧,以孔门颜回的贫而乐道相称誉。

也正因如此之为人,江氏对同郡老翁过临汾尤为推崇。过临汾(1705—

---

① 江声:《尚书集注音疏》卷一,北京:北京大学出版社,2023年,第4页。
② 孙星衍:《平津馆文稿》卷下《江声传》,第249页。
③ 孙星衍:《岱南阁集》卷一《举孝廉方正议》,详述嘉庆元年举孝廉方正事,《清代诗文集汇编》第436册,第145页。
④ 江藩:《汉学师承记》卷二,第41页。
⑤ 孙星衍:《平津馆文稿》卷下《江声传》,《清代诗文集汇编》第436册,第250页。
⑥ 同上。
⑦ 江声:《与孙渊如书三》,据陈鸿森辑:《江声遗文小集》,《中国经学》第四辑,第24页。
⑧ 王昶:《春融堂集》卷十六《赠陆贯夫绍曾、江鲸涛声两布衣》,《清代诗文集汇编》第358册,第191页。

1775),字钦颐,号东冈,其十六世祖为南北宋之际的郡马过孟玉,七世祖过龙明从无锡迁至苏州。过临汾中岁以后,家贫而无力奉养双亲,不得已而为人幕僚,但坚拒夤缘仕进;又有商贾欲以巨资相贷,使其缓解生计之艰,然而遭到过氏婉言谢绝。过氏晚年著述以终,江声在其殁后特为其作传,传中有云:

> 自司马氏肇其端,而后代有作焉,于是人有一事之善、一技之长,皆得藉以传后,而况志士狷介之操乎!……至于仕宦之涂,尤人所奔竞,而翁顾恬退若是,其诸古所称独行之士乎!①

江声不好为文②,然而特意为过翁作传,其心意之深相契合不难推知。故此段文字,虽为称述过翁之语,然而江氏的精神风骨实亦存于其间。惠栋性本狷介,江声特意表彰"狷介之操",师弟两人皆能自觉疏离于人所奔竞的仕宦之途,立于惠门之下,江氏可谓不负其师矣。

在江氏留下的文字中,尚有八篇科举时文。王欣夫先生以为江氏授徒,讲授内容包含时文③。据笔者浅见,即使在江氏所撰时文中,亦蕴含深意。江声生前刊刻的《艮庭小慧》一书,收《四书》文八篇,封页题"江艮庭时艺"④。细阅其文,有云:

> 柳下惠以直道而三黜,终不枉道以求容,是不动于利者。故虽与跖同产,终不为跖之徒。介然自守,虽三公之贵,乌足以易之?⑤

又云:

---

① 江声:《过翁传》,据陈鸿森辑:《江声遗文小集》,《中国经学》第四辑,第26—27页。
② 江声有《艮庭小慧》一卷存世,仅《四书》文八篇。江氏曾对孙星衍言:"拙文五篇亦附焉,前呈过二篇,今又呈此,拙文尽于此矣。"(《与孙渊如书一》,据陈鸿森辑:《江声遗文小集》,《中国经学》第四辑,第23页)江声亦不喜作诗,唯乐填词,曾撰《艮庭词》三卷(《苏州府志》卷一百三十七《艺文》二,第516页)。另据笔者管见所及,吴翌凤所辑《怀旧集》中有江声《仲林招往山家看梅即次其韵》七律一首(吴翌凤辑:《怀旧集》卷五,第28页),王昶《国朝词综》收录江声《艮庭词》中《迈陂塘》《玉蝴蝶》《菩萨蛮》三首。惠栋尝云:"鲸涛少与过葆中、吴企晋以词倡和,逮专心经术,辍不复为,而所存秀句名篇,并堪讽咏。"见王昶《国朝词综》卷三十七"江声",《续修四库全书》第1731册,第288页。另可参钱泳:《履园丛话》卷六《耆旧》"艮庭征君"条,孟裴校点,上海:上海古籍出版社,2012年,第110页。
③ 王欣夫:《蛾术轩箧存善本书录》,癸卯稿卷四《艮庭小慧》,第1054页。
④ 书中每篇注明写作时间,从乾隆二十一年(1756)至六十年(1795),前后相距四十年之久,而所选仅八篇。江声:《艮庭小慧》,复旦大学图书馆藏清乾隆间近市居刊本,原书无页码。
⑤ 江声:《艮庭小慧》六《跖之徒也至柳下惠》,清乾隆间近市居刊本,原书无页码。

> 尝思世之趋炎附势者,有蛇行蒲伏者矣,有膝行而前者矣,斯廉士所羞为者。……吾于此益征仲子之廉矣。肢体其俱废矣,未尝假力于人;股肱相与济焉,仍取资于己。迫地横行,体虽甚卑而节弥峻;卷足鞠跪,膝暂诎而志常伸。①

江氏此二文分别称道柳下惠与陈仲子,实因柳下惠、陈仲子之狷介与江氏颇为相似。时文中所表达的节操,与江氏生平所守者全相符合。孙星衍曾批评江声说:"知足下老矣始学作《四书》文,过于好事,此犹经生作吏,恐人议其迂阔,转以折节阿谀为长,弟深非之。"②此信中孙星衍以西法为非,与江氏争论,因而及此时文之作。然而细绎江氏时文,则此处所云"折节阿谀"实不足以服江氏。

江氏又于《齐人归女乐季桓子受之》一文末尾自记云:

> "归",郑本作"馈",盖古文或以"归"为"馈",即作"归"字,其义实为"馈"。文执泥"归"字而以"馈"字作幡,不合经恉,且似不识字矣。何为其然?盖时艺也,何必以识字绳之?③

由此可知,时艺在江氏眼中,殆为"不识字"之人所从事者。江氏精于汉学,他区分"汉学"与"时艺",可谓泾渭分明。

与乃师惠栋子嗣虽多,而无人继承其学不同,江声身后有子孙相继,且大体持守江氏学风。江声之子江镠,字贡廷,在经学上一如其父,"作字苟不合六书者,不下笔也。"④其孙江沅(1767—1838),字铁君,他传习家学,对《说文解字》有精密研究。段玉裁侨居苏州后,江沅出入其门数十年,又曾助段玉裁校刊《说文解字注》,自撰《说文释例》⑤。而且王欣夫先生据字迹推

---

① 江声:《艮庭小慧》五《匍匐》,清乾隆间近市居刊本,原书无页码。
② 孙星衍:《孙渊如外集》卷五《答江处士声书》,《清代诗文集汇编》第 436 册,第 406 页。
③ 江声:《艮庭小慧》三《齐人归女乐季桓子受之》,清乾隆间近市居刊本,原书无页码。
④ 阮元:《定香亭笔谈》卷一,《续修四库全书》第 1138 册,第 435 页。
⑤ 此处需要提及的是,江声虽研治经学,然而亦喜好内典。其人终生素食,孙星衍以非儒者之行为劝,江氏唯点头而已。他与二林居士彭绍升交好,又与"深于内学"的薛起凤交情莫逆。薛起凤曾为其讲《金刚般若经》大意,江氏本欲撰毕《尚书集注音疏》即从薛起凤学佛,不料书成而薛起凤去世。江声的佛学兴趣对其子孙影响颇深。其子江镠,自号补僧,手写佛经数十卷;其孙江沅从彭绍升学佛,亦可在江声处觅得渊源。及至龚自珍言"江铁君乃余佛学第一导师",则是吴门诸儒与晚清今文经学中人的一大联系,至于经学之渊源关系,本书第三章将详及之。以上见江声:《香闻续集叙》,陈鸿森辑:《江声遗文小集》,《中国经学》第四辑,第 20 页;焦循:《雕菰集》卷十八《江处士手札跋》,《清代诗文集汇编》第 472 册,第 200 页。《手札跋》中又及:"处士(江声)两书,皆用许氏《说文》体,手自篆之,工妙无一率笔,尤足见其德性之醇。"

断,江沅曾认真研读《尚书集注音疏》,倘若王先生推测不误,则江沅亦可谓绍述门风①。清代学术于家学之中绵历不绝,绳绳相继,于江氏学人中又得一证焉。

二、江声的经学观及《尚书集注音疏》的撰写与刊刻

乾隆二十年(1755),35岁的江声拜惠栋为师②。这一师弟之谊的结成,不仅对江氏个人而言具有重要的转折意义,而且为吴派学术造就了一位绍述门风、兴复汉学的健将。姑且不论江声对《惠氏读说文记》的整理与补写③,也不论江声从惠栋研习《易》学并将之转授江藩,单看江氏对《尚书》"真汉学"的探赜阐幽,就不得不承认他是惠栋经学的薪传。

如前所述,江氏在拜师六年前已正式放弃举业,此后对经义古学稍加涉猎,尤其对《论语》和《说文》二书已有少许心得,知晓"读书当先识字"。然而,此时的江声无论在学术宗旨还是在为学方法上,均无明确定向。江氏拜惠栋为师之时,惠栋年已59岁,不仅"师法"观念早已形成,而且撰有《九经古义》《后汉书补注》《易汉学》《周易述》等多种汉学著作,学术方法与学术成就均足可为江氏别开洞天。因而,虽然在乾隆二十三年(1758)六月惠栋去世,江声执贽惠栋门下仅三年,然而尊崇汉学、笃守师法的学术思想得以迅速形成,并由此奠定了他毕生的学术根基。

江氏为学,最受惠栋的影响。比如江氏曾说:"经学之盛,莫盛于两汉……魏晋六朝,学虽渐微,苟当革命改物,创制显庸,礼官议论,恒循旧说,大率宗郑者居多。唐贞观中,欲求一是,屏斥诸家,而衡鉴爽忒,不免去苗存莠,幸而《诗》《礼》《公羊》,取毛、郑、何休,汉学犹有存也。"④认为经学由汉经晋至唐,逐渐衰微。他在《尚书集注音疏后述》中言及"唐宋以来,汉学微甚",特意自注说:"汉学之行于唐者,唯《诗》《礼》《公羊》尔,《易》用王弼,《书》用伪孔,《春秋左传》用杜预,皆非汉学,是唐时汉学之微矣。"⑤不消说,这些论学之语中,都有惠栋的影子在。即使是对宋儒的议论,也不乏明显受惠栋影响之处。江声认为宋儒"糟魄艺文,哆谈性命,自谓得先圣之心传",导致"经谊晦蚀,六百年于兹"⑥。此外,孙星衍曾将《原性》篇寄与江氏,江

---

① 王欣夫:《蛾术轩箧存善本书录》,庚辛稿卷一《尚书集注音疏》,第4页。
② 孙星衍《江声传》言江氏拜师之年为三十岁。《清儒学案》沿袭此误,第2924页。
③ 由《惠氏读说文记》的过录、流传亦能见及惠栋在江浙一带的影响。参徐雁平:《清代的书籍流转与社会文化》,南京:南京大学出版社,2021年,第325—334页。
④ 江声:《重刻礼说叙》,据陈鸿森辑:《江声遗文小集》,《中国经学》第四辑,第16页。
⑤ 江声:《尚书集注音疏》附《后述》,第848—849页。
⑥ 江声:《重刻礼说叙》,据陈鸿森辑:《江声遗文小集》,《中国经学》第四辑,第16页。

氏读后复信云："弟不能知其是,亦不欲议其非。盖性理之学,纯是蹈空,无从捉摸,宋人所喜谈,弟所厌闻也。"①寥寥数语,已能将江氏对宋学的态度表露无遗,而溯其渊源,必与惠栋的循循诱导密切相关。

事实上,江声不仅对宋儒的性命之学有成见,即使是对于宋儒的经注,也多有不满。晚年的江声撰写《论语竢质》,其中对朱熹为代表的宋儒经说大加挞伐,书中屡见批评朱注《论语》"诒误后学"②、"大谬"③、"宋人无知"、"宋人之不学"④,等等。他对晋、唐学者的批判也是一如其师,如他斥何晏"非学人",不识字⑤,斥责陆德明"在唐初已不识字,何况后人"⑥,等等。考虑到早年的江声对朱注《论语》尚以为是,可知在惠栋的指引下,江氏的经学观已经发生了彻底的转变。

如所周知,在宋、元、明儒者如朱熹、吴澄、郝敬、梅鷟等人对晚出《古文尚书》的屡屡质疑下,清初的阎若璩与惠栋,最终将晚出《古文尚书》判为伪书。江声自道"渊源惠氏,津逮阎书",其实正是在阎、惠的指引下,江声开始了研治《尚书》的历程⑦。江氏《尚书集注音疏》疏解今文二十九篇,为有清一代疏解《尚书》全经之首出。他在前贤的基础上,不仅"刊正经文",而且"疏明古注",使得《尚书》一经在经、注、疏三个方面,皆呈现出一种全新的"古貌"。他被弟子江藩誉为《尚书》学的"集大成"者,伏、孔、马、郑的"功臣",显然不是单以师弟私谊、门户之见便可以解释的⑧。

惠栋去世三年后,自乾隆二十六年(1761)秋开始,至次年冬间,江声搜辑了《尧典》至《汤誓》五篇及《书序》的旧注。该项工作至辑录《盘庚》篇时中辍。陈鸿森推测说:"盖是年古农《钩沉》一书告成,故江氏辍笔不复为。及《钩沉》刊布,江氏见古农所辑不无遗漏,仍复续辑成之。"⑨这一推测堪称有见。于是,从乾隆三十一年(1766)至次年,江氏又全力辑录《盘庚》以后二十余篇,并对前五篇进行校订。此外,江氏还辑录了《尚书》佚文及注文,"各随其篇第而傅厕其间,其无篇名者,总列于后"。⑩ 这一阶段的工作主要着眼

---

① 江声:《与孙渊如书一》,据陈鸿森辑:《江声遗文小集》,《中国经学》第四辑,第23页。
② 江声:《论语竢质》卷上,"子路曰愿车马衣裘与朋友共"条,《丛书集成新编》第18册,台北:新文丰出版股份有限公司,1985年,第4页。
③ 江声:《论语竢质》卷下,"多识于鸟兽艹木之名"条,《丛书集成新编》第18册,第12页。
④ 江声:《论语竢质》卷中,"武王曰予有乱十人"条,《丛书集成新编》第18册,第6页。
⑤ 江声:《论语竢质》卷下,"子曰晋文公谲而不正"条,《丛书集成新编》第18册,第10页。
⑥ 江声:《论语竢质》卷下,"鄙哉硁硁乎"条,《丛书集成新编》第18册,第11页。
⑦ 关于江声进一步论证晚出古文《尚书》为伪的讨论,参王应宪:《清代吴派学术研究》,第128—131页。
⑧ 江藩:《汉学师承记》卷二,第38页。
⑨ 陈鸿森:《余萧客编年事辑》,《中国经学》第十辑,第79页。
⑩ 江声:《尚书集注音疏》附《述》,第846页。

第二章 "师法"观念与吴派经学的传承

于《尚书》旧注,江氏对其先广泛辑录,而后融会贯通,他在乾隆三十二年撰写的《尚书集注音疏述》标志着这第一阶段工作的告竣①。

集注工作完成后,江声本拟以三年时间完成第二阶段的疏文。然而由于工作量巨大,一直持续至乾隆三十八年(1773),疏文方撰写完毕。《尚书集注音疏后述》便是第二阶段的总结。因而,《尚书集注音疏》的撰写前后共持续十三年之久,耗费了江声41岁至53岁的光阴。

全书内容撰成后,江声便拟刊刻,然而因生计困窘而不得不一再拖延。王鸣盛的《尚书后案》较之成书略晚,却先为付梓。王昶、毕沅得知江氏刻书意愿,先后出资相助,于是于乾隆四十九年(1784)得以开工。由于江氏坚持以自书篆体刊刻,尤为费资耗时②,因而江氏又特撰写《募刊尚书小引》,希望友朋弟子"酝金相助,俾得镂版以传"③。刊书一役前后共持续九年,耗银四百五十两,友朋弟子捐资占其六分之五。江氏为了详识"诸君子乐成人美之德"④,特于卷首一一标其姓名,如彭绍升、段玉裁、徐承庆、汪元亮、钮树玉、黄丕烈等,皆名列其中。乾隆五十八年(1793),《尚书集注音疏》终于刻竣,此即近市居刊本。王欣夫先生十分喜爱江氏篆书刊本,他曾说:"艮庭篆书古雅绝伦,据以刊木,为板本中之别品,余甚爱之。若《尚书集注音疏》《释名疏证》,所收不止一本。"⑤他还专门讨论以篆书刻书的历史,谓:"至艮庭先生手篆《尚书集注音疏》出,即论版本,亦可称空前绝后之作矣"。⑥

《尚书集注音疏》刊刻过程中,江声与友朋弟子亦不断就书中问题进行讨论。由于发现需补正处,但重新书篆、刻版均为不便,江声便于晚年复作《尚书补谊》与《尚书续补谊》。由二文可知,江氏友人如徐承庆、钱大昕、段玉裁等,弟子如徐颋、顾广圻等,都曾献疑。片言只句,只要能匡正己失、补其阙陋者,江声必逐一采录。《尚书补谊》有一则说:"余写《尚书》所用《说文》乃徐铉本,有从徐铉而误者,承段君若膺教而始知。不能追改,恐贻误后

---

① 江声说:"'述'即'叙'也。不名'叙'者,《正义》谓郑康成《书赞》避孔子百篇之叙名而曰'赞',然则郑君且不敢称'叙',予安敢称'叙'邪?故曰'述'。述者,述《尚书》兴废之由并自述《集注》之大意。"江声:《尚书集注音疏》附《述》,第834页。
② 江声将全书以篆书抄录一过。该书卷十二《尚书逸文》末尾有识语云:"乾隆五十四年,岁在屠维作噩,涂月二十日辛未书毕。是夕立春,时年六十有九。江声识。"可知全书钞毕在乾隆五十四年(1789)。钱泳曾在此前数年,目睹江声手篆《尚书集注音疏》之情状,"着破羊裘,戴风巾","笔笔皆用篆书"。江氏研治《尚书》之勤苦,于此可见一斑。江声:《尚书集注音疏》卷十二,第826页;钱泳:《履园丛话》六《耆旧》"艮庭江君"条,上海:上海古籍出版社,2012年,第110页。
③ 江声:《尚书集注音疏》卷首《募刊尚书小引》,第2页。
④ 同上。
⑤ 王欣夫:《蛾术轩箧存善本书录》,癸卯稿卷一《恒星说》,第708页。
⑥ 王欣夫:《蛾术轩箧存善本书录》,庚辰稿卷一《尚书集注音疏》,第3页。

学,故附识于此。"①尤可见其从善服义、知错必改的为学态度。他还为了考订一字,在七十多岁时"特诣袁君(廷梼)家索石经观之,乃归而书以识之"②。其治学之一丝不苟与不辞辛劳,至老不变。

从《尚书集注音疏》始撰到最终刊行,前后绵历三十余年,可以说耗尽了江声后半生的全部精力。江氏平生困顿,身无功名,然而于学术上心志笃定,精进不已。世俗常言乾嘉学者因悠游林下,饫甘餍肥,而后方有学术上的巨大创获,然而仅观江声,此言已是不攻自破。

三、江声《尚书》学的特点分析

据江声自述,《尚书集注音疏》乃是他"愍汉学之沦亡,伤圣经之晦蚀"的有感之作,他详阅群书,孜孜以"搜拾汉儒之注"为务③。孙星衍为其作传,也说:

> (江声)病唐贞观时为诸经《正义》,自《诗》《礼》《公羊》外,皆取晋人后出之注,而汉儒专家师说反不传。惠征君既作《周易述》,搜讨古学,声亦撰《尚书集注音疏》,存今文二十九篇,以别梅氏所上二十八篇之伪。④

可知江氏学宗汉儒,亦是仿效惠栋《周易述》者。

江声的《尚书集注音疏》全仿《周易述》之例,自注自疏。从这一体例而言,江声可谓谨守师法。惠栋《周易述》自注自疏,且全为汉儒"古义"。而江声则将这一点继承下来。他说:

> 吾师惠松崖先生《周易述》,融会汉儒之说以为注,而复为之疏,其体例固有自来矣。声不揆梼昧,综核经传之训诂,采撷诸子百家之说与夫汉儒之解,以注《尚书》。言必当理,不敢衒奇;谊必有征,不敢欺世,务求惬心云尔。顾自唐宋以来,汉学微甚,不旁证而引申之,鲜不以为孟浪之言,奚以信今而垂后?则《疏》其弗可已也矣。⑤

---

① 江声:《尚书集注音疏》附《尚书补谊》,第830页。
② 江声:《尚书集注音疏》附《尚书续补谊》,第833页。
③ 江声:《尚书集注音疏》附《述》,第845页。
④ 孙星衍:《平津馆文稿》卷下《江声传》,《清代诗文集汇编》第436册,第249页。
⑤ 江声:《尚书集注音疏》附《后述》,第848—849页。

江著的宗旨与体例,得到了后来学人的高评。如李慈铭就曾评价说:

> 自注自疏,古所罕见,江氏盖用其师惠定宇氏《周易述》家法。惠氏以荀、郑、虞等《易》注既亡,掇拾奇零,非有一家之学可据,故不得不为变例。江氏亦以马、郑之注,由于辑集,故用其师法。巨儒著述,皆有本源,不得以井管拘墟轻相訾议也。①

这是深明江著体例与为学"师法"之言。

其实不唯宗旨与体例,在具体的注解上,江氏《尚书》学亦可谓谨守惠学家法。首先,江声终生钦仰他的老师惠栋。书中凡提及惠栋时,皆郑重称"先生",江氏言其师云:"博极群书,箸述等身。其最巨者则《周易述》及《明堂大道录》及《禘说》也。"②再如关于"师资道丧,哲人云亡"一语,江氏谓:"'师资道丧',语本松崖先生。'哲人',若两汉传古文诸儒皆是。哲人亡,故无卓识;师资道丧,则学无家法。"③可知惠栋片言只语,江氏皆铭记心中。如《尧典》中的"四门穆穆",江声解为明堂之四门,并云:"此说本诸先师《明堂大道录》。"④同样的,有关"六宗"的解释,也是本诸惠栋而将其释为"明堂六帝"⑤。

此处再举一则显例。《尚书·尧典》中舜命夔有云"刚而无虐,简而无傲"二语,江声注云:

> 刚而无虐。"虐",牛约反。【注】马融曰:"刚毅而不害虐也。"简而无傲。【注】马融曰:"简约而无傲嫚也。"【疏】以上二条马注,惠先生手录于《尚书疏》,声鲜见寡闻,未详先生何自采取。⑥

在此段注疏中,江声采录两条马融的《尚书》注文,然而该文原是惠栋所采录,江声并不知其确切出处。今检此处马融二语,皆为《汉书·礼乐志》的颜师古注,所注内容正为所引录的《尧典》"刚而无虐,简而无傲"⑦。因而可以大致推测,惠栋将出自《汉书》颜注的两条注文,误当做马融《尚书》注文而

---

① 李慈铭:《越缦堂读书记》"尚书集注音疏"条,上海书店,2002 年,第 19 页。
② 江声:《尚书集注音疏》卷一,第 47 页。
③ 江声:《尚书集注音疏》附《述》,第 842—843 页。
④ 江声:《尚书集注音疏》卷一,第 47 页。
⑤ 同上书,第 53 页。
⑥ 同上书,第 88—89 页。
⑦ 班固:《汉书》卷二十二《礼乐志》,第 1040、1041 页。

采录，江氏在未明出处的情况下依然将其录入《尚书集注音疏》，宁道自己无知，不疑先师有误，其谨遵师法的态度由此可见一斑①。

其次，惠栋好改经字，而江氏继承了这一特点。《尚书集注音疏》全书以篆书刊刻，其原因与江声嗜古的为学观念有关。江声"不为行楷者数十年，凡尺牍率皆依《说文》书之，不肯用俗字"②。钱泳记江声有云："虽寻常笔札登记，亦无不以篆，读者辄口噤不能卒也。尝言许氏《说文》为千古第一部书，除九千三百五十三字之外无字，除《说文》之外亦无学问也。其精信如此。"③以江声之见，"隶书者，六书之蟊贼。"④因隶书破坏了古篆系统，造成了经文之误，故而江声生平不为行楷，推崇《说文》。从此点而言，江氏较之其师，实有过之而无不及。

漆永祥曾详细讨论惠栋《周易述》的刊正经文⑤。在此点上，江氏亦遵循惠学家法，对《尚书》之经文多加刊改。而其据以刊改的依据，则多依《说文》而来。江声对《说文》的研究深有心得，曾补撰惠栋的《惠氏读说文记》。他曾作《六书说》一篇，单独刊行，王昶赞其"承示《六书说》，穷源竟委，抉摘奥旨，自古论书，未有若此精审者"⑥。近代学人钱基博亦将此篇收录于《国学文选类纂》小学之部，虽指摘其瑕疵，然而认为可"析许书（指《说文》）之条例"⑦。江声又曾作《说文解字考证》一书，见段玉裁所著《说文解字注》与己见多相符合，遂将全部书稿付之⑧。江氏之书今已不能详，唯常州学人李兆洛曾留下这样一段记载：

> （兆洛）既从先师卢抱经游，师教人读书必先识字，其治《说文解字》尤精，而钱少詹辛楣、江处士艮庭、段大令懋堂，皆集于吴郡，邮札往还，互相商榷。少詹主引伸其义，处士墨守，大令则攻治其所失。⑨

---

① 吴派学人这种惟"师"是从的学术风格，与皖派显异。例如段玉裁不仅批评其师戴震的著作多处有误，而且措辞十分严厉，丝毫不留情面，这在吴派学人那里是难以想象的。这种学术气质的分歧，仍是二者对"师法"观念有无重视的一种体现。上述例证，洪博昇已注意到。参洪博昇：《江声〈尚书集注音疏〉对惠栋学术之继承及开展》，《世新中文研究集刊》第十期，2014年，第161—208页。
② 孙星衍：《平津馆文稿》卷下《江声传》，《清代诗文集汇编》第436册，第249页。
③ 钱泳：《履园丛话》卷六《耆旧》"艮庭江君"条，第110页。
④ 钱泳：《履园丛话》卷十一上《书学》，第194页。
⑤ 漆永祥：《乾嘉考据学研究（增订本）》，北京：北京大学出版社，2020年，第129—130页。
⑥ 王昶：《春融堂集》卷三十二《与江艮庭论六书书》，《清代诗文集汇编》第358册，第347页。
⑦ 钱基博：《国学文选类纂》《甲集叙目》，上海：上海古籍出版社，2012年，第3页。
⑧ 孙星衍：《平津馆文稿》卷下《江声传》，《清代诗文集汇编》第436册，第249页。
⑨ 李兆洛：《养一斋文集》卷三《毛清士说文述谊序》，《续修四库全书》第1495册，第40页。

由李兆洛此段记载,可知当时吴门学者研读《说文》的风气堪称浓厚,而尤可注意者,则在于此处所说钱大昕、江声、段玉裁三人治《说文》采取了不同的学术取向①。段玉裁"攻治其(许慎)所失",其实正是皖派求"是"的重要表征;而江氏之"墨守",也正是吴派的经学特色。因而,从这点来说,江氏以《说文》改经,也正是此种因循汉儒、崇古嗜古的重要表征。

兹举《尧典》中的数例。江声据《说文》及其所引经书,将"允恭克让"改为"允龚克让",将"格于上下"改为"假于上下",将"平章百姓"改为"采章百姓",将"平秩东作"改为"采艜东作",将"朱启明"改为"絑启明",将"方鸠"改为"旁逑",等等②。其中"采章百姓"与"旁逑"二例,早在惠栋的《尚书古义》中就给出了上述改字意见③。江声不仅据乃师之说改字,而且将这种改字的做法几乎贯穿了全书,这是吴派学人以《说文》改经的典型案例,在后文段玉裁的批评中我们将会看到吴、皖两派在这一问题上的绝大分歧。

这一改字的做法,晚年的江声仍在坚持。他曾有意撰写一部《经史子改字》,专明经、史、诸子的文字改写问题。江声最终并未撰成该书,然而在《论语竢质》中我们可见其一斑。如江声改"事父母能竭其力"的"竭"为"渴","我叩其两端而竭焉"中"竭"字亦同。江声之所以如此认为,乃是因为饥渴之"渴"系古字,后人不察,以竭代渴,"凡经史传记'渴力''渴忠'字,皆当从水","若从立,则非其义矣。"④其他例证如改"子贡"为"子赣",改"冯河"为"淜河",改"则民不偷"为"则民不愉",改"乘殷之辂"为"乘殷之路",等等,无一不是依据《说文》而改者⑤。由此可见,江声这一得于"师法"的改字之习,有意将其推广到经、史、诸子,他的《尚书集注音疏》乃是在这方面的一个完整实践,在江氏本人看来,通过改字而恢复了《尚书》经文的"古貌"。

最后,从注疏来看,在江声的《尚书集注音疏》中,汉儒经说之优先性体现的非常明显。江声作《尚书经师系表》,谓:

> 凡此诸儒,皆授受有原、师承可考者。今各志其姓字、里居,详其渊源所自,或略叙其行事,亦或箸其官位,诠次之以为《经师系表》也。⑥

---

① 漆永祥先生主张,钱大昕的学术与惠学、戴学鼎足而三。与上引李兆洛语可相印证。参漆永祥:《乾嘉考据学研究(增订本)》,第96—121页。
② 江声:《尚书集注音疏》卷一,第8、11、21、35、36页。
③ 惠栋:《九经古义》卷三《尚书古义》,《景印文渊阁四库全书》第191册,第383、384页。
④ 江声:《论语竢质》卷中,"我叩其两端而竭焉"条,第7页。《募刊尚书小引》中"竭己力"亦作"渴己力"。
⑤ 以上四例分别见江声:《论语竢质》卷上,第2、5页;卷中,第6页;卷下,第11页。
⑥ 江声:《尚书集注音疏》附《尚书经师系表》,第854页。

这种为汉代经师寻其渊源的做法,在明末清初的多位学人那里,都可以发现,前文对此已有论述。而具体到《尚书》的经师,以表谱的形式将其系统展现出来,江声乃是首出,此点也可说明江声在《尚书》学上力求学有本源,注意从经师着眼。这是惠栋"古义不可改,经师不可废"之说的具体传承。

江声在《尚书》学上尊崇马融与郑玄。不唯经字有据马、郑本者,如改"天明畏,自我民明威"为"天明威,自我民明威"等①,即使是在经义上江氏亦多从马、郑之注解。然而此处需要指出的是,江氏虽尊崇马、郑,然而解释《尚书》之时并不为马、郑经说所限。自梁启超以来对吴派之一般印象"凡汉皆好",其实考求其实,并不能完全范围吴派学者的治经观念。兹举数例以明之。

《高宗肜日》篇中祖己谓商王有云:"降年有永有不永。"郑玄注:"年,命者,惷愚之人尤惕焉,故引以谏王也。"江声注云:"天临视下民,以谊为常经,降年于人,有修有短。谊则永,不谊则否。年,命,人尤惕焉,故引以训王也。"江氏此处将"惷愚"之义删除,特于疏中云:"声以为于此经言'惷愚',似未安。故稍节而录之,故不称'郑康成曰'。"②准确地说,江氏此处乃是融会了郑玄之解,对于感到未安的部分解释,稍加删削与变更,而江氏对此皆一一标明。

再如,《西伯戡黎》中祖伊谓商纣云:"故天弃我,不有康食,不虞知天性,不迪率典。"郑玄注谓:"王暴虐于民,使不得安食,逆乱阴阳,不度天性,敖很明德,不修教法。"江声注云:"故天弃我殷,将使灭亡,不得有安食。"将郑玄的解说亦是稍作变更。江声特作疏云:"郑君言'王暴虐与民,使不得安食',似不合经意。故声易其说。"③由此可知,江声在具体解释上也并非完全相信汉人之说,仍是融会汉儒之意而成。然而无论依从与否,必载郑说,对自己所做的更改也原原本本地呈现。

综观《尚书集注音疏》,可知该书乃是绍述惠栋治经理念与宗旨的一部著作,江声的《尚书》经文乃是多依照惠栋的治经方法而最终考定,其注解则多从伏生、马、郑而来,或直录其语,或融会其意。可以说,在江声处,汉儒的《尚书》学基本得到了恢复。理解了这一点,也就理解了当时许多学人对江声的赞誉,比如王昶说江声"专守郑学"④,汪缙赞其"谈

---

① 江声:《尚书集注音疏》卷二,第112页。
② 江声:《尚书集注音疏》卷四,第305页。
③ 同上书,第311页。
④ 王昶:《春融堂集》卷十六《赠陆贯夫绍曾、江鲸涛声两布衣》,《清代诗文集汇编》第358册,第191页。

经尊汉学"①,臧庸称其"笃信好古,墨守汉儒家法"②,等等,皆是指上述经学特质而论。桂馥因读《尚书集注音疏》而"深叹汉学犹存于今,虽惠氏《周易》殆不是过"③。开途辙者难获其功,后继之人亦为不易,从惠栋到江声,从汉代《易》学到汉代《尚书》学,吴派学人的宗旨与规模,已经堪为后世所效法。

对江声极为推敬的孙星衍曾说:"吴中古学,自顾炎武后,有惠氏父子及(江)声继之,后进翕然多好古穷经之士矣。"④此语对江声在清代学术中的地位,做了堪称精准的概括。自顾炎武以后,惠栋独得汉儒师法,笃守汉学;而江声则极为有意识地以惠学的绍述者、传承者自任,不仅一生未仕,终老布衣,继承了惠栋狷介有守的精神风骨,而且在学术上力扬汉帜,推阐古学,使得方兴未艾的吴派学术得以绳绳相继。在江声处,具有"汉学"风貌的《尚书》全经研究正式问世,其后《尚书》新注新疏虽层出不穷,然而导其源者实为江氏。仅此一点,已可证明江声在经学上的贡献不可泯没。至于《尚书集注音疏》对并世学人尤其是常州诸儒的影响,后文则有详述。

当然,江氏的《尚书》研究并非无缺漏可言。上文已指出,江氏在今古文问题上尚未给出鞭辟入里的考察。章太炎也曾对其兼采今古文深表不满。皮锡瑞认为《尚书集注音疏》虽"疏解全经,在国朝为最先,有筚路蓝缕之功",然而"今文搜辑未全,立说亦有未定"⑤。除此之外,江著颇有融伏生、马、郑与其他汉儒多家注解于一炉的特色,"汉学"之大体虽已可窥,然而各家分疏则似不够,因而就某一经师的"家法"而言,尚未能做到条分缕析、异义各呈。这是江声《尚书》学的主要不足之处。事实上,以上两方面的疏漏,都由当时或稍晚的学者相继补苴。就《尚书》学郑玄"家法"的重建而言,有吴派的另一代表学者王鸣盛身当其任;而今古文分疏尤其是西汉的今文《尚书》学,则有待陈寿祺、陈乔枞父子和皮锡瑞来最终完成。

第三节 吴派"护法"王鸣盛

在近代学者的笔下,王鸣盛通常被认为是清代的"三大史学家"之一,与

---

① 汪缙:《汪子诗录》卷三《江叔沄见访同诣陈芳林留酌有作二首》,《续修四库全书》第1437册,第178页。
② 臧庸:《拜经堂文集》卷三《与江叔沄处士书》,《续修四库全书》第1491册,第540页。
③ 桂馥:《晚学集》卷六《与江艮庭先生书》,《清代诗文集汇编》第389册,第579页。
④ 孙星衍:《平津馆文稿》卷下《江声传》,《清代诗文集汇编》第436册,第249页。
⑤ 皮锡瑞:《经学通论》,吴仰湘点校,北京:中华书局,2020年,第145页。

钱大昕、赵翼并称。但倘若以王氏本人的自我期许来看,未必以此为满足。王氏的著述遍及四部,自称可与晚明的王世贞相匹敌,可知在王氏心中,以《十七史商榷》为代表的史部著作尚不足以尽其所学。子、集二部的著述暂不深论,倾注王氏多年心血的《尚书后案》便是他颇为得意的经学著作,若将其置于清代学术史上,也可谓是代表吴派特色的著作之一。

王鸣盛的经学从苏州惠学而入。因而,欲探究王鸣盛的经学成就,则需从王氏所受惠栋"师法"观念的影响着眼,否则无以见其卓荦①。自早年从学惠栋后,王氏依据"师法"观念而治经,毕生未曾他徙。不论是他的经部、史部著作,还是他的子部、集部撰述,在在都可见到王氏对"师法"的重视。加之王氏性情高傲,常常对不守"师法"的并世学人大加挞伐,这些都使他成为吴派学术坚定的"护法"型人物。这一视角正是理解王鸣盛经学思想的关键所在。

一、"红豆风流启后贤"

清江苏嘉定人王鸣盛,于康熙六十一年(1722)五月生于江苏丹徒学署。彼时他的祖父王焜正以举人身份任丹徒儒学教谕,父亲王尔达则仅为一介廪生。王氏一家曾依靠王鸣盛母族之力稍得缓解家中窘境,然而未经数年,依旧陷入了困顿之中②。

在丹徒的生活一直持续到王鸣盛七岁。雍正六年(1728),王焜致仕归里,居嘉定清镜塘。此后王鸣盛除举业之外,仍是浸淫于宋儒之书。十二岁时,他已可以作出颇有名家气度的《四书》文③。

王鸣盛在二十岁时(乾隆六年,1741)入苏州紫阳书院。他曾言:"辛酉迄癸酉,鸣盛常客吴门。"④从乾隆六年(1741)至乾隆十八年(1753)的十二

---

① 学界对王鸣盛的研究主要集中在史学上,举其要者,有柴德赓:《王西庄与钱竹汀》,《史学史资料》1979年第3期;来新夏:《王鸣盛学术述评》,《南开史学》1982年第2期;陈其泰:《王鸣盛史学:朴学家的理性探求》,《历史研究》1990年第1期;罗炳良:《王鸣盛史论性质商榷》,《学术研究》2001年第8期;台湾学界则有张惠贞:《王鸣盛〈十七史商榷〉研究》,台北:花木兰文化出版社,2005年。有关王鸣盛的经学,主要有王树民:《王鸣盛的经史之学》,《河北师范大学学报》哲社版1998年第7期;施建雄:《王鸣盛学术研究》第五、六章,北京:中国社会科学出版社,2009年;等等。总体来看,学界对王鸣盛的经学成就评价不高,如王树民先生就认为王鸣盛经学的创造性有限,不如其史学。参前揭《王鸣盛的经史之学》,《河北师范大学学报》哲社版1998年第7期,第57页。
② 有关王鸣盛生平,可参陈鸿森:《王鸣盛年谱》(上),"中研院"历史语言研究所集刊第82本第4分,2011年,第679—728页;陈鸿森:《王鸣盛年谱》(下),"中研院"历史语言研究所集刊第83本第1分,2012年,第121—184页。
③ 江藩:《汉学师承记》卷三,第45页。
④ 王鸣盛:《西庄始存稿》卷三十《显妣朱太淑人行述》,《嘉定王鸣盛全集》第10册,第500页。

年间,王鸣盛除了濡染紫阳书院的学风,受到前后两任院长王峻和沈德潜的青睐外,令他最受益的,便是与吴门大儒惠栋的交往。

乾隆九年(1744),23岁的王鸣盛从游惠栋与沈彤,这一经历对王氏影响甚大。王氏曾说:

> 予少治经训,即思讨论其疑义,不为世俗之学。而居处荒远,无老师宿儒可为质问,抄撮虽勤,无所得也。年二十后,得交于元和惠定宇、吴江沈冠云,而后洞悉其源流,而学始得其要领。①

对于官方所提倡的程朱理学,王氏自言不曾倾心。令他深感相契的,其实是惠栋、沈彤所倡导的汉儒训诂之学。这一点不仅是王氏自道,而且也可以得到与王鸣盛订交甚早、同为"吴中七子"之一的王昶的印证:

> (鸣盛)与元和惠栋、吴江沈彤研经学,一以汉人为师,郑玄、许慎尤所墨守。②

王鸣盛治学由"抄撮虽勤,略无所得",一变而至"洞悉源流,得其要领",促使王氏发生此种转变的,无疑是惠栋。乾隆九年,惠栋已基本完成了《易汉学》的写作,对汉《易》源流进行了极其明畅的剖析,因而王氏所云"源流""要领"云云,显然是指推尊"汉学"的学术理念和以"师法"治经的学问津梁。至于王昶所说"一以汉人为师,郑玄、许慎尤所墨守",更是明显道出了惠学的风影所在。

王鸣盛在《尚书后案自序》中曾言,该书"草创于乙丑",可知在从游惠栋的次年即乾隆十年(乙丑,1745),王氏即开始了《尚书后案》的撰写。无论是从撰写动机而言,还是从撰写方法来看,王鸣盛在经学上的开悟与创获,皆与惠栋的引导密不可分。王鸣盛称赞惠氏"红豆风流启后贤"③,他自身便是深受"红豆风流"濡染与浸润的一个典型。

乾隆十三年(1748),王鸣盛首次入都参加会试,落第后返回吴门。次年正月,王鸣盛郑重向惠栋言及自己的妹婿钱大昕,惠栋则将此事录入笔记:

---

① 王鸣韶代王鸣盛撰《江慎修先生墓志铭》,《鹤溪文编》稿本第4册,转引自陈鸿森:《王鸣盛年谱》(上),第694页。
② 王昶:《春融堂集》卷六十五《王鸣盛传》,《清代诗文集汇编》第358册,第630页。
③ 王鸣盛:《西庄始存稿》卷六《怀人绝句长洲惠定宇文学》,《嘉定王鸣盛全集》第10册,第104页。

"嘉定王孝廉鸣盛为予言,其同邑诸生钱大昕,字晓征,年少力学,十七史皆能成诵。己巳正月二十八日。"①就在此年,钱大昕至苏州,据钱氏年谱所记,"青浦王兰泉、长洲褚鹤侣、左莪及礼堂、习庵皆在同舍,以古学相策励。吴中老宿李客山、赵饮谷、惠松崖、沈冠云、许子逊、顾禄百,亦引为忘年交。"②硕儒俊彦齐聚苏州,一时之盛可以概见。

同为惠栋、王鸣盛好友的王昶曾说:

> 东南文士疏于经谊百有余年,及征君(指惠栋)出而古学大昌。丁卯、戊辰后,予与凤喈、晓征、企晋从而羽翼之,继卢雅雨、毕秋帆又为尽梓所作行世。③

丁卯、戊辰分别为乾隆十二、十三年。王昶与王鸣盛、钱大昕、吴泰来,不仅为学风格深受惠学影响,而且极力促进惠学的传播。从这个意义上而言,诸人虽非惠栋弟子,然而皆是惠学重要的学术羽翼。尤其是乾隆十九年(1754),钱大昕、王鸣盛、王昶、朱筠、纪昀五人同科中试,此后京师中的汉学风气逐渐形成,而钱、王等人对惠学的传播实亦有功于其间。

自四十二岁起,王鸣盛定居苏州阊门外,此后专心著述,少有交接。此时惠栋殁世,然而王鸣盛则继续与惠门高足余萧客、江声等人保持着较为紧密的联系,或为其书作序,或延至家中论学。而且就在王鸣盛本人的学术著作中,也毫无疑问展现出了吴派"汉学"的特质。

单以《易》学而论,王鸣盛曾对惠氏父子大加赞扬,不仅称赞惠士奇"力宗古义,所著《易说》,独得汉《易》之传"④,而且郑重说道:

> 吾友中,通《易》者凡三人,惠征士栋、褚员外寅亮、江上舍藩也。惠氏《周易述》未成而没,上舍补之,所采虽博,大旨究以孟、京为宗,能尊信此书者,员外与予外,多无人焉。⑤

惠栋、褚寅亮、江藩,皆为吴派的代表学者。惠栋《周易述》未成而殁,由

---

① 惠栋:《九曜斋笔记》卷二"钱吴",《丛书集成续编》第92册,第515页。
② 钱大昕编、钱庆曾校注并续编:《钱辛楣先生年谱》,据《乾嘉名儒年谱》第6册,北京:北京图书馆出版社,第362页;王鸣盛与苏州学者的交往,可参施建雄:《王鸣盛学术研究》,第40—44页。
③ 王昶:《湖海诗传》卷十四"惠栋",《续修四库全书》第1625册,第675页。
④ 王鸣盛:《蛾术编》卷三"惠氏易",北京:中华书局,2010年,第61页。
⑤ 王鸣盛:《十七史商榷》卷二十七"孟喜京房之学"条,《嘉定王鸣盛全集》第4册,第288页。

其再传弟子江藩补足,今观江藩《周易述补》,一遵惠栋为学进路,使得惠栋未尽之业得以完成。此著能得王鸣盛"尊信",盖可知王氏于惠学的笃守与信奉。

值得注意的是,王鸣盛将自己的经学研究归于惠学一脉。钱大昕曾说:"所撰《尚书后案》,专宗郑康成。……经营二十余年,自谓存古之功,与惠氏《周易述》相埒。"①此处钱氏认为,王氏自视《尚书后案》甚高,甚至以为与惠栋《周易述》可以相提并论。这一说法应当近实,因为王鸣盛在乾隆五十年(1785)时也说:

> 抑古注之亡而可惜者,《易》《书》《左传》也。《易》有李鼎祚《集解》及惠定宇《易述》,又有江藩补遗;《书》有江声之《集注音疏》及鄙著《后案》,似无遗憾矣。②

此语已能充分说明,王氏将自己的《尚书》研究视为惠、江一脉的同道。从惠栋的《周易述》到江藩的《周易述补》,从江声的《尚书集注音疏》到王鸣盛的《尚书后案》,皆致力于保存古注,阐发"汉学"。以这群学人自己的话来说,即是秉承汉儒"师法"之学,而这一点正是王鸣盛认同吴派的关键所在。

王鸣盛在著作中有多条笔记专门谈及汉儒"师法"③。这一做法与惠栋在《九曜斋笔记》中的做法如出一辙。尤其是在《十七史商榷》卷二十七中的"师法"条,不仅征引内容与惠栋相类,而且对不守师法的学风的批判,也与惠栋极为类似。王氏云:

> 自唐中叶以后,凡说经者皆以意说,无师法。夫以意说而废师法,此夫子之所谓"不知而作"也。④

倘若对照惠栋《九曜斋笔记》的"不知而作"条(前已引及),二者的一脉相承自不待言。

即使是治史,王鸣盛也时时从经学变迁的视角观察之。这一点又与前述惠栋的做法如出一辙。如《南齐书·刘瓛陆澄传》中有云:"洙泗既往,义

---

① 钱大昕:《潜研堂文集》卷四十八《西沚先生墓志铭》,《嘉定钱大昕全集(增订本)》第9册,第739页。
② 王鸣盛:《西庄遗文辑存》卷上《诗考异补序》,《嘉定王鸣盛全集》第11册,第419页;另可参王鸣盛:《窥园图记》,《王鸣盛遗文补辑》,《嘉定王鸣盛全集》第11册,第485页。
③ 张惠贞已指出此点,见氏著:《王鸣盛〈十七史商榷〉研究》,花木兰文化出版社,2005年,第19—20页。
④ 王鸣盛:《十七史商榷》卷二十七"师法",《嘉定王鸣盛全集》第4册,第290页。

乖七十,自后专门之学兴,命氏之儒起,同异之说,各信师言,嗣守章句,期于勿失。"王鸣盛对此解释道:"专门、命氏者,谓家法也。诠汉学最确。"①王氏还在马融随班昭受《汉书》一事上,大发议论,以为"汉人读书之法,与后世不同",他论道:

> 汉人读书必有师传,无师不能读,故千里步担寻师。既得师,贫无资用,或执厮养之役,从而听讲受业焉。及其既通,终身守师法,不敢改。而终身所得力,亦尽在此书矣。文章议论,功名事业,皆从此出。……宋明人不知也,动辄妄为大言,高自位置,蔑弃前人,而胸驰臆断,其实但可欺庸人耳,自有识者观之,曾不足以当一笑,后之学者尚其戒之。②

由此处所论可知,王鸣盛对汉宋之分极为明确,汉儒之学皆有"师法",宋明人则"胸驰臆断",其尊"汉学"之意甚为明显。既然汉学有其不可取代之处,那么是何种原因导致了汉学的泯没?王鸣盛从史学的角度,考察了汉学的衰亡历程。以王鸣盛看来,汉学泯没的关键点在于隋之刘焯、刘炫。《隋书·经籍志》叙首云"南人约简,得其英华;北学深芜,穷其枝叶",王氏对此评论:"大有扬南抑北之意。殊不知王《易》、伪孔《书》、杜《左》,经中之蟊贼也,反以为英华何哉?此种议论,必出于刘焯、刘炫!"③王氏还慨叹道:"自有二刘会通南北,而汉学遂亡其半矣。"④在王鸣盛的史学著作中,往往保持着对经学变迁的关注。

愈是到晚年,王鸣盛坚持"师法""家法"观念愈坚。他说:

> 汉儒说经,各有家法,何谓家法?经者,夫子之所修,而七十子传之,递相授受,以及于汉儒,必定从一家以名其学,故谓之家法也。⑤

又说:

---

① 王鸣盛:《十七史商榷》卷六十二"刘瓛陆澄传论",《嘉定王鸣盛全集》第5册,第790页。
② 王鸣盛:《十七史商榷》卷三十八"马融从昭受汉书",《嘉定王鸣盛全集》第4册,第415—416页。
③ 王鸣盛:《蛾术编》卷二"南北学尚不同",第26页。
④ 王鸣盛:《蛾术编》卷二"刘焯刘炫会通南北汉学亡其半其罪甚大",第31页。
⑤ 王鸣盛:《王鸣盛西庄遗文辑存》卷上《春秋内传古注辑存序》,《嘉定王鸣盛全集》第11册,第425页。

说经之必有所专主,此汉经师所谓家法。①

他在晚年所撰写的《十七史商榷序》中云:

治经断不敢驳经,而史则虽子长、孟坚,苟有所失,无妨箴而贬之,此其异也。抑治经岂特不敢驳经而已,经文艰奥难通,若于古传注,凭己意择取融贯,犹未免于僭越,但当墨守汉人家法,定从一师,而不敢他徙。②

此序文中之"家法"观念甚为浓重。可知王鸣盛于汉儒经说,老而弥笃。王鸣盛还有一种说法,不太为近日学界重视,即所谓学术不可不"寄人篱下"。王氏云:

学问不寄人篱下,便是乱道。孔子曰:"博学于文,约之以礼,亦可以弗畔。""弗畔"者,寄人篱下之谓也。③

以"寄人篱下"诠解《论语》此章,当然不能说是定论,然而王氏之所以做出这种解释,亦有其不可忽视的为学理念。此种解说,可以与惠栋对宋儒"臆说"的批评并观,也可以与江声对师说的捍卫相印证。在这一点上,更可见王鸣盛是吴派学术当之无愧的一大后劲。

二、王鸣盛对郑玄"家法"的捍卫

倘若以"寄人篱下"一语观察王氏毕生所从事的经学研究,吾人则可说他始终"寄居"在汉末经学大师郑玄的"篱下"。今人固然不免因其缺乏"创新"而冷眼视之,然而在王鸣盛本人看来,却是他引以为豪的经学成就所在。

前已言及,惠栋对郑学极为推重,他不仅对郑氏《易》学多有表彰,而且致力于恢复郑氏《尚书》。曾问学于惠栋的王昶,曾以"郑学斋"命名书斋,乾隆己卯年(二十四年)九月,即惠栋殁世一年后,王昶邀戴震为撰《郑学斋记》。戴震曾说道:"今之知学者,说经能骎骎进于汉,进于郑康成氏,海内盖数人为先倡,舍人(指王昶)其一也。"④

---

① 王鸣盛:《王鸣盛西庄遗文辑存》卷上《仪礼管见序》,《嘉定王鸣盛全集》第11册,第420页。
② 王鸣盛:《十七史商榷》自序,《嘉定王鸣盛全集》第4册,第2页。
③ 王鸣盛:《十七史商榷》卷六十一"张融不寄人篱下",《嘉定王鸣盛全集》第5册,第765页。
④ 戴震:《戴震文集》卷十一《郑学斋记》,北京:中华书局,1980年,第177页。

同样的,王鸣盛极为推重郑玄。他说:

> 汉儒说经,各有家法,一人专一经,一经专一师,郑(玄)则兼通众经,会合众师,择善而从,不守家法,在郑自宜然。盖其人生于汉季,其学博而且精,自七十子以下集其大成而裁断之。自汉至唐千余年,天下所共宗仰,予小子则守郑氏家法者也。①

王鸣盛对郑玄可谓推服备至,即使是明知郑玄"会合众师,择善而从",也必以"集其大成而裁断之"为其辩护。而且王氏明言"予小子则守郑氏家法者",从其毕生的著述来看,这一自道确为实言。王氏又说:

> 夫子没,七十子各守其家法,历六国暴秦,东西两汉,经生猬起,传注麻列,人专一经,经专一师,直至汉末,有郑康成方兼众经。自非康成,谁敢囊括大典,网罗众家,删裁繁诬,刊收漏失,使学者知所归乎?②

此处亦是力扬郑学大帜。同样的,王氏在乾隆五十六年作诗云:"《书》守一师家法在,史参众本校雠频。"③此处所说的"一师家法",也是特指郑玄而言。

王鸣盛将郑玄"家法"视为金科玉律,他认为:

> 史学不必有所专主,而字学、经学则必定其所宗。文字宜宗许叔重,经义宜宗郑康成,此金科玉律,断然不可改移者也。④

此处王氏之言,与上引《十七史商榷序》可合观,二者都强调了治经与治史之别。治经须守"家法"而治史不必守"家法",这在王氏的经史研究中体现地相当明显。在东汉的经师之中,王鸣盛曾经排出一个以郑玄居首的次序:

> 愚谓斯文未丧,汉儒之功大者四人,于经传则郑康成为最,次何休,次虞翻,次服虔。于文字则许慎。……服与郑齐名而居末,何也?服功

---

① 王鸣盛:《蛾术编》卷四"光被"条,第68页。
② 王鸣盛:《蛾术编》卷二"刘焯刘炫会通南北汉学亡半其罪甚大",第31页。
③ 王鸣盛:《西沚居士集》卷十九《七十写怀四首》,《嘉定王鸣盛全集》第11册,第299页。
④ 王鸣盛:《王鸣盛西庄遗文辑存》卷上《仪礼管见序》,《嘉定王鸣盛全集》第11册,第420页。

第二章 "师法"观念与吴派经学的传承

在传不在经也。何休亦功在传而亚于郑，何也？无休则无《公羊》，无《公羊》则无《春秋》也。①

郑玄在王鸣盛治学历程中的地位，毫无疑问是无可替代的。即使是大儒服虔，也不得不因"功在传而不在经"而屈尊第四，不要忘记，在苏州红豆斋楹帖"六经尊服郑，百行法程朱"中，服虔尚在郑玄之前，而到了王鸣盛此处，郑玄的地位显然已是无可替代的了②。

具体到《尚书》一经，王鸣盛以恢复郑玄经说为职志③。王氏曾自道："予，《尚书》儒也。"④可知五经之中，王氏以《尚书》专家自命。而在清代学林之中，如论《尚书》一经的研究，则江声或许是他最为钦佩的一位学者：

> 学之谬陋者，不但不可采，亦不必辨。何也？不足辨，故不屑辨也。江（声）之学甚精，予多从之，而间或辨之者，足辨也，重其学也。江著述未流布，予为辨之，使后人观之则经益明，故不可不存其辨。⑤

前文已有论述，江书较王书刊布为晚。王鸣盛言江声之学"甚精"，因而多所采纳；而同时又与江声的观点不无相左之处，因而郑重辨之。然而无论采纳还是辨正，皆因为推重其学，由此已可见江著在王氏心中的地位了。王鸣盛撰《尚书后案》时，曾专门延请江声至家，商讨疑义，其后方刊行⑥。由此更可见王氏对江声的推重。

至于《尚书后案》的撰述，钱大昕曾说：

> （王鸣盛）所撰《尚书后案》，专宗郑康成，郑注亡佚者，采马、王补

---

① 王鸣盛：《蛾术编》卷七"公羊传疏"，第112页。王鸣盛此处明云无《公羊》则无《春秋》，与惠士奇所云"无《左传》则无《春秋》"明显有异，由此可知《公羊传》在清代的复兴历程，在吴派学人中也可窥见。详参本书第四章第一节。
② "六经尊服郑"，"服"在"郑"前的排序，与惠氏学人重视《左传》的传统有关。据惠栋所记，惠有声撰有《左传补注》一卷，惠栋《左传补注》又以贾、服为主，而且惠士奇也说无《左传》则无《春秋》。
③ 王鸣盛在《尚书》学方面的成就，还有继惠栋之后而考定晚出古文《尚书》为伪，这一面向可参施建雄《王鸣盛学术研究》第五章，第281—311页。本书对此未有涉及，而将重心放在了王鸣盛对郑玄"家法"的守持上。
④ 王鸣盛：《蛾术编》卷二"采集群书引用古学"，第42页。
⑤ 王鸣盛：《十七史商榷》卷二十二"尚书古文篇数"条，《嘉定王鸣盛全集》第4册，第238页。
⑥ 孙星衍：《平津馆文稿》卷下《江声传》，《清代诗文集汇编》第436册，第249页。

之。《孔传》虽伪,其训诂犹有传授,非尽向壁虚造,间亦取焉。①

钱大昕此语已经约略呈现出《尚书后案》的撰述特色了。《尚书后案》专宗郑玄一家,因郑注不备,故而复采马融、王肃、伪孔等人的经注。而在郑氏为宗、博采诸家的基础上,王氏复下案语,《尚书后案自序》云:

> 予遍观群书,搜罗郑注,惜已残缺,聊取马、王、传、疏益之,又作"案"以释郑义,马、王、传、疏与郑异者,条晰其非,折中于郑氏。名曰"后案"者,言最后所存之案也。②

今观《尚书后案》中凡引郑、马、王等说,均一一注明出处,此本为惠学家法,也是由辑佚进而研求"汉学"的重要表征。

此下详举数例,以明王鸣盛的解经方式以及对郑玄"家法"的持守。我们知道,《尚书》中有关周初史事的记载,在纪年问题上常常引来学者的争议。《金縢》中"既克商二年,王有疾,弗豫"的"既克商二年"便是其中一例。王肃注云:"既克商二年,克殷明年也。"《伪孔传》亦认为:"伐纣明年,武王有疾,不悦豫。"皆是以伐纣的第二年为解。而王鸣盛案语则谓:

> 《诗·豳风谱》引郑注谓:"武王于文王崩后六年伐纣。后二年有疾。"王及《伪传》以为克商明年,然经言"既克商二年",则是"既克商"而又"二年",明不数克商之年也,故郑以为后二年。王及《伪传》皆非是。③

此处王氏依据郑玄之说,认为是伐纣"后二年",经文中的"既克商二年"不应数克商当年,因而武王有疾是在伐纣后的第三年。王鸣盛之所以判断王肃与《伪孔传》皆非是,所依据的便是郑玄"家法"。

再举另一则极具争议的问题。《金縢》中讲到管叔及群弟散布周公"不利于孺子"的流言时,"周公居东二年,则罪人斯得"。此处周公"居东"指"东征"还是"避居东都",以及"罪人"具体指涉的对象,都是聚讼的渊薮所在。比如《伪孔传》认为"居东"即指"东征",王肃也认为"管、蔡与商奄共叛,故东

---

① 钱大昕:《潜研堂文集》卷四十八《西沚先生墓志铭》,《嘉定钱大昕全集(增订本)》第9册,第739页。
② 王鸣盛:《尚书后案自序》,《嘉定王鸣盛全集》第1册,第2页。
③ 王鸣盛:《尚书后案》卷十三,《嘉定王鸣盛全集》第2册,第633页。

征镇抚之";由此"罪人"则皆指叛乱诸人。然而,这一说法为王鸣盛所不取,理由则在于上述解说与郑玄的注释大相径庭。

郑玄在这一问题上的看法是:"避,谓避居东都。言我今不避孺子而去,我先王以谦让为德,我反有欲位之谤,无告于我先王。言愧无辞也。居东者,出处东国待罪,以须君之察己"。郑氏将"居东"解为"避居东都",是周公在闻知流言之后,在东都待罪,因而郑氏认为:"罪人,周公之属党与知居摄者。周公出,皆奔,今二年尽为成王所得。谓之罪人,史书成王意也。"王鸣盛在此问题上的案语谓:

> 郑以"罪人"为"周公属党",周公出避之后,属党为王所拘执者。郑以斯时公之心迹未明,王疑方甚,则此事实情理所有。况此时武庚未叛,管、蔡未诛,"罪人斯得",舍此将何所指乎?郑说是也。李鼎祚《周易集解》于《蒙》初六"用说桎梏",引干宝云:"此成王始觉周公至诚之象。将正四国之罪,宜释周公之党。"然则康成此注,干宝已引用之。古书多亡,无可援证,在郑当日必别有据也。……郑以"居东"为避居东都者,据《墨子》等书,周公实有避居事,"居东"非东征也。①

王鸣盛此处的解释,亦可说是甚有理据。王氏以为周公闻知流言时,"武庚未叛,管、蔡未诛",那么"罪人"只有指周公的属党;况且成王怀疑周公,亦是"事实情理所有"。而最为重要的是,王氏考寻出干宝之说为证,确有周公党属被禁一事,而《墨子·耕柱篇》明载:"周公旦非关叔,辞三公,东处于商盖。"因而可说,郑玄"避居东都"与"周公属党"的解说皆有渊源,其实也正是因此,王鸣盛对郑玄的意见采取了全面捍卫的态度。

在上述二例中,我们已能看到王鸣盛对郑玄经说的依从,而下面一例则是在经文文字上的显例,从中更能见王氏的"家法"观念以及他与皖派学者治经的分歧。我们知道,戴震曾提出,《尧典》中的"光被四表"的"光"字即"桄"字,也即"横"字。因而《伪孔传》解说的"光,充也",得到了戴震的辩护。他说:

> 《尔雅》"桄"字,六经不见。《说文》:"桄,充也。"孙恤《唐韵》:"古旷反。"《乐记》:"钟声铿,铿以立号,号以立横,横以立武。"郑康成注曰:"横,充也,谓气作充满也。"《释文》曰:"横,古旷反。"《孔子闲居》篇:"夫

---

① 王鸣盛:《尚书后案》卷十三,《嘉定王鸣盛全集》第2册,第651—652页。

民之父母乎,必达于礼乐之原,以致五至而行三无,以横于天下。"郑注曰:"横,充也。"疏家不知其义出《尔雅》。《尧典》古本必有作"横被四表"者。横被,广被也。正如《记》所云"横于天下""横乎四海"是也。横四表、格上下对举。……"横"转写为"枙",脱误为"光"。追原古初,当读"古旷反",庶合充霶广远之义。①

戴震的这一论证,曾被胡适引为清人"大胆的假设"、"小心的求证"科学精神的典型②。《尚书》各本均无作"横"者,然而戴震通过诸多旁证而提出了一个极有道理的假设。这是皖派以一字贯穿群籍而寻其确解的一则显例③。而王鸣盛对此所持的态度值得我们重视。

今检《尚书后案》"光被四表"下,王鸣盛注云:

《汉书》卷九十九上《王莽传》:"莽奏曰:'昔唐尧横被四表。'"《后汉》卷十七《冯异传》:"永初六年,安帝诏曰:'昔我光武受命,横被四表,昭假上下。'"《文选·西都赋》云:"横被六合。"似此经当作"横被"。但郑注作"光"。《汉书》七十八卷《萧望之传》:"黄霸、于定国等议曰:'陛下圣德充塞天地,光被四表'。"与郑合,则作"光"是也。④

王氏尽管考寻出汉人所引有作"横"者,然而此处依旧认为经文作"光"为是。他对戴震的考订颇为熟知,但最终仍不同意,他在戴震去世之后说:

吉士(指戴震)之说诚辨,后予检《王莽传》,云"昔唐尧横被四表",益骇服其说。吉士却不知引。及检《毛诗·周颂·噫嘻》疏引郑注,知郑本已作'光',解为'光耀',即吉士之说可不用矣。故《后案》内不载。然予之说,假令吉士尚在,闻之仍必不服,何则? 吉士为人信心自是,眼空千古,殆如韩昌黎所谓"世无仲尼,不当在弟子列",必谓郑康成注不如己说精也。……戴于汉儒所谓家法,竟不识为何物。岂惟戴震,今天

---

① 戴震:《戴震文集》卷三《与王内翰凤喈书》,第46—47页。
② 胡适:《清代学者的治学方法》,《胡适全集》第1卷,合肥:安徽教育出版社,2003年,第388—390页。
③ 有学者重新探讨"光被"、"横被"一问题,以电子检索的方式论证了"光被四表"的"光"字是本字本义,并认为:"戴震这一考据不仅不太'科学',反而是清代考据学不够严谨的'经典例证'。戴震这种'大胆假设'的'推求',已经超越文字训诂(校勘)方法合理使用的限度。"见张岩:《审核古文〈尚书〉案》附录三《评戴震考据"光被四表"》,北京:中华书局,2006年,第342—371页,引文见第343页。
④ 王鸣盛:《尚书后案》卷一,《嘉定王鸣盛全集》第1册,第3页。

下无人不说经,无一人知家法也。①

在此段论述中,最能考见吴、皖二派学术特质的不同。戴震考订文字,以群籍为征,强调"但宜推求,勿为株守",因而讲求裁断,以申一己之见;而王鸣盛则因旨在恢复郑玄"家法",则惟郑是从,宁寻求与郑说相合的证据,而不愿自创新说。在戴氏处,求得"十分之见"方为至当,因而即使是对郑玄之解亦可以当仁不让,然而在吴派学者看来,这恰恰是学无"师法""家法"的一大表征。王鸣盛所概括的"信心自是,眼空千古"云云,恰恰指出了戴氏不轻易取法前人的性格特征,而"世无仲尼,不当在弟子列"之说,更是能窥见戴氏重视己说、不蔽于前人的学术特质。吴、皖的分歧,在是否讲求汉儒"师法""家法"的问题上,体现地最为明显。

王鸣盛讲求郑学"家法"的态度,倘若与吴派学者江声相较,更能见其严正之处。前文已经述及,江氏采诸家注疏熔于一炉,倘以一家家法而论,尚显不足,而王鸣盛则基本无此弊。譬如江声据伏生而题《虞夏书·唐书》《虞夏书·虞书》《虞夏书·夏书》,而王鸣盛篇题则并不如是,因其所见郑玄《尚书》不如此,因而不以伏生《尚书》而乱郑玄《尚书》。王欣夫先生察此问题最为明确,曾说:

> 江氏《尚书集注音疏》先成,虽以郑《注》为主,于《注》义隐奥难明者,或改从他说。而西庄则一一引据古书,疏通其旨,盖尤能确守家法。②

在江、王两人的对比下,吾人更能看出王氏对郑学的尊奉与笃守。

也正是因此,杭世骏曾赞誉《尚书后案》说:"凡一言一字之出于郑者,悉甄而录之,勒成数万言,使世知有郑氏之注,并使世知有郑氏之学。"③钱塘也说:"后世谈《尚书》,不宗郑氏则已;宗郑氏,则先生辟古文之伪,阐康成之微,援据博而别择精,远出孔仲达《正义》之上。千载而下,非先生是归而谁归与?"④都指出了王鸣盛的《尚书》学成就所在。而就在并世学者中,已经

---

① 王鸣盛:《蛾术编》卷四"光被"条,第68—69页。按,王鸣盛此条议论常为今日学界引据,而学者对此持否定态度者居多。如来新夏先生评其"迷信汉儒"(前揭《王鸣盛学术述评》,1982年第2期,第41页),吴怀祺先生评其"墨守汉人家法,遮蔽了他的学术眼光"(《中国史学思想通史》,第231页)。这是本书绪论中所言受梁启超影响的代表观点。
② 王欣夫:《蛾术轩箧存善本书录》,癸卯稿卷一《尚书后案》,第705页。
③ 杭世骏:《道古堂文集》卷四《尚书后案序》,《清代诗文集汇编》第282册,第36页。
④ 钱塘:《溉亭述古录》卷一《寄王西庄先生书》,《清代诗文集汇编》第386册,第119页。

有以当代郑玄看待王鸣盛的,比如钱大昕称誉其"经传马郑专门古"①,常州学人赵翼在为王鸣盛所作的挽诗中,认为"儒林果失郑康成"②。

时至今日,我们如要研究郑玄《尚书》学的内容,《尚书后案》无疑是最为全面系统的进阶之梯。王鸣盛以郑玄为宗,保存恢复了郑氏《尚书》注,且一一援引古书为之疏通证明,使得郑氏《尚书》在沉埋千余载之后,重现于世。这是吴派学人以"师法""家法"治经的一大贡献所在。

第四节 异同与互动:吴、皖经学分派再审视

乾嘉经学有吴、皖两支的观念,早在清代就已约略出现。在吴派后学江藩的《汉学师承记》中,其实已经呈现出吴、皖二分的初步意识。其卷二、卷三主要论述吴派学人,而卷五、卷六则以皖派学者为中心③。这一分野经过了章太炎《清儒》的清晰阐释,几乎成了此后学人论述此问题的基本起点。此后有关清代学术史的研究,尽管对浙东、扬州、常州等学派有进一步的划分,但对乾嘉时期的基本派别仍然承认是以吴、皖为主。对此提出不同意见的是钱穆先生,他主张"吴、皖非分帜"④,更多地强调二者之同,他之所以在《中国近三百年学术史》中为戴震专立一章而略述及惠栋,便是这种思想的具体反映。陈祖武先生在此基础上提出,"从吴派到皖派是一种历史过程",而陈居渊先生明确认为"吴、皖、扬、常汉学一体化"⑤,强调不必胶执于学派划分,等等,这些皆是从"同"着眼的代表观点。

然而笔者认为,吴、皖两派还是有着明确的差异。这种差异在学术进路和特质上表现得尤为明显。前文经已指出,从晚明已降,惠栋从通考历代经说的学术大潮中抽绎出"师法""家法"观念,并以之作为治经的基本准则,对《周易》《尚书》等经典做了"汉学"恢复研究,实际上这是在对汉代经学做"考镜源流"的梳理工作。由前文对余萧客、江声、王鸣盛的论述大体可知,吴派学者的经学致力于钩沉汉儒经说,以之为基础进行疏通证明,以求得汉儒

---

① 钱大昕:《潜研堂诗续集》卷八《西沚光禄挽诗四首》,《嘉定钱大昕全集(增订本)》第10册,第358页。
② 赵翼:《瓯北诗钞》七言律五《王西庄光禄挽诗》,《赵翼全集》第4册,曹光甫校点,南京:凤凰出版社,2009年,400页。
③ 朱维铮:《汉学师承记(外二种)》导言,第8页。
④ 钱穆:《中国近三百年学术史》,第357页。
⑤ 陈祖武:《乾嘉学派吴、皖分野说商榷》,载《贵州社会科学》1992年第7期,第44—49页;陈居渊:《汉学更新运动研究:清代学术新论》,南京:凤凰出版社,2013年,第93—101页。

第二章 "师法"观念与吴派经学的传承

"师法""家法"的恢复与重建。这种学术进路其实并不为皖派学人所执。本节以戴震、段玉裁的经学研究为参照,来对吴、皖分歧做学术进路上的异同比较,以见两者学术蕲向的不同,并在两者的互动之中,呈现乾隆年间经学研究的复杂面向。

一、"师法"与"自得":重审惠、戴经学进路之别

吴派经学在方法上有一种根基,即辑佚学①,辑佚的对象主要是汉儒经说。惠栋、余萧客、江声、王鸣盛等,无论从事何经,第一步的工作往往就是辑录汉儒各家经说。惠栋将李鼎祚的《周易集解》与王应麟的《周易郑氏注》奉为楷模,自有其辑佚方面的考虑,而他的代表著作如《周易述》与《易汉学》等,也都以辑佚工作为基本依托。江声辑录伏生至郑玄的《尚书》经说,余萧客辑录群经在唐代以前的佚说,等等,他们的共同目的就是在此辑佚之上,讨论汉儒的"师法""家法"之学。

当然,因惠栋等人讲"师法",所以倘若以戴震的"不以人蔽己,不以己自蔽"的视角观察之②,他们无疑属于那种"以人蔽己"的学术,王鸣盛所说的"为学贵寄人篱下",也正与戴震之说形成鲜明反照。正是在汉学"师法"的视角下,我们更能看出吴、皖两派间的根本区别。

显然,戴震对经学的理解绝不限于"师法""家法",他治经学的起手处也绝不在辑佚。他曾说:"知得十件而都不到地,不如知得一件却到地也。"③这与他早年身处皖南一隅,不比苏州为往来信息的交汇地,深相关联④。我们读戴氏的著作,不难发现其最精之处往往在于重裁断,辨是非。也就是说,汉儒的"师法""家法"最多构成戴震治经的一个环节,但他在裁断之时,往往需要突破这一环节。章太炎概括其为学方式是"综形名,任裁断"⑤,可谓探本之论。惠栋著作最精的地方,往往在于考镜源流,辨析同异,一切汉儒经说,都能条理清晰地予以指陈。而戴震则不满足于此,他心中的经学乃是在学术史的梳理之上提出新见,证成己说。

惠、戴之别还有另一个重要层面,就是两派学人对于师承关系有着不同认识。惠氏为学,一言以蔽之,乃是以汉儒为"师"。虽然有诸多弟子承其风气,然而所共同取法的则是汉儒。而在吴派内部,则十分强调弟子尊师说,

---

① 邓秉元:《新文化运动百年祭》,第74页。
② 戴震:《戴震文集》卷九《答郑丈用牧书》,第143页。
③ 段玉裁:《戴东原先生年谱》,见《戴震文集》附录,第248页。
④ 参戴景贤:《明清学术思想史论集》,香港:香港中文大学出版社,2012年。
⑤ 章太炎:《訄书(初刻本、重订本)》,第132页。

这种为学风格颇近汉代儒者。而反观戴震,既无家学可言,又乏明师指引,再加上徽州一地的闭塞隔绝,他的学问最终走上了重视思辨与裁断的进路。而这种进路也自然不能与汉儒的"师法""家法"观念相沟通。戴震本人提倡"十分之见",这也就造成皖派学者在学术上不仅有摆落汉儒的倾向,甚至对自己的老师,在"真理"面前也不遑多让。这典型的案例则是段玉裁,他虽然在人格上敬仰戴震,但在自己的学术著作中经常批评乃师,用语也颇为严厉。这种为学取向正是戴震"十分之见"的一种必然导向。就学问而论,确实是"师不必贤于弟子",无论师弟双方哪一方持有"十分之见",都可以依据学术之"是"批评对方之"非"。艾尔曼细致地观察到,"苏州的吴派学者试图恢复较为传统的学术师承传授关系",而与此相对,"一些和戴震交往的学者突破传统的师承关系,他们除恢复、保存、讲授知识外,更重视新的学术发明。"①毫无疑问,艾尔曼的观点与本书正可相印证。

吴、皖两派学者对于郑玄的认识,亦颇能展现其学风差异。在惠栋等人看来,郑玄与其他汉儒共同构成了与程、朱等人相对立的汉学传统,在前者"家法"之学的对照下,后者的经解属于应被抛弃的"自得"之见。从维护郑玄家法的角度而言,王鸣盛可以说是吴派学者中的一大典型。他主张:"文字宜宗许叔重,经义宜宗郑康成,此金科玉律,断然不可改移者也。"②王氏作诗自道:"《书》守一师家法在。"③所说的"一师家法",正是特指郑玄而言。但戴震对郑玄的看法就并非如是。他说:"宋之有朱子,近数百年以来,学者宗之。前夫宋,则汉郑康成氏,其为世所宗千有余年而宋儒始兴……康成氏者,集汉儒之大成者也……朱子者,集宋儒之大成者也。"④虽然对郑玄许以"集汉儒之大成者",但朱熹的存在无疑一定程度上削减了郑玄经学的权威性。在戴氏看来,郑玄与程朱的学问实各有所长,其共性在于"为书至详博,然犹得失中判",因而倘若"不志乎闻道",则"皆失康成、程、朱于诵法中"⑤。这说明郑、朱之间并不构成一种完全对立关系,而皆是"闻道"的重要梯航。与吴派相较,戴震的郑学观不仅纾缓了郑、朱的严格对立,而且强调须由郑、朱而上达。由此可知,戴震眼中的"汉学集大成者"固然包含推崇之意,但远非其治经蕲向之所在。

也正是因此,吴、皖两派学者其实都有各自的立场。若以皖派视角,可

---

① 艾尔曼:《从理学到朴学:中华帝国晚期思想与社会变化面面观》,赵刚译,南京:江苏人民出版社,2011年,第102页。
② 王鸣盛:《王鸣盛西庄遗文辑存》卷上《仪礼管见序》,《嘉定王鸣盛全集》第11册,第420页。
③ 王鸣盛:《西沚居士集》卷十九《七十写怀四首》,《嘉定王鸣盛全集》第11册,第299页。
④ 戴震:《戴震文集》卷十《闽中师友渊源考序》,第158页。
⑤ 戴震:《戴震文集》卷九《与姚孝廉姬传书》,第142页。

以说惠学蔽于"汉学",而在吴派学人看来,戴震则是根本不明白治"汉学"应以"师法""家法"为前提。吴派学人王鸣盛敏锐地观察到戴震学问与汉儒"家法"之学甚不相契,他说:

> 戴(震)于汉儒所谓家法,竟不识为何物。岂惟戴震,今天下无人不说经,无一人知家法也。……古之狂也肆,若戴氏,其狂而几于妄者乎!①

王氏以汉儒"家法"为立足点,对戴震为学风格的批评恰与段玉裁、章学诚等其他学人的观感大致相符。王氏还援引韩愈"世无仲尼,不当在弟子列"的著名言论比附戴震②,正可表明戴震的人格气度与为学精神乃是近乎孟子、宋儒一路。戴氏以清代第一人自命,自然不甘心步他人后尘,既然汉儒不是孔子,那么对汉儒的遵循与崇奉则殊无必要。因而倘要在戴震的著作中,寻求严格的汉儒"家法",其实颇为困难。

近代学者蒙先生也曾批评过戴震以及近世戴学的推崇者。他说:

> 言汉学,必先明其家法,然后乃能明其学说,又必跳出家法,然后乃能批判其学说。如惠栋是懂家法的,张惠言之于《易》,庄存与之于《公羊》,都可说是明于汉学家法的。戴东原却不懂家法,近世之崇戴者,也多不懂家法,故虽大讲汉学,而实多梦呓。③

若从蒙先生此论推阐开去,那么可以发现,皖派学人虽然大体上是在从事经学文本及小学研究,但并非"汉学"所能限。因其不限于"汉学"研究,所以未能对"师法""家法"问题有深刻的认识与讨论。而"汉学"研究的首要问题则是区分"师法""家法",在这些方面,惠栋、江声、王鸣盛甚至包括稍晚张惠言、陈寿祺、陈立的经学研究就显示出学术史上的非凡意义。以"师法""家法"为视角,颇能观察到惠、戴在学术进路上的差别,以往从"博"与"精"的角度来看待二者差别,未能触及问题的根本。

为详细说明此问题,此下稍举数例,以见戴震与吴派治经方法的区别。戴震的《毛诗补传》是其早年之作,其中引用了许多前人的《诗经》注。那么是否以汉代《诗经》学为主?据笔者观察,并非如是。戴氏此著除大量引用

---

① 王鸣盛:《蛾术编》卷四"光被"条,第69页。
② 此句原文为"若世无孔子,不当在弟子之列",见韩愈:《韩昌黎文集校注》卷三《答吕医山人书》,马其昶校注,上海:上海古籍出版社,2014年,第242页。
③ 蒙文通:《治经杂语》,《经学抉原》,第269页。

《韩诗外传》《郑笺》《毛诗正义》外,还大量引用了陆玑《毛诗草木鸟兽虫鱼疏》、朱熹《诗集传》以及严粲的《诗缉》等。这说明戴震在《诗经》学上其实并没有严格的汉学"师法"意识。他非但甚少关注西汉今文三家《诗》学,即使是对毛、郑《诗》学传统,也并未赋予其优先性意涵。他所致力的,应当说是在综考各家《诗》说,在兼采历代经说之长的基础上,做出精审的裁断。章太炎说他"上溯古义,而断以己之律令"①,实能探其底蕴。至于汉代《诗经》学的源流与样貌,并非戴震关注的重心。

我们再以成书较《毛诗补传》更晚的《尚书义考》进一步说明。该书原定《虞夏书》四篇,《商书》五篇,《周书》十九篇,而仅成《尧典》与《舜典》。有关此书撰写时间,《戴震全书》编者据段玉裁《戴东原先生年谱》认为在戴震三十一至四十一岁之间,鲍国顺考证出应在乾隆二十七年壬午孟冬或稍后,即戴震四十岁左右,因而是戴震思想成熟之后的著作②。

梁启超言:"先生所著书,未见有申明义例郑重如是者,殆其精心结构之作。"③戴氏在《尚书义考·义例》中云:

> 有书契以来,莫古于《尚书》。汉儒训诂各有师承,又去古未远,使其说皆存,用备参稽,犹不足以尽通于古,况散逸既多,则见者可忽视之乎?故是编于各书所引欧阳、大、小夏侯氏说及贾、马、郑之注,详略必载。古注语简义精,虽尽收不见其多;至宋以来凿空衍说,载之将不胜载,故严加删汰。④

漆永祥先生解释此段义例说:"此说与惠栋一致无二,汉说详略必载,宋说严加删汰,实际治学也是如此……戴氏所取,一以汉儒之说为主,几乎全同于惠栋《尚书古义》。"⑤漆先生复从戴氏《尚书义考》中选取多例,以证戴氏信从汉儒。

仅观上述义例,或许会认为惠、戴两人治学方式基本相同。尤其是戴震也强调"汉儒训诂各有师承,又去古未远",这些见解与惠栋如出一辙。然而,依笔者的观察,戴氏的《尚书义考》与惠氏的《尚书古义》,从内容到方法,

---

① 章太炎:《訄书(初刻本、重订本)》,第133页。
② 鲍国顺:《戴震研究》,台北:编译馆,1997年,第69页。另可参刘昭仁:《戴学小记:戴震的生平与学术思想》,台北:秀威信息科技股份有限公司,第103页;林文华:《戴震经学之研究》,台北:花木兰文化出版社,2008年,第184页。
③ 梁启超:《戴东原著述纂校书目考》,《梁启超全集》第7册,北京:北京出版社,第4214页。
④ 戴震:《尚书义考义例》,《戴震全书》第1册,合肥:黄山书社,2010年,第12页。
⑤ 漆永祥:《乾嘉考据学研究(增订本)》,第101页。

乃至所体现的治经观念上,仍有较明显的差别。譬如戴氏自言的"于各书所引欧阳、大小夏侯氏说及贾、马、郑之注,详略必载",倘若对照惠栋、江声、王鸣盛的著作,就可知《尚书义考》中的汉儒经说,远未搜罗完备。而且尤为值得注意的是,即使戴氏已对宋以来的经说"严加删汰",然而今观《尚书义考》中,除汉儒之外,举凡《伪孔传》、程颐、苏轼、林之奇、刘敞、朱熹、蔡沈、王充耘、陈栎、金履祥、许谦等人之经说,戴氏皆不厌其烦地具列异义,使人很难相信戴氏所说的"严加删汰"①。这一点是通览该书后所不难看出的明显特点,而在吴派学人那里是难以寻见的。

戴氏《义例》又说:

> 数义各异者,仿许氏《五经异义》之义,具列其说,加案语折衷之,以其人之先后为次。至转相祖袭,则惟载其创立是说者,或后人因前说引伸,或后之特见偶与前人合,而语更详明,皆作小字附前说之下。②

又说:

> 是编虽备列异说,意主于发明经义,故案语内或折衷诸家,聊出所见,以明去取;或诸家说皆未及,则旁推交通以得其义。③

观此两条义例,可知戴氏乃以"发明经义"为最终目标,此虽与惠栋"识字审音以通其义"的目的本无不同,然而其方法则相去绝远。惠栋仅取汉儒故训,而戴氏则辅以唐以后之经说;惠氏唯取其"故",戴氏着眼于"创";惠氏绝少折衷诸说之论,更鲜有独出机杼之解;而戴氏则务求折衷诸家,申以己见。总体来看,从视野而言,戴氏无疑更为宏阔,且能做出衡量判断,此为惠栋所不及;然而从治经的进路而言,惠氏明确遵循汉儒师法,而戴氏于此未有体认,此亦无需为戴氏讳。戴氏的此种解经意识,仍可归为求"十分之见"的学术理念,在戴震看来,汉儒经说固然有其权威性,然而唐以后之经说或戴氏本人之新解,如有合理,则自然可摆落汉儒。

由以上论证可知,至少在《诗经》与《尚书》的研究上,戴震实际上并未认同惠栋尊"汉学"、尚"师法"的学术观念。戴氏对宋以下诸儒的援引,着眼于"创说",折衷以己见。这样的治经进路,与吴派"汉人通经有家法""汉学自

---

① 参林文华:《戴震经学之研究》,第195页。
② 戴震:《尚书义考义例》,《戴震全书》第1册,第12页。
③ 同上。

有源流"的基本观念显然有异。戴震的经学研究对汉人"家法"重视不足,这正体现了吴、皖两派治学宗旨与方法的基本差异。

最后需要补充的是,惠、戴两人治经学的差异,其实在当时就有人指出,而且观察相当精准。除王鸣盛的严苛批评外,臧庸也曾评价戴震"好逞臆说以夺旧学"①,指出了戴震不讲"师法"的学术特质。与惠、戴两人都交好的王昶概括说:"(戴震)多采宋、元之说,与征君(惠栋)钻研汉学者不同。"②王昶的这句判断显然并非泛论。盖在王氏看来,惠栋的学术宗旨在于钻研"汉学",而戴震之学则不能以"汉学"概括之,因为在戴震的著作中,宋、元以下的经学见解所在多有。由此进一步引申之,则戴震为学,汉儒的"师法""家法"并非其追求所在,如果宋、元经说较汉儒更为合理,则自能取之以为己用,此正是戴学"求是"之真精神。戴氏为学重视判断是非,若以传统术语而论,即是清代学术中的"自得"之学。惠氏为学重"师法",这不仅是"汉学"意义上的"师法",也代表了清代学术中重视师承的一路。更进一步言之,"自得"可上溯至孟子,"师法"可上溯至荀子。由此反观戴震撰写《孟子私淑录》③,而惠栋则撰写《荀子微言》,一孟、一荀的"归宗",恐怕绝非历史的偶然。

二、从江声、段玉裁看吴、皖互动

皖派学者段玉裁终身钦仰乃师戴震。虽然只较戴震年少十二岁,然而段玉裁的慕师之情一直从青年持续到暮年。起初拜师之时,虽经戴震的多次婉拒,段氏依然坚持列于门墙。多年之后,师弟两人情谊益深。戴震去世后,段氏"朔望必庄诵东原手札一通",即使到耄年,每听他人称及戴震名讳,亦必垂手端立以示敬意④。

段玉裁出生的江苏镇江府金坛县,距离苏州并不遥远。以理而论,到苏州拜访惠栋或惠门弟子,应是段玉裁研求学问的首选门径,然而段氏舍近求远,到京师坚执列于戴震门墙。个中缘由,当然值得探讨,董莲池先生曾提出多种理由⑤,然而以笔者的粗浅理解,或许段氏本人倾心声音文字之学,乃是多种理由中最重要的原因。段玉裁自言:"自幼学为诗,即好声音文字

---

① 臧庸:《拜经日记》卷八《私改〈周易集解〉》,《续修四库全书》第1158册,第123页。
② 王昶:《湖海诗传》卷十四"惠栋",《续修四库全书》第1625册,第675页。
③ 李纪祥深入考察戴震与"道统论"的关联,并指出戴震有意上接孟子,开出新道统。参李纪祥:《继孟思维下的道统视域——戴东原与〈孟子字义疏证〉》,收入氏著:《道学与儒林》,上海:上海辞书出版社,2020年,第491—542页。
④ 刘盼遂:《段玉裁先生年谱》,收于氏著:《刘盼遂文集》,北京:北京师范大学出版社,2002年,乾隆四十二年丁酉,第406页。
⑤ 董莲池:《段玉裁评传》,南京:南京大学出版社,2006年,第14页。

之学。"①苏州诸儒,于汉儒经说遍搜精研,然而音韵之学实非其长,段氏舍近求远,当有这方面的考虑在内。

乾隆二十八年(1763),戴震在京师会试不第,居新安会馆,段玉裁与胡士震、汪元亮等,往从受学。此后,段玉裁在为学方法上受到戴震的深刻影响。就在乾隆二十八年,段玉裁誊抄戴震的多部论著,其中包括《尚书古文今文考》。正是在辨析《尚书》经文的古文、今文上,段玉裁承继了乃师的学术志业。

段玉裁与吴门诸儒的关系,在《说文》学与《尚书》学上表现得最为密切,反差也最为强烈。应当说,段玉裁对吴派诸人皆极为熟悉,而且对惠栋也抱有甚高的尊奉,称其为"古学大师"。尤其是他与江声的关系,在迁居苏州后一度非常亲近。乾隆五十七年(1792)冬,段玉裁因躲避讼案而迁居苏州阊门外下津桥。彼时江声、王鸣盛、钱大昕、汪元亮等人皆在苏州,段氏与他们"乐数晨夕"②。且段氏迁吴后,疾病缠身,江声特为之延请吴门名医王丙③。在学术上,由前文所引李兆洛所记,已可知钱大昕、段玉裁、江声曾相互讨论《说文》;由江声将自己研治《说文》的手稿尽付与段氏,段氏又曾为江氏捐金刻书,更可见江、段之间交情匪浅。江声之孙江沅,擅文字学,出入段氏门墙有年,今段氏《说文解字注》中不难寻觅出自江沅的参订意见。《清史稿·陈奂传》亦载:"金坛段玉裁寓吴,与(江)沅祖声善。尝曰:'我作《六书音韵表》,惟江氏祖孙知之,余鲜有知者。'"④上述多条史料,足可证段玉裁迁居吴门之后,江、段两人的学术交往尤为繁密。

不过,在学术上,段玉裁对吴门诸儒颇致不满。以江、段两人而言,在学术观点上分歧甚大。譬如说江氏论《说文》,主张"墨守"许慎,此与吴门诸人徐承庆、钮树玉等人风格皆同;而段玉裁校刊《说文》,认为《说文》篆文在形体上存在诸多错误,因而加以勘正。据余行达统计,段玉裁《说文解字注》共改篆九十文,增篆二十四文,删篆二十一文⑤。李兆洛所云"段氏攻其(指《说文》)所失",从余先生的统计中已可见其一斑。吴、皖两派的分歧,不仅

---

① 刘盼遂:《段玉裁先生年谱》,收于氏著:《刘盼遂文集》,第400页。
② 段玉裁:《经韵楼集》卷八《陈芳林墓志铭》,钟敬华校点,上海:上海古籍出版社,2008年,第208页。
③ 段玉裁于嘉庆癸亥(1803年)云:"始予之得交于先生(王丙)也,以江艮庭。予窜居吴门,依二老以自擎。自艮庭及先生相继长逝,落落晨星,……亦可伤矣。"段玉裁:《经韵楼集》卷八《王朴庄遗书序》,第190—191页。王丙,字绳林(一作绳孙),号朴庄,苏州名医。江声与王丙交好,且江氏本人似通医术。陈衍《石遗室诗集》卷五载"艮庭医方必小篆,取药药店群茫然",可资佐证。《续修四库全书》第1576册,第158页。
④ 赵尔巽等:《清史稿》卷四百八十二《陈奂传》,北京:中华书局,第13295页。
⑤ 余行达:《说文段注研究》,成都:巴蜀书社,1998年,第28页;董莲池:《段玉裁评传》,第183页。

可在惠、戴两人处觅得，江、段两人的不同亦是惠、戴差别的翻版。

苏州学者徐承庆专门撰写了《说文解字注匡谬》十五卷，李慈铭在盛赞《说文》注的同时，亦言段玉裁"专辄自用"，"自后钮匪石等著书诋之者不一，然皆未甚其辞，徐氏笃守许君家法，不薄视南唐二徐，义据确然，特为严谨，凡所攻击，皆中其疵。"①此亦可见段玉裁与吴门诸儒的为学风格的显著差异。

从乾隆四十七年至乾隆五十六年（1791），段玉裁以多年之力撰成了《古文尚书撰异》32卷。该书与吴门诸儒的《尚书》研究显然不同，段氏致力于汉代《尚书》经文文字的复原，对汉儒经说未多留意。从书中内容看，段玉裁对吴门诸儒如惠栋、江声、王鸣盛等人的《尚书》学著作皆曾寓目。因而，段玉裁的《尚书》研究毋宁说是在一种前人积累相当丰富的基础上，再次进行的《尚书》复原工作。那么在诸多吴派学人的对照下，段著的学术特色及其与吴派学术的互动，自然是首先需要解答的问题。

段玉裁的《古文尚书撰异》，旨在恢复汉代古文《尚书》的面貌，这一工作的进行也意味着要将汉代今古文进行区分。所谓"撰异"，取自《后汉书·贾逵传》②，从书名已可知该书致力今古文文句之差异，段氏自言该书"详古文、今文字句之同异，而其说之同异不暇详"③。他在晚年所说的"以一生师友言之，迥彻天人性命，愚不如先师东原氏。……惟于古音古训经文古本，略有微劳"④，便是包含《尚书古文撰异》而言。

值得注意的当然是段玉裁所采取的学术方法。在文字上，段玉裁反对墨守《说文》，在序中出现这样的观点：

> 《说文解字》所称《尚书》多不与经同，由孔安国以今字读易其字，而许君存其旧，如《周礼》经杜子春、二郑读易其字，传写者既从所读，而注中存其故书之旧。《周礼》不得尽改从故书，则《尚书》不得尽改从《说文》也。必改从《说文》，则非汉人之旧。且或取经、传、诸子所称《尚书》以改《尚书》，是《尚书》身无完肤矣。⑤

在这篇文字中，段玉裁还批评了"自唐至今"的以篆书写《尚书》者。前

---

① 李慈铭：《越缦堂读书记》，上海：上海书店出版社，2000年，第181页。
② 《后汉书》载："逵数为帝言古文《尚书》与经传《尔雅》诂训相应，诏令撰欧阳、大小夏侯《尚书》古文同异。逵集为三卷，帝善之。"见范晔：《后汉书》卷三十六《郑范陈贾张列传》，北京：中华书局，2007年，第368页。
③ 段玉裁：《古文尚书撰异序》，《续修四库全书》第46册，第2页。
④ 段玉裁：《经韵楼集》卷十二《答黄绍武书》，第331页。
⑤ 段玉裁：《古文尚书撰异序》，《续修四库全书》第46册，第2页。

文已有详述,乾隆时期以篆书书写经文,并据《说文》而改定《尚书》的学者,江声是首屈一指的学者。既然如此,那么上述文字的批评对象具体所指,实已不待多言。事实上,李慈铭早已指出:

> 段氏《古文尚书撰异》,其意实矫江氏声、王氏鸣盛之专主《说文》诸书,改定经文,而尤与江氏为难。①

江声认为,《说文》中保存了汉儒旧义,不从俗本而从《说文》,恰是吴派考求"古义"的一大主张。而在段氏看来,《说文》引经,不必然是汉儒之旧。如果一一以《说文》中的文字校改《尚书》,则《尚书》岂非"身无完肤"。

段氏既然反对以《说文》改《尚书》,那么他所认同的经文何在?这一问题与段玉裁区今古文文字的标准深相关联。前文业已述及,江声一意遵从汉儒,虽然取材宏富,然而对今古文之区分未多措意。段氏对于江氏而言,则显然进了一大步。其实只要理解段玉裁对今古文《尚书》之区分原则,其《古文尚书撰异》之内容大要便不难窥见。

依段玉裁之见,《伪孔传》本乃是杜林、贾逵、马融、郑玄所递传的孔安国本,乃是汉代真古文。他之所以持定此说,乃是建立在这样一种逻辑上:晚出古文《尚书》作伪之时,杜、贾、马、郑诸本皆在,"天下皆晓然知此等为孔安国递传之本,作伪者安肯点窜涂改三十一篇字句,变其面目,令与卫、贾、马、郑不类,以启天下之疑而动天下之兵也?"故而段氏认为:"盖《伪孔传》本与马、郑本之不同,梗概已见于《释文》《正义》,不当于《释文》《正义》外断其妄窜。"②由于不相信作伪之人会在诸本皆在的情况下涂改经文,所以段玉裁全力维护《伪孔传》本经文的真实性③。由此也可知,在段玉裁看来,《伪孔传》本经文即是汉代真古文之旧,既然如此,那么江氏更改《伪孔传》本反而是不得其真。也正是因此,段氏提出,对于《伪孔传》本与马、郑本的差异,只可在《经典释文》和《尚书正义》中找寻,对其他文献所载的差异之处,一律不得怀疑。

段氏此处的观点颇值得注意。段氏此处的"推求",当然有一定的道理,然而仍然面临一些困境。马、郑诸本是否源自西汉孔安国本,时至今日我们仍难断言。江声批评最多的就是《伪孔传》本,因而他才不惜以《说文》中所

---

① 李慈铭:《越缦堂读书记》,上海:上海书店出版社,2000年,第18页。
② 段玉裁:《古文尚书撰异序》,《续修四库全书》第46册,第2页。
③ 参刘德州:《论段玉裁〈古文尚书撰异〉区分今、古文》,收于《经学研究论丛》第十八辑,台北:学生书局,2010年,第95—103页。

载古文以及其他汉儒著作,来更改经文。然而在段玉裁处,反而维护《伪孔传》本经文的真实性,这在尊崇汉儒,不信魏晋以下经说的吴派学者看来,是极为危险的。徐承庆之所以批评段玉裁为伪古文《尚书》讼冤①,也正是因此而发。

再来看段玉裁对今文《尚书》的判分依据。段玉裁认为,汉人皆习今文《尚书》,《史记》《汉书》等书所引内容皆今文《尚书》②。此一判分则建立于"汉人之于《尚书》,惟博士所习者是业"。简言之,即汉代立于学官者,惟今文《尚书》,至东汉卫、贾、马、郑时,古文方盛。因而段氏言:

> 欧阳、夏侯《尚书》佚,见于《尚书大传》、汉石经、《史记》、两《汉书》、《三国志注》、《三都赋注》、《尚书纬》、《尚书正义》者,或尽举以改窜经文,是以汉之今文《尚书》乱之也。③

此段议论仍然是针对江声而发。江声在《尚书集注音疏》中,有不少处以《尚书大传》、《史记》、《汉书》而刊正经文,这在段玉裁看来,便是以汉代的今文《尚书》乱之,因而混淆了今古。故而段玉裁提出:

> 约而论之,汉诸帝、伏生、欧阳氏、夏侯氏、司马迁、董仲舒、王褒、刘向、谷永、孔光、王舜、李寻、杨雄、班固、梁统、杨赐、蔡邕、赵岐、何休、王充、刘珍,皆治欧阳、夏侯《尚书》者;孔安国、刘歆、杜林、卫宏、贾逵、徐巡、马融、郑康成、许慎、应劭、徐干、韦昭、王粲、虞翻,皆治古文《尚书》者,皆可参伍钩考而得之。④

江声诚然有今古文杂糅的重大缺陷。然而段玉裁的判分到底在何种意义上是成立的,仍然是一个颇有疑问的问题⑤。钱大昕就专门致书段玉裁,反驳"《史记》《汉书》用今文《尚书》"的论断⑥,如果在这些论断上,还存有争议的问题,那么岂非是段氏的标准本身存在缺陷? 其实也正是因此,我们再

---

① 李慈铭:《越缦堂读书记》,上海:上海书店出版社,2000年,第18页。
② 参刘德州:《论段玉裁〈古文尚书撰异〉区分今、古文》,收于《经学研究论丛》第十八辑,台北:学生书局,2010年,第95—103页。
③ 段玉裁:《古文尚书撰异序》,《续修四库全书》第46册,第1—2页。
④ 同上书,第2页。
⑤ 参刘德州:《论段玉裁〈古文尚书撰异〉区分今、古文》,《经学研究论丛》第十八辑,第95—103页。
⑥ 钱大昕:《潜研堂文集》卷三十三《与段若膺论尚书书》,《嘉定钱大昕全集(增订本)》第9册,第539—540页。

来看江藩的如下一段话：

> 今文之学，惟《大传》仅存千百之什一。如今文之大、小夏侯、欧阳氏，古文之胶东庸生、清河胡常诸儒之说皆亡。后汉初，杜伯山得孔书，授卫宏、徐巡，于是宏作《训旨》，盖豫作《杂记》，则今所传贾徽父子、马融、郑康成、卢植之说，皆本杜林，岂尽出于安国乎？《后汉书·卢植传》云"少与康成俱事马融，能通古、今学"，作《尚书章句》，是马、郑、卢三家之说，或取今文及夏侯、欧阳之说，或取古文及都尉朝、倪宽诸儒之说，为一家之学，其书不传，其文散见于群籍者，又安能辩其此为古文家，此为今文家乎？近日儒生，断断然辩之曰：此今文家说，此古文家说，又何所据而云然哉？①

江藩此处的批评不可谓无根据。既然今古文二家之学，经过小夏侯、马融、郑玄等人的参合，那么"今古杂糅，乌能条分缕析？"江藩此处的指控，乃是针对条分缕析《尚书》今古文的做法而言的，而从以上论述，则可看出段玉裁所致力完成的学术工作正在此处。倘若留意江藩此文末点出：

> 至晋永嘉之乱，今古文皆亡，惟存郑注，所以梅赜敢上《伪书》，若古文尚在，赜亦不能作伪，而南朝士大夫亦不信其说矣。②

则是针对段玉裁力证《伪孔传》经文系汉代真古文的逻辑漏洞。至此，值得注意的是，在江藩的《汉学师承记》中，述及段玉裁只有寥寥数十字，这本身即与这位皖派学者的成就不相称，而"刊行者惟《诗经小学录》四卷、《说文解字注》三十二卷"，则更说明了忽略《古文尚书撰异》乃江藩有意为之③。再看《国朝经师经义目录》，亦无《古文尚书撰异》。江藩当然知道段玉裁与江声的意见分歧之处，而且事实上他也在坚定地维护师说。江藩在《汉学师承记》中对皖派诸人如段玉裁的有意轻视，以及对《古文尚书撰异》的缺略，其实都透露出了吴、皖两派的学术分歧。考察吴、皖两派的派别意识，以及两者之间相互不满的意见，于此等处可称最显。

---

① 江藩：《续隶经文·尚书今古文辨》，见高明峰整理：《江藩全集》，第746页。
② 同上书，第747页。
③ 江藩：《汉学师承记》卷五，第100页。

第三章　从苏州到常州："师法"观念的传衍与变异

第一节　苏、常地区的学人网络与学术传播

清学史研究者常常以"今文"经学的视角考察常州学术,然而对苏州与常州之间的学术互动,似讨论不足。常州学者的涵盖面当然很广,在学界多所讨论的常州庄氏家族之外,尚有孙星衍、洪亮吉、臧庸、张惠言等。这群学人对于方兴未艾的苏州学术究竟持何种态度?进言之,清代的苏州与常州紧相毗邻,苏州学术在当时学林中声誉甚高,那么常州诸儒对之有无汲取?

前文已经讨论,最为吴派重视的乃是汉学"师法"观念。这一观念诞生之后,常州地区又是受其深刻影响的地区之一。钱穆在《中国近三百年学术史》中对此曾作讨论,一再指出苏、常之间的学术关联。如他指出:"(庄氏之学)有苏州惠氏好诞之风而益肆。"①指明了常州庄氏与苏州惠氏为学风格上的联系与区别。钱氏还说:"申受(刘逢禄)论学主家法,此苏州惠氏之风也。"又说:"常州公羊学与苏州惠氏学,实以家法之观念一脉相承,则彰然可见。"②这两处的观点更加明确,那就是"师法""家法"观念是苏、常学者皆尊奉者,同时常州的这一观念受到了苏州的影响。因而,对苏、常间的"师法""家法"观念以及两者的关联和差异或需再度考察,而梳理两地区之间的学人网络与学术传播则是切入这一问题的重要前提。

一、苏、常地区学者间的交游网络

清代学术史上有吴派、常州学派之分,但苏州与常州却并不是彼此孤立的地域存在。清代的苏州府与常州府毗邻,又都是儒学传统深厚、名家望族

---

① 钱穆:《中国近三百年学术史》,第582页。
② 同上书,第585、586页。

聚集之地。以姻亲关系和交游范围来看,两个地区的学者其实有着相当密切的互动与交流。正是在这种交流互动中,"汉学"观念的传播历程得以窥见,而彼此间不无异同的学术特质也由此得以彰显。

前文已述及"四世传经"的苏州惠氏家族。与惠氏同处苏州,地位却更为显赫的彭氏家族,在苏、常地区的世家大族中十分引人注目。[①] 彭家自明代初年便定居苏州,自顺治年间进士彭珑始,家族声望日隆。其子彭定求乃康熙十五年(1676)状元,彭定求之孙彭启丰为雍正五年(1727)状元,官至兵部尚书。这样的家族履历在苏州堪称首屈一指。而需要留意的是,彭氏家族与吴派学者颇多渊源。康熙五十五年(1716),16 岁的彭启丰与 20 岁的惠栋同赴科考,前者述及两人"风雪共论文,企慕在三古"[②]。惠栋去世后,彭氏撰《惠征君传》,所述惠氏在家难前后的遭遇与晚年生活处境甚详,并称赞说:"惠君淡于仕进而穷经以终其身,盖学汉儒之学而不志汉儒之志者,以列《儒林传》奚忝焉?"[③]彭启丰还撰有三首《挽惠定宇》诗,其中的诗句"东吴名家子,旧数红豆庄""《易》从荀虞讨,《诗》自毛郑详""举世尚春华,君心重秋实"等[④],皆蕴含了对惠栋其人其学的爱敬与推赏。

彭启丰与吴派学者的渊源并不止于此。《四库全书》开馆后,江南各地设书局广征天下藏书,而此时致仕居家的彭氏负责江苏征书事宜。据《熙朝新语》记载:

> 长洲余仲林萧客与汪竹香元亮、周定生琳,以道义文章相切劚,所著《五经钩沉》,彭大司马采以进呈,奉旨入《四库全书》,儒林重之。[⑤]

不用说,此处《五经钩沉》正是余萧客所撰《古经解钩沉》。继惠栋之后,余萧客之所以能成为为数不多的有著作收入《四库全书》的清中期学者之一,应当说主要得益于彭启丰在此事上的大力推动。此外,彭启丰"晚年致仕家居,掌教紫阳书院",[⑥]对苏州一地文教事业亦有着不可忽视的贡献。

彭氏家族与吴派学者除有同乡之谊外,至少有两辈的较深交情。彭启丰之子彭绍升是乾嘉士林佛学领域颇有声望的一位学者,他兼治儒释,居乡

[①] 关于明清苏州家族的专门研究,可参徐茂明:《明清以来苏州文化士族与社会变迁》,北京:中国社会科学出版社,2011 年。
[②] 彭启丰:《芝庭诗稿》卷十一,《挽惠定宇》,《四库未收书辑刊》第 9 辑第 23 册,第 707 页。
[③] 彭启丰:《芝庭文稿》卷四《惠征君传》,《四库未收书辑刊》第 9 辑第 23 册,第 503 页。
[④] 彭启丰:《芝庭诗稿》卷十一,《挽惠定宇》,《四库未收书辑刊》第 9 辑第 23 册,第 707 页。
[⑤] 余金:《熙朝新语》卷十二,《续修四库全书》第 1178 册,第 692 页。
[⑥] 彭慰高等编:《彭氏宗谱》卷二,辽宁省图书馆藏清光绪九年刊本,第 27b 页。

期间热心主持与推动地方公益事业①。在彭绍升周围,聚集了一批在学术上尊尚"汉学"、在宗教思想上皈依佛教的苏州士人,其中就包括惠栋的弟子余萧客、江声,以及汪缙、薛起凤、汪元亮、江起栋等人。这一交游圈之所以需要着重指出,乃在于它既与吴派渊源甚深,同时又与常州庄氏家族有血缘或学术上的紧密关联。包括彭绍升在内的上述数人在苏、常学术互动中的桥梁作用,实不容忽视。

据《汉学师承记》记载,汪元亮与余萧客、薛起凤早年在苏州城东结一诗社,"睥睨余子,不可一世"。② 江藩在谈到余萧客的交游时说:"同郡以经义、诗古文词相论难者,薛家三先生、汪爱庐先生、彭进士绍升、汪孝廉元亮先生。上下议论,风发泉涌。"③与此可相印证的是,江声之孙江沅这样记载江起栋的交游:"一时善士若汪君家南、薛君香闻、余君古农、汪君竺香,及予大父艮庭征君时相过从。"④则汪元亮、余萧客、薛起凤、汪缙、彭绍升、江声、江起栋等之间多有往来,且这些人多为"善士",与彭氏家族共享着同一个宗教氛围。尤其需要提及的是,江起栋为江藩之父,汪元亮是宋翔凤之师,而江沅又师从彭绍升学佛,重重叠叠的人际关系都指向这是一个内在联系相当紧密的学人圈。这一学人圈的交谊伴随着血缘与师弟关系的扩展,也在不同的世代间持续扩散。

这些人在长期相处期间,除讨论佛学之外,还经常切磋古诗文与儒家经义。余萧客、江声虽从事古经籍,然而若从信仰论,则颇杂染佛学⑤。与之相似,彭绍升虽皈依佛门,但在苏州浓厚的复古之风中,同样也保持了对古学的兴趣。《汉学师承记》记载:"(彭绍升)修净业后,一切屏去,惟读古德书。间作汉隶,收弄金石文字。尝谓予(江藩)曰:'朱子亦爱金石碑版,此《论语》所谓游于艺,非玩物丧志也。'"⑥江藩有嗜古之癖,江声就说"吾家子屏嗜古"⑦,那么彭绍升特意对江藩讲这句话,足以说明两人有同好。因而,尽管彭氏治学杂糅儒释,但他与吴派诸人却普遍能积极沟通。相较于与"严儒释之辨"的戴震之间的剑拔弩张⑧,彭氏与吴派诸人的关系堪称和睦。

---

① 成棣:《出世与淑世——彭绍升和清代中期的王学余波》,载邓秉元主编:《新经学》第三辑,上海:上海人民出版社,2018年,第262—299页。
② 江藩:《汉学师承记》卷六,第112—113页。
③ 江藩:《汉学师承记》卷二,第37页。
④ 江沅:《染香盦文外集·处士江公墓志铭》,《清代诗文集汇编》第484册,第256页。
⑤ 参陈鸿森:《余萧客编年事辑》,《中国经学》第十辑,第73页。
⑥ 江藩:《汉学师承记》附记,第207页。
⑦ 江声:《江子屏藏新莽泉母跋》,据陈鸿森辑:《江声遗文小集》,《中国经学》第四辑,第22页。
⑧ 成棣:《出世与淑世——彭绍升和清代中期的王学余波》,《新经学》第三辑,第284页。

第三章 从苏州到常州:"师法"观念的传衍与变异

了解了以上苏州学人的交游背景,再加上苏、常之间错综复杂的姻亲关系,那么常州庄氏家学在学术上的一些转向或许就更容易得到理解。常州庄氏、刘氏家族与苏州的各大家族之间长期保持联姻。如庄培因娶彭启丰女,宋简娶庄培因女,刘逢禄娶潘尚基女①。倘若再结合苏州府内彭氏与宋氏、潘氏的联姻,常州府内庄氏与刘氏、丁氏的联姻,则可知这些姻亲关系将苏、常之间的书香世家紧紧连结在一起。② 罗检秋说:"(常州庄氏)与名门显宦结成盘根错节的姻娅关系,使之成为庄氏维持门第的社会资源。"③这一认识亦在一定程度上适用于彭氏、宋氏、潘氏、刘氏等家族。这种姻娅关系不仅加深了苏、常家族的血缘连结,亦直接提供了学术交流的另类孔道。

常州庄氏家族的第二代学人庄述祖,其外家即是苏州彭氏。乾隆三十三年(1768),19岁的庄述祖跟从母亲返回苏州,此后在彼处学习了三年之久。庄述祖自道:

> 及戊子岁,将赴京兆试,吾母始携不孝及两妹归宁,且属不孝于舅氏二林先生。外家自长宁公倡明正学,父子祖孙相授受,舅氏于途次为不孝指示大略,证求真实,绝去异同门户之见。不孝从此稍知向学,不至于下流。……不孝需次依于舅氏,出入三载。④

引文中长宁公即彭珑,舅氏二林先生即彭绍升。庄述祖所说的"正学"主要指向程朱⑤。此处虽未提及"汉学",但揆诸苏州方兴未艾的学术风尚,以及庄述祖个人此时前后的学术转向,大体可以推知其受到了苏州学风的濡染。

乾隆四十二年(1777),庄述祖携校订完成的《白虎通》到南京拜谒前辈学人卢文弨。卢氏不仅予以刊刻,还为其撰写了《校刻白虎通序》。庄述祖复辑录阙文,作《白虎通义考》一篇,其中详考该书卷帙与相关史事,尤其是将"厥兆天子爵"判断为亡逸篇⑥,已非粗治汉学所能至者。考虑到在庄述

---

① 徐雁平编著:《清代文学世家姻亲谱系》,南京:凤凰出版社,2010年,第48、51、56页。
② 庄、刘之间的联姻一直到近现代还在延续。参叶舟:《近代苏南宗族与上海——以武进西营刘氏为个案》,《史林》2013年第6期。
③ 罗检秋:《清代汉学家族研究》,第143页。
④ 庄述祖:《珍艺宧文钞》卷七《先妣彭恭人行述》,《续修四库全书》第1475册,第127—129页。
⑤ 有关彭氏家学的特质,参张志强:《朱陆・孔佛・现代思想——佛学与晚明以来中国思想的现代转换》,北京:中国社会科学出版社,2012年,第50—53页。
⑥ 庄述祖:《白虎通义考》,收入陈立:《白虎通疏证》附录二,北京:中华书局,1994年,第609页。

祖之前，常州庄氏家族内无论是庄培因还是庄存与，皆未有汉学的专门建树，那么庄述祖的这一学术转向只能在家学之外觅得渊源。以此来看，庄述祖通过在外家彭氏的三年经历而了解吴派诸人学问的可能性是相当大的，他在潜移默化中或已萌生对汉学学风的好感。

如果说庄述祖是清中期苏、常地区学术交流的最早代表之一，那么出身于宋氏家族的宋翔凤则是在两地学术进行深刻连结后而产生的一位年轻学人。与庄述祖类似，宋氏与苏、常地区的多位学者都有直接接触。今日学界多因宋氏为庄述祖的外甥，同时又继承了庄氏家学的某些面向，因而将其视为常州学派的代表人物，但若按其籍贯，宋氏实为苏州人。宋翔凤早年在苏州时，多接受父亲宋简以及父亲好友汪元亮、徐承庆等人的教育。宋氏自道："余十许岁，里门耆宿方谈古文训故之学，闻而窃慕。"①宋氏十余岁时约当乾隆末期。因宋氏从乾隆六十年（1795）至嘉庆三年（1798），从其父宦游云、贵②，则此处所说必是乾隆六十年，也就是宋氏 19 岁之前事。年轻时的宋翔凤在苏州随汪元亮学习，而汪氏的交游，前文已经备述。宋氏又在记述徐承庆的交游时言及："所与游者，则嘉定钱晓征詹事、王凤喈阁学、元和江叔沄方正、金坛段若膺大令、长洲汪明之学博，皆精研实学，一时大师。"③此皆可见宋翔凤少时所受苏州学风之影响④。

最值得吾人注意的是，宋翔凤与江声极有可能有过直接交往。在江声晚年所撰的《论语竢质》卷上末尾处，有江氏附记云：

"施于有政"，长洲宋翔凤曰："汉熹平石经《论语》残字（原注：见洪氏《隶释》）'施於有政'，'于'字作'於'。上文'友于兄弟'作'于'者，引《书》文也；'施於有政'作'於'者，孔子之言也。自伪《君陈》篇改为'克施有政'，以入《书》文。近儒自阎百诗以来，遂误以'施於有政'为逸《书》之文，而竟改作'于'字。"是。当证定。⑤

---

① 宋翔凤：《忆山堂诗录叙》，上海图书馆藏嘉庆二十三年刻本，第 1a 页。另，《清代诗文集汇编》及《续修四库全书》所影印《忆山堂诗录》为道光五年增修本，该本中宋叙为嘉庆二十五年作。二叙相较，差别甚大，二十五年叙文中未见上引文字。
② 据李南：《宋翔凤年谱》，南京大学硕士学位论文，2011 年。
③ 宋翔凤：《徐谢山先生家传》，载徐承庆：《说文解字注匡谬》卷首，《续修四库全书》第 214 册，第 1 页。
④ 参蔡长林：《训诂与微言——宋翔凤二重性经说考论》，收入氏著：《从文士到经生：考据学风潮的常州学派》，第 372—373 页；路新生：《中国近三百年疑古思潮研究》，上海：上海人民出版社，2001 年，第 190—191 页。
⑤ 江声：《论语竢质》卷上，《丛书集成新编》第 18 册，第 5 页。另一处为引宋翔凤"甲字古文作十，钟鼎文屡见"，第 12 页。

此段议论针对《论语》中的"孝乎惟孝"一章所发。该章中的"施于有政"究竟是逸《书》之文抑或是孔子之语,向有两说。此处宋氏以"施於有政"为孔子语,此完整观点可于宋氏《论语说义》中寻见,云:

> 子曰:"《书》云:孝于惟孝(原注:汉石经及《义疏》、《经典释文》本并作孝于,今本作孝乎),友于兄弟。施於有政,是亦为政,奚其为为政?"包曰:"孝于惟孝,美孝之辞。友于兄弟,善于兄弟也。施,行也。所行有政道,即是与为政同。"(原注:《集解》)谨案:《论语》引经多作"于","施於有政"作"於",是引申《书》意也。据包意,正以"施於有政"为孔子语,自东晋古文《书》出,始以此语作《书》辞,解《论语》者并从而误。《后汉书·郅恽传》:"虽不从政,施之有政,是亦为政也。"注:"《论语》孔子之言也。"亦与包义合。①

宋氏此解堪称有见。江氏在《论语竢质》中予以详录,可知对此解亦深为赞许。江声撰《论语竢质》的时间是嘉庆四年(1799)春季前后,该年九月江氏即去世。而此年宋氏年方23岁,《论语说义》远未成书。考虑到宋翔凤从云南归,于嘉庆四年正月抵苏州,旋随母归宁常州②,则江声得闻宋氏此解并采录书中,只可能在此年的春季。另外,《论语竢质》中几乎未征引清人著作,然而特附记一位年轻学人的见解,这已足证宋氏展现出的良好汉学素养。由此亦可见,宋氏在从学于庄述祖之前,对"汉学"早已并不陌生,他日后试图绾合苏州汉学与庄氏家学,这是一个重要的学术根基。

嘉庆四年(1799),宋翔凤到常州求教于庄述祖。他说:

> 翔凤先母为先生(指庄述祖)女弟,己未岁归宁,命翔凤留常州,先生教以读书稽古之道,家法绪论,得闻其略。③

宋氏在庄述祖处所得闻之"家法绪论",与此前在苏州所闻大体无殊。正是因此,宋氏才又郑重言及:

> 余外家在常州,少壮时往来其间,凡言训故、词章之士,无不与交,

---

① 宋翔凤:《论语说义》卷一,《续修四库全书》第155册,第275页。
② 李南:《宋翔凤年谱》,南京大学硕士学位论文,2011年,第47页。
③ 宋翔凤:《朴学斋文录》卷四《庄珍艺先生行状》,《续修四库全书》第1504册,第396页。

而所学无不相合。①

宋氏少年在苏州里门所闻之"古文训故"之学,与常州士人的学风"无不相合",这至少说明了在年轻辈学人的眼中,常州学风愈来愈展现出与苏州相近的样态。

苏州彭氏、宋氏与常州庄氏家族的联姻,为苏、常地区间学术网络的形成提供了现实土壤。在彭绍升、庄述祖、宋翔凤以及在他们周围的众多苏、常籍学者身上,我们可以看到毗邻的两地有着频繁深入的学术互动。徐雁平指出:"在宗族、科举、耕读传家理想、安土重迁观念等交织的语境中,可以推想姻亲网络中文化资源的流转,地方文人社会的衍生,地方性学术和文学流派的滋长。"②正是因此,讨论吴派与常州学派的差异固然必要,但首先要看到二者所共享的学人圈层与学术氛围。事实上,正是由于这种错综复杂的交游网络的存在,吴派的"师法""家法"观念在常州地区才发生了快速传播,苏、常两地的学术也才逐渐显现出"趋同"的一面。

二、"汉学"在常州学者间的传播与接受

如前文所论,惠栋在雍、乾之际盛倡"汉学",在汉《易》研究上引领了学坛先声。余萧客、江声等先后拜师,得其亲传,戴震又曾向惠栋请益,同时又有王鸣盛、钱大昕等人为之播扬,苏州一地迅速成为"汉学"的一大中心。当时人说:"四方士大夫过吴门者,咸以不识君(惠栋)为耻。"③苏州红豆斋一时间成为大江南北学者的瞻观所在。

对吴学发展曾产生重要推动作用的学者,除学界熟知的余萧客、江声、王鸣盛、褚寅亮、朱奂等人外,尚需注意者还有王昶、毕沅、卢文弨等人。这几位学者虽然不是苏州人,但倘论惠栋经学在清代中期以降的传播,尤其是对常州籍学者的影响,他们的作用都不容忽视。

我们知道,惠栋撰书有随时增补的习惯。据王昶所记,《易汉学》亦在惠氏晚年有所修订:

> 定宇采缀排次,稿凡五六易。丁丑(乾隆二十二年,1757)与余客扬州,始定此本,命小胥录其副,以是授余,盖其所手书者。④

---

① 宋翔凤:《朴学斋文录》卷二《吴嘉之诗序》,《续修四库全书》第1504册,第356页。
② 徐雁平:《清代世家与文学传承》,北京:三联书店,2012年,第72页。
③ 陈黄中:《惠征君栋墓志铭》,《东吴三惠诗文集》附录,第500页。
④ 王昶:《春融堂集》卷四十三《易汉学跋》,《清代诗文集汇编》第358册,第436页。

第三章 从苏州到常州:"师法"观念的传衍与变异

王昶是惠栋《易汉学》手稿的托付者,惠、王两人相知之深由中可以概见。另外,王氏所保存的《易汉学》手稿,经钱大昕、褚寅亮抄阅①,流传于乾隆学林间。乾隆三十八年(1773),王昶致书四库馆总纂陆锡熊,提醒惠氏《易》学著作切不可遗漏,"以慰亡友白首穷经之至意"②。王昶与钱大昕、王鸣盛、吴泰来等共同羽翼惠学,可知其为惠栋经学的流播贡献尤多③。

对惠学的播扬也在刊刻、校定的过程中体现。王昶还记载:

> 毕秋帆抚军在西安刊刻惠征君《易汉学》《九经古义》《禘说》《明堂大道录》《古文尚书考》诸书,皆渊如为之校定。④

毕沅与惠栋交好,又与江声论学相契。乾隆十三年(1748)前后,毕沅曾问学于惠栋,"叩门请谒,问奇析疑,征君辄娓娓不倦,由是经学日邃。"⑤毕氏还曾作诗云:"汉学世谁宗五鹿,清门人自仰三鳣。"⑥以东汉传经世家的杨震相比,推敬实不可谓不高。而且,毕沅与江声的私交亦可称善,同江氏一样,毕氏也提倡古篆,其著作如《释名疏证》等,便由江声为之书篆⑦。

因而,毕沅在西安刊刻惠栋的著作,绝非偶然。尤需注意的是,他在陕西刻书之时,幕府中便有来自常州的孙星衍、洪亮吉等学者。由上引王昶所记可知,毕沅刊刻惠栋著作时,皆由孙星衍为之校订。孙、洪等人在为学方法上所受惠栋影响尤为深刻。如孙氏对惠栋的《易》学成就评价甚高,他在自己所撰的《周易集解》序文中说:

> 蒙念学者病王弼之玄虚,慨古学之废绝,因以李氏《集解》合于王注,又采集书传所载马融、郑康成诸人之注,及《易口诀义》中古注,附于其后。凡《说文》《释文》所引经文异字异音,附见本文,命曰《周易集解》,庶几商瞿所传,汉人师说,不坠于地,俾学者观其所聚,循览易明……孟氏之卦气,京氏之世应飞伏,荀氏之升降,汉魏已来象数之学,

---

① 钱大昕《与王德甫书二》:"惠氏《易汉学》,鹤侣(褚寅亮)大兄现在手抄,此时尚未付还。来春当邮致吴门,决不遗失也。"见《嘉定钱大昕全集》第10册,《潜研堂文集补编》,第30页。
② 王昶:《春融堂集》卷三十一《与陆耳山侍讲书》,《清代诗文集汇编》第358册,第341页。
③ 参陈祖武、朱彤窗:《乾嘉学派研究》,第459—461页。
④ 王昶:《湖海诗传》卷四十"孙星衍",《续修四库全书》第1626册,第343页。
⑤ 史善长:《弇山毕公年谱》,乾隆十三年戊辰十九岁条,《北京图书馆藏珍本年谱丛刊》第106册,北京:北京图书馆出版社,1999年,第129页。
⑥ 毕沅:《灵岩山人诗集》卷三《访惠征君定宇栋先生赋赠三首》,《续修四库全书》第1450册,第26页。
⑦ 江声:《释名疏证跋》,见陈鸿森:《江声遗文小集》,第21—22页。

不可訾议也。经师家法,既绝于晋,自六朝至唐,诸儒悉守古经义,不敢滕其臆说。至宋而人人言《易》,繁而寡要,直以为卜筮之书,岂知言哉?近世惠征君栋,作《周易述》《易例》《易汉学》诸书,实出于唐宋诸儒之上。蒙为此书,无所发明,比于信而好古,网罗天下放失旧闻云尔。①

孙星衍意在表明,该书旨在保存古注,使得"汉人师说不坠于地",同时又特意表彰惠栋在汉《易》上的独特贡献。可知在《易》学研究上,孙氏颇受益于吴学。

孙星衍对江声的《尚书》学甚为推服。身为京官的孙氏在江声困顿时多次予以接济,考虑到后者以一介布衣研治《尚书》,孙氏倘非真心推赏其学,恐不能致此。此外,孙氏的《尚书》研究亦濡染吴派学风。在清代学者中,江声可说是最早的系统辑录《尚书》逸文者,孙氏在乾隆六十年(1795)刊刻《古文尚书马郑注》时,便将江声所辑的《尚书》逸文二卷附于其后②。孙氏的《古文尚书马郑注》不论在撰作动机还是辑录内容上,都与惠栋、江声极有关系。孙氏曾向段玉裁说:

> 仆近撰集《古文尚书马郑注》,庶此二十九篇之文,有专行本。他时或与梅氏伪书同立于学官,此则区区负山之志。③

在此信中,孙星衍表达了将《古文尚书马郑注》立于学官的学术志愿。这无疑是继阎若璩、惠栋、江声之后极富变革性的学术主张。辑佚汉儒《尚书》注,本是吴派学术中的一大要义,而且在孙星衍之前,惠栋、江声已经在从事此类工作。孙星衍不仅辑录《古文尚书马郑注》,而且意欲将其与晚出《古文尚书》分庭抗礼。从这个角度而言,孙氏正是发扬了尊"汉学"的学术理念,并力图将之推广至政治领域。

除孙星衍外,洪亮吉亦是深受吴派"汉学"影响的学者。在毕沅幕府中,洪亮吉与孙星衍交往甚密,切磋道艺甚为频繁。从学术气质上看,洪氏力尊汉学,撰写《传经表》《通经表》,实与吴派学人相近。他说:

> 六经权舆于孔子,六经之师亦权舆于孔子。……上自春秋,迄于三

---

① 孙星衍:《孙氏周易集解》卷首《序并注》,黄冕点校,北京:中华书局,2018年,第9—11页。
② (题)王应麟撰集、孙星衍补集:《古文尚书》,上海图书馆藏阳湖孙氏问字堂乾隆六十年刊本。
③ 孙星衍:《问字堂集》卷四《与段大令若膺书》,《清代诗文集汇编》第436册,第121页。

国,六百年中,父以传子,师以授弟,其耆门高义、开门受徒者,编牒不下万人,多者著录至万六千人,少者亦数百人,盛矣! 降自典午,则无闻焉,岂非孔氏之学专门授受,逮孙炎、王肃以后遂散绝乎?……作《传经表》一卷,其师承无可考者,复以《通经表》一卷缀之,而通二经以上至十数经,咸附录焉。较明朱睦㮮《授经图》、国朝朱彝尊《经义考·承师》一篇,详实倍之。盖周、秦、汉、魏经学授受之原,至此乃备也。①

因传经之功而表彰汉儒,这是晚明以降许多学者皆曾展现出的一个学术面向。惠栋之所以考证汉《易》源流,不仅因其去古未远,而且因其学有渊源。同样的,江声之所以编撰《尚书经师系表》,亦是从传经、师承的角度来讨论汉代的经学问题。倘若考察洪亮吉的其他文字,便可发现如《传经表》之类的观点在其文集中频频出现,更不必论他的《春秋左传诂》以贾、服之学为主②,继承了吴派"补注"《左传》的学术志业。

孙星衍、洪亮吉的治学经历与方法,表明常州籍学人正在逐渐接近"汉学"。当然,孙、洪两人都有作幕的经历,严格来看未必能够反映常州地区的状况,倘若聚焦在常州地区,则又不得不关注另一位汉学健将卢文弨。艾尔曼曾指出,汉学传入常州的历程"与考据大家卢文弨有关"③。卢氏毕生致力于古书校勘,留下了多部读书札记,从严格意义上来说,很难将其划归于某一学派。但正是卢氏对汉学的提倡与号召,促使常州地区的学术风气发生转变。

卢文弨尤其重视汉儒古注,如旧题王应麟所辑的《古文春秋左传》《古文尚书》《古文论语》三书,就得到了他的表彰④。此外,卢氏还对惠学格外重视,他曾寻访惠栋之子惠承绪,至其家中手录《九经古义》,携至京师后又由钱大昕、周永年各录一本。多年后他将其与粤东刊本相对校,希望将该书传授子孙,"望其毋坠前人之业,如惠氏可师也"⑤。

卢文弨提倡"汉学",精于校刻古书,同时也乐于赏拔后俊。前文提及的刊刻庄述祖校订《白虎通》一事,即为明证。晚年的卢文弨与常州有着更多

---

① 洪亮吉:《更生斋文续集》卷一《传经表序》,《洪亮吉集》第 3 册,第 1143 页。
② 吕东超:《〈春秋左传诂〉成书考——以其所辑〈左传〉汉儒旧注为考察中心》,《中国典籍与文化》2021 年第 2 期,第 34—49 页。
③ 艾尔曼:《经学、政治和宗族:中华帝国晚期常州今文学派研究》,第 85 页。
④ 卢文弨:《抱经堂文集》卷二《王厚斋辑郑氏注尚书序》《王伯厚辑古文春秋左传序》《郑氏注论语序》,北京:中华书局,1990 年,第 12、16、22 页。
⑤ 卢文弨:《抱经堂文集》卷二《九经古义序》,第 25 页;卷十二《题九经古义刻本后》,第 169 页。

渊源。他主讲于常州龙城书院多年，直至去世，其间作育人才甚多。他还在负责编纂《常州府志》期间，延请洪亮吉之子洪饴孙修撰《毗陵经籍志》[①]，致力于常州地区的文脉传承。《抱经堂文集》中相当多的文字，如《重雕经典释文缘起》《李既方补李鼎祚周易集解序》《校本韩诗外传序》等[②]，也都作于龙城书院之中。从卢氏在常州的诸多文化活动来看，他对常州地区汉学观念的兴盛而言，意义尤为重大。

常州地区年轻辈学人的治学历程，亦可反映此时的学风动向。乾隆五十一年（1786），20岁的臧庸拜庄述祖为师。此时庄述祖已归里治小学及《夏小正》有数年。臧庸拜其为师显然不是为了从习举业，因为臧氏在19岁时已放弃科考。臧氏选择跟从庄述祖治学，恰恰说明此时庄氏的为学风旨，已与"汉学"颇为接近了。

值得注意的是，臧庸转向汉学的经历，颇能代表常州学人对吴学的接受。吾人当知，促成臧庸最终放弃举业的原因，与王鸣盛有关。王鸣盛的经学从惠学而入，其《尚书后案》发明郑氏一家家法，搜辑补缀《尚书》郑注，并为之疏通证明。而正是这样一部汉学著作，对臧庸的治学路向产生了深刻影响。臧氏自言，早年得阅《尚书后案》，从此尽弃举业而一心笃于汉学[③]。他在乾隆五十七年（1792）致书王鸣盛说：

> 盖自束发受书以来，亦沉溺于俗学而无以自振。读《尚书后案》，初骇其博辨，心怦怦然有动，后反复推考，始识其精确，心焉爱之。知研究经学必以汉儒为宗，汉儒之中尤必折中于郑氏。……八年以来，微有所知，以殊异于俗学者，皆阁下教也。[④]

臧庸两次提及的"俗学"，无疑皆指科举制艺之学。臧氏能从其中转出，改宗汉学，最直接的机缘就是由王著为其开示了为学途辙。我们由臧庸为学路径的转变，已能充分看出吴派经学的对常州学人的深刻影响。

转向汉学以后，臧庸在自觉疏离科举之学的同时，与以汉学"师法"为宗尚的学人广泛接触，其中以苏州学圈中的学者居多。他与江声时有通信，赞江氏"笃信好古，墨守汉儒家法"，称其为当世经生中所罕见者，同时又关注

[①] 参陈东辉：《〈毗陵经籍志〉著者考辨》，《南京师范大学文学院学报》2017年第2期，第157—159页。
[②] 卢文弨：《抱经堂文集》卷一、二，第24—25、27—29页。
[③] 臧庸：《拜经堂文集》卷四《先师汉大司农北海郑公神坐记》，《清代诗文集汇编》第484册，第112页。
[④] 臧庸：《拜经堂文集》卷三《上王凤喈光禄书》，《清代诗文集汇编》第484册，第67页。

《尚书集注音疏》的撰写进度①。江声亦乐为臧氏高祖臧琳《经义杂记》作序，称臧琳的学识"迈秩乎唐初群儒之上"。② 观臧庸所交往的其他学者中，有卢文弨、王鸣盛、钱大昕、王昶、段玉裁、毕沅、江藩、钮树玉、顾广圻、黄丕烈等，或本身即为吴派学者，或长期在苏州定居，皆与苏州关系极其密切③。

在这样一种学术氛围下，臧庸著作中展现出鲜明的吴派特色，其实并不出人意表。臧氏对多部古籍进行校勘与辑佚，辑录《尔雅汉注》《汉卢氏礼记解诂》《论语郑注》《马王易义》《校正郑康成易注》《马郑王书义》《韩诗遗说》《仪礼丧服马郑注》《王肃礼记注》《蔡邕月令章句》等④。乾隆六十年，臧氏致书刘台拱，信中有言：

> 拙辑汉儒说经书十种，采书皆以唐为断。……镛堂自度纂辑之学在王伯厚之上，而今之集书者皆不及王氏。⑤

此言出于年未而立之时的臧庸，不免有自视甚高之嫌，不过倘以臧氏之学术成就来看，却不能全以大言视之。臧庸在汉儒佚注的搜辑上，确有难能可贵处。阮元曾说："《韩诗遗说》二卷，《订讹》一卷，顾千里广圻以为辑《韩诗》者众矣，此为最精。"⑥陈鸿森亦比核清儒诸家《韩诗》辑本，认为臧庸辑本最为精核⑦。臧氏的学术宗旨以汉儒为依归，他对郑玄的顶礼膜拜，在《先师汉大司农北海郑公神坐记》中表达得尤为透彻。因此，臧庸虽身为常州人，然而其所受苏州学圈的影响端然可见。臧氏实为乾嘉时期一位重要的吴派羽翼。

最后需要论及的是，除却上述诸人外，吴学在常州地区还有一重要的接受者，这便是张惠言。我们可以在张氏文字中，找到阅读惠栋著作的直接证据，而且从学术风格上来看，张氏确实堪称惠栋《易》学的后继者。章太炎曾说"张（惠言）之《易》近吴派"⑧，实为探本之论。张氏研治的《易》学起点正

---

① 臧庸：《拜经堂文集》卷三《与江叔沄处士书》，《清代诗文集汇编》第484册，第68页。
② 江声：《经义杂记叙》，据陈鸿森辑：《江声遗文小集》，《中国经学》第四辑，第17页。
③ 参蔡长林：《论清中叶常州学者对考据学的不同态度及其意义》，收入氏著：《从文士到经生：考据学风潮下的常州学派》，第194页。
④ 参陈鸿森：《臧庸年谱》，《中国经学》第二辑，桂林：广西师范大学出版社，2007年，第263页。
⑤ 刘文兴：《刘端临先生年谱》，乾隆六十年条引臧庸致刘氏书，转引自前揭陈鸿森：《臧庸年谱》，《中国经学》第二辑，第270页。
⑥ 阮元：《揅经室二集》卷六《臧拜经别传》，北京：中华书局，1993年，第524页。
⑦ 陈鸿森：《臧庸年谱》，《中国经学》第二辑，第268页。
⑧ 支伟成：《清代朴学大师列传》卷首《章太炎先生论订书》，第11页。

是惠栋的《易汉学》与《周易述》。他说：

> 清之有天下百年，元和征士惠栋，始考古义孟、京、荀、郑、虞氏，作《易汉学》，又自为解释曰《周易述》。然掇拾于亡废之后，左右采获，十无二三。其所自述，大抵祖祢虞氏，而未能尽通，则旁证他说以合之。盖从唐、五代、宋、元、明，朽坏散乱，千有余年，区区修补收拾，欲一旦而其道复明，斯故难也。①

张惠言此处所论，不妨看作为自己的《易》学研究寻找渊源。他指出，惠栋的不足在于对虞氏《易》学未能尽通，不得不酌采他家注解。因而，我们不难发现张氏在执守"师法"上，似较惠栋更为严格。

张惠言还说：

> 唯荀、郑、虞氏三家，略有梗概可指说，而虞又较备。然则求七十子之微言，田何、杨叔、丁将军之所传者，舍虞氏之注，何所自焉？故求其条贯，明其统例，释其疑滞，信其亡阙，为《虞氏易》九卷；又表其大恉，为《消息》二卷。庶欲探赜索隐，以存一家之学。②

因而，张氏的《易》学专主虞氏一家。他的著作《周易虞氏义》《周易虞氏消息》《虞氏易言》《虞氏易礼》《虞氏易事》等等，皆可谓深明虞氏家法之学。皮锡瑞观察清代经学的演变历史，指出嘉、道以后"《易》宗虞氏以求孟义"③，就是主要指涉张惠言的《易》学研究而言。朱伯崑评价说："就其（张惠言）对虞翻注的补充和解释说，力求遵循虞氏的体例和注解，不敢有所立异或创新，可谓阐而不发；此正体现了惠栋一派汉学家唯汉是从的解经学风。"④从以汉儒"家法"治《易》的角度而言，张惠言毫无疑问是吴派学风的重要嗣响。

张惠言另一值得讨论的问题是与庄氏家族的关系。他们同出自常州，皆受到吴派"汉学"的影响，同时二者之间又颇多渊源，相互渗透。从文献中可以看出，张惠言与庄氏家族交往极为密切，特别是与庄存与的族孙庄有可

---

① 张惠言：《茗柯文编》二编卷上《周易虞氏易序》，黄立新校点，上海：上海古籍出版社，1984年，第38页。
② 张惠言：《茗柯文编》二编卷上《周易虞氏易序》，第38—39页。
③ 皮锡瑞：《经学历史》，第341页。
④ 朱伯崑：《易学哲学史》，第347页。

之间,交情可谓甚笃。庄有可辑录父亲遗文,张氏亲为撰序,其中言及:"读先君子(张惠言父)所为诗,识先生(庄有可父)名;知先君子于先生,友也。"①可知庄、张两家至少有两辈交谊。《茗柯文编》中尚有一篇与庄存与之孙庄绶甲的通信,张惠言推许庄氏为"名家子,学有源别"②,并希望通过其获交更多的乡里贤士。张惠言与庄述祖、庄绶甲、庄有可等人深相过从,受到了庄氏家学的影响,例如他曾将《公羊》研究与最为擅长之《易》学相结合③,并注重经典中微言大义之阐发。因而,我们在张惠言的经学研究中,亦能够看到庄氏家学的影子。在张惠言的生平经历与学术著作中,我们再次看到了苏、常两地学术观念的互动与融合。

以上的梳理可以约略反映出吴学在常州学者间的传播与接受。以往研究多将庄存与、刘逢禄作为常州学派的最重要代表,突显其今文经学的面向,因而不免将其与吴学进行区隔。此点固然有其所见,但也需要看到,还有相当多的常州籍学者,直接受到了吴学的启迪,最终走上了研治"汉学"的道路。这是我们讨论常州学派时必须认识到的地区学术氛围。阮元在评判清中期的学术时,说出了如下一段话:

> 盖今时天下学术,以江南为最。江南凡分三处:一,安徽;二,扬、镇;三,苏、常。④

阮氏此语隐现近现代对吴、皖、扬三足鼎立的学术判分。但他将苏州与常州归为一处,却值得深思。阮氏下文所列举的常州籍学人,即以孙星衍、洪亮吉为代表。这说明在当时人的眼中,常州地区的经学可以与苏州并为一类。这与我们通常采用的常州学派独立成"学"的视角有着相当大的区别。事实上,即使是常州庄氏、刘氏的经学,亦有深受吴学影响之迹。只是他们在沿袭吴学"师法"后,并不以其为满足,转而开出新的学术形态。但需要意识到,重建苏、常之间密切的学术交流与互动图景,正是超越以往古文学、今文学并立框架,理解常州学派的学术根基与蕲向的必要前提。

---

① 张惠言:《茗柯文编》初编《庄先生遗文后序》,第21页。
② 张惠言:《茗柯文编》二编卷下《答庄卿珊书》,第74页。
③ 卢鸣东:《取象释礼:张惠言虞氏易礼中的公羊思想》,收于蔡长林、丁亚杰主编:《晚清常州地区的经学》,台北:学生书局,2009年;另可参蔡长林:《论清中叶常州学者对考据学的不同态度及其意义》,收入氏著:《从文士到经生:考据学风潮下的常州学派》,第186—187页。
④ 阮元:《答友人书》,刘师培:《读书随笔(外五种)》,万仕国点校,扬州:广陵书社,2015年,第71页。

第二节　汉学与家学：庄述祖经学的双重面向

学界在讨论常州"今文"经学时，常从庄存与谈起。但近来很多研究已表明，在庄存与经学中，"今文"意识其实相当淡薄。随着庄存与之侄庄述祖被纳入学界的讨论范围中，可以发现庄述祖不仅搭建起了庄存与和刘逢禄、宋翔凤之间的学术桥梁，而且在"今文"意识初兴的过程中可能发挥了至关重要的作用①。庄述祖在常州经学中有其特殊意义，他一方面承续了庄存与以来的家学传统，另一方面又试图融入"汉学"风气之中。因而，倘若讨论苏州、常州之间"师法"观念的传播与接受，尤其从常州庄氏家学的路径转变而言，必以庄述祖为一大眉目。

一、庄存与、庄述祖与吴派

常州庄氏家族在学术上的先行者庄存与，字方耕，生于康熙五十八年（1719），年辈较惠栋略晚。庄存与在苏州"汉学"方兴未艾之际，在《尚书》《毛诗》《周礼》《春秋》等多部经典上做了阐释，造诣甚深。尤其是《春秋正辞》，"刊落训诂名物之末，专求所谓'微言大义'"②，从梁启超开始便被视为清代今文经学的开山之作，代表了常州庄氏家族第一代学者的学术成就。从后来的发展来看，庄存与的经学取向也奠定了此后庄氏家学的基本学术蕲向。

庄存与不可能不知道东吴惠氏家族。庄氏于乾隆十年（1745）高中榜眼，九年之后，其弟庄培因得中状元，同科进士就有朱筠、王鸣盛、纪昀等人③。此数人皆濡染"汉学"甚深，庄氏家族对这一日益兴盛的学风，不会十分隔膜。此外，龚自珍记述庄存与早年的《尚书》研究"传山右阎氏（阎若璩）之绪学"④，即谓庄氏曾关注《尚书》辨伪之学，而惠栋名作《古文尚书考》与阎著不谋而合，庄氏对此不会不措意。因而，对于苏州红豆斋在学界的声

---

① 讨论庄述祖的论著，可参看蔡长林：《常州庄氏学术新论》，台湾大学中国文学研究所博士学位论文，2000年；黄开国主撰：《清代今文经学新论》第三章第一节，第107—118页；刘静：《论庄述祖〈毛诗考证〉的治〈诗〉方法与特点》，《河北师范大学学报（哲学社会科学版）》2016年第4期；沈明杰：《庄述祖研究三题》，扬州大学硕士学位论文，2021年。
② 梁启超：《清代学术概论》，第113页。
③ 参汤志钧：《庄存与年谱》，收入氏著：《清代经今文学的复兴：庄存与和经今文》，北京：中国人民大学出版社，2014年，第35—38页。
④ 龚自珍：《龚自珍全集》第二辑《资政大夫礼部侍郎武进庄公神道碑铭》，王佩诤校，上海：上海古籍出版社，1975年，第141页。

第三章 从苏州到常州:"师法"观念的传衍与变异

名,庄存与应当是早有耳闻。不过,在庄存与的主要著作中并未见直接评论惠栋的文字,甚至对此时正在发生变化的苏州学风,庄氏的态度也似乎是置若罔闻。

上述现象的原因可以在惠氏与庄氏的政治命运中稍作推测。就在惠栋因其父惠士奇的仕宦遭遇而自觉疏离政治之时,庄氏家族正处于政治上升期。惠栋晚年专心治《易》,来往于苏州、扬州的书斋与幕府之间,而庄存与在此前后,于仕途上不断获得升迁。乾隆十六年十二月,庄氏以编修充湖北乡试副考官;十八年六月,擢翰林院侍读学士,充湖北乡试正考官;同年九月,提督湖南学政;至二十年六月,擢内阁学士兼礼部侍郎;后历任直隶学政、顺天学政;至二十三年(是年惠栋殁),封资政大夫、礼部右侍郎①。同样出任过学政,惠士奇戴罪修建镇江城垣,庄存与则回至京师获得升擢,两相对比,可知惠氏与庄氏的政治命运何啻天壤。也许正是因此,尽管苏州的彭氏家族与庄氏有姻亲关系,而彭氏与惠氏又为世交,但庄存与却从未提及曾获重罪的东吴惠氏家族。

此外,以庄存与的学术倾向而论,我们也可以看出他与惠栋确实是"道不同不相为谋"。早年的庄存与"幼秉庭训,习朱子《小学》、《近思录》"②。据其族弟说,庄氏"于汉则宗仰江都,兼取子正、平子,于宋则取裁五子。"③出生于一个科第世家,日后又在官运上亨通,这在一定程度上决定了他与官方学术走得很近。庄氏所著《尚书既见》一书,大旨主张晚出古文《尚书》不可废。书名中的"既见"一词,正取自晚出古文《尚书》中的《君陈》篇④。在清代学术史上,庄氏堪称维护晚出古文《尚书》权威性最力的学者之一。我们只需将庄氏的《尚书》研究与惠栋的《古文尚书考》《尚书古义》稍加对比,即可知二者有着根本异趣。

庄存与的《诗经》研究也与惠栋迥异。蔡长林指出:"庄存与的《诗经》论说,基本上走的仍是以《序》说《诗》的路线,即是以《毛诗序》所奠定的以政教伦理的角度来认识《诗经》,以之为读诗的出发点与归宿点,显现出典型的官方主流、政教首位、道德核心等中国文化的重要特征。"⑤从惠周惕至惠栋,

---

① 汤志钧:《庄存与年谱》,第37—42页。
② 臧庸:《拜经堂文集》卷五《礼部侍郎庄公小传》,《清代诗文集汇编》第484册,第128页。
③ 庄勇成:《少宗伯养恬兄传》,《武进庄氏增修族谱》卷二十六,中国国家图书馆藏清道光十八年刊本,第30b页。
④ 有关庄存与的《尚书》学研究,参蔡长林:《常州庄氏学术新论》,台湾大学中国文学研究所博士学位论文,2000年,第149—172页。庄绶甲说:"题《尚书》曰'既见',取《书》言'凡人未见圣,若弗克见;既见圣,亦弗克由圣'之意也。"见庄绶甲:《拾遗补艺斋文钞·尚书既见跋》,《清代诗文集汇编》第512册,第402页。
⑤ 蔡长林:《从文士到经生:考据学风潮下的常州学派》,第143页。

皆重视《诗序》，但他们主要着眼于《诗序》中的"古义"与"师法"，而庄存与则重在宣扬其中的政教伦理。二者自然难有投契之机。

今日学界讨论较多的《春秋正辞》也反映了庄氏为学的基本取向。该著一方面对宋元诸家的《春秋》学观点多有采择，另一方面则是在区分类例的基础上，对《春秋》的微言大义进行抉发。周予同曾说："《春秋正辞》一书，不讲汉学家所研究的名物训诂，而专讲所谓'微言大义'，可以说是清代今文学的第一部著作。"①该著与乾嘉汉学家的著作在基本取向上就有着绝大不同。据今人研究，《春秋正辞》中的宋学色彩至为明显，在一定意义上构成了对清代官方统治学说的维护②。此后常州庄氏家族中的学者即使汲取了"汉学"方法，也从未放弃宋学的追求，从家学传承而言，这是一个相当重要的渊源。综合而论，作为常州庄氏家学的第一代学人，庄存与应当深知吴派经学的特质，但出于学术与政治的双重原因，他与吴派经学保持了相当大的距离。

庄存与对"汉学"的这种故意漠视的态度，并未阻挡它在常州地区的传衍与流行，甚至在庄氏家族内部，也逐渐有人受到了"汉学"的浸润。庄存与与其侄庄述祖在治学风格上已经表现出较大分歧，虽然后者从前者那里继承了很多，但"汉学"因子非常频繁地出现于后者著述中，表明庄氏家学在代际传承中已然发生了新变。

庄氏家族的政治地位在庄存与、庄培因时达到极盛，此下这种殊荣便开始慢慢消减。身为庄氏家学的重要传承人，庄述祖的境遇显得颇为不佳。与伯父庄存与、父亲庄培因显赫的仕宦经历极为不同，中进士后的庄述祖仅做过一县知县，整个家族昔日的荣耀只可追缅，不能承续。也正是因此，庄述祖的心态倒与惠栋有几分相似，作为科第世家的后裔，在仕途上不能绍述门风，则退回书斋之中，时刻不忘家学传承。因而，作为一名降身草野的世家子弟，庄述祖不得不运用考据学方法，积极与当时的汉学家展开对话，希望在此基础上维护和伸张庄氏家学的"话语权"。对此，蔡长林言之最畅：

> （庄述祖）既未能如父亲（指庄培因）有显赫的科举成绩，快速升擢，也不能如伯父（指庄存与）能为官朝堂，尽其所学；且四十岁赴任山东以前，基本上他是一个学者；四十六岁解组归田以后，又回归学者身份；甚至为官六年的时间，亦时刻以学术为念，也与当时在山东及苏北的学者

---

① 朱维铮编：《周予同经学史论著选集（增订本）》，第19页。
② 罗检秋：《清代汉学家族研究》，北京：中华书局，2019年，第172页。

有密切的交往。终其一生,发挥家学理想于学术讨论的机会则多,然发挥家学理想于政治舞台的机会则罕。庄氏家族的家学属性,随着庄氏子弟政治际遇的每况愈下,而面临了不小的冲击。①

此处所论,可谓道出了庄氏家学转变的现实根源。在庄述祖身上所展现出的学术转变,由此可得索解。他在科考途中用心校勘《白虎通》,并期望获得卢文弨的肯认,便是在汉学学风吹袭下所做出的异于父辈的明显反应。庄述祖还多与江声、孙星衍、王念孙、段玉裁等汉学家有颇多往来。他的多部著作,如《毛诗考证》《说文古籀疏证》《五经小学述》《弟子职集解》等,也都体现出了汉学考据的特色。毫无疑问,与庄存与、庄培因相比,庄述祖的学问进路已经展现出了鲜明差异②。

从庄存与到庄述祖的转变,简言之即在于对汉学"家法"的引入。目前学界已经深刻认识到,庄述祖袭取汉学家法,主要是从江声处接引,而其交涉重心则在《尚书》之学③。以笔者的观察,这一观点尚可得到进一步的申论。对比庄存与与庄述祖的《尚书》学来看,一个最明显的不同,便是后者承认了晚出古文《尚书》系伪作。庄述祖的《尚书今古文考证》已经不包含晚出古文《尚书》的部分,加之书名中赫然出现"考证",已可知此时期弥漫当时学界的汉学考据风尚,正深刻地影响着常州庄氏家族。

庄述祖的《尚书今古文考证》,对江声、王鸣盛、段玉裁、孙星衍等人的《尚书》学著作皆有征引。庄述祖曾认真阅读江声之作,他在给孙星衍的书信中明确说:

《尚书》已刻竣否?急欲得一读。归途阅江叔沄《尚书》,颇缘以寻绎。有一二事欲献其疑。如"三亳"之"亳",似当从《说文》,在京兆杜陵亭者为是。皇甫谧以为西夷之国,其北亳、南亳、西亳之说,固属无稽,似不必定以地名为亳,即是汤旧都之民服文王者。《左氏传》云:"肃慎燕亳,吾北土也。"岂亦有汤旧都民乎?又"六宗"之义,终未能决,幸阁

---

① 蔡长林:《常州庄氏学术新论》,台湾大学中国文学研究所博士学位论文,2000年,第259页。
② 参蔡长林:《论常州学派的学术渊源——以钱穆〈中国近三百年学术史〉的评论为起点》,收入氏著:《从文士到经生:考据学风潮下的常州学派》,第81—83页;徐立望:《嘉道之际扬州常州区域文化比较研究》,杭州:浙江大学出版社,2007年,第182—183页。
③ 参蔡长林:《论常州学派的学术渊源——以钱穆〈中国近三百年学术史〉的评论为起点》,收入氏著:《从文士到经生:考据学风潮下的常州学派》,第74页。

下教之。①

此段文字中，庄氏所问《尚书》指孙星衍《尚书今古文注疏》，江叔沄《尚书》则指江声《尚书集注音疏》。庄氏所提出的两个问题，"三亳"见于《立政》，江声据郑玄而解"亳"为"汤旧都之民服文王者"；"六宗"见于《尧典》，江声据惠栋而解为"明堂六帝"②。由此段叙述可知，庄述祖对江声的《尚书》著作曾认真研读索解，遇到有疑之处复询问孙星衍的意见。另外，庄氏询问孙星衍的《尚书今古文注疏》是否告竣，也透露出他对当时的汉学成果极为重视的态度。

江声的《尚书集注音疏》的确是庄述祖最为钦服的《尚书》学著作。通观《尚书今古文考证》便可知，庄氏对江声的解释大多采纳并极为赞赏。如《尚书·梓材》中说"肆王惟德用，和怿先后迷民，用怿先王受命"，庄述祖注谓：

> 《释文》"怿"音"亦"，字又作"斁"，下同。按：《说文》无"怿"字，凡作"怿"者皆俗字也。江声曰："肆，今也。和斁，和说也。用斁之斁，终也。言今王惟德之用，以和说先后此迷惑之民，用终先王受命之功也。"解极精，斯为近古矣。③

此处庄氏援引江声的整句解释，并赞江声之解"极精"，而尤为值得重视的，评价江说"斯为近古"，可知"近古"其实也是庄氏《尚书》学研究的一大原则与标准。

庄述祖还依据江氏之解而进一步求得新说。如《微子》"天毒降灾荒殷邦，方兴沈酗于酒"，庄述祖谓：

> 《史记》"毒"作"笃"，"荒"训"亡"。江声云："方兴沈酗于酒"六字衍。按：当在"以容将食"下，文有脱乱也。④

庄氏以江声的说法为据，提出文本存在脱乱。可知江声对庄述祖有相当大的启发。它表明，庄述祖所说的"颇缘以寻绎"绝非一般的门面语，他在解读《尚书》的过程中确实将江氏《尚书集注音疏》当作重要的梯航。《尚书

---

① 庄述祖：《珍艺宧文钞》卷六《答孙季逑观察书》，《续修四库全书》1475册，第107页。
② 江声：《尚书集注音疏》卷八，第612页；卷一，第53页。
③ 庄述祖：《尚书今古文考证》卷三，第440页。
④ 庄述祖：《尚书今古文考证》卷二，第429页。

今古文考证》中的许多内容表明,庄述祖的汉学考据实具一定功力,他已自觉运用汉石经、《说文》、《史记》、《逸周书》、《国语》等文献来开展考证,而且努力融入乾嘉汉学界的学术话题之中。

庄述祖也非常重视惠栋的学术成就。他保存有惠栋的《尸子》辑本,并以该本襄助孙星衍校刊《尸子》①。而最能体现他与惠氏经学的联系的,则是他的《毛诗考证》。该著亦以"考证"名书,对惠栋的《毛诗古义》多有征引。如庄氏解释《车攻》"搏兽于敖"谓:

> 惠云:"《水经注》引云'薄狩于敖',《东京赋》同。'狩'本古'兽'字。何休《公羊注》'狩,犹兽也。'"按:薛综《东京赋》注引《诗》曰"薄兽于敖"。"兽""狩"虽通借而义稍别。故《笺》云"兽,田猎搏兽也"。若《诗》作"狩",则"驾言行狩"已见上文,不宜于此释之。今本以《笺》文误"薄"为"搏"耳,"兽"字不误。②

惠栋据古注而认为《诗经》应作"薄狩于敖"。庄述祖在惠注基础上,联系《车攻》前文,提出应作"薄兽于敖"。虽然二者意见不尽相同,但庄氏所受惠栋之启发并不难见。庄氏此解已全然汉学考据路径,即使与惠栋之解相比亦不无胜处。

庄述祖对《毛诗》中的"家法"亦有认识。他援引《论语》中孔子与子夏讨论"巧笑倩兮,美目盼兮"一段,说:"此圣门言《诗》之家法也。《毛诗》义例盖本于此。"③论《毛诗》而上溯至子夏,并点明乃是孔门"家法",这与陈启源、惠栋以来对《毛诗》"家法"的认知有颇多类似之处。这说明庄述祖处乾嘉时期"家法"观念的兴盛潮流中,已逐渐趋近学界的主流话语。庄氏著作中除援引惠栋、江声、王鸣盛之外,还常引及段玉裁、王引之等人,但若从"家法"观念而论,庄氏与吴派诸人关系更近。谭献在《复堂日记》中便评论说,皖派宗师戴震的《经考》"未及庄述祖氏《五经小学述》《载籍足征录》为有家法"④。

据李慈铭记述:"庄珍艺有言:'汉学之存于今者,苟有一字一句之异同,要当珍若拱璧。'"⑤这种对"汉学"的推崇态度,颇可视为惠栋、江声之余绪。

---

① 孙星衍:《孙渊如外集》卷三《尸子集本序》,《清代诗文集汇编》第436册,第393页。
② 庄述祖:《毛诗考证》卷一,《清经解续编》第1册,第1093页。
③ 庄述祖:《珍艺宦文钞》卷四《硕人篇说二》,《续修四库全书》第1475册,第56页。
④ 谭献:《复堂日记》卷六,范旭仑、牟晓朋整理,北京:中华书局,2013年,第129页。
⑤ 李慈铭:《越缦堂文集》卷四《与顾河之孝廉书》,《续修四库全书》第1559册,第179页。

庄述祖尤喜搜集金石,"迹不出门,搜奇日富,坐致金石文字,萃之室中,不啻卧游五岳。"①这亦是明末清初以降三吴地区的风尚。甚至庄氏所钟情的古籀之学,亦可视作陈启源、江声等崇古好篆学风的一种延伸②。另外,前文论及吴派学人的首要工作往往是辑佚旧注,观惠栋、江声、王鸣盛、孙星衍等人的经学研究,莫不如是。而庄述祖在辑佚旧注的道路上亦有所得。卢文弨曾留下这样一段记载:

> 郑康成为《针膏肓》《起废疾》《发墨守》……今三书皆不传。毗陵庄进士葆琛述祖,于各经疏所引,广为搜辑,《针膏肓》得廿八条,《起废疾》得卅八条,《发墨守》得五条……归安丁孝廉小雅抄得庄书,并得朱石君学士前任晋藩时所进本,互相校雠。晋本不及庄本采辑之多,而《针膏肓》中有一条尚为庄本所阙。余于是寠而抄之。③

庄氏所辑录《针膏肓》《起废疾》《发墨守》三书,丁杰、卢文弨皆亲见之。需要注意的是,当时庄氏年甫而立,所辑佚文条目数并不算少,而且他之所以想到辑佚此三书,应是受到当时方兴未艾的"郑学"影响。吴派诸人皆推崇郑玄,而庄述祖在《郑氏家法序》中也说:"郑君独博稽六艺之文,为之注述,剖析众说,兼综百家,略揃误文,推广遗义,揆厥源委,典礼以行。"④对于郑玄,庄述祖的总体态度是肯定的,只是晚年在某些议题上才开始批评郑玄,宋翔凤所说的"葆琛先生晚论郊禘,多砭郑学"⑤,正指此而论。

庄述祖亦曾搜辑《尚书》马、郑注。他说:

> 近欲撰《尚书今古文集解》,仅载马、郑、王三家注,及《史》《汉》所引异同,亦不能遽定其是非。⑥

这是庄氏曾撰集《尚书》古注的明证。庄氏所采用的方法,乃是广为搜辑古注,复与《史记》《汉书》所载相比勘,进而展现其"异同"。庄氏的《尚书今古文集解》今已融入刘逢禄的同名著作之中,据张广庆检证,刘氏之书"不

---

① 赵怀玉:《亦有生斋集》文集卷七《秦泰山石刻跋》,《续修四库全书》第 1470 册,第 95 页。
② 有关庄述祖的古籀研究,参蔡长林:《常州庄氏学术新论》,第 297—304 页。
③ 卢文弨:《抱经堂文集》卷七《题针膏肓起废疾发墨守》,第 88 页。
④ 庄述祖:《珍艺宧文钞》卷五《郑氏家法序》,《续修四库全书》第 1475 册,第 90 页。
⑤ 宋翔凤:《论语郑注》卷二,食旧堂丛书本。
⑥ 庄述祖:《珍艺宧文钞》卷六《答蒋松如问夏时说义书》,《续修四库全书》第 1475 册,第 114 页。

惟与庄氏所欲撰者书名相同,其征古义部分,亦仅载马、郑、王注,足证其取庄氏未竟之遗稿,以推其说,撰为是编"①。刘逢禄对庄述祖著述的继承与发展,后文详述。此处我们看到,不论在考订文字、文句,还是在推重郑学、搜辑古注、比勘经史的做法上,庄述祖其实与吴派的"师法"观念颇为接近。从这一点来说,不得不谓常州庄氏家学也受到了苏州"汉学"学风的强烈影响。

二、庄述祖与乾嘉汉学家的异趋

庄述祖在常州地区培养了不少学术后进。除庄氏之甥刘逢禄、宋翔凤外,臧庸、丁履恒、洪饴孙(洪亮吉子)、张成孙(张惠言子)等常州籍年轻学人也都得益于庄氏的指授②。这些年轻学人有的成为"汉学"健将,有的则至少吸取了"汉学"因子。综观庄述祖的著述,有关汉学考证的内容俯拾即是,而且其中不乏精义。乾嘉以降的著名学者如段玉裁、孙星衍、洪亮吉、陈立、陈乔枞、孙诒让、皮锡瑞等,皆有征引庄氏考据之言。这说明"汉学"确实构成了庄氏经学较重要的一个面向。

不过,庄述祖本人并不认为自己从事的乃是"汉学"。蔡长林指出:"庄家子弟并不认为自己的学术是今文经学,更不会以当时考据学家所习称的汉学这个概念及其内涵,来界定家族学术。"③从学术特质来看,这一判断是精准的。需要强调的是,庄氏与"汉学"的真正关系,可以在其本人以及当时汉学家的文字中寻得直接证据。我们知道,今本《书序》有《益稷》篇名,马、郑本皆作《弃稷》,从江声到王鸣盛、孙星衍,都依从马、郑而作《弃稷》。江声说:"伪孔氏分《咎繇谟》下半篇,妄立名为《益稷》,乱经之罪大矣。"④王鸣盛据《法言》而推论扬雄曾见真《弃稷》⑤,孙星衍则直接将篇名更为《弃稷》,并指出将"弃"改为"益"系《伪孔传》所改⑥。而反观庄述祖的态度,则是依从《伪孔传》,他说:

> 《正义》云:"马、郑所据《书序》,此篇名为《弃稷》,又合此篇于《皋陶谟》,谓其别有《弃稷》之篇。"言汉学者皆从作《弃稷》,不知百篇乃圣人所定。稷,周之配天之祖也,周人以讳事神,虽《诗》《书》不讳,而《典》

---

① 张广庆:《武进刘逢禄年谱》,台北:学生书局,1997年,第109页。
② 沈明杰:《〈武进庄存与庄述祖年谱稿〉补正》,《大众文艺》2020年第10期。
③ 蔡长林:《常州庄氏学术新论》,第263页注。
④ 江声:《尚书集注音疏》卷十一,第751页。
⑤ 王鸣盛:《尚书后案》卷三十,《嘉定王鸣盛全集》第3册,第1124页。
⑥ 孙星衍:《尚书今古文注疏》卷三十,第559页。

《谟》稷独称官,惟帝命乃称名耳。此皆据周立法,决无以"弃稷"名篇之理也。①

庄述祖始终以《益稷》名此篇,他对于马、郑所言并未遵从,而是凭借己意推测,圣人所定《尚书》不应以"弃"名篇。由上述引文中的"言汉学者皆从作《弃稷》"可知,庄氏非但不以"言汉学者"自认,而且言辞之中不无对"言汉学者"的鄙夷。由这些细微处,我们可以探寻庄述祖与乾嘉汉学家的根本分歧。

考察乾嘉汉学家对庄述祖的评价,亦有助于此问题的清晰化。庄述祖对江声的《尚书》学堪称拜服,然而江声对庄氏则未有丝毫敬意。《尚书集注音疏》后附《尚书补谊》有一条云:

> 顾生广圻曰:"……近有妄庸人刻《白虎通》,改'无逸'为'亡逸',以为世所不传之《书》篇。旧本《白虎通》则皆作'有无'之'无',不作'亡'字。遍考古书,字作'亡'而读为'无'者颇有,从未有字作'无'而读为'亡'者。《白虎通》明称'无逸',安得改为'亡逸'乎?"②

前文述及,卢文弨在南京时,庄述祖曾携《白虎通》前往拜谒③。顾广圻此处未点名的"妄庸人"指向的正是庄述祖,而江声特录顾说,则颇含微意。宋翔凤《庄珍艺先生行状》亦载此事,更能直接表明江声的态度:

> (庄述祖)所校古书有据意改者,证之旧本无不合。如今本《白虎通》引《书·无逸篇》曰"厥兆天子爵",校改为"《书》逸篇",卢学士文弨采入刻本中,江方正声深为讥笑。其后卢君又得宋、元本皆作"《书》逸篇",江君始悔其说。④

面对江声的讥讪,身为庄氏外甥的宋翔凤应当不无介怀,是以在庄氏殁后,宋氏特详述其事。据此处记载,江声最终认同了"无逸"改"亡逸"之说。尽管如此,我们已然可以确信顾广圻、江声斥之为"妄庸人"的学者正是庄述祖。在江声眼中,庄述祖的学问完全不能与当时的汉学家相提并论。联系

---

① 庄述祖:《尚书今古文考证》卷七,《续修四库全书》第46册,第469页。
② 江声:《尚书集注音疏》附《尚书补谊》,第828页。
③ 卢文弨:《抱经堂文集》卷三《校刻白虎通序》,第36页。
④ 宋翔凤:《朴学斋文录》卷四《庄珍艺先生行状》,《续修四库全书》第1504册,第397页。

第三章 从苏州到常州:"师法"观念的传衍与变异

上述庄述祖讥讽"言汉学者"的一番议论,则更能看出汉学家与庄述祖相互之间都有不满。

欲理解这一问题,需要从庄述祖经学的特质与归趋着眼。据宋翔凤《庄珍艺先生行状》,庄述祖曾这样自道:"四十后始历仕途,无所树立,终身抱愧。晚欲锐力于少年未竟之业,借此以赎愆尤,为学益勤,为心愈苦。"①庄氏仕途蹭蹬,晚年意欲通过学问来弥补对族中先辈的愧憾,其"为心愈苦"的原因主要是思考如何将家学传承并发扬。庄存与在《诗经》《尚书》等多部经典上都有著述,而庄述祖则通过《毛诗考证》《尚书今古文考证》等予以赓续。前人已经指出,虽然庄述祖的这些著作都采取了考证学的方法,但其内在思想追求则是推阐庄存与之说②。

以《书序》研究为例,庄氏家族皆认为,《书序》保存了"微言大义",因而较之汉儒更具权威性。庄述祖曾说:

> 宋人说经,类多凭臆。述祖尝学《尚书》,病其无可依据,《伪孔传》又陋且略,求之于伏生《传》,马、郑、王诸家注,时亦有所去就,而一折衷于《书序》。《书序》所有,传注不同,则从《书序》。汉儒所言,孔孟不言,则不敢从汉儒。③

在庄氏看来,宋儒经说多凭臆见,《伪孔传》又不足采信,因而必须探求伏、马、郑、王诸家经说。这些看法与乾嘉汉学家并无差异。然而在庄氏心中,汉儒的经义论说仍是第二位的,他所追求的经义必上溯至孔、孟,而能够代表圣人"微言大义"的则是《书序》。这一点既是庄氏家学中始终未变者,也是与乾嘉汉学家所呈现的一大异趋所在④。庄述祖自述:"《尚书》疏通知远之教,三代帝王大经大法略具,窃不自量,欲采集西汉以前诸儒传记为一书,以留微言大义于万分一。"⑤他在《尚书古今文序略》一文中考述古今文源流,然而最终落脚于"存其大体,略枝辞,考异同,以求其长义,在好学者深思而自得之"⑥。倘若对照庄存与的经学观点,可以看出二者在根本上仍然

---

① 宋翔凤:《朴学斋文录》卷四《庄珍艺先生行状》,《续修四库全书》第 1504 册,第 397 页。
② 蔡长林:《常州庄氏学术新论》,第 225 页。
③ 庄述祖:《珍艺宦文钞》卷六《答孙季述观察书》,《续修四库全书》第 1475 册,第 107 页。
④ 参蔡长林:《常州庄氏学术新论》,台湾大学中国文学研究所博士学位论文,2000 年,第 243 页;刘德州:《清代尚书学蠡探——今文经学背景下的尚书研究》,南开大学博士学位论文,2011 年,第 36—40 页。
⑤ 庄述祖:《珍艺宦文钞》卷六《答孙季述观察书》,《续修四库全书》第 1475 册,第 107 页。
⑥ 庄述祖:《尚书今古文序略》,《清儒学案》,第 2843 页。

是一致的，只不过庄存与对方兴未艾的"汉学"研究置若罔闻，而庄述祖则在方法上尽力吸取"汉学"，在学术归趋上仍然是以注重"微言大义"的庄氏家学为底蕴。宋翔凤评论说："葆琛先生于《尚书》学，推本《书序》，错综论定，如见远古。曾采《逸周书》《太史公》为《尚书记》，申以己说，盖非近代考据家所能及也。"①可知在宋氏眼中，庄述祖的《尚书》学非乾嘉汉学家所能望其项背。

庄存与在阐发"微言大义"时，往往采取"群经互证"的立场与方法。他主张"因《诗》以知《书》"②，常常在《诗经》与《尚书》之间建立起经义关联。而庄述祖也在这条道路上多有创发。他贯通群经之间的"结尾"，提出："故《易》终《未济》，《书》终《秦誓》，《诗》终《商颂》，《春秋》终'西狩获麟'，《夏时》终于'陨麋角'。戒之哉，戒之哉！"③认为经典的末篇往往包含着圣人对后世的殷殷垂训。他又贯通《周易》《春秋》《夏小正》等，提出："《易》非卜筮也，《春秋》非记事也，《夏时》非记时也。圣人著之于经，所以观三代之道也，天地之德也，圣人之心也。《易》之卦也，《春秋》之义也，《夏时》之等也，一也。"④庄氏家族的第三代学人庄绶甲的经学多得自于庄述祖，也主张："五经惟《诗》《书》尤与《春秋》相通，故以读《春秋》者读《诗》《书》，无不可得圣人微言大义。"⑤这些观点将《周易》《尚书》《诗经》《春秋》打通为一，倘若我们了解刘逢禄在"群经相通"论上的基本见解，则不难见及从庄存与到庄述祖再到刘逢禄的一脉相承之迹，而这种解读经典的方式与乾嘉汉学家的观点显然有着相当大的距离。

如果说"群经相通"的基本理念得自庄存与，那么尤需值得注意的是，庄述祖还着意于《尚书》中的"《春秋》笔法"。例如《书序》有云："武王胜殷杀受，立武庚，以箕子归，作《洪范》。"在解《洪范》之时，刘逢禄采庄述祖说云："箕子朝周，不曰来朝，曰归者，喜之也。"⑥寥寥数语，颇值得深究。庄述祖《珍艺宦文钞》尝谓：

> 箕子归，何也？归者，犹言来归也。武王胜殷，释箕子之囚，箕子不

---

① 庄述祖：《尚书记》卷首，《丛书集成续编》经部第5册，上海：上海书店出版社，1994年，第1页。
② 庄存与：《尚书既见》，不分卷，《续修四库全书》第44册，第227页。
③ 庄述祖：《明堂阴阳夏小正经传考释》卷三《夏时说义下》，转引自蔡长林：《常州庄氏学术新论》，第236页。
④ 同上书，第235页。
⑤ 庄绶甲：《拾遗补艺斋文钞·上孙观察星衍书》，《清代诗文集汇编》第512册，第407页。
⑥ 刘逢禄：《尚书今古文集解》卷十二，《续修四库全书》第48册，第273页。

> 忍见殷之亡,走之朝鲜,武王乃封箕子于朝鲜而不臣。其后二年,纣三年丧毕,是时武王明教通于四海,海外息慎、北发、渠搜、氐、羌,莫不来服,于是箕子朝周。不曰来朝曰归者,何也?箕子,中国之圣人也。巢伯言来朝矣,息慎言来贡矣,箕子,中国之圣人也,曰归者,喜之也。①

《春秋》鲁闵公元年经文云:"季子来归。"《公羊》、《谷梁》、《左传》三传的解释大致相同,皆认为"来归"包含了对季友回至鲁国的赞赏②。此处庄述祖将箕子"归"解为"来归",并点明"喜之也",明显是以《春秋》笔法解读《尚书》。倘若注意到庄氏家学一向认为《尚书》与《春秋》都蕴含着圣人微意,即使一字亦不可轻忽,那么庄述祖此言的思路已经足够明显。

应当说,这是一种遍治群经然后全盘运思的学术取向,它致力于沟通群经中所蕴含的"微言大义",展现出群经文本的互动与融通。但这又与前文所论东吴惠氏所主张的"以经证经"有着根本不同。在惠氏学人那里,"以经证经"是一种考证的方法,旨在考订经典在文本、史事、礼制上的异同,但常州庄氏家学则更为关注群经文本背后的"微言大义"的相通。魏源曾盛赞庄存与的经学:"君所为真汉学者,庶其在是,所异于世之汉学者,庶其在是。"③其实正道出了庄氏家学与乾嘉汉学的根本异同。作为常州庄氏家学的第二代学人,庄述祖在这一进路上的发展代表了他与乾嘉汉学家的根本分歧,也体现了常州庄氏经学的一大特征,那就是以阐扬经典中的"微言大义"为最终标的。至于是否采取"汉学"考证,只是具体手段上的差异。

从庄存与到庄述祖,包括后文将要讨论到的刘逢禄、宋翔凤,在著述中都主动吸纳宋学。庄述祖有一篇《座右铭》,其中说道:"间授儿子以小学之书,颇知辨句度、求义理,循是渐进,庶不迷于所往乎?虽然,学所以淑其身心,毋徒以是为父师之教而口耳受之也……操之何如?事兹克复,天理浑然,于昭尔独。徇欲者妄,循理者诚,剖析毫芒,择之必精。择之何如?致知格物,内外动静,凛此四勿。昧所先后,陷于异端,集义主敬,力回狂澜。是谓正学,诸儒攸述,悖之则凶,修之则吉。"④此文中理学味道颇重,庄述祖所理解的"正学",于此可见。赵怀玉在评价庄述祖的学问时说:"庄子葆琛少负异禀,先秦以来载籍,靡不窥览,采求阙文,补缀漏逸,期裨助于六经后已。

---

① 庄述祖:《珍艺宧文钞》卷三《洪范序说》,《续修四库全书》第1475册,第37—38页。刘逢禄《书序述闻》中亦引此段,《续修四库全书》第48册,第362页。
② 《公羊传》:"其言来归何?喜之也。"《谷梁传》:"其曰来归,喜之也。"《左传》:"季子来归,嘉之也。"
③ 魏源:《魏源集》,北京:中华书局,2018年,第238页。
④ 庄述祖:《珍艺宧文钞》卷五《座右铭》,《续修四库全书》第1475册,第104页。

既惧世儒右汉黜宋,退读濂洛关闽之书,乃喟然曰:'世儒不善学宋,致来非议。盖外六艺而别求所谓道德者耳。'"①可知庄氏虽浸润"汉学",但仍对学界的"右汉黜宋"心理保持警惕,希望在汉、宋之间别树一帜。《珍艺宦文钞》中还保存有一篇《意为心之存发辨》,文中尤为推崇刘宗周,认为:"蕺山刘氏矫之,虽推阳明以摧陷廓清之功,而以稽古考文、用垂典则自任,故其门人多尚实学。蕺山之学,正所以善续姚江之学者也。"②庄氏详辨心、意关系,这与吴派诸人对宋明儒心性之学的态度相差甚远。清人曾论说:"葆琛治训诂,亦兼说心性义理。乾嘉之际学者以沟通汉宋为职志,葆琛亦其一也。"③庄氏家学中的这种宋学因子,一直延续至刘逢禄、宋翔凤的著作中,宋氏晚年对程朱之学的提倡可以在庄述祖这里觅得渊源。

由于庄述祖的经学致力于索解经典中的"微言大义",不仅力主"群经相通",而且采纳宋儒之说,因而常常遭到持守"汉学"观念者的批评。李慈铭评价庄葆琛的《五经小学述》说:"《珍艺宦丛书》以此种为最醇。"④言下之意,即谓庄氏其他诸书不够纯正。李慈铭以乾嘉汉学为严格标准来衡量,故而有此判断。另如孙诒让讨论庄述祖的《尚书记》说:"其书本无足取,以所校间有一二文精确者,弃之又可惜,故录存之。"⑤对该书的总体评价显然偏向负面。在这些评论中,我们可以窥见庄述祖的经学与纯正的乾嘉汉学确实有着异趋。

最后需要讨论的是,作为吴派后劲的江藩如何看待庄存与、庄述祖的学问。江藩在《汉学师承记》中并未记载庄氏伯侄。对于此问题,周予同解释说:

> 江氏生于甘泉,离今文学派的发祥地常州不远;死于道光间,亦正当今文经学派日趋发展的时候。而且他曾于这书卷四《洪亮吉传》附记刘逢禄,与龚自珍的交谊也不很薄,则对于今文派的复兴,当然不能诿为不知……这或者因为江氏自局于古文学,而不承认今文学本是"汉学"的支流;然而这只是显示江氏观念的狭小而已。⑥

---

① 赵怀玉:《亦有生斋集》文集卷六《珍艺宦记》,《续修四库全书》第1470册,第76页。
② 庄述祖:《珍艺宦文钞》卷二《意为心之存发辨》,《续修四库全书》第1475册,第28页。
③ 徐世昌:《晚晴簃诗汇》卷一百二《庄述祖》,《续修四库全书》第1631册,第298页。
④ 李慈铭:《越缦堂文集》卷五《复王益吾祭酒书》,《续修四库全书》第1559册,第193页。
⑤ 孙诒让:《籀庼遗文》,北京:中华书局,2013年,第350页。
⑥ 江藩:《汉学师承记》,周予同选注本序言,商务印书馆,1933年,第49页。

江藩当然知道常州庄氏家族,对于庄存与、庄述祖不会不了解①。在《汉学师承记》中,江藩记载:"与君(洪亮吉)同时为汉学者,孙君渊如之外,有三人焉。"②这三人之中,庄炘本就是常州庄氏族人,赵怀玉、张惠言皆与庄氏家族渊源甚深。那么唯一可能的解释,便是江藩的"汉学"门户甚严,不符合他的标准的学者,自然被他革出"国朝汉学"的脉络之外。

但江藩的这一做法应当不是源于今古文之争的"偏见"。综观庄述祖的著作即可知,他对西汉今文的三家《诗》、三家《尚书》,几乎都没有进行深入的研究,明确攻毁古文、推崇今文的经学意识更是极其淡薄③。晚近学者以晚清日益盛大的今文意识为尺度来衡量庄述祖,不免失当。而在江藩的观念中,今文经学是作为整体"汉学"的一部分存在的,其著述里并未见排斥《公羊》等今文经典的言论④。近来研究表明,《汉学师承记》中庄存与之所以缺位,主要是由于庄存与重议论、崇大义的著述风格"不合江藩的标准"⑤,而联系本节所述庄述祖与乾嘉汉学家的异趋,可见庄述祖的最终经学追求亦非"汉学"所能范围者。从江藩之师江声对庄述祖的看法中可知,乾嘉汉学家从未将庄述祖视为同道,更何况庄氏本人亦不以"汉学"看待自家学术,那么江藩将其排除在"汉学"脉络之外,自然是顺理成章之事。

第三节 入得其中,出乎其外:刘逢禄的"师法"观念与经学思想探析

一般而言,学界关注常州学者刘逢禄的视角,多集中于《春秋》学上。主流论述惯于从庄存与的《春秋正辞》谈起,讨论刘逢禄在继承庄氏家学的基础上,以《公羊》学为中心建立起独特的今文经学体系,进而探析其对晚清今

---

① 江藩在述及朱筠时,曾提及庄存与及其弟庄培因。见江藩:《汉学师承记》,第68页。
② 江藩:《汉学师承记》,第81页。
③ 蔡长林:《常州庄氏学术新论》,台湾大学中国文学研究所博士学位论文,2000年,第263—264页;蔡长林:《常州学派略论》,收入彭林主编:《清代学术讲论》,桂林:广西师范大学出版社,2005年,第45—60页。
④ 《江藩集》中的《公羊先师考》,表明江藩的确在认真研究《公羊》的传承问题,并未因其今文色彩而另眼视之。
⑤ 王鹢嘉:《学术史中的话语演变与谱系构建——清代公羊学史与庄存与》,《学术月刊》2018年第3期,第150页。

文经学产生的深刻影响①。这一论述无疑能够呈现出刘氏经学的主体面貌,也能够呈现清代今文经学的一般发展历程。然而,刘氏可供讨论者并不止此。据笔者粗浅考察,刘氏的思想有较深的汉学"师法"痕迹,与苏州经学之间有着不可忽视的渊源。此外,刘氏于《周易》学方面撰有《虞氏易言补》,于《尚书》学上撰有《尚书今古文集解》与《书序述闻》等。它们所呈现出的刘氏经学的特质,以及与清代今文经学的关联,仍需引起学界的充分重视。倘若对刘逢禄的"师法"观念以及《公羊》学之外的学术思想缺乏深入仔细的探讨,恐难以呈现刘氏经学的全貌,亦难以对其在清学史上的地位进行全面而有建设性的评估。

一、从《易》学、《春秋》学看刘逢禄对"师法"的接受

刘逢禄是从常州武进刘氏家族走出的经学家。这一家族是常州地区众多以科举起家的家族之一,其门第堪称显贵。刘逢禄的祖父刘纶,于乾隆元年(1736)举博学鸿儒第一,此后授翰林院编修,历官文渊阁大学士、军机大臣。去世后入祀贤良祠。② 刘逢禄之父刘召扬曾主湖南、陕西、山东讲席,为学广博,著述亦丰。从刘召扬被彭启丰赏识,又迎娶庄存与之女来看,他也是苏州彭氏、常州庄氏政学网络中的关键一员。

刘逢禄出生于乾隆四十一年(1776)。他的母亲庄氏自幼受家学濡染,通晓经书。刘氏曾自述:"余幼时,先姚诲之学,必举所闻于宗伯公经史大义,以纠俗师之谬。"③刘逢禄在少年时跟从母亲归省,外祖父庄存与在问其所学后感概说"此外孙必能传吾学"④。庄存与去世后,刘氏又跟随从舅庄述祖习得"两汉古文、今文流别"⑤。因而,在少年刘逢禄心中,不仅对庄氏家学有天然的亲近感,继承家学的责任意识也在逐渐滋生。

---

① 以往相关讨论,可参古国顺:《清代尚书学》,台北:文史哲出版社,1981年,第161—164页;蔡长林:《从文士到经生:考据学风潮下的常州学派》,台北:"中研院"文哲所,2010年,第77—81页;艾尔曼:《从理学到朴学:中华帝国晚期思想和社会变化面面观》,赵刚译,南京:江苏人民出版社,2011年,第162—163页;黄开国:《公羊学发展史》,北京:人民出版社,2013年,第493—556页;路新生:《中国近三百年疑古思潮史纲》,上海:复旦大学出版社,2014年,第135—177页;郑任钊:《公羊学思想史研究》,北京:中国社会科学出版社,2018年,第255—277页;刘德州:《常州学派与〈尚书〉之"微言大义"》,载《天津社会科学》,2013年第4期,第136—138页;林丛:《刘逢禄易学之公羊学意蕴探微》,《周易研究》2022年第4期,第42—48页;等等。
② 刘翔宸等纂修:《西营刘氏家谱》卷八,上海图书馆藏清光绪二年刊本,第70a页。
③ 刘逢禄:《刘礼部集》卷十《记外王父庄宗伯公甲子次场墨卷后》,《续修四库全书》第1501册,第184页。
④ 刘逢禄:《刘礼部集》卷十一附刘承宽《先府君行述》,《续修四库全书》第1501册,第209页。
⑤ 刘逢禄:《刘礼部集》卷九《跋杜礼部所藏汉石经后》,《续修四库全书》第1501册,第177页。

第三章 从苏州到常州:"师法"观念的传衍与变异

与庄存与不同,刘逢禄所生活的时代正是"汉学"思潮如日中天的时代。苏州、京师两大"汉学"中心早已形成,惠栋、戴震的弟子及羽翼也已经成为学林中新的执牛耳者。即使在庄氏家学内部,庄述祖的治学取向也由于应对"汉学"风潮而发生了较大变化。正是因此,不论其认同程度如何,刘氏都必须回应这一思潮。嘉庆十年(1805),而立之年的刘逢禄说:

> 大清之有天下百年,开献书之路,招文学之士,以表章六经为首。于是人耻乡壁虚造,竞守汉师家法,若元和惠栋氏之于《易》,歙金榜氏之于《礼》,其善学者也……先汉师儒略皆亡阙,惟《诗》毛氏、《礼》郑氏、《易》虞氏,有义例可说,而拨乱反正,莫近于《春秋》。①

这段文字对于理解刘逢禄的经学观念相当重要。刘氏此处论述的落脚点在《春秋》,但他特意标明惠栋《易》学与金榜《礼》学,称其为"善学者",又点出《诗》毛氏、《礼》郑氏、《易》虞氏"有义例可说",正表明这些都是刘氏的学术认知起点。

刘逢禄出身常州,其从舅庄述祖从苏州学人处袭取了汉儒"家法",刘氏本人对此深有感悟。路新生认为:"如果说'人耻向壁虚造'是吴、皖两派共通的治学风格的话,'竞守汉师家法'却不是吴、皖两派的共通治学特点,而仅仅是惠栋吴派的治学特点……所以,刘逢禄所凸出的重点实际上是落在表彰吴派的'竞守汉师家法'上的。"②这是相当精准的一种解读。金榜虽属皖派,但其三礼学"以高密为宗,不敢杂以后人之说"③,亦可说笃守郑玄"家法"。因而,从这个角度而论,成年后的刘逢禄对汉儒"师法""家法"是基本接受的。他举出的《诗》毛氏、《礼》郑氏、《易》虞氏等,亦正是吴派"汉学"所致力的方向。

从刘逢禄之子刘承宽的记述中还可以看到,刘逢禄对东汉经师有一个大体排序:"府君以东汉经师有家法可寻者,今惟何、虞、许、郑四君子。"④这一认识倘若质诸惠栋、江声、王鸣盛等人,亦大体可从。以家法而论,何休、虞翻属今文,许慎、郑玄则偏于古文,由此可知刘氏对汉代家法的认知亦倾向于做整体的理解,并未将古文排除在外。只是需要意识到,此处四人的排

---

① 刘逢禄:《春秋公羊经何氏释例叙》,曾亦点校:《春秋公羊经何氏释例 春秋公羊释例后录》,上海:上海古籍出版社,2013年,第4页。
② 路新生:《中国近三百年疑古思潮研究》,上海:上海人民出版社,2001年,第136页。
③ 江藩:《汉学师承记》,第87页。
④ 刘逢禄:《刘礼部集》卷十一附刘承宽《先府君行述》,《续修四库全书》第1501册,第211页。

序是刘氏有意为之,他将何休置首,郑玄居末,对《左传》学大儒服虔避而不提,用意自是重今文而薄古文。

对于虞氏《易》学,刘逢禄大致是守其"家法"的。他大体接续了惠栋、张惠言的虞氏《易》学研究。我们知道,惠栋《易》学是讲究"师法"之作,但若严格来看,惠氏将不同家派的《易》解融为一炉,虽然清晰辨别出自何家,但仍不是严格的某家之学。张惠言只集中于虞氏《易》,不仅将其条分缕析地予以呈现,而且还将虞氏《易》学中的各个层面都予以疏通①。这实际上启发了刘逢禄的《周易》研究。

嘉庆七年(1802),27 岁的刘逢禄在京城见及张惠言。据刘承宽说:"(府君)《易》《礼》多出于皋文张氏。"②这说明刘氏《易》学得益于张惠言的开授。张惠言于此年六月殁世,所撰《虞氏易言》二卷未能最终完成,其甥董士锡嘱托刘逢禄续补之。刘氏说:

> 初,张皋文先生述《易言》二卷,自《震》以下十四卦未成而先生没。其甥董士锡学于先生,以余言《易》主虞仲翔氏,于先生言若合符节,属为补完之。先生善守师法,惧言虞氏者执其象变,失其指归,故引申《文言》举隅之例,一正魏晋以后儒者望文生义之失。于诸著述为最精。禄学识浅陋,又未尝奉教先生,仅仅穷数日之力,以先生所为《易》说,竟其条贯,而为此稍为疏通证明之,庶于师法少所出入。其于先生之意,有合有否,则不敢信焉尔。③

可以看到,刘逢禄言《易》亦主虞氏《易》,与张氏相合,这是董士锡嘱托其续成《虞氏易言补》的最重要原因。此外,刘氏非常重视《易》学"师法"。上引文字中,前后共提及两次"师法",先评张惠言治《易》"善守师法",后言自己之补作"庶于师法少所出入"。由此可知,刘逢禄《易》学研究的基本前提便是肯定汉儒尤其是虞氏的《易》学,从这一角度而言,其《易》学可谓"甚能得张氏(惠言)精神"④。

然而,刘逢禄的《易》学又并非单纯疏通虞氏《易》学,其做法与惠栋、张惠言相较,同中有异。刘氏在撰写《虞氏易言补》前,已投入何氏《公羊》研究

---

① 参谷继明:《张惠言〈易〉学与晚清今文学》,《海南大学学报(人文社会科学版)》2019 年第 1 期,第 9—15 页。
② 刘逢禄:《刘礼部集》卷十一附刘承宽《先府君行述》,《续修四库全书》第 1501 册,第 211 页。
③ 刘逢禄:《刘礼部集》卷二,《续修四库全书》第 1501 册,第 36 页。
④ 谷继明:《张惠言〈易〉学与晚清今文学》,《海南大学学报(人文社会科学版)》2019 年第 1 期,第 14 页。

第三章 从苏州到常州:"师法"观念的传衍与变异

有年。因而,他在该著中常将《公羊》家法参杂其间。据今日论者研究,在对《艮》《归妹》《涣》等卦的解释中,刘氏就借《公羊》经义来阐述《易》①。有关刘氏将《公羊》家法推广至群经领域的治经特色,后文详述,此处需要指出的是,在承继张惠言而来的《虞氏易言补》中,此种做法显然逸出了虞氏《易》学"家法"之外。清儒治经在持守"家法"的做法上,本有渐趋严密之势,如江藩、张惠言的《易》学著作,在甄别汉儒《易》说上,都较惠栋更为严格。因而,刘逢禄处此态势下以《公羊》来诠解虞氏《易》,只可视为以"家法"说《易》的一种"歧出"路径。他在总体上固然接受吴派治经的理路,但对其又非全盘接受,而是保留了自己的治经心得。

《易》学并非刘逢禄的主要成就所在。自少年时期始,刘氏即有意专力于《春秋》学研究,而独好《公羊》。尽管刘承宽说其父在《春秋》学上"独抱遗经,自发神悟"②,似乎无所依傍,但倘若我们溯其源头,依然能够找到刘氏致力于《公羊》的一些原因。惠栋曾说:"汉学之亡久矣,独《诗》《礼》《公羊》犹存毛、郑、何三家。"③刘氏则认为,"汉学"能以家法、条例进入者,以《诗》毛氏、《礼》郑氏、《易》虞氏为代表,此外则是"董、何之言,受命如响","求观圣人之志,七十子之所传,舍是奚适焉!"④应当说,刘氏之所以选定何氏《公羊》来研究,与他对"汉学"的总体判断以及此前清儒的学术积累紧密相关。在刘氏罗列的"汉学"中,毛、郑、虞三家皆已有较成熟的研究,陈启源、惠栋、金榜、张惠言的著作皆是刘逢禄所熟知者。而在庄氏家族内部,庄存与、庄述祖亦均在《诗》《书》方面卓有建树⑤。唯独何氏《公羊》学,虽有孔广森《公羊通义》开其先路,但孔著与何休特意立异之处所在多有,刘氏的最大不满即在此。由此来看,何氏学成为刘氏最主要的致力方向,良有其因。因而,自嘉庆十年(1805)至十七年的数年间,刘氏相继撰成了多部《春秋》学著作,其中有破有立,但重心无一例外都是何氏学。

嘉庆十年成书的《何氏释例》是刘逢禄著作中最具代表性者。刘氏根据何休《解诂》,将《公羊》经义分门别类,总结为三十例,某些例下还分若干小例。他在成书之时写下如下诗句:"弱冠精研志不磨,每从家法辨沿讹……经神绝业如相待,一瓣心香奉董何。"⑥可知董、何即其心中的"家法"所在。

---

① 林丛:《刘逢禄易学之公羊学意蕴探微》,《周易研究》2022年第4期,第42—48页。
② 刘逢禄:《刘礼部集》卷十一附刘承宽《先府君行述》,《续修四库全书》第1501册,第211页。
③ 惠栋:《易汉学自序》,第15页。
④ 刘逢禄:《春秋公羊经何氏释例 春秋公羊释例后录》,第4页。
⑤ 据蔡长林统计,庄述祖在《诗》《书》方面著述甚多。蔡长林:《常州庄氏学术新论》,第266页。
⑥ 刘逢禄:《刘礼部集》卷十一,《续修四库全书》第1501册,第206页。

他还说:"余初为《何氏释例》,专明墨守之学。"①所谓"释例"之"例"即为"条例","墨守之学"则近"师法""家法",而这两方面均非刘氏最先提出。蒙文通说:"惠言《易》宗虞,言《左氏》宗服,于《书》《礼》宗郑,能开家法之端者实惠氏;于虞《易》言消息,故通条例之学者亦始惠氏。"②惠栋撰有《易例》一书,对《易》学中的条例有精当的析论,其最后一条区分《春秋》之例与《易》之例③,说明对《春秋》条例亦有关注。此外,庄述祖治《夏小正》,先列其等,次求其例④,亦对"条例"之学深有心得。刘逢禄对何休"家法"的持守,以及对"条例"的关注,在内容上固均已逸出吴派汉学之外,但其总体方向仍是一致的,皆是以"家法""条例"来研究汉儒之学。

总体来看,在《何氏释例》一书中,刘逢禄对何氏学的"墨守"是较为自觉的,所谓"专明墨守之学"便是其自评。他对何休的推崇几乎到了前所未有的地步:

> 赖有任城何劭公氏,修学卓识,审决白黑,而定寻董、胡之绪,补严、颜之阙,断陈元、范升之讼,针明、赤之疾。精研覃思,十有七年,密若禽、墨之守御,义胜桓、文之节制,《五经》之师,罕能及之。⑤

正是因此,刘氏在《何氏释例》中恪守何氏"家法"。他主要采取考据与归纳的方法,将《公羊》何氏"义例"进行系统化与条理化。他在书中对"述而不作"的强调,对唐宋以后儒者"郢书燕说""不知而作"的批评⑥,都透露出对"汉学"观念的持守与尊奉。因而,从对何氏"家法"的复兴而言,刘逢禄确有不可替代之功。章太炎评价《公羊释例》"属辞比事,类列彰较,亦不欲苟为恢诡"⑦,皮锡瑞称其"有功于《公羊》"⑧,杨钟羲赞其"于汉师家法为精专"⑨,皆可从这一角度获得索解。因而,若单从《何氏释例》一书看来,刘氏堪称吴派"汉学"的一支同盟军。《汉学师承记》述及刘逢禄时,将其特置于

---

① 刘逢禄:《公羊申墨守叙》,《春秋公羊经何氏释例 春秋公羊释例后录》,第 292 页。
② 蒙文通:《廖季平先生与清代汉学》,《经学抉原》,第 104 页。
③ 惠栋:《易汉学新校注:附易例》,谷继明校注,第 336—337 页。
④ 有关庄述祖"条例"之学对刘逢禄的影响,可参王光辉:《三代可复:常州学派公羊学思想研究》,北京:人民出版社,2018 年。
⑤ 刘逢禄:《春秋公羊经何氏释例叙》,《春秋公羊经何氏释例 春秋公羊释例后录》,第 3 页。
⑥ 刘逢禄:《春秋公羊经何氏释例 春秋公羊释例后录》,第 3、159 页。
⑦ 章太炎:《訄书(初刻本、重订本)》,第 134 页。
⑧ 皮锡瑞:《经学通论》,第 438 页。
⑨ 刘逢禄:《春秋公羊经何氏释例 春秋公羊释例后录》,第 483 页。

洪亮吉、张惠言、臧庸后,又著录其《公羊释例》①,显然是经过权衡的。

但这种"墨守之学"在他所生活的时代,正遭遇来自皖、扬诸派的严厉批评。如段玉裁便说:"郑君之学不主于墨守而主于兼综,不主于兼综而主于独断。"②王念孙也主张:"必欲专守一家,无少出入,则何邵公之墨守,见伐于康成者矣。"③显然都认为"独断"胜于"墨守"。焦循说的更为明确:"何休墨守《公羊》,康成发之,非恶《公羊》也,恶墨守也。"④段、王、焦三人的评议对象,主要指向尊奉汉儒之吴派。刘逢禄对此不可能不知,也因此造成了其自身的某种转向。如果说《何氏释例》代表了刘氏持守"师法"之学,那么《公羊春秋何氏解诂笺》则在此基础上有了新变。

刘逢禄在《公羊春秋何氏解诂笺叙》中说:

> 余初为《何氏释例》,专明墨守之学。既又申其条理,广其异义,以裨何氏之未备。非敢云弥缝匡救,营卫益谨,庶几于《春秋》绳墨,少所出入云尔。康成《六艺论》曰:"注《诗》宗毛为主。毛义若隐略,则更表明;如有不同,即下己意,使可识别。"余发明何氏,窃取斯旨,以俟世之能墨守者董理焉。⑤

在此序文中,刘氏对何休的推崇并无稍减。他还专门说道:"何君生古文盛行之日,廓开众说,整齐传义,传经之功,时罕其匹。余宝持笃信,谓晋、唐以来之非何氏者,皆不得其门、不升其堂者也。"⑥但全书却取法郑玄《六艺论》中的做法,对何氏之说不甚墨守,而是致力于"裨何氏之未备"。观其书中所论,常常指摘何休,又兼采《左传》与《谷梁》,甚至以《谷梁》匡正何休之说⑦。杨钟羲罗列说:"书中有云何氏'于义俭'者,'失经传意'者,'疏于礼'者,'依违《左氏》'者,'《谷梁》于义为长'者,'何君依违之辞去之而义益长'者。"⑧今日论者也详细辨明,刘氏"多次援用《谷梁》义法以驳《公羊》"⑨。

---

① 江藩:《汉学师承记》卷四,第83页。
② 段玉裁:《经韵楼集》卷八《经义杂记序》,上海:上海古籍出版社,2008年,第188页。
③ 王引之:《经义述闻序》,上海:上海古籍出版社,2018年,第1页。
④ 焦循:《里堂家训》卷下,《续修四库全书》第951册,第529页。
⑤ 刘逢禄:《公羊申墨守叙》,《春秋公羊经何氏释例 春秋公羊释例后录》,第292页。
⑥ 刘逢禄:《春秋公羊经何氏释例 春秋公羊释例后录》,第292页。
⑦ 一些具体例证可参曾亦、郭晓东:《春秋公羊学史》,上海:华东师范大学出版社,2017年,第989—1000页。
⑧ 刘逢禄:《春秋公羊经何氏释例 春秋公羊释例后录》,第485页。引文标点有改动。
⑨ 郭晓东:《常州学派与〈春秋〉谷梁学——以庄存与、刘逢禄、戴望为讨论中心》,《中国经学》第三十一辑,第71—88页。

刘氏甚至还提出,在必要时可不依从《公羊传》原文。他曾评价宋儒胡安国之说"实胜《传》《解诂》",并在其基础上自拟了一段传文①。刘氏的此种态度,不得不说逸出了汉儒"师法"观念之外。

刘承宽对其父著作的这一特点也有观察。他说:

> 说者谓府君墨守何学,然《笺》中规何五十余事,至于母以子贵及夫人子氏、惠公仲子之属,则并舍《公羊》而从《谷梁》,甚至宋灾故一条,则并舍《三传》而从宋儒刘原父、胡安国之说,于其不苟为异,益知其同者之非苟同也。②

刘承宽意在褒扬其父"求公是而袪门户"③。但这在坚守"汉学"立场的后世学者看来,恰是不可忍受的变乱"师法"之举。陈立在《公羊义疏》中就屡屡对刘氏"自乱其家法"的做法进行讥评④。综观刘逢禄在《公羊》学上对"师法""家法"观念的态度,应当说具有接受的意识,但又保留了独特的治经取向。这是我们在研究刘氏"师法"观时首先要注意的一个面向。

二、破"汉学"之藩篱:晚年刘逢禄的《尚书》学研究

如果说刘氏的《易》学、《公羊》学大致还处于"汉学"范围中,那么其晚年的《尚书》学则在偏离"师法"的道路上愈走愈远。在《尚书》学上,刘氏与乾嘉汉学派有了较大分歧。因而,钱穆所说苏州与常州之间"师法""家法"观念"一脉相承"⑤,不宜理解为简单的延续。这一观念在常州学者的经学研究中仍有较大的调整与变化。

与《虞氏易言补》《何氏释例》不同,刘逢禄的《尚书今古文集解》与《书序述闻》二书皆系其后期著作,撰成之年为道光四年(1824),刘氏时年49岁。此前乾嘉学者对《尚书》的研治成果已颇宏富。吴派学者江声、王鸣盛分别撰《尚书集注音疏》与《尚书后案》,皖派学者段玉裁作《古文尚书撰异》,而且就在常州学者中,亦有孙星衍《尚书今古文注疏》问世。处此学术态势之下,刘逢禄以晚年"炳烛余明"重为《尚书》作注⑥,自有一番深意。

如前所述,以上几位汉学家的《尚书》学著作,都已摆脱《伪孔传》与《书

---

① 刘逢禄:《春秋公羊经何氏释例 春秋公羊释例后录》,第323页。
② 刘逢禄:《刘礼部集》卷十一附刘承宽《先府君行述》,《续修四库全书》第1501册,第212页。
③ 同上。
④ 陈立:《公羊义疏》,第59页。
⑤ 钱穆:《中国近三百年学术史》,第586页。
⑥ 刘逢禄:《尚书今古文集解序》,《续修四库全书》第48册,第185页。

集传》的笼罩,上探汉儒古注,致力于汉代《尚书》学的复兴。江声、王鸣盛前文已述,段玉裁的《古文尚书撰异》"详古文、今文字句之同异"①,致力于今古文文字之区分。周中孚评价此书说:"自有此书,而今文、古文之异同,昭昭然白黑分矣。故孙渊如师撰《今古文注疏》,于字之异同,一本是书,不假他求也。"②足见该著成就之高。

最值得注意的是孙星衍。孙氏较刘逢禄年长23岁。他曾纂辑《古文尚书马郑注》,明言"他时或与梅氏伪书同立于学官,此则区区负山之志"③。清代学者考定晚出《古文尚书》为伪书后,一时颇有希冀以新疏取代《尚书正义》者,而其中尤以孙星衍的态度最为明显。他在《尚书今古文注疏》中开篇即言:"《书》有孔氏颖达《正义》,复又作疏者,以孔氏用梅赜书杂于廿九篇,析乱《书序》,以冠各篇之首,又作《伪传》而舍古说。钦奉高宗纯皇帝鉴定《四库》书,采梅鷟、阎若璩之议,以梅氏书为非真古文,则《书》疏之不能已于复作也。"④由此可知,孙氏将《尚书》新疏的撰作视为己任。《尚书今古文注疏》问世后,确实受到了学者的极力推崇,晚清王懿荣曾请以立学,皮锡瑞也将其与陈乔枞《今文尚书经说考》并称,以为治《尚书》学者当取此二书研究,"笃守其说,可不惑于歧趋"⑤。此皆足见孙星衍《尚书》研究的水准之高与影响之大。

然而,从刘承宽的下述文字中,可以得知刘逢禄对乾嘉汉学界的《尚书》研究皆有不满:

> 郑氏(玄)于三《礼》而外,于《易》《诗》非专门,其《尚书》注已亡。或掇拾残阙,欲申墨守,或旁搜众说,支离杂博,皆浅涉藩篱,未足窥先王之渊奥。乃别为《尚书今古文集解》三十卷,别黑白而定一尊,由训诂以推大义,冀他日与各经传注并立学官焉。⑥

不待明言,这段论述中的"或掇拾残阙,欲申墨守,或旁搜众说,支离杂博"云云,显指江、王、段、孙等汉学诸人之作,以刘逢禄之见,上述诸书皆沉溺于汉儒古训而未能上探圣贤"渊奥"。从"别黑白而定一尊"一语,已颇可见刘氏超越诸家、归于一是之意;而"冀他日与诸经传注并立学官",则颇能

---

① 段玉裁:《古文尚书撰异》卷一,《续修四库全书》第46册,第4页。
② 周中孚:《郑堂读书记》卷九,上海:上海书店出版社,2009年,第147页。
③ 孙星衍:《问字堂集》卷四《与段大令若膺书》,《清代诗文集汇编》第436册,第121页。
④ 孙星衍:《尚书今古文注疏序》,陈抗、盛冬铃点校,北京:中华书局,2004年,第1页。
⑤ 皮锡瑞:《经学通论》,第146页。
⑥ 刘逢禄:《刘礼部集》卷十一附刘承宽《先府君行述》,《续修四库全书》第1501册,第211页。

道出刘氏重注《尚书》的直接针对对象。孙星衍以《尚书》新疏自任,刘氏不容不知其《尚书》学成就,然而刘氏称道他时唯云"文采斐然,左宜右有"①,对其经学成就矢口不提。盖因在刘氏看来,孙星衍仍是一文士,其学虽云广博,然于经学之"渊奥"实亦未尝有窥。以此来观察《尚书今古文集解》的撰作,便可大体得知,刘氏对他的这位同乡前辈并无丝毫示敬之意。

　　刘逢禄明言《尚书今古文集解》凡例有五:正文字、征古义、祛门户、崇正义、述师说。他在"正文字"下批评段玉裁"旁征蔓衍,烦赜为患,芟芜存英,什仅二三",在"祛门户"下直陈"孙《疏》好古"、"《后案》祖郑",不免"曲申其是"。即使是"征古义",刘氏也要对《尚书后案》中的"差谬过甚"者"悉为厘正"②。可知该书正是与乾嘉汉学有意立异之作。

　　通观该书则不难知晓,刘著致力之处正在于驳正汉儒马、郑之《尚书》学。刘承宽言其父注解《尚书》"与郑异义十之四五"③,乃是据实之言。李慈铭说刘逢禄"言《尚书》则力诋孙渊如氏、王礼堂氏尊主马、郑说之谬"④,戴望也评价他致力于"匡马、郑"⑤,都道出了刘氏与乾嘉汉学家的最大异趋。

　　问题的关键在于刘逢禄何以如此强烈地驳正马、郑。刘氏自言是为了避免所谓的"门户之见",他在《序》中明确指出《伪孔传》有数处"至为精确,不可以人而废言"⑥,又曾明确说道:"近日说《尚书》者,于《伪孔传》及《蔡传》,若将浼焉……稽古求是而门户不除,亦通人之弊也。"⑦此皆可见刘逢禄所说的"门户"特指汉学而言。在刘氏那里,不仅要"稽古",而且要"求是","求是"的不二法门乃是广搜博采,断以己心。因此,在《尚书今古文集解》中,多可见对《伪孔传》与《书集传》的采择,李兆洛评价《尚书今古文集解》"掇拾残阙,兼搜众说"⑧,正是指此而论。

　　然而,刘逢禄的《尚书》学排斥汉学是真,"无门户之见"则恐怕未必如其所言。庄存与于乾隆五十三年(1788)下世之时,刘氏年甫13岁,然而《尚书今古文集解》中的部分解释,足以表明其幼时即已闻其外祖讲说《尚书》。例

---

① 刘逢禄:《刘礼部集》卷十《岁莫怀人诗小序》,《续修四库全书》第1501册,第181页。此序作于嘉庆二十一年(1816),孙星衍《尚书今古文注疏》已于此前一年成书。
② 刘逢禄:《尚书今古文集解序》,《续修四库全书》第48册,第185页。
③ 刘逢禄:《刘礼部集》卷十一附刘承宽《先府君行述》,《续修四库全书》第1501册,第212页。
④ 李慈铭:《越缦堂读书记》,由云龙辑,北京:中华书局,2006年,第839页。
⑤ 戴望:《谪麟堂遗集》文一《故礼部仪制司主事刘先生行状》,《清代诗文集汇编》第732册,第782页。
⑥ 刘逢禄:《尚书今古文集解序》,《续修四库全书》第48册,第185页。
⑦ 刘逢禄:《书序述闻》,不分卷,《续修四库全书》第48册,第353页。
⑧ 李兆洛:《养一斋文集》卷十六《礼部刘君传》,《清代诗文集汇编》第493册,第261页。

如他曾说:"伯夷,吕侯之祖也;明刑者,皋陶之功者也。举伯夷以攘皋陶之功,且加于禹、稷之上,吕侯之目无周室,欲代王为政也。此义幼闻之于庄味经宗伯。"①这说明庄存与曾亲授《尚书》于刘氏。继庄存与之后,刘氏所深受影响之人乃是庄述祖。刘氏自陈在早年从庄述祖"问《尚书》今文、古文家法,及二十八篇叙义"②,在晚岁重注《尚书》时,所参照的蓝本又是庄述祖的未完之作③。故而他在《序》中首句即言:"《尚书今古文集解》何为而作也?所以述舅氏庄先生一家之学也。"④

《尚书今古文集解》的最后一条凡例乃是"述师说",此处"师说"特指其从舅庄述祖。刘氏在疏解《尚书》之时,从文字、文句到经义的阐发,多取庄述祖之解,因而让人很难相信其"无门户之见"。如《微子》中有"我旧云刻子"句,马融解"刻"为"侵刻",王鸣盛与孙星衍等人皆依马融注文,并提及《论衡》中"刻"作"孩"字,孙氏言二字"声义皆相近"⑤。而庄述祖则提出新见,以为"刻"当为"亥"字,"周黜殷命之数,在癸亥甲子之期";而《论衡》中之所以作"孩",则是因为"今文读孩,古文读刻,字本作亥,各以意说,故有异也"。对于庄述祖的这一新解,刘逢禄全部依从⑥。庄述祖又提出,《汤誓》中的"有夏多罪,天命殛之"中"多罪"二字衍,"舍我穑事而割正夏"中"夏"字当在"敢行称乱有"下,等等,庄述祖的此类意见也被刘逢禄全部采录⑦。

此外,刘逢禄对宋儒疑经改经的态度颇为认可,而这种做法亦源自庄述祖。王柏的《书疑》因改经而遭到《四库》馆臣的严厉驳斥,庄述祖却深受王柏启发,认为《多士》"尔乃尚有尔土"以下四十字与《多方》"尔乃自时洛邑"以下三十九字彼此互错,遂将二篇之文进行改易。刘逢禄对这一改经做法深信不疑,盛赞其为"天衣无缝,质诸圣人而不易者也"⑧。可见在疑经改经上,庄述祖、刘逢禄等常州学者承袭了宋儒的学术风格。后来皮锡瑞之所以严厉批评刘逢禄、魏源的《尚书》著作"一切武断,改经增经"⑨,其根源就在于这种重蹈宋人故辙的作风时时可见。

也正是因此,尽管刘逢禄将"征古义"作为凡例之一,然而通览他的《尚

---

① 刘逢禄:《尚书今古文集解》卷二十七,《续修四库全书》第48册,第331页。
② 刘逢禄:《尚书今古文集解序》,《续修四库全书》第48册,第185页。
③ 张广庆:《武进刘逢禄年谱》,台北:学生书局,1997年,第109页。
④ 刘逢禄:《尚书今古文集解序》,《续修四库全书》第48册,第185页。
⑤ 王鸣盛:《尚书后案》卷九,第280页;孙星衍:《尚书今古文注疏》卷九,第261—262页。
⑥ 庄述祖:《尚书今古文考证》卷三,《续修四库全书》第46册,第429—430页;刘逢禄:《尚书今古文集解》卷九,《续修四库全书》第48册,第266页。
⑦ 刘逢禄:《尚书今古文集解》卷五,《续修四库全书》第48册,第253页。
⑧ 刘逢禄:《尚书今古文集解》卷二十,《续修四库全书》第48册,第307页。
⑨ 皮锡瑞:《经学通论》,第146页。

书今古文集解》，便可知其并未体现出尊奉汉学之意。为乾嘉学者所乐道的汉学"家法"，在刘氏的《尚书》学中毫无优先性可言，在刘氏看来，泥于东汉经说的乾嘉学者皆未能窥探圣人"渊奥"，而致力于阐发微言大义的常州庄氏家学正可弥补此不足。这是刘氏在晚年重注《尚书》的心态根源，也是庄氏家学得以传承与发展的一大表征所在。

至此，我们可以对刘逢禄的"师法"观念做出较全面的评价。一方面，他确实受到了乾嘉学者尤其是吴派学者治学进路的影响，他推崇惠栋与张惠言的《易》学研究，集中对何休《公羊》学的"义例"做了规整与诠释，这说明他对"师法"观念有一定的接受。但另一方面，在《尚书》学研究上，刘逢禄其实并未局限于"师法"观念，而是在此基础上，结合庄氏家学展开论述，开启了与乾嘉汉学立异的《尚书》研究。后来魏源著《书古微》，致力于"发明西汉《尚书》今古文之微言大谊，而辟东汉马、郑古文之凿空无师传"①，显然是受刘逢禄对马、郑批判的影响。在晚清《尚书》学由东汉而返西汉的学术历程中，刘氏的开示作用无疑值得重视。

今日学界习于从《春秋》学立论，故而对刘逢禄在《尚书》学上的地位与意义，长期以来并未重视。然而通过以上的分析，可以看到从刘逢禄开始，乾嘉汉学家的《尚书》学研究遭到了巨大挑战与质疑。刘氏《尚书今古文集解》针对汉学"门户"而撰，致力于匡正马融、郑玄，明确表明了对沉溺东汉经说的乾嘉学风的不满。他转而为《伪孔传》与《书集传》辩护，也与走出东汉经学的学术意图深相关联。刘氏的《尚书》学既是源于常州庄氏家学的一种继承与发展，也是清代《尚书》研究由"训诂"而渐至"微言"的重要转捩点。

三、"群经相通论"与何休家法的"扩张"

刘逢禄的经学在继承庄氏家学中"群经相通"特色的同时，对其又有重要发展。在刘氏经学体系中，《春秋》居于五经之中心地位，而于《春秋》经传中，又独尊何氏《公羊》。因而，刘氏的"群经相通论"实际上是以何氏《公羊》来统摄群经，这一点在其早晚期的著作中都有体现。

前文已论及《虞氏易言补》中的《公羊》思想。刘逢禄取《公羊》尤其是何氏"家法"来解说《易》，力图以何休的"三科九旨"贯穿群经。他说：

> 文王虽受命称王，而于系《易》，犹以庖牺正乾五之位，而谦居三公。《晋》《明夷》《升》三卦，言受祖得民而伐罪也。《临》，商正，言改正朔也。

---

① 魏源：《书古微序》，《魏源全集》第 2 册，长沙：岳麓书社，2004 年，第 1 页。

夫文王道未洽于天下,而系《易》以见忧患万世之心,《春秋》象之,故曰:"文王既没,文不在兹乎!"故明《春秋》而后可与言《易》。①

依此处所说,《周易》的《晋》《明夷》《升》三卦隐含了"文王受命后修德、安民、治国、伐罪之微言"②。值得注意的是刘氏对《临》卦的解读。该卦卦辞说:"元亨利贞,至于八月有凶。"郑玄认为"当文王之时,纣为无道,故于是卦为殷家著兴衰之戒,以见周改殷正之数",惠栋《周易述》申论之:"若然,周后受命而建子,其法于此乎!"③汉儒的说法隐含了"改正朔",刘逢禄进而提出,从中正可见文王"忧患万世之心"。这是刘氏从《公羊》学角度提出的独特看法,他认为《春秋》与《易》二者存在着内在关联。

刘逢禄的这一思想还存在于他对《诗经》与《尚书》的解读中。例如他为三《颂》赋予了独特的意味:

> 《诗》之言三正者多矣,而尤莫著于三《颂》。夫子既降《王》为风,而次之《邶》《鄘》之后,言商、周之既亡,终之以三《颂》,非新周、故宋、以《鲁颂》当夏而为新王之明征乎?夫既以《鲁颂》当新王,而次之周后,复以《商颂》次鲁。而明继夏者殷,非所谓"三王之道若循环"者乎?④

"新周,故宋,以《春秋》当新王"是何氏《公羊》之说,在"三科九旨"中具有重要地位。刘氏袭取此义,将其移至《诗经》学的解读中,谓《周颂》《鲁颂》《商颂》三者的排序正体现了"三王之道若循环",进而提出所谓的"新周,故宋(商),以《鲁颂》当新王"的新说。由此,也建立起《诗经》与《春秋》的"一致性"。

刘逢禄还将《尚书》与《春秋》相沟通,其中间环节则是《诗经》。他首先把《诗经》学中的"正变"之说移至《尚书》,判定《夏书》《商书》《周书》都有所谓"变书"。以刘氏之见,《甘誓》以"誓"名篇且记述用兵之事,《五子之歌》《胤征》记述"失德"与征伐之事,因而都需要被归入"《夏书》之变"的另册⑤。而《西伯戡黎》与《微子》两篇,位于《商书》最末,正堪为"《商书》之变"。他的理由在于"帝乙以前无失德",而《西伯戡黎》末言"殷之即丧"⑥,显指帝乙的

---

① 刘逢禄:《春秋公羊经何氏释例 春秋公羊释例后录》,第14—15页。
② 林丛:《刘逢禄易学之公羊学意蕴探微》,《周易研究》2022年第4期,第43页。
③ 惠栋:《周易述》卷三,第58页。
④ 刘逢禄:《春秋公羊经何氏释例 春秋公羊释例后录》,第14页。
⑤ 刘逢禄:《尚书今古文集解》卷四,《续修四库全书》第48册,第253页。
⑥ 刘逢禄:《尚书今古文集解》卷八,《续修四库全书》第48册,第264页。

少子商纣失德而言①。

在"《周书》之变"处,刘逢禄终于点出了《尚书》与《公羊》相贯通之义。他解读《费誓》序谓:

> 孔子序《书》百篇,皆三代废兴之大政,于侯国之书,唯《粊誓》《秦誓》二篇。《粊誓》虽在周初,视《商誓》《坶誓》、周公、成王之书则褊矣。奚取乎尔?奚取而序之穆王书中尔?曰:此周之"变书"之始,志荆蛮猾夏之萌也。……鲁之享国久远,与周相终始,故特叙《粊誓》,志徐、夷之并兴,以卜其终灭于楚。上继《蔡仲之命》,蔡为诛君之后,后亦灭于楚也。"疏通知远"之教,即《春秋》"寓王于鲁""楚不书葬"之义也。《孟子》曰"《诗》亡然后《春秋》作",吾亦曰"《书》亡然后《春秋》作"。②

刘逢禄精于《春秋》,此条案语已颇能展现其《公羊》学底蕴以及群经互证之学术特质。百篇《书序》中记述诸侯之篇唯有《费誓》与《秦誓》,这在刘氏看来便包含了圣人微意。以他之见,鲁国之存与周祚大致相终始,孔子特取《费誓》列于《尚书》之中,乃是借"徐、夷之并兴"以"志蛮夷猾夏之萌";鲁国与蔡国后来俱被楚国所灭,又正体现出"蛮夷猾夏"的积渐恶果。正是因此,刘氏认为《公羊》学中的"寓王于鲁""楚不书葬"等义③,可以与《尚书》之教的"疏通知远"相贯通。无论是《尚书》还是《春秋》,都体现了孔子通过褒贬而垂戒后世的深意,这是刘逢禄感叹"《书》亡然后《春秋》作"的重要原因。

刘逢禄将《诗经》《尚书》《春秋》三者合论道:

> 《诗》《书》皆由正而之变。《诗》四始,言文、武之盛而终于《商颂》,志先世之亡以为戒;《书》三科,述二帝三王之业而终于《秦誓》,志秦以狄道代周,以霸统继帝王,变之极也。《春秋》拨乱反正,始元终麟,由极变而之正也。其为致太平之正经,垂万世之法戒,一也。④

据此,《诗经》《尚书》的末尾都隐含了圣人深意,所谓"《秦誓》伤周之不

---

① 参刘德州:《晚清〈尚书〉学研究》,第36—38页。
② 刘逢禄:《书序述闻》,《续修四库全书》第48册,第376页。
③ 刘逢禄在《春秋公羊经何氏释例》中总结有"王鲁例",另外在"不书例"中谈及"吴、楚之君不书葬"。刘逢禄:《春秋公羊经何氏释例 春秋公羊释例后录》,第158页。
④ 刘逢禄:《书序述闻》,《续修四库全书》第48册,第378页。

第三章 从苏州到常州:"师法"观念的传衍与变异

可复也,《商颂》示周之可兴也"①。刘氏称秦朝代周为"变之极",这与《春秋》的"拨乱反正"相反相成,共同体现了圣人的垂训教诫。无论是"由正而之变",还是"由变而之正",都是孔子致太平、垂万世的圣人微意的体现。刘氏的"群经相通论"受庄氏家学的启发而转出,它环环相扣,相较庄存与、庄述祖的零星发论,无疑显得更加全面与系统。这是刘逢禄在经学上对庄氏家学的发展之处,而且置诸乾嘉以来的学术史上,亦可见其在从"训诂"到"微言"这一转折历程中的重要地位。

刘逢禄的《春秋》学底蕴还体现于他的《论语述何》中。《论语述何》之"述",即"述而不作"之"述",与惠栋《周易述》之"述"在取义上相通。原刘氏名书之意,应是以"述"何氏之说为己任,恢复并重振久已佚失的何休《论语注》,因而《论语述何篇》才说:"今追述何氏《解诂》之义,参以董子之说,拾遗补阙,冀以存其大凡。"②据《后汉书》记载,何休撰有《论语注》。但该书久已亡佚,刘逢禄重新勾稽,亦只考得一则。因而,尽管刘氏的初衷或近于清儒辑佚《论语郑注》,但他对何休《论语注》的"复原"却是他《公羊》学思想的一种发挥与变相阐释。

刘逢禄认为:"《论语》与《春秋》相表里者,皆圣人口授之微言,不著竹帛者也。"③他解读《述而》篇"其为人也,发愤忘食,乐以忘忧,不知老之将至云尔",说:"此谓作《春秋》也。吴楚猾夏,乱贼接踵,所以发愤著书也。《春秋》成而乐尧舜之知我,盖又在暮年矣。"④《春秋公羊传》哀十四年传记载:"其诸君子乐道尧、舜之道与?末不亦乐乎尧、舜之知君子也?制《春秋》之义,以俟后圣,以君子之为,亦有乐乎此也。"有论者指出,刘逢禄认为《论语》中"乐以忘忧"之"乐"与《公羊传》此处之"乐"是一体的⑤。可谓深察刘氏立论之基。再如刘氏解读《为政》篇"多闻阙疑"谓:"多闻如《春秋》采百二十国宝书,于史文阙者,则信以传信,疑以传疑,慎之至也。"解读"多见阙殆"说:"谓所见世也。殆,危也,《春秋》定、哀多微辞,上以讳尊隆恩,下以避害容身,慎之至也。"⑥这样的解读将《公羊传》与《论语》牵合在一起,在晚清以降的思想史上值得重视。

需要注意,刘逢禄的这一做法与吴派经学或有联系,但又有着较大不

---

① 刘逢禄:《春秋公羊经何氏释例 春秋公羊释例后录》,第9页。
② 刘逢禄:《刘礼部集》卷二《论语述何篇》,《续修四库全书》第1501册,第41页。
③ 同上书,第43页。
④ 同上书,第44页。
⑤ 许雪涛:《刘逢禄〈论语述何〉及其解经方法》,《中国哲学史》2005年第2期,第48—56页。
⑥ 刘逢禄:《刘礼部集》卷二《论语述何篇》,《续修四库全书》第1501册,第42页。

同。惠栋亦曾论及《论语》与《公羊》的关系,其《论语古义》说:"'吾其为东周乎',何晏注云'兴周道于东方,故曰东周',此与《公羊》'黜周王鲁'之说合。"①可见惠氏亦注意及《公羊》的"王鲁说",但所论仅止于此。此外,侯康、曾朴、李慈铭、江瀚等多人已指出,《北堂书钞》卷六十六误以"女为君子儒"章马融注为何休注,刘氏承袭此误②。但早在余萧客《古经解钩沉》中,就已经把《北堂书钞》所引该注误作何休《论语注》③。虽然目前尚无文献证据表明余著对刘氏有所启发,但在这些具体问题上,不论刘氏有无受到惠栋、余萧客的影响,他所做的阐释都与吴派诸人追寻"汉学"的初衷产生了相当大的距离。刘氏的著作与其说是在恢复何休的《论语》学,不如说是借何氏学而阐扬一种新的《论语》诠释方式。也正是因此,刘氏可以说袭取了"汉学"观念并将其运用至《公羊》研究中,进而将《公羊》"家法"扩展及包括《周易》《尚书》《诗经》《论语》等在内的群经领域。若论以何休"家法"治《公羊》,刘氏与吴派方法相通处甚多,但若以《公羊》"家法"说群经,则是吴派诸人无论如何都未尝梦见的。

在清代学术史上,刘逢禄对何休的推崇是空前的。也正是在刘氏处,何休在清代的形象有了根本改观,他代替了郑玄而成为新的学术偶像。在吴、皖诸儒那里,郑玄与何休是在同一个"汉学"整体下获得理解的,两者之间不构成对立关系。从惠栋、戴震到江藩、段玉裁,治经皆不排斥何休。但刘逢禄显然不再将郑、何视为同一阵营。在他眼中,何、郑绝不可同日而语。例如他认为:"郑氏于三礼而外,于《易》《诗》非专门。"④又说:"其学则于礼深,于《易》《书》《诗》《春秋》浅。故注礼用今文,采韩说。及解《易》《诗》《书》《春秋》,乃皆舍今学,而从古文。聊以创异门户,存一家之说。"⑤唯其如此,刘逢禄于《易》舍郑而宗虞,于《尚书》致力于匡正马、郑,于《春秋》则力崇何休《公羊》,直斥"康成不通《春秋》"⑥、"未能升何氏之堂"⑦。此外,刘氏还强调郑学的流行导致了今文学的全面衰落:"郑学大行,于是《齐诗》汉代即亡,《鲁诗》亡于西晋,与《易》《书》之今文诸家同坠于地。《韩诗》《公羊》虽存,自

---

① 惠栋:《九经古义》卷十六《论语古义》,《景印文渊阁四库全书》第191册,第500页。
② 参黄开国主撰:《清代今文经学新论》,第205—206页。
③ 余萧客:《古经解钩沉》卷二十五《论语》,《景印文渊阁四库全书》第194册,第717页。
④ 刘逢禄:《刘礼部集》卷十一附刘承宽《先府君行述》,《续修四库全书》第1501册,第211页。
⑤ 刘逢禄:《刘礼部集》卷九《诗古微序》,《续修四库全书》第1501册,第169页。
⑥ 刘逢禄:《春秋公羊经何氏释例》卷七,《春秋公羊经何氏释例 春秋公羊释例后录》,第186页。
⑦ 刘逢禄:《春秋公羊释例后录》卷三,《春秋公羊经何氏释例 春秋公羊释例后录》,第376—377页。

唐代已号绝学,而《韩诗》复亡于北宋。宁非东京诸儒阶之厉哉?"①此处"东京诸儒"最要者非郑玄莫属。如果说此前乾嘉学者对郑玄的批评仅止于具体的解经观点,那么刘氏对郑玄的定位则几乎否定了乾嘉学者公认的"汉学集大成者"这一形象。在刘逢禄这里,郑玄的经注除礼学外,大多已被褫夺权威性,而且还遭到指控混淆今古家法,成了今文学衰落的最主要诱因。

刘逢禄之所以秉承这样的学术态度,乃是因为以《公羊》学为核心的今文思想已然成型,尊何与抑郑恰构成一体之两面。在刘氏看来,何休对于不绝如缕的今文经学功劳甚大,而兼治三传的郑玄被何休称为"入室操矛",正体现了后者的"宏奖之风","斯异于专己党同者哉!"②何、郑所受到的褒贬抑扬,其实反映出清儒此时已不再把"汉学"视为一个整体,何、郑之异已经成为汉学内部今、古之别的某种象征③。梁启超将今古之争视为"清学分裂之导火线"④,而重审这种"分裂"的一大关键处即在于郑玄形象的改观。前人谓刘逢禄"改变汉学的尺度"⑤,所包含的关键议题之一亦在于此。

此外,还有另外一个层面需要强调,根据黄开国的研究,刘逢禄早晚年的经学态度其实经历了明显的转变。刘氏在嘉庆十年(1805)30岁之前,并没有今古文对立的意识,嘉庆十四年(1809)他在《春秋公羊解诂笺序》中仍然将郑玄与何休并称⑥。嘉庆十七年(1812),刘氏《左氏春秋考证》成书,代表了尊今抑古意识在《春秋》学上的自觉。直至道光初年所撰写的《诗古微序》,才大倡"今学之师承,远胜古学之凿空",并全面攻毁古文经传:"《左氏》不传《春秋》,逸《书》、逸《礼》绝无师说,费氏《易》无章句,《毛诗》晚出,自言出自子夏,而《序》多空言,《传》罕大义。"⑦刘氏此言矛头所向,遍及五经,代表着全面排毁古文经学的立场正式成型,而《公羊》学显然在刘氏的学思演变过程中,发挥了重要作用。

揆诸刘逢禄早晚年经学观念的变化,应当说,在刘氏经学思想相对成熟之后,吴派经学中"师法"的治学进路只是一种工具性手段。他的《春秋》学、《尚书》学、《论语》学皆非"汉学"观念所能涵盖,尤其是他以《公羊》学为中心

---

① 刘逢禄:《刘礼部集》卷九《诗古微序》,《续修四库全书》第1501册,第169页。
② 刘逢禄:《春秋公羊释例后序》卷一,《春秋公羊经何氏释例 春秋公羊释例后录》,第292页。
③ 关于刘逢禄及其之后的"何、郑之争"问题,参胡媛:《何(休)、郑(玄)之争的近代回响》,湖南大学博士学位论文,2022年。
④ 梁启超:《清代学术概论》,第109页。
⑤ 朱维铮:《中国经学史十讲》,上海:复旦大学出版社,2002年,第168页。
⑥ 参黄开国:《刘逢禄经学思想早晚期的变化》,《中华文化论坛》2006年第3期,第122—124页。
⑦ 刘逢禄:《刘礼部集》卷九《诗古微序》,《续修四库全书》第1501册,第169页。

的今文经学思想,与乾嘉时期已迥不相同。也正是在这个意义上,刘氏所提倡的今文经学绝非汉代今文经学的翻版与复兴,也绝非讲究"师法"的吴派汉学在今文经上的一种表现。汉儒所讲的"师法""家法",多限于某经某师,如刘逢禄这样以《公羊》"家法"说群经,则是"家法"观念的一种"变异"形态。王鸣盛说戴震不知"家法"为何物,而刘逢禄则走至另一个极端,虽明知"家法"为何物,但事实上却以《公羊》之"家法"来毁弃了其他经传、经师之"家法"。这也正是朱一新、刘师培等人批评刘逢禄的最主要着眼点所在①。

刘逢禄的经学对后世有着深远的影响,举其最著者,就有宋翔凤、龚自珍、魏源、戴望、康有为等人对其迭有继承与发展。正是在刘氏这里,《公羊》学思想才真正从乾嘉"汉学"中走出,成为晚清学术、政治、社会等多重领域中最具影响力的思想之一。总体看来,刘逢禄的经学思想是有着独特取向的学术新说,与本书后文谈到的陈寿祺、陈立等人的经学研究共同构成了清代今文经学的两脉。从整个清代学术史而言,这两脉今文经学各有其特质与意义,前者偏重思想与政治,后者则偏重学术本身。只是需要意识到,由吴派揭橥的"师法""家法"观念对两脉今文经学都有影响,梳理其转进之迹与取向异同正是学术史研究的核心任务所在。

第四节 宋翔凤的经学立场及其对今古文分野的探索

在近代以来讨论常州学派的诸多论著中,宋翔凤一般都被置于刘逢禄之后,而且从叙述与评价来看,宋翔凤往往给人以一种"第二个"刘逢禄的印象。刘、宋两人诚然有非常多的共同点,比如年龄相近,从姻亲关系而言是一对表兄弟,又比如两人都与舅氏庄述祖多有交往,推崇今文,喜谈《公羊》,同时又都致力于推求《论语》与今文经说的关联。但从学术影响上来看,两人又有较大差别。刘逢禄的《左氏春秋考证》《公羊释例》等著致力于攻毁古文,褒扬今文,尤其在辨伪方面实际促发了从康有为至顾颉刚的"疑古"思潮,给晚清以降的思想界带来巨大冲击。从这点来看,他在今文经学的代表

---

① 如朱一新说:"六经各有大义,亦各有微言,故十四博士各有家法。通三统者,《春秋》之旨,非所论于《诗》、《书》、《易》、《礼》、《论语》、《孝经》也……刘申受于邵公所不敢言者,毅然言之,厄辞日出,流弊甚大。《公羊》与《论语》初不相涉,而作《论语述何》以沟通之。"刘师培也说:"六经之中仅取《春秋》,而《春秋》三传又仅取《公羊》,凡六经之大义均视为《公羊》之节目……真可谓颠倒五经者也。"朱一新:《佩弦斋文存》卷上《答康长孺书》,《朱一新全集》,上海:上海人民出版社,2017年,第1101—1103页;刘师培:《刘申叔遗书·左庵外集》,南京:江苏古籍出版社,1997年,第1652页。

性上确实超过宋翔凤。

正是因此,20世纪以来的许多论著都将宋翔凤"附赘"于刘逢禄之后。但揆诸刘、宋的人生经历与经学特质,似不宜对两人有所重轻。从年寿来看,刘氏中岁早卒,而宋氏颇享高寿,直至咸丰年间仍享受着学界耆老的尊荣。在生平际遇上,刘氏官居礼部,鲜有游历,宋氏却屡试不第,只能辗转大江南北以谋生计。此外,据笔者的粗疏观察,宋翔凤在某些论著上较刘逢禄更显平正客观,于今古文区分有较大贡献。这些差异能够展现常州学派第三代学人的不同风格,同时也可以呈现清代今文经学的多元与丰富。

一、名宦家族的飘零人

乾隆四十二年(1777),宋翔凤降生于苏州葑门内的一个世代官宦之家①。这是一个在吴中地区颇有名望与地位的大姓家族。自明至清,这一家族人丁兴旺,绵延不绝,而且"仕中外常数十人"②。由于"族中第宅皆在葑门内",所以被人们称为"葑溪宋氏"③。

宋翔凤的曾祖名宋有元,官封安徽太平府通判,祖父宋经邦是国子监生,封文林郎。父亲宋简是乾隆五十五年(1790)进士,受到名臣王杰、朱珪的器重,先后官云南、贵州、山东等地,政绩斐然。因而,就宋翔凤所得闻见的几代先人来看,虽未可说致身通显,却足称不坠家风。尤其是在父亲宋简这辈,与常州的庄氏家族联姻,聘娶了乾隆甲戌状元庄培因之女,更为宋氏家族增添了一份荣耀。

宋翔凤是宋氏一门的长房长孙。如果单从宋简这一支来看,则是他唯一的儿子④。出生于这样一个家庭,幼年时期的宋翔凤自然肩负了巨大的希望。但宋氏并不是那种安静乖顺的儿童,性格活泼倔强,尤其不喜举业。

---

① 宋翔凤生年有数说,兹据《宋翔凤年谱》。另笔者补充一证,宋翔凤有诗悼刘逢禄云:"一岁长余同寂寞,千秋待子忽沦亡。"知宋氏较刘逢禄少一岁,是宋氏生年为1777年无疑。诗见宋翔凤:《洞箫楼诗纪》卷十三,第181页。本书有关宋翔凤生平的史料,多参考李楠《宋翔凤年谱》,南京大学硕士学位论文,2011年。
② 王芑孙:《惕甫未定稿》卷十二《封文林郎国子监生宋君墓志铭》,《渊雅堂全集》,《续修四库全书》第1481册,第116页。
③ 宋翔凤:《朴学斋文录》卷四《先府君行述》,《续修四库全书》第1504册,第398页。
④ 宋翔凤有五位妹妹,在其母教导下皆能识字读书。宋翔凤记载说:"(先母)自课翔凤读《孟子》《毛诗》《礼记》,半由口授。教五女皆能识字诵古书。翔凤于趋庭之余,与群妹纵谈古今,若自忘其为寡兄弟也。"二妹宋静仪、三妹宋徽仪皆撰有诗集,尤其是三妹,更得到了宋翔凤的夸赞:"吾父家居,夜中无聊,妹辄侍坐围棋永夕。长姊琴史既理家事,妹独一室,日以《毛诗》《文选》,屈赋教授群妹。又好读《易》,从余问难,退谕史事,与姊往复,斯斯未休,各有条目。妹虽巾帼,将为儒生何如?"宋氏一家的诗礼传统与和谐家风,由此可见一斑。见《朴学斋文录》卷三《先母遗墨》,第377页;卷四《第三妹君徽哀辞》,第392页。

他多次提到自己"年小气浮"①,"气盛不可绳"②,又说:"余生十有八年,身常处于专室而心且驰乎万里。"③很明显,宋翔凤少年时期的志气不是读书登第所能范围的。

也许是受到苏州学风的浸润,宋翔凤虽不乐举业,却酷爱读古书,"不得则窃衣物易书,祖父夏楚之不能禁"。在苏州度过一段颇受教益的日子后,乾隆六十年(1795),宋翔凤随父宦游云贵地区。嘉庆元年(1796),由于有感于长途跋涉中的日月虚度,以及弱冠之年所带来的责任意识,20岁的宋翔凤写下了这样一段文字:

> 翔凤八岁入小学,大人授以章句,数年之间,九经差能成诵。十三以后,不获随侍,远违过庭……去年之冬,从役来滇,中多弃日,又恐自兹以后,南北东西,靡所底止。弱冠已至,当殊童子,恐以吾身失坠家学。夜枕不寐,作而自思,不知汗之流于背也。④

这段对自己二十年生命历程的回顾,充满了懊悔、担忧,也隐含了如何改变自身命运的思考。特别是"恐以吾身失坠家学"的意识逐渐朗现,让这位出身名宦家族的年轻人有意摆脱浮躁跳荡的积习。此时的宋翔凤,内心或已不排斥举业,而且从他此后的行动取向来看,一面博得现实功名,一面又维持家学不坠,才是他较为理想的生活状态。

不幸的是,"南北东西,靡所底止"的担忧一语成谶。从嘉庆五年(1800)中举,直至道光十五年(1835)最后一次会试落第,宋翔凤常年辗转往返于京城、苏州、常州以及其他各地之间。尤其是进入道光以后,"隔一两年过家小住,少则兼旬,多或累月"⑤,除此之外的大部分时间,宋氏都是辗转于各地,天南地北,行踪不定⑥。

如果说常年奔波还在宋翔凤的意料之内,那么真正给他带来焦虑和痛苦,则是每三年一度(加上恩科则更频繁)的名落孙山。作为苏州望族的

---

① 宋翔凤:《朴学斋文录》卷一《读书日程自序丙辰》,《续修四库全书》第1504册,第341页。
② 宋翔凤:《忆山堂诗录》卷一《贵筑寓舍哭汪明之先生》,《续修四库全书》第1504册,第259页。
③ 宋翔凤:《朴学斋文录》卷一《十洲记序》,《续修四库全书》第1504册,第340页。
④ 宋翔凤:《朴学斋文录》卷一《读书日程自序丙辰》,《续修四库全书》第1504册,第341页。
⑤ 宋翔凤:《徐谢山先生家传》,载徐承庆:《说文解字注匡谬》卷首,《续修四库全书》第214册,第1页。
⑥ 据尚小明研究,清代游幕者多来自江南地区,其中苏州士人尤其喜欢外出游幕。张惠言、王芑孙对此皆有观察。参尚小明:《学人游幕与清代学术》,北京:东方出版社,2018年,第39页。

第三章 从苏州到常州:"师法"观念的传衍与变异

一位颇负才气的年轻人,早已被乡人亲旧寄予了厚望①,但十多次的落第经历只能让宋翔凤愧恨两增。宋氏有一首诗说:"弱冠举京兆,名公颇相器。计偕十三上,屡蹶春官试。长为江海人,每洒穷途泪。"他后来还惭愧不已地回忆道:"余往返都辇二十余年,犹未通籍,公卿贵人弃之如遗。"②直至道光十五年(1835)最后一次参加会试,他仍然在细数着"十五番来上计车"③。正是因此,在宋氏的诗词之中,表达频繁落第、怀才不遇之感的内容便占去相当分量④。作于道光九年(1829)的《洞箫词》卷末缀语云:"长言短言,疑喜疑悲。中多郁郁,世未易知。同心几人?请观此词。"⑤好友李兆洛曾概括说,宋氏的诗风在中年之后"益进为沉郁"⑥。这种诗风在《忆山堂诗录》《洞箫楼诗纪》《香草词》《碧云庵词》中都有体现,对于研究宋氏生平与思想而言,诗词是不可绕过的绝佳史料。

由于常年科场失利,宋翔凤与许多落第士子一样,只得辗转各地谋生。或干谒地方长官,或求访学林名宿,或出为幕僚文史,或承任书院主讲。年届不惑时的宋氏已"九州历八五岳四",至道光十一年(1831)55岁时,则"足底曾经十二州"⑦。除京师外,他北抵并州,南达粤省,西南至滇黔,其他如山东、河南、陕西、湖北、湖南、江西等地,也都留下了他的足迹。宋氏游历的持续时间之久与空间范围之广,在同时期的学者中是相当少见的。

在长期的游历过程中,宋翔凤对各地地理沿革及民间风俗多有留意,这对其读书治学自然不无益处⑧,而更重要者在于,宋氏借此接触到了学界

---

① 赵怀玉有诗句云"少小争传红杏名,"见赵怀玉:《亦有生斋集》卷三十《宋孝廉翔凤城南灯火图》,《续修四库全书》第1469册,第614页。一直到宋翔凤晚年,其弟子俞樾仍将其比作"红杏尚书",诗句云:"更有尚书红杏在,江南二老共承恩。"见《春在堂诗编》卷五,《俞樾全集》第16册,杭州:浙江古籍出版社,2018年,第140页。
② 宋翔凤:《洞箫楼诗纪》卷二,《清代诗文集汇编》第513册,第95页。
③ 宋翔凤:《洞箫楼诗纪》卷十七《三月廿七日圆明园引见恭纪二首》,《清代诗文集汇编》第513册,第211页。
④ 如宋氏诗云:"踟蹰漫说长安路,此路频年识苦辛。"又说:"二十年来误好春,破衣染尽九衢尘。"见宋翔凤:《洞箫楼诗纪》卷一、二,《清代诗文集汇编》第513册,第84、95页。
⑤ 宋翔凤:《洞箫词》,《清代诗文集汇编》第513册,第292页。宋翔凤的同乡前辈王芑孙,说宋氏书斋的烛火"照尽人间失意人"也能反映宋翔凤多年的困顿心境。见王芑孙:《渊雅堂诗稿》编年诗续稿《宋于廷城南灯火图》,《渊雅堂全集》,《续修四库全书》第1481册,第388页。
⑥ 李兆洛:《洞箫楼诗纪序》,载宋翔凤:《洞箫楼诗纪》卷首,《清代诗文集汇编》第513册,第79页。
⑦ 宋翔凤:《洞箫楼诗纪》卷一、十五,《清代诗文集汇编》第513册,第84、194页。
⑧ 例如江永曾疑孔子时"浅殡不葬",宋氏回应说,"直隶山东诸省,至今尚无数年不葬之事","今日湖广云贵俱无露棺之事。此余所亲历也。"另如宋氏力辨《诗》《书》《春秋》《国语》中的太原,"与秦置太原郡不同处"。这些内容显然皆与宋氏的行迹有关。以上分别见《过庭录》卷八,梁运华点校,北京:中华书局,1986年,第136—137页;卷四,第76—79页。

的许多名宿与新锐，对当时的学术话题、学风动向等感知尤深。由乾、嘉入道、咸的数十年间，清代学坛产生了诸多新变。一方面乾嘉汉学的劲风仍在吹袭，初兴的今文意识在不断滋长，另一方面则是宋学复苏，明末清初的那种经世意识逐渐回潮，与乾嘉时代盛极一时的朴学研究表现出了不同的精神取向。道光十年（1830），宋翔凤惊惧于"朴学转相鄙"的学风变化，诗句中有云"使我屡自疑，不敢存素履"。不用说，此处的"素履"当然是指乾嘉时期的汉学风尚，那种家家许郑、人人贾马的"朴学"之风，正在走向消歇。

道光初年，宋翔凤在广州拜谒阮元，应当由此接触到了新近刊行的《汉学师承记》与《宋学渊源记》。而此后在邓廷桢幕府中的几年经历，也让他对同样奔走于阮、邓幕府的方东树并不陌生。在他的交游圈中，既有张惠言、臧庸、王引之这样的汉学名家，也有刘逢禄、龚自珍等今文学同道，既有以姚鼐、管同为代表的桐城派文士，更有邓廷桢、林则徐等有志经世的能臣干才。也正是因此，我们可以看到，宋翔凤的学问既有沉酣文本考订的一面，又有以今文学经世的一面，既有浓厚的汉学"师法""家法"意识，同时又仰慕韩愈、周敦颐、二程与朱熹等"道统"传人[①]。宋翔凤对不同风格的学术皆有吸纳，在融会诸说之时或不免穿凿之处。但需要注意的是，宋氏学问的这种表现形式，与他所处时代众声喧哗的学术局面是相应的。

宋翔凤的晚年岁月大部分是在湖南度过的。道光十五年（1835），59岁的宋翔凤终得差遣，历任耒阳、新宁等地，前后长达十七年。于政事之余，他潜心著述，《孟子赵注补正》《论语说义》等书在耒阳县舍完稿，而晚年最重要的札记体著作《过庭录》也多撰于此时。咸丰二年（1852），已入残年的宋翔凤从湖南回到苏州家中，于"葑溪草堂"读书授徒，并以耆老身份赢得了乡人尊敬。当时宋翔凤在乡人眼中的形象是："年届八十，长身鹤立，议论纚纚，尤善述乾嘉轶事。"[②]宋氏晚年"喜奖后进"，如有后辈拜谒，"辄剧谈留食，亹亹不倦"[③]。在晚清学坛名重一时的俞樾、戴望等人，便是这些后辈中的翘楚。俞樾在《春在堂随笔》中回忆说："吴中老辈，余所及见者二人。一宋于庭先生翔凤，一陈硕甫先生奂，皆乾嘉学派中人也。"[④]

宋翔凤于咸丰十年（1860）殁世，时年84岁。此时刘逢禄、龚自珍都已

---

① 宋翔凤认为程子"辨天理人欲之分，最为学问入门要路"，评价朱熹"自足继往开来，非他儒所能及"，等等。见宋翔凤：《过庭录》卷十二，第212页。
② 宋翔凤：《乐府余论》末附刘履芬跋，唐圭璋编：《词话丛编》第3册，北京：中华书局，1986年，第2504页。
③ 赵烈文：《赵烈文日记》咸丰十年二月十六日，北京：中华书局，2020年，第366页。
④ 俞樾：《春在堂随笔》卷八，《俞樾全集》第19册，第158页。

故去多年，魏源也弃世三载。宋氏去世不久，太平军占领了苏州。遭此动荡，显赫一时的蓉溪宋氏，"旧时里第，已成瓦砾"，宋氏的著作版片也"无从问讯"①。伴随着宋翔凤飘零人生的终结，自清初以来便成为学界观瞻所在的苏州，也终于从"汉学中心"的舞台悄然退场。晚年的宋翔凤被看作乾嘉学派中硕果仅存的代表人物，他的去世也带有乾嘉汉学最终走向落幕的意味。

二、宋翔凤与吴派"师法"观念的渊源

宋氏出生之时，惠栋去世近二十年，在清代学坛上的地位正日益上升。宋氏后来说"吴下经师数惠施"②，表明他充分意识到惠栋在苏州学者中首屈一指的地位。另外，宋翔凤早年颇受苏州汉学风潮的影响。从现存文献来看，宋氏与江声、段玉裁、钱大昕都有直接交往。他称钱大昕为"辛楣师"③，又在答复段玉裁的书信中自言"在弟子之列"④，可知皆曾师事之。而江声的《论语竢质》有两处提到了宋翔凤的见解。宋翔凤在苏州前辈学者那里，应该留下了良好的印象。

在这样一种学术氛围下，宋翔凤早年的为学取向呈现出鲜明的汉学师法特征，其实并不出人意表。如前文所论，汉学"师法"观念由吴派经学大师惠栋揭橥，从其本质而言乃是探究汉代经学史所采取的基本进路，而辑佚汉儒经说则是这一进路的起手处⑤。由于深受苏州学风的濡染，宋翔凤学问起步时，就与吴派经学有着千丝万缕的联系。乾隆五十八年(1793)，17岁的宋翔凤开始辑集《论语郑注》，所依托的蓝本正是惠栋辑本。他说：

> 郑康成注《论语》十卷，又《论语弟子目录》一卷，全书久佚。吾邑惠征士栋始有辑本，嫁名于宋王厚斋者也。归安丁小雅杰、曲阜孔幼髯广林，又博采而增益之。武进臧西成庸辑录，最后翔凤此本创于乾隆癸丑岁，至嘉庆壬戌岁，录以行人间。⑥

---

① 宋翔凤：《乐府余论》末附刘履芬跋，《词话丛编》第3册，第2504页。戴望为宋翔凤作挽诗，其中有云："虎豹横衢道，狂飙卷地吹。江东动星象，海内丧经师。"戴望：《谪麟堂遗集》诗一《哭宋大令三十韵》，《清代诗文集汇编》第732册，第796页。
② 宋翔凤：《洞箫楼诗纪》卷十六，《清代诗文集汇编》第513册，第207页。
③ 宋翔凤：《忆山堂诗录》卷六，《续修四库全书》第1504册，第296页。
④ 宋翔凤：《朴学斋文录》卷一，《续修四库全书》第1504册，第330页。
⑤ 邓秉元：《新文化运动百年祭》，第73—74页。
⑥ 宋翔凤：《论语郑注序》，载宋翔凤辑：《论语郑注》卷首，民国十四年(1925)《食旧堂丛书》本，北京：中国书店，第1页。

据王欣夫假读瞿氏铁琴铜剑楼所藏惠栋《论语郑注》钞本,将其与宋辑本比勘,"宋辑与惠本十九相同,而《序》中并未言及惠本,颇有掠美之嫌。……定宇之托名古人,与宋氏之掠美前嫌,皆于瞿氏钞本得其证。"①由此,虽然宋翔凤未曾明言,然而其《论语郑注》显然受惠著之影响,其学术观念中对郑学家法的接受与认同,亦当有受惠著沾溉的痕迹。

此外,尚有一明显例证,可证宋翔凤所受惠栋、江声之影响。宋翔凤在乾隆五十九年(1794,宋氏18岁)时即已留意《尚书》学。此年宋翔凤见雅雨堂本《尚书大传》,言其"经传杂厕,出惠松崖手也"②。并言"何时合经传,斯误起松崖"。由惠辑《尚书大传》考寻并知晓其误,可知汉学造诣已不浅③。此外,据李开研究,宋翔凤在《易》学上亦有沿惠栋途辙进一步深求者④。此皆可见宋翔凤在早年所受惠栋经学的具体影响。

另外,宋翔凤还曾言及读过《驳五经异义》,所谓"汝南今学缺,北海秘书残",自注云:"叔重多用今文家说,康成又以纬书断之。"⑤而该本应当也出自惠栋。四库馆臣在评述《驳五经异义》时说:

> 近时朱彝尊《经义考》内亦旁引郑驳数条,而长洲惠氏所辑则搜罗益为广备,往往多此本(指山西巡抚采进本)所未及。今以二家所采,参互考证,除其重复,定著五十七条,别为《补遗》一卷,附之于后。⑥

这里提到的长洲惠氏正指惠栋无疑。对于以上三部辑佚著作,宋翔凤都有特殊关注,尤其是依托惠辑本《论语郑注》进一步搜求,说明他早年对于汉学师法已经颇为认同。此外,宋氏之师徐承庆也尤为重视辑佚郑玄经说,"于许、郑之书,手不停披。又郑氏之已佚者,分别搜罗,为郑氏学,积成巨编。"⑦这些都对处于学术成长期的宋翔凤产生了重要影响。

也正是因此,早年的宋翔凤给当时师友留下的印象是一个经生形象。

---

① 王欣夫:《蛾术轩箧存善本书录》,《辛壬稿》卷一《论语郑注》,第404、405页。
② 宋翔凤:《忆山堂诗录》卷一《钞书自题·尚书大传》,《续修四库全书》第1504册,第248页。雅雨堂本《尚书大传》实由惠栋辑录。参侯金满:《雅雨堂本〈尚书大传〉底本来源及成书考实》,《文史》2019年第2辑,第27—53页。
③ 蔡长林先生已指出此点,参前揭蔡长林:《训诂与微言——宋翔凤二重性经说考论》,收入氏著:《从文士到经生:考据学风潮的常州学派》,第374页。
④ 李开:《宋翔凤与常州学派的经学阐释和义理》,《中国经学》第十辑,第100页。
⑤ 宋翔凤:《忆山堂诗录》卷一,《续修四库全书》第1504册,第248页。
⑥ 永瑢等:《四库全书总目》卷三十三《驳五经异义》提要,第269页。
⑦ 宋翔凤:《徐谢山先生家传》,《说文解字注匡谬》卷首,《续修四库全书》第214册,第217页。

第三章 从苏州到常州:"师法"观念的传衍与变异

朱珪说他"好古治经学"①,李兆洛言其"少游京师,先达及同辈皆以经生目之"②,都足以代表当时学界对宋翔凤的观感。而从宋翔凤前期的一些成果来看,普遍带有浓厚的吴派学风。嘉庆七年(1802)以前,宋翔凤已刊刻《论语郑注》与《孟子刘注》等辑佚著作。虽然此后续有辑录,但大体规模已具。及至嘉庆二十五年(1820),宋翔凤《浮溪经舍丛书》付梓,内含十三种著作,是宋氏前半生治经成就的集合。观其所收诸书,除上述两种多有补辑外,如《论语孔子弟子目录》《论语师法表》《汉甘露石渠礼议》《五经通义》《五经要义》等,皆致力于辑录汉儒经说③。从这些著述来看,宋翔凤其实是继承了吴派尊汉学、重辑佚的治经方法。

需要指出的是,宋翔凤的以上著作多带有寻求汉学"师法"的意图。譬如《论语郑注》,表面上致力于搜罗郑玄《论语》注,但若联系《论语师法表》来看,可知宋氏意在以郑玄为阶梯,重寻汉代今古文《论语》的脉络。他说:"盖张《论》出而三家遂微,郑学兴而齐、古差见。是康成虽就鲁《论》,实兼通齐、古,而于古《论》尤多征信。故注中从古读、正鲁《论》者不一而足,其从齐读已不可考,然寻两家之学可以得其一二。"④《论语师法表》以师法观念治《论语》,虽篇幅不大,但以表体呈现出古、齐、鲁三家《论语》之师法异同及代表经师,可谓脉络清晰,源流分明⑤。尽管宋氏的谱列偶有可议,但严格以师法观念来梳理汉魏《论语》学的初衷实不可掩。例如,皇侃《论语义疏》曾认为马融兼通今文《论语》,但宋氏坚持将马融列于古文一栏,理由则在于"《义疏》家法疏略,其言不足据"⑥。

我们再以《孟子刘注》为例稍作说明。该书有嘉庆七年与嘉庆十六年二序,以二者之不同颇可一观宋氏的思想发展。宋翔凤认为,《孟子》在汉代有赵岐、郑玄、刘熙等诸家注,"盖自赵氏章别其指,篇分上下,故有十四卷;郑、刘不分,篇卷同数,注当少省矣。近世以来,唯传赵注,其他则佚,康成之注

---

① 朱珪:《知足斋诗续集》卷三,《续修四库全书》第1452册,第236页。
② 李兆洛:《洞箫楼诗纪序》,《洞箫楼诗纪》卷首,《清代诗文集汇编》第513册,第79页。
③ 宋翔凤:《浮溪经舍丛书》,上海图书馆藏嘉庆二十五年刻本。除宋氏著作外,还收录庄述祖《卦气解》与《石鼓然疑》二种。另外,宋氏文集初题《朴学文录》,晚年改题《朴学斋文录》,内容亦有增补。
④ 宋翔凤:《论语师法表》,上海图书馆藏嘉庆二十五年刻《浮溪经舍丛书》本,第3页。
⑤ 宋氏在《古论语》一栏列孔安国、马融两人,《齐论语》列王卿、王吉、宋畸、贡禹、五鹿充宗、庸生六人,《鲁论语》列龚奋、夏侯胜、韦贤、韦玄成、鲁扶卿、夏侯建、萧望之七人。另外兼通齐鲁《论语》者有张禹、包咸、周氏,兼通今古《论语》者列有郑玄、郑冲、何晏、徐遵明。见宋翔凤:《论语师法表》,第1—4页。
⑥ 宋翔凤:《论语师法表》,第3页。

不见一辞,唯唐人书时引刘说,暇为搜录,得二十余事。"①宋翔凤早年之所以辑集《孟子》刘熙注,是由于赵注独传而刘注不传,而他之所以重视刘注,原因之一在于"台卿(赵岐)之注地理尤略,以刘考之,恒复相胜"②。及至嘉庆十六年,宋翔凤对刘熙的认识更进一步,他据《三国志·蜀志·许慈传》所载"慈师事刘熙,善郑氏学",推测说:"刘君之学正出于郑而以授慈,则此注(指《孟子刘注》)之作或者原本于郑氏,故其家法为最正。"③宋翔凤意识到以师法观念为根基,由《孟子》刘熙注可上探郑玄注。也正是因此,这部著作实可归属为广义上的郑学研究,从学术理路来说则接近惠栋一派。身为吴派羽翼之一的臧庸,曾把该著作为汉学辑佚的代表,与余萧客《古经解钩沉》、孙星衍《周易集解》、王鸣盛《尚书后案》等相提并论,并称誉其为汉儒古义之"玉海珠船"④。

此前学界很少谈及的《五经通义》《五经要义》《汉甘露石渠礼议》,也都足以代表宋氏在汉学上的治经成就。前二者在《两唐志》中俱题刘向撰,后者不见于《两唐志》,《隋志》中著录有戴圣所撰《石渠礼论》四卷,应当即是此书。对于前二者,宋氏从《北史》《北堂书钞》《太平御览》等著中辑录佚文,而后者则多从《通典》《毛诗正义》《礼记正义》《政和五礼新仪》等书中搜讨研求⑤。三部著作从内容而言皆属于汉儒经说的辑佚之作,其中尤以礼制居多。这也再次证明,宋翔凤深受汉学风潮影响,在推崇师法、重视汉儒经说方面,实可视为苏州经学的一种延续。

三、宋翔凤今文立场的形成及与刘逢禄的异同

从前文中并不能看出宋氏学问具有明显的今文经学因子,我们甚至可以认为,如果他依照上述路径发展,很有可能成为苏州地区又一位尊崇汉学师法的健将。有关宋氏今文立场的形成过程,需要从著述内容及学问交游等方面详细分疏。

---

① 宋翔凤:《孟子刘注序》,嘉庆七年朴学斋刻本,第1页。
② 宋翔凤:《孟子刘注序》,第1页。
③ 宋翔凤:《朴学文录》卷二,上海图书馆藏嘉庆二十五年刻《浮溪经舍丛书》本,第2页。嘉庆七年朴学斋刻本《孟子刘注序》未见上引文字,该本所辑刘熙注文共计29则,每则内容下皆以双行小字注明出处,间有案语以订正文字讹误等。如《史记》三家注、《后汉书》注、《文选》注、《孝经》疏等,皆有采择。此后数年,宋翔凤又采择他书修缮《孟子刘注》,至嘉庆十六年撰成,共计37则。见宋翔凤:《孟子刘注》,上海图书馆藏嘉庆二十五年刻《浮溪经舍丛书》本。
④ 臧庸:《拜经堂文集》卷二,《续修四库全书》第1491册,第537页。
⑤ 宋翔凤:《五经通义》《五经要义》《汉甘露石渠礼议》,上海图书馆藏嘉庆二十五年刻《浮溪经舍丛书》本。

第三章 从苏州到常州:"师法"观念的传衍与变异

嘉庆七年(1802)秋,26 岁的宋翔凤写下这样一番话:

> 经者,常也。恒久而不已,终古而不变,谓之曰常。故圣人之言曰微言,传记所述曰大义。微者,至微无不入也。大者,至大无不包也。原其体类,皆号为经。是则象数之说无非《易》也,古文、今文无非《书》也,齐、鲁、韩、毛无非《诗》也,《公羊》《谷梁》《左氏》无非《春秋》也,《仪礼》经传虽出于一涂,而其旨意所周遍,可以尽法制之变,浃人事之纪。①

这里的"微言"与"大义",显然表明他在此前数年受到了外家庄氏的影响。但需要注意的是,宋翔凤此处所言并未对今古文有所轩轾。从他的用语来看,尽管标榜经书中有所谓微言大义,但并不认为今文具有天然的优先性。无论是对于今古文《尚书》、三家诗与《毛诗》,还是对于《春秋》三传,宋氏在经传关系上一视同仁,并未表现出任何的倾向或立场。

我们还可以从《小尔雅训纂叙》来印证此时宋翔凤对古文经传的态度。《小尔雅》屡受清儒质疑,但宋翔凤对此有其特见:"尝考《七略》有《小尔雅》一篇,盖《尔雅》之流别,经学之余裔也。说《诗》者毛氏,说《礼》者郑仲师氏、马季长氏往往合焉。……盖是书出西京之初,儒者相传,以求占毕之正名,辅奇觚之绝谊,则其来已古矣。"②这里提到的毛公、郑众、马融等,毫无疑问都属于古文经学家。宋翔凤的论证逻辑是,因为毛公等古文经说与《小尔雅》能作合,所以该书当出自西汉之初。宋氏的观点正确与否另当别论,但倘若他不相信《毛诗》传授的真实性,自不应作如上推论。那么由此也可知,宋翔凤在嘉庆十二年(1807)撰写《小尔雅训纂叙》时,仍然没有排斥古文的思想。

实际上,倘若将刘逢禄的思想转变与宋氏作一对照,问题就更加清晰。前文已经探讨到,刘逢禄的经学态度其实经历了明显的转变,嘉庆十四年之前,刘逢禄尚未有明显的今文思想主张。此后方有转变。倘若我们将刘、宋两人的思想变化并观,那么可知他们的今文立场都是在壮年之后才逐渐形成的,宋翔凤尊崇今文的意识应当也是嘉庆中后期才逐渐明朗的。

宋翔凤今文思想的形成主要得益于他与常州诸儒的交往,其中尤以庄述祖、刘逢禄、张惠言为多。前文已经提到,嘉庆初年宋氏在庄述祖的影响

---

① 宋翔凤:《朴学斋文录》卷二,《续修四库全书》第 1504 册,第 342 页。
② 宋翔凤:《小尔雅训纂叙》卷六,《续修四库全书》第 189 册,第 522 页。

下已经开始重视微言大义。而从他此后的治学内容来看，有不少是对庄氏思想的继承与发展。例如庄述祖尤其注重《书序》中的微言大义，所谓"《书序》所有，传注不同，则从《书序》。汉儒所言，孔孟不言，则不敢从汉儒"①。而宋翔凤在《尚书略说》与《尚书谱》中，对《书序》之说深信不疑，还特在《尚书谱》末明言"幼尝受其义于葆琛先生（述祖）"②。另外，宋翔凤往往在汉学基础上，绾合庄述祖的经学见解，将汉学与外家之说整合为一个学术系统③。至于张惠言，宋翔凤也多受其熏陶。宋氏曾在京师向张惠言问学，自称"微言服我膺"④。可知张惠言也以今文思想对其开示指点。

如果说庄、张两人还只是宋翔凤今文意识的点拨者，那么刘逢禄则是今文立场上最直接的引路人。在《左氏春秋考证》开篇，宋翔凤就以受教者的形象出现。刘逢禄提出《春秋》"非记事之书，不必待左氏而明"，宋氏初闻不信，经过一番检验论辩，"乃大服"⑤。刘氏此处所记，固不免自我标榜之嫌，但宋氏大体接受以上观点，则确属事实。宋氏此后不仅在《春秋》学上坚定站在《公羊》一边，而且还接受了刘歆窜乱《左传》之说。他以《公羊》统摄群经，以"素王"理论发挥经传中的微言大义，都不无刘逢禄学说的影子，甚至《论语说义》一书也显然受到了刘逢禄《论语述何》的莫大启迪⑥。

问题的关键是，刘、宋两人的今文立场究竟有何差异。我们知道，刘逢禄《左氏春秋考证》主要阐发了两大观点。其一，《左传》不传《春秋》；其二，《左传》义例遭到了刘歆的窜乱。但对于这两点，宋翔凤在接受时都有所保留。宋氏强调左氏其人其书的价值：

> 所谓"其文则史"者，谓左丘明之书也。丘明为鲁太史，自纪当时之事，成鲁史记。故汉太常博士咸谓《左氏》为不传《春秋》，求《春秋》之义，则在《公羊》《谷梁》两家之学。然考当时诸侯、卿大夫之事，莫备于《左氏》。其人质直有耻，孔子引与相同，故其为书，宜为良史，终不可废。⑦

---

① 庄述祖：《珍艺宦文钞》卷六，《续修四库全书》第1475册，第107页。
② 宋翔凤：《过庭录》卷六，第121页。
③ 参蔡长林：《训诂与微言——宋翔凤二重性经说考论》，《从文士到经生：考据学风潮的常州学派》，第363—425页。
④ 宋翔凤：《忆山堂诗录》卷三，《续修四库全书》第1504册，第267页。
⑤ 刘逢禄：《左氏春秋考证》卷一，《续修四库全书》第125册，第241页。
⑥ 学界对宋翔凤的今文思想已有充分研究，本书不拟详及。参陈鹏鸣：《宋翔凤经学思想研究》，《中华文化论坛》2001年第4期，第100—106页；路新生：《中国近三百年疑古思潮史纲》，上海：复旦大学出版社，2014年，第187—191页；黄开国：《宋翔凤经学微言的核心》，《宋代文化研究》第15辑，2008年3月，第337—355页；曾亦、郭晓东：《春秋公羊学史》，上海：华东师范大学出版社，2017年，第1056—1074页；等等。
⑦ 宋翔凤：《论语说义》卷三，北京：华夏出版社，2018年，第98页。

需要注意，刘逢禄论证"《左传》不传《春秋》"的一大论据是鲁悼公已称谥，因而《左传》作者"必非《论语》之左丘，其好恶亦大异圣人"①。但宋翔凤却说"其人质直有耻，孔子引与相同"，显然认为《左传》作者就是《论语》中的左丘明。这实际上在一定程度上削弱了刘逢禄对《左传》的否定。而且宋氏论及《左传》时，每每用转折语，如他说："左氏之书，史之文也。于《春秋》之义，盖阙而不言，故博士以为不传《春秋》。……是虽不传《春秋》，而循文求义，亦不俭也。"②仍落在了对《左传》之"义"的维护上，弦外之音不言而喻。

对于刘歆窜乱《左传》义例，宋翔凤其实也有独特的看法。他虽承认"刘歆之徒，欲尊左氏，遂窜其文，与《公羊》立异"③，提醒治《左传》者应当"辨其古字古言，而芟夷其窜乱"④，但实际上他从未指出刘歆窜乱了哪些内容。这一点正如陈鹏鸣所指出的："（宋翔凤）不像刘逢禄那样具体指明《左传》中'书法''凡例'皆为刘歆伪造，而只是从总体上指出《左传》之中有后人增窜的内容，比起刘逢禄，宋翔凤的观点温和了许多。"⑤

能说明两人今文立场区别的，还有《尚书》今古文问题。作为他们共同的学问渊源，庄述祖曾明确认为西汉古文《尚书》十六篇经过了刘歆的误读："十六篇者，歆等各以意属读，非复古文旧书。"⑥刘逢禄则更进一步，说："据《舜典》《皋陶谟》序读之，则《典》《谟》皆完备，逸《书》别有《舜典》《大禹谟》《弃稷》等等，必歆等之伪也。"⑦这是认为刘歆伪造了古文《尚书》，态度可谓坚决。宋翔凤虽然也认为今文二十八篇为完备，不相信古文十六篇在经典意义上的真实性，但他充分肯定后者的文献价值，说：

> 大氐十六篇者，在秦汉之间，去周为近，诸子百家所记，往往可傅合于经，学者补缀以比于二十八篇，足以考究前闻而已。⑧

这是刘、宋两人对古文《尚书》认识的重大分歧。依宋氏所论，古文十六篇是秦汉之间的遗存文献，虽不具备经典性，但"足以考究前闻"。而刘逢禄坚持认为古文系刘歆伪作。两相对比，显然有着极大差异。

---

① 刘逢禄：《左氏春秋考证》卷二，《续修四库全书》第125册，第252页。
② 宋翔凤：《过庭录》卷九，第149页。
③ 同上书，第151页。
④ 宋翔凤：《论语说义》卷三，第98页。
⑤ 陈鹏鸣：《宋翔凤经学思想研究》，《中华文化论坛》2001年第4期，第102页。
⑥ 庄述祖：《珍艺宦文钞》卷三，《续修四库全书》第1475册，第45页。
⑦ 刘逢禄：《尚书今古文集解》卷三十，《续修四库全书》第48册，第338—339页。
⑧ 宋翔凤：《过庭录》卷五，第102页。引文标点有改动。

实际上,宋翔凤虽然主张"学官诸经,圣人之法已备,不必求之放失"①,但对于古文经传往往从文献的角度予以肯定,有时还认为它们有胜于今文之处。例如他说:"惟今文《书》多不备,如《酒诰》脱简一,《召诰》脱简二,古文稍胜者也。"②他在礼经的看法上更是左袒古文:

> 案《汉志》,则今文家亦不谓礼经有逸,此守师法之过。案:郑氏《三礼注》引王居明堂礼、中霤礼,是礼古经也。……《小戴》中《乐记》不全,今采《周官》《吕览》《史记》《新序》《白虎通》等书补之可具。③

此处不仅承认礼古经的存在,而且批评今文家坚守师法乃是一种过错。相较于刘逢禄,宋翔凤的今文立场实可谓平允与包容。

必须讨论的还有刘、宋两人对郑玄的评价。愈至晚年,刘逢禄对郑玄的微词愈显。他认为郑玄于礼学之外的其他诸经所得皆浅,同时治经混淆今古文,对于汉魏以降今文学的衰微难辞其咎。与此不同的是,宋翔凤自始至终都在竭力捍卫郑玄的权威。宋氏早年对郑学的尊崇自不必论,直至晚年改订的《过庭录》仍然在为郑玄辩护:

> 郑君叙五帝不用《帝系》《五帝德》,议七庙则异刘歆,尤其落落大者。郑于诸书岂皆未涉?诚以学问之涂,非一端可竟;专门之学,非异说可移。况于百家蜂起,一贯殊难。或由乡壁之书,或出违经之论。炫彼小言,改我师法,即非通人,奚名绝业?观夫鄙浅,好援百家之言,以驳郑君之注。吹毛洗垢,则有得矣,若郑君之体大思精,何足损其豪末乎?④

可以说,宋氏在苏州所奠定的郑学根基,影响了其一生的治经态度。在他看来,那些致力于攻驳郑注的学者,根本不能撼动郑玄在经学史上的地位。宋氏阐发此论当咸丰初年,此时郑玄经说已经饱受攻击,刘逢禄、龚自珍、魏源等人处处与郑氏立异,李兆洛甚至提出郑玄为经学之"大蠹"。但宋翔凤一直未改旧辙,对郑学的尊奉老而弥笃。正是因此,李慈铭独具只眼地评价说:"于庭承其舅氏庄葆琛之学,专为《公羊》家言,而不菲薄《左氏》。其

---

① 宋翔凤:《过庭录》卷十,第 181 页。
② 同上书,第 179 页。
③ 同上书,第 180 页。
④ 宋翔凤:《过庭录》卷八,第 147 页。

于朴学,亦尊西京而多回护郑君,此足见其实事求是。"①作为常州学派第三代学人的代表,宋翔凤对郑玄的态度实可反映常州学派内部的立场分歧,也足以体现清代今文经学复杂与多元的思想流变。

四、学官、经说与礼制:宋翔凤对今古文分野的探索

前文已述及,宋翔凤的今文立场较为平允,对古文经传的文献价值也能充分肯定,因而,相对于刘逢禄来说,宋氏在今古文差异的问题上更能持平地看待。他在《汉学今文古文考》中,详细考察了博士制度的由来与演变。他指出,秦朝的博士尚未专门授受,而汉武帝立五经博士,且有弟子传承,二者绝不相同。进而认为,汉代这种立于学官、授受脉络清晰的经学就是所谓今文经学,与之相对的则是行于民间、绝无师传的古文经学:

> 博士所传之学,如《易》之施、孟、梁丘,《书》大、小夏侯、欧阳,《诗》齐、鲁、韩,《礼》大、小戴,《春秋》公羊、谷梁,并行于世。其后《易》有费直,《书》有孔安国,《诗》有大、小毛氏,《春秋》左氏,《礼》有古《周礼》,无博士,但行民间,称古文家。遂以博士所传为今文家。西京之世,自朝廷以至乡党,文章议论,罔不为今文家说。②

宋氏此论较刘逢禄为明确(刘氏自言"尝怪")。他区分今古文的标准,简言之就是今文立于学官而古文行于民间,因古文不立学,故而将博士之学称为今文学,由此今古分峙。宋氏此论并非偶尔发之,多处文字基本一致。他在《过庭录》中说:"汉武表章六经,皆置博士。其出自屋壁、传于民间者,谓之古文。"③又明确指出"西汉古文不立学官。"④对于郑玄所说的"民间得《太誓》",宋氏的解释就是"犹谓古文不立学,但行民间也"⑤。尤其值得注意的是,宋氏言及今古文分立时,并非专注于某一经,而是将目光对准了群经系统。如果说前文所引刘逢禄的说法还只是一种全面的怀疑,那么在宋翔凤这里,就显然已经是一种系统的判断了。

宋翔凤在以上观点的基础上,还进一步做了两种重要探索。其一,立于学官的今文博士之学有着统一的观点与诉求,它们之间的经说相通,而与古

---

① 李慈铭:《越缦堂读书记》,上海:上海书店,2000年,第787页。
② 宋翔凤:《朴学斋文录》卷三,《续修四库全书》第1504册,第363页。
③ 宋翔凤:《过庭录》卷十,第178页。
④ 宋翔凤:《过庭录》卷六,第113页。
⑤ 同上。

文相异。宋氏依据《白虎通》有关"九族"的记载,归纳出:"今文家皆以九族兼外亲言,《书》欧阳、夏侯,《仪礼》,并今文也。"①认为今文经学的解释是一致的。他又发现有关"六羽"的看法,"《左氏》与《公羊》、《谷梁》两家不同。"②对于古文家的意见,宋氏一般不轻易否定,而是在区分今古经说的基础上,秉持一种相对公允的开放态度。譬如"周公摄政"的史事内容及时间,向有今古两说,宋氏不能裁定,认为"古今文说者各异,遂未必皆得其实,在读书者折其衷"③。他又据《五经异义》所载"驺虞"的今古二说(《毛诗》认为是"义兽",韩、鲁《诗》认为是"天子掌鸟兽官"),加案语如下:"韩、鲁说并同,两家俱列学官,故汉人皆依用之。《毛诗》古文家,别为一说。《诗》无达诂,自可并存。"④作为清代今文学的代表,宋翔凤对古文经说的态度尤其值得重视。

其二,宋翔凤还注意到今古文二家的礼制往往相异。这一点集中体现在《论语说义》中的一段话:

> 今文家者,博士之所传,自七十子之徒递相授受,至汉时而不绝。如《王制》《孟子》之书所言制度,罔不合一。自古文家得《周官经》于屋壁,西汉之末,录之中秘,谓是周公所作,凡他经之不合者,咸断之曰夏、殷。⑤

宋氏此处认为,《王制》《孟子》中的内容代表了今文学的礼制,二者完全作合,而古文《周礼》则往往与之不符。他还在《汉学今文古文考》中说:"《周礼》有六官,凡祭祀、封建、官制之言,皆不与今文诸家合。"⑥这其实已经意识到了今古文分歧的主要表现之一即在于礼制不同。倘若我们熟悉晚清廖平《今古学考》的基本论点,便不难发现二者的一致之处⑦。以礼制平分今古的廖平,认为今学主《王制》,古学主《周礼》,两派泾渭分明,不相淆乱,于晚清学界一时被视为卓见。从现有文献来看,宋翔凤关于今古礼制不同的看法并未给廖平以直接启发,但它却可以被视为后者的学术氛围与先行探

---

① 宋翔凤:《过庭录》卷四,第 66 页。
② 宋翔凤:《过庭录》卷九,第 152 页。
③ 宋翔凤:《过庭录》卷五,第 91 页。
④ 宋翔凤:《过庭录》卷七,第 124 页。
⑤ 宋翔凤:《论语说义》卷一,第 7 页。
⑥ 宋翔凤:《朴学斋文录》卷三,《续修四库全书》第 1504 册,第 364 页。
⑦ 参李帆:《今古文分派之说始自何人——从刘师培的一则文字谈起》,《史学史研究》2012 年第 2 期,第 121—123 页。

索。这正是宋氏此论在学术史上的重要价值所在。

叙述至此,可知宋翔凤在今古文分野的问题上,至少进行了学官、经说、礼制三方面的探索,其中尤以学官最为明确,同时也统摄后二者。由此再与刘逢禄并观,可知刘、宋在今古文问题上的差别其实体现在两方面。第一,刘氏的今文意识非常强烈,他对《左传》、古文《尚书》的攻毁几乎是前所未有的,而宋氏的今文立场较为平允,对于古文经传不乏肯定之辞。第二,刘氏的今文研究主要集中在《春秋》与《尚书》上,尚未形成今古文两派全面对立的观念。而宋氏则致力于今古文差异在群经系统中的体现,并由此形成了以学官而区分今古文的综合判断。在这一点上,宋翔凤应当说已经超越了刘逢禄。

更进一步需要指出的是,宋翔凤的这种治经立场与吴派经学有许多相通之处。从惠栋至江声、余萧客,大都今古文并治,而其着眼点则在于汉儒"师法",因而辑佚古义、胪列众说构成了学问的基本表现形式。与宋翔凤大致同时的陈寿祺疏证《五经异义》,陈立疏证《白虎通》,其方法也可与此归为一类。而宋翔凤在今古文问题上同样展现出综观各家、尊重异说的特征,只不过与吴派相较,突显了今古文并立的意识,与陈寿祺、陈立相比,则增加了是否立于学官的准则。而我们知道,不论是吴派还是二陈,皆对今古文能够平允看待,同时又都保持着对郑玄的认同,而这恰是宋翔凤近于吴派与二陈的最关键处。因而,从学术传承来看,宋翔凤固然是常州学派的重要代表,但他无疑是常州学派中与苏州渊源最深、濡染苏州学风最甚的一位学者。

正是因此,近代重视师法之学的刘师培、蒙文通等,都承认宋翔凤在今古文分野的问题上具有首倡之功。刘师培指出:"(宋氏)谓《毛诗》《周官》《左氏传》咸非西汉博士所传,而杜、贾、马、郑、许、服诸儒,皆治古文,与博士师承迥别,而今文、古文之派别,至此大明。"①认为今古文分派的意识始于宋翔凤。而蒙文通则梳理了刘、宋在这一问题上的先后探索:

> 刘逢禄之流,信《公羊》则并驳《左》《谷》,而《周官》亦为疑书,党伐之诤以起。宋于庭以十四博士为一家,至是而后有联合之今文派,与古文为仇,较为整个之今文学。……刘、宋不足以言成熟之今文学,然其区分今古,对垒抗行,自此之后遂有整个之今文学,功亦实不可没。②

---

① 刘师培:《南北学派不同论》,据李妙根编:《刘师培辛亥前文选》,第342页。
② 蒙文通:《井研廖季平师与近代今文学》,《经学抉原》,第94页。

据此,刘逢禄崇今文而疑古文,挑起了晚清今古文之争,宋翔凤则明确提出十四博士具有内在的一致性,与古文学派分庭抗礼。在蒙文通看来,宋翔凤是区分今古文的首功之人,他一再说"自宋于庭著书判析今古"①、"清代自宋于庭以来,大张今学之帜"②,显然认为在厘清今古文方面,宋翔凤较刘逢禄更具代表性。一直到晚年,蒙文通仍然强调"宋翔凤同刘(逢禄)同样重要",而在今古文分立的问题上则专门指出:"宋翔凤说立在学官的是今文,未立学官的是古文。这是不对的。"③蒙氏秉承廖平之旨,以为今古学的分野在于学问之不同,但尽管与宋翔凤有观点分歧,蒙氏始终重视这一创说。

刘师培属于古文经学家,蒙文通学出廖平,偏向今文一脉,但二者治学都极重汉学师法,对晚清以降有关今古文流别的区分尤为注意。这是他们能够将此问题追溯至宋翔凤的共同原因。与章太炎、梁启超、钱穆、马宗霍等人不同,刘师培、蒙文通对于刘、宋两人多能平等看待,而且在今古文分野问题上,还多表彰宋氏之功。以学官区分今古的判断,乃是此后经学史叙述中的核心观点之一,无论围绕此说有何争议,宋氏的探索都值得我们充分肯定。

最后需要再次指出的是,在早期清代学术史的研究中,宋翔凤所受关注极为有限。章太炎在《清儒》中说:"长洲宋翔凤,最善傅会,牵引饰说,或采翼奉诸家,而杂以谶纬神秘之辞。"④评价显然不高。梁启超沿袭此论,认为:"宋氏傅会太过,支离太甚,不足以为巨子。"⑤以致后来在《清代学术概论》中对刘逢禄称许备至,而对宋氏弃置不提。晚近以来的许多论著,往往聚焦于宋翔凤今文思想对刘逢禄的继承与发展,在其他方面阐发不足,这不免又造成了"重刘轻宋"的论述取向。但正如本书所论,刘、宋两人在今文立场上其实多有不同,二者代表了常州学派第三代学人的两种方向。宋氏早年在汉学方面的成就,以及后来对于今古文分野的探索,都不是刘逢禄的学问所能涵盖的。倘若我们继续将宋氏视为常州学派中"次于"刘逢禄的一员,那么不仅对其学术的复杂性与先导性有所不见,而且也势必造成有关常州学派研究的重大偏颇。

宋翔凤在常州学派中的特殊性在于,他一方面继承了常州诸儒重微言

---

① 蒙文通:《与陈斠玄论内学书》,《经学抉原》,第42页。
② 蒙文通:《廖季平先生传》,《经学抉原》,第197页。
③ 蒙文通:《对辞海征求意见稿经学条目所提意见》,《经学抉原》,第276页。
④ 章太炎:《訄书(初刻本、重订本)》,第134页。
⑤ 梁启超:《论中国学术思想变迁之大势》,上海:上海古籍出版社,2001年,第127页。

大义的学术取向,但另一方面又保持了对汉儒师法之学的基本认同。他早年在苏州所接受的教育是极为纯正的汉学进路,这在一定程度上奠定了他此后的学术根基。如果我们把惠栋、江声、徐承庆等苏州诸儒视作盛倡汉学师法的代表,把常州庄氏至刘逢禄视为今文经学的先锋,那么宋翔凤的经学气质实处于二者之间。这也正是他既能够接纳今文立场,同时又对古文经传未予摒弃,从而揭示出今古文分野一大可能路径的重要原因。宋翔凤的治学历程与思想倾向,展现出常州学派第三代学人的特殊学术面貌,这促使我们更为全面地看待与反思清代今文经学的多元发展历程。

第五节　从惠、江到刘、宋:从"刘歆批判"看清代"今文"意识的兴起

有关清儒对刘歆的批判,是一个关涉今古文之争的重要问题。对于此问题,我们首先必须发问的是,刘歆是何时进入了清儒的批判对象之中?倘若在晚清讲"今文"的这群学者之前,已经有对于刘歆的系统批判,那么二者之间是否存在着渊源关系?笔者在研究吴派学术的过程中,发现至迟自吴派学人开始,便已开始了对刘歆的系统批判,尤其是江声在《尚书集注音疏》中,对刘歆《三统历》有关《尚书》的记载,提出了全盘否定的新见。对刘歆《三统历》谬误的指摘,进一步导致江声怀疑了刘歆所述《尚书》篇章的真实性。前文已经考述庄述祖对江声著作的认真研读,那么这种批判刘歆的意识,对汲取吴派学术的庄述祖而言,自是一种不可忽视的学术先导。易言之,就刘歆批判这一问题而言,庄述祖、刘逢禄所主张的内容,皆在惠栋、江声等吴派学人处可以寻得端绪,而经过刘、宋、龚、魏直至康有为的进一步阐发,遂掀起晚清"今文"意识的巨大浪潮。

一、吴派学者与刘歆

从惠栋的祖父惠周惕起,已经稍对刘歆展开了批评。惠周惕说:"学有伪有迁,有曲有俗,有杂有博,有醇有通。若贾逵之傅会图谶,刘歆之颠倒五经,是为伪。"①这种指斥刘歆"颠倒五经"的说法,本系汉儒之说,惠周惕此处的具体所指虽不得详,然而大体可以看到对汉人此说的重视。从惠栋的一则考释中,我们可粗略观察到惠氏一门对刘歆"颠倒五经"的基本立场。

---

① 漆永祥整理:《东吴三惠诗文集》附《惠周惕遗文》,第353页。

惠栋在讨论《说文》"假"字时说：

> 古"格"字皆作"假"，故训"至"。"真假"之说，始于王莽。刘歆说《书》，以古文《嘉禾》"假王莅政"为"假"伪字。莽从其说，遂有"假皇帝"之名，其后竟即真为天子。歆之颠倒《五经》类如此。许氏训"假"为"非真"，亦刘氏之说，不可从也。当依古训为"至"。①

惠氏此处之所以对《说文》进行反驳，乃是因《说文》承袭了刘歆的误说。以惠氏之见，刘歆是为了王莽摄政，故而"颠倒五经"。惠氏认为"假王莅政"之"假"应读为"格"，训为"至"。类似解读在惠栋的《九经古义》中可以寻得：

> 《书·逸嘉禾》篇曰："周公奉鬯，立于阼阶，延登。赞曰：'假王莅政，勤和天下。'"……"假"，读为格，正也。②

虽训释稍有出入，然而"格""假"相通，乃是惠氏一贯的意旨。

这样的一种观点，在江声的著作中，得以继承。江氏在《尚书集注音疏》中多次将《尚书正义》本之"格"改为"假"，如《尧典》中"格于上下""不格奸"，《皋陶谟》中"格则承之庸之""祖考来格"，《西伯戡黎》中"格尔元龟"，等等，江氏皆将其中之"格"字改作"假"字③。江氏认为"凡《尚书》'假'字，《正义》本悉改作'格'"④，又指出"《正义》本凡'假'字皆作'格'，皆唐卫包奉敕改也，今悉刊正之"⑤。可知江氏在此问题上秉承古"格"字皆作"假"的师说，嗜古之学术观念可谓深得乃师风旨。

尤其值得注意的是，江氏将《高宗肜日》"惟先格王，正厥事"一语中的"格"改为"假"，并作注云：

> "假"，《正义》本作"格"，《汉书·五行志》及《孔光传》、《后汉书·律历志》皆引作"假"，据改。……声谓："假"，读为"假君心之非"之"假"。

---

① 惠栋：《惠氏读说文记》卷八，《续修四库全书》第203册，第513页。江声案语谓：《史记·淮阴侯列传》："(韩)信平齐，使人言汉王，愿为假王便。汉王骂曰：大丈夫定诸侯，即为真王耳，何以假为？"则indeed之为非真，其来已久。又案：字下训借，故以假为非真。
② 惠栋：《九经古义》卷十《仪礼古义》，《景印文渊阁四库全书》第191册，第450页。
③ 江声：《尚书集注音疏》卷一，第8页；卷一，第43页；卷二，第129页；卷二，第145页；卷四，第309页。
④ 江声：《尚书集注音疏》卷四，第309页。
⑤ 江声：《尚书集注音疏》卷一，第43页。

"假",正也。言异变之来,起事有不正也。惟先正王,以正其事。

其疏文如下:

> 云"假,读为'假君心之非'之假"者,《孟子·离娄》篇云"惟大人为能假君心之非",是其文也。彼《离娄》下文云"君正莫不正,一正君而国定矣",然则"假君心"谓"正君心"也。故云"假,正也"。云"异变之来,起事有不正"者,《汉书·孔光传》光既上丞相博山侯印绶,罢归闾里,会元寿元年正月朔,日有食之,征光诣公交车,问日食事,光对有云:"《书》曰:'惟先假王,正厥事。'言异变之来,起事有不正也。"案:孔光,安国从曾孙也,则此说乃孔氏古文家说,其谊不可易也。①

"假""格"相通,此为惠学在江氏经学中得以传承之显例。下文将述及庄述祖在此问题上对惠氏、江氏此解的沿用,而此处所需要着重讨论的,则是江声对刘歆的系统批判。

江声对刘歆的批判,据笔者粗浅观察,集中体现在对《三统历》误读《尚书》的问题上。此误读一为《尚书》之年月,一为经文或经义。对此二者,江声皆有涉及。

先看有关《尚书》年月的问题。首先,《尚书》中有"哉生霸""旁死霸"等记时之文字。依《说文》:"霸,月始生魄然也。承大月二日,小月三日。"王国维先生依据《说文》、《汉书》、《法言》、马融《尚书》注等论定,汉儒无论古今文,"于生霸死霸无异辞",提出异见的乃是刘歆。依刘歆所见,"死霸,朔也;生霸,望也"。此种解读与其他汉儒大相径庭。然而《伪孔传》依从刘歆,以"旁死魄"为月二日,"哉生霸"为十六日。此后遂相沿千余年,少有学者显斥其非②。江声立足于汉儒之解说,指斥刘歆以死霸为朔、以生霸为望之非,批评说,"以哉生霸为月之十五日,尤大谬也"③,"谓死霸为朔,二日旁之,韦反古谊,其说非也。"④江氏对汉儒之说亦有一段总结:"《说文》兼二日、三日言之,马专言三日者,以二日则月有时未见,三日则必见故也。说虽似异,要旨以生霸为月始生,是则同也。刘歆特创异说,以生霸为望,诞妄甚

---

① 江声:《尚书集注音疏》卷四,第304—305页。
② 王国维:《观堂集林》卷一《生霸死霸考》,《王国维全集》第8卷,杭州:浙江教育出版社,2009年,第1页。
③ 江声:《尚书集注音疏》卷九,第625页。
④ 江声:《尚书集注音疏》卷五,第353页。

矣。"① 王国维先生谓刘歆之说"相承二千年，未有觉其谬者"，由此则可见江氏批评此说之难得。

此外，江声对《三统历》中的年月问题倍加关注。如刘歆认为《召诰》与《洛诰》俱成王七年事，江声对此据《尚书大传》驳斥道："伏生《大传》云：'周公摄政，五年营成周，七年致政。'然则《召诰》是摄政五年事，《洛诰》乃七年时事。刘歆以《召诰》与此篇（指《洛诰》）为一年内事……不亦谬乎？"② 王鸣盛在此问题上，亦是如此。王鸣盛据《尚书大传》与郑玄《大传》注言："《召诰》正是营成周事，故郑以为居摄五年，是本诸伏生也。"③"《召诰》是摄政五年事，《洛诰》是七年事，歆以二篇月日为一年内，误矣。"④ 再如《顾命》，刘歆解读认为成王在位三十年而崩，郑玄则认为《顾命》为成王二十八年事。江声依从郑玄⑤。王鸣盛一向遵从郑说，在此问题上亦是以郑说为准⑥。

江氏通过对其详密之考察，最终郑重指出：

《三统历》牵引《尚书》年月，皆率意妄说，全不可信。⑦

吾人似不应轻忽江氏此语的重要性，倘若联系此后常州庄氏家学在相关问题上的态度，则可看到其传承与发展之处。江氏指出刘歆对《尚书》年月的解读完全错谬，从这点而言，其对刘歆的批判已经相当深刻。置诸乾嘉学术中，就批判刘歆之系统性与深刻性而言，江氏恐怕亦是无能或先。

另外值得关注的是经文与经义。我们知道，《三统历》中有引《毕命》之文，然而江声不采为《毕命》逸文，原因乃在于以江氏之见，郑玄所注《毕命》为册命霍侯之事，而《三统历》所引显非其文，故江氏以为"《三统历》所引《毕命》《丰刑》，未可遂以当此《毕命》也"⑧。在《毕命序》中，江声再次断言，郑玄所见《毕命》绝非《三统历》所引者⑨。

叙述至此，从惠栋至江声对刘歆的批判历程，大体已明。惠氏乃单纯从文字着眼，江氏则从《三统历》谬误发论，进而扩大到指斥刘歆对《尚书》年月

---

① 江声：《尚书集注音疏》卷六，第443页。
② 江声：《尚书集注音疏》卷七，第532页。
③ 王鸣盛：《尚书后案》卷十八，《嘉定王鸣盛全集》第2册，第758页。
④ 王鸣盛：《尚书后案》卷十九，《嘉定王鸣盛全集》第2册，第813页。
⑤ 江声：《尚书集注音疏》卷九，第625页。
⑥ 王鸣盛：《尚书后案》卷二十五，《嘉定王鸣盛全集》第2册，第932页。
⑦ 江声：《尚书集注音疏》卷九，第625页。
⑧ 同上书，第692页。
⑨ 江声：《尚书集注音疏》卷十一，第794页。

的全面误读。实际上,江声对刘歆的攻击,早在晚清就被黄以周看出,黄氏说:

> 江艮庭、王西庄注《尚书》,力攻刘歆之非。①

此一问题似尚未引起学界重视,因而不得不说黄氏此论实乃一种别具只眼的观察。

二、"刘歆批判"与"今文"意识的兴起

探明吴派学者对刘歆的批评态度后,再来观察庄述祖在此问题上对吴派学术的继承与演变。前文已述及庄述祖对吴派汉学的关注与沿袭。在批评刘歆的这一问题上,庄述祖无疑又是吴派汉学的后继者与发展者②。

仍以《高宗肜日》中"惟先格王,正厥事"一语为例,庄述祖解云:

> 《史记》祖己曰:"王勿忧,先修政事。"《汉书·五行志》《孔光传》皆作"惟先假王,正厥事。"《孔光传》又云:"言异变之来起事有不正也。"……光父霸及光,皆传大夏侯《尚书》,是今文作"假"也。按:假,当读"嘏"。此与《逸书·嘉禾》篇"假王莅政,勤和天下"皆嘏王之辞也。③

与前引江声文字对照,尽管所得出的结论如"假"为今文字和"假读为嘏"不尽相同,然而其承袭江氏之迹已不可掩。其《尚书今古文考证》中几乎每卷皆有征引江氏之处,其对孙星衍所云阅江著"颇缘以寻绎"的痕迹,在此处已大体体现。再来看庄氏对《嘉禾序》的解读,更能见其沿袭江氏之法:

> 逸《嘉禾》篇曰:"周公奉鬯,立于阼阶,延登。赞曰:'假王莅政,勤和天下。'"王,成王也。假王,即《高宗肜日》所谓"惟先假王,正厥事"也。古文"假""格"通,作"假"者误。《孟子》曰:"惟大人为能格君心之非。"故格君心者,莅政之本。而佞邪傅会,乃谓周公假王者之号。是所

---

① 黄以周:《儆季杂著》二《群经说·释生霸死霸》,詹亚园、张涅主编:《黄式三黄以周合集》第十五册,上海:上海古籍出版社,2014年,第244页。
② 蔡长林先生已经考察了庄述祖对刘歆的批判,认为常州攻击刘歆的学者,始于庄述祖,而庄述祖对刘歆的批判源于文字学立场。参蔡长林:《常州庄氏学术新论》,台湾大学中国文学研究所博士学位论文,2000年,第305—312页。
③ 庄述祖:《尚书今古文考证》卷二,《续修四库全书》第46册,第427—428页。

云十六篇者,歆等各以意属读,非复古文旧书,宜博士之不肯置对矣。①

《尚书今古文考证》中援引江声多处,上文已言之,兹不多论。从此二条中可看出,虽在具体见解上,庄氏与江氏不尽相同,然而其承袭江书之迹,甚为明显。援引《孟子》以证《高宗肜日》与《嘉禾》,此处庄述祖之说,从材料之运用而言,极近江声;从其认为刘歆误读文字的观点而言,又颇承惠栋。而"格君心之非"为其论证周公并非"假王者之号"提供了论据。因而此处之"佞邪"乃指涉刘歆无疑。而庄氏此段末尾所提出的"十六篇者,歆等各以意属读",实为清学史上对古文十六篇的率先质疑,其今文意识之端倪由此亦已呈露②。

在对《三统历》的批判问题上,庄述祖同吴派学人的另一共同点,仍然是由江声、王鸣盛导夫先路。对《汉书·律历志》中所节引《三统历》的内容,庄述祖持全面否定态度,这一点在其批判刘歆的思想以及今文经学的意识萌芽中,地位相当关键。

例如,《洪范》首句言:"惟十有三祀,王访于箕子。"《书序·泰誓》:"惟十有一年,武王伐殷。"《史记·周本纪》亦言:"武王已克殷,后二年,问箕子殷所以亡。"《尚书大传》虽未明言,然而观其前后文,亦近《史记》。《尚书》与《史记》皆主武王在十三年访箕子,而伐纣之年则在此前二年。汉儒中对此提出异见的正是刘歆。《三统历》认为武王伐纣与访箕子俱在十三年,郑玄等汉儒遂依从刘说,亦主武王在十三年伐纣之说。在此问题上,江声与王鸣盛均遵从郑玄等汉儒之说,认为武王伐纣与访箕子俱十三年事。江、王因遵从郑玄,尽力调和异见,王鸣盛对郑玄不从《尚书大传》,辩其"择善而从,无所偏主"③;江声则直接牵合伏、郑二说,谓武王伐纣在十三年春季,箕子来朝"容可及秋冬之间"④。尽管江、王两人尽力调和异说,然而其论证则不乏牵强成分在焉。

至于庄述祖,则完全跳脱刘歆、郑玄之说,其《洪范序说》云:

《汉书·五行志》云:"周既克殷,以箕子归,武王亲虚己而问焉。"其说本刘歆《三统》,谓即在伐纣之岁,故梅赜所献古文在《分器》前,此诬

---

① 庄述祖:《珍艺宧文钞》卷三《嘉禾序说》,《续修四库全书》第1475册,第45页。
② 参蔡长林:《常州庄氏学术新论》,台湾大学中国文学研究所博士学位论文,2000年,第306—309页。
③ 王鸣盛:《尚书后案》卷十二,《嘉定王鸣盛全集》第2册,第538页。
④ 江声:《尚书集注音疏》卷五,第356页。

第三章 从苏州到常州："师法"观念的传衍与变异

圣乱经之一端也。今文《传》、《太史公书》皆以为在克殷后二年,《儒林传》以迁书《洪范》为古文说,是孔安国及欧阳、大、小夏侯皆无异义。倡自刘歆一人之臆说,而班固、郑氏、王肃皆以为十三年伐纣,是不可不辨者也。①

庄述祖所依据的主要是《史记》。此问题之所以在江声、王鸣盛等处并未引起强烈质疑,非是因其信从刘歆,而是因其信从郑玄。江氏笃守汉儒古训,不轻易与汉儒立异,而王鸣盛则在经说上专宗郑玄,更未能发现其中之问题。前已述及,庄述祖对汉儒经说之态度,并未以之为准绳,在庄氏看来,郑玄并未严格持守汉儒家法。其实也正是此点,导致江、王两人未在此问题上过分纠缠。而庄述祖则直接质疑了班固、郑玄等人的经说,将其上溯至刘歆之误读,此问题乃是《三统历》对《尚书》年月解读之关键所在。庄氏之所以能有如此观点,在于其不以"汉学"为准绳的基本态度。

《三统历》中重要的引文还有《武成》。《武成》一篇,不见于孔壁十六篇。郑玄认为"建武之际亡",是郑玄亦未见及此篇。《三统历》所引之文,今皆见于《逸周书·世俘解》。江声在辑录《武成》篇并为之作注疏时,尚信从刘歆,江氏自言,经文"并据刘歆《三统历》所引,见《汉书·律历志》"②。然而庄述祖校《逸周书》后,乃认定刘歆不能尽通古文《武成》,因见《世俘》篇有武王伐纣语,故参照《武成序》,变乱旧文,以《世俘》来抵充《武成》。在庄述祖看来,此是刘歆"作聪明以乱旧章"之显例,其目的则在于以古文"媚伪新,诬当世",故而大加申斥③。

前文已述江声对《三统历》中《毕命》《丰刑》之态度,其不采为《尚书》逸文。今庄述祖又说:

> 刘歆《三统术》引《毕命》《丰刑》不可信。④

由此已可知,庄氏对《三统历》所引《尚书》及其对《尚书》之解读,皆予以否定。由此刘歆在清学史上之形象,发生了极为关键之转折,后世常言常州今文意识逐渐凸显,然而于其兴起之迹尚缺少一一指陈。观本书上述内容,

---

① 庄述祖:《珍艺宦文钞》卷三,《续修四库全书》第1475册,第38页。
② 江声:《尚书集注音疏》卷五,第355页。
③ 庄述祖:《珍艺宦文钞》卷五《书校定逸周书世俘后》,《续修四库全书》第1475册,第98—99页。
④ 庄述祖:《珍艺宦文钞》卷三《毕命序说》,《续修四库全书》第1475册,第53页。

则可知其渊源所自与具体的兴起历程。尤其是庄述祖对刘歆的窜乱经典的指斥,经过刘逢禄的发展,更达到了一种愈演愈烈的态势。

在今文意识由某一经典而扩展至群经的道路上,迈出重要一步的是刘逢禄。刘氏于《易》有《虞氏易言补》,于《书》有《尚书今古文集解》《书序述闻》,于《春秋》则著述更多,同时也是刘氏学问的重心所在。此前大量研究已经表明,刘逢禄在《春秋》学上极力推尊《公羊》而贬低《左传》,对《左传》攻毁的一大理由便在于刘歆的"作伪"。例如他认为刘歆将《左氏春秋》改为《春秋左氏传》,同时增设了《左传》中的"君子曰",变乱了《左传》书法义例。故而认为刘歆是《春秋》学的一大罪人①。

学界熟知刘逢禄在嘉庆十七年(1812)的《左氏春秋考证》一书对刘歆的指控。然而于此前庄氏家族对刘歆的批判,反而不甚措意。但正如本书上文所论,至少在思路上,刘氏指斥刘歆窜乱经典的说法,在庄述祖处已开其端绪,庄述祖批判刘歆的思路很可能影响了刘逢禄《左氏春秋考证》一书的撰写。

至于刘逢禄在《尚书》学上的今文意识,同样值得关注。前已提及,庄述祖对刘歆时有不满,他说:"十六篇者,歆等各以意属读,非复古文旧书。"②这是认为刘歆改窜逸《书》十六篇,以致古文《尚书》非复原貌。然而庄述祖并不据此否定古文,对刘歆亦始终未曾指斥其"作伪"。及至刘逢禄,对刘歆以及古文经典的态度发生了深刻转变。倘若综观刘氏的《尚书》研究,则会发现他对《古文尚书》的攻毁与冲击丝毫不亚于对《左传》的发难。

以《汤诰》为例,作为孔壁古文十六篇之一,《汤诰》早在汉末就被郑玄认为已佚,《史记·殷本纪》保留了一段"维三月,王自至于东郊"的一段文字,不少乾嘉学者认为便是《汤诰》的部分内容。王鸣盛认为该段即是"孔壁真古文",孙星衍也认为这就是司马迁"从孔安国问故得之者","马、郑诸儒不据以编入廿九篇中,以为逸文",正体现了"汉人家法"③。刘逢禄对此不以为然,他说:

> 此篇亦晚周诸子所为,其"东为江"四语即"四渎"注,自"古禹皋陶"至"有状"多袭《甫刑》文。……"不道,毋正在国",亦袭《康诰》"不迪则

---

① 林庆彰:《刘逢禄春秋左氏考证的辨伪方法》,收入氏著:《清代经学研究论集》,台北:"中研院"中国文哲研究所,2002年。
② 庄述祖:《珍艺宧文钞》卷三《嘉禾序说》,《续修四库全书》第1475册,第45页。
③ 王鸣盛:《尚书后案》卷三十,第638页;孙星衍:《尚书今古文注疏》卷三十,第570页。

罔政在厥邦"之语。必非真古文《汤诰》也。①

刘逢禄认为《史记》所载乃袭取他篇之文而成，并非真古文《汤诰》。在这一问题上，他之所以故意与王鸣盛、孙星衍等乾嘉汉学家立异，乃在于倘若承认《史记》所载《汤诰》为真古文，则无异于承认了孔壁出书之说，同时也就承认了今文经典并不完备，这是刘逢禄所不能认可的。

刘逢禄否定孔壁古文的理论根基，其实正在于否定了传统所言的因秦火而"书阙有间"。依刘歆所言，《尚书》因秦火而不完备，逸《书》十六篇中尚有《舜典》《大禹谟》《弃稷》等篇，刘逢禄则针锋相对地提出了"《典》《谟》皆完备"之说。

首先，刘氏坚决不承认《舜典》的存在，据他所论，《孟子》所载"舜往于田"及"完廪"二事，不称"《尧典》曰"，又不称"《书》曰"，因而所引乃是逸《书》或《尚书大传》；至于"不及贡，以政接于有庳"，刘氏也认为是《尚书》的传、记文字，绝非出自《舜典》；同时，《史记》中《五帝本纪》记载舜之事迹，又未有不见于《尧典》者。那么由此数处，则可知《舜典》"非别有篇"②。刘氏此处着力论证《舜典》根本不存在，思路未必精审，然而欲否定逸《书》十六篇的用意已不可掩。

刘氏进而又否定了《大禹谟》与《弃稷》二篇。《书序》有言："皋陶矢厥谟，禹成厥功，帝舜申之，作《大禹》《皋陶谟》《益稷》。"刘氏对此认为：

> 此即今《书》一《谟》三序，非三篇同序也。其言皆禹之言，故以《谟》归之；所兼益、稷之功，故复以名系之。例至昭然。……逸《书》十六篇乃有《大禹谟》及《弃稷》，然《书序》孔子所定，稷为配天之祖，周人以讳事神，故《典》《谟》稷独称官，惟帝命乃名耳。据周立法，必无以"弃稷"名篇之理。其可信乎，其可信乎？③

以刘氏之见，《尚书》中的《谟》只有《皋陶谟》一篇，因《皋陶谟》中有记载禹之言论和益、稷之功绩，故而《书序》中并及之，绝非《大禹谟》《皋陶谟》《益稷》三篇同序。刘氏又认为"弃"为周始祖后稷之名，圣人既然"据周立法"，那么自不应以"弃稷"名篇，因而《弃稷》篇名绝不可信（此点承袭庄述祖，参

---

① 刘逢禄：《尚书今古文集解》卷三十，《续修四库全书》第48册，第341页。
② 同上书，第338—339页。
③ 刘逢禄：《书序述闻》，《续修四库全书》第48册，第352—353页。

前文)。刘氏凭借这种不无主观色彩的论断,将《大禹谟》与《弃稷》的存在全部否定。

既然刘歆所提出的《舜典》《大禹谟》《弃稷》等篇不存在,既然《尚书》中的《典》《谟》并未因秦火而有残阙,那么刘氏欲否定孔壁古文的意向其实已经呼之欲出了。刘氏最终指控道:

> 盖此十六篇亦《逸周书》之类,未必出于孔壁,刘歆辈增设之,以抑今文博士耳。东汉初治古文者,卫、贾诸子皆不为注说,故遂亡佚。要之,据《舜典》《皋陶谟》序读之,则《典》《谟》皆完备,逸《书》别有《舜典》《大禹谟》《弃稷》等等,必歆等之伪也。①

此段判语中赫然出现了"伪"字,指斥了《舜典》《大禹谟》《弃稷》等篇必是刘歆"作伪"而成。刘氏推论十六篇"未必出于孔壁",孔壁出书很可能是刘歆为了压制今文博士而精心设计的虚假之文②。这一番论证完全指向刘歆作伪,倘若熟悉后来今文经学家对刘歆的作伪指控,其实已颇可见其与刘氏之论一脉相承之处。

如所周知,晚清今文经学家的一个基本判断便是秦焚书而六经未尝亡阙。康有为在《新学伪经考》开篇即言:"歆欲伪作诸经,不谓诸经残阙,则无以为作伪窜入之地,窥有秦焚之间,故一举而归之。一则曰'书阙简脱',一则曰'学残文阙',又曰'秦焚《诗》《书》,六艺从此阙焉',又曰'秦焚书,书散亡益多'。"③直至崔适也同样认为"《诗》《书》虽焚,六艺未尝阙焉"④。倘若追寻六经未因秦火而残阙的论证脉络,则刘逢禄指斥刘歆作伪之说的意义无疑凸显出来了。事实上,康有为在《新学伪经考》中论证孔壁《古文尚书》

---

① 刘逢禄:《尚书今古文集解》卷三十,《续修四库全书》第48册,第338—339页。艾尔曼注意到,刘逢禄"开始强调《今文尚书》的可信度,以取代段、孙等学者墨守《古文尚书》的风气",这一观察是精准的。然而他又说"Liu Feng—lu still accepted the authenticity of the original sixteen Old Text chapters(刘逢禄仍承认《古文尚书》16篇的真实性)",此判断显然失误。艾尔曼:《从理学到朴学》,第162、163页;原文见 Benjamin A. Elman, *From Philosophy to Philology: Intellectual and Social Aspects of Change in Late Imperial China*, Harvard University Press, 1984, p.210.
② 刘德州已经指出此点,并说:"述祖今文家派意识还不是很强烈,对古文经的排斥也只是启其端而已,至刘逢禄等始有言辞激烈的排古话语。"前揭刘德州:《清代〈尚书〉学蠡探——今文经学背景下的〈尚书〉学研究》,南开大学博士学位论文,2011年,第113页。
③ 康有为:《新学伪经考》第一《秦焚六经未尝亡阙考》,朱维铮、廖梅编校,上海:中西书局,2012年,第5页。
④ 崔适:《史记探源》卷八,张烈点校,北京:中华书局,1986年,第213页。

之伪时,他所追溯的学术渊源,正是上引刘逢禄"必歆等之伪也"一段文字①。因而《新学伪经考》中所言"刘歆之作伪,近儒刘逢禄、邵懿辰亦渐疑之"②,其实包含了两方面。一方面是刘逢禄在《左氏春秋考证》中对刘歆的指控,另一方面则是《尚书》学上的重要论断。刘逢禄在《春秋》与《尚书》上,都指斥了刘歆作伪,对于晚清崇今文而贬古文的思想意识而言,具有重要的影响。

也正是因此,刘氏在晚年提出一个较具全面性的疑问:

> 尝怪西京立十四博士,《易》则施、孟、梁丘氏,《书》则欧阳、大、小夏侯氏,《诗》则齐、鲁、韩氏,《礼》则大、小戴氏,《春秋》则公羊、颜、严氏,《谷梁》江氏,皆今文家学。而晚出之号古文者,十不与一。③

刘氏此处立足于今文,疑惑于汉代十四博士为何皆是今文,而古文"十不与一"。若以后见之明来看,刘氏此论已经触及今古学分立的核心问题,对于晚清今古文门户的形成实有不可忽视的影响。尽管刘氏在道光九年(1829)即去世,并未在今古文分野上做出更深一步的探究,但他无疑开示了一个重要方向。

叙述至此,刘逢禄对刘歆的批判与晚清"今文"意识之间的内在联系,大体可明。也正因如此,刘氏的经学研究,非但对乾嘉汉学而言可称是一重要转向,即使对常州庄氏家学而论,亦是创发多于继承。在批判刘歆的学术立场下,刘逢禄开始系统攻击古文经传,对晚清"尊今抑古"意识的形成与兴盛,实具有先导之功。

最后需要讨论的是宋翔凤对于刘歆的基本态度。在晚清今文经学家中,宋翔凤批评刘歆的观点也很有代表性,他虽然不完全同意刘逢禄所说的刘歆作伪窜乱之说,但他在学术史上仍有不可忽视之处。他至少在以下两个方面,在清儒中占据了率先的地位。

首先,宋翔凤是清儒之中第一位系统回应刘歆《移让太常博士书》的学者。刘歆的这篇文章,是汉代古文经学家向今文博士发起的以争立古文经

---

① 康有为:《新学伪经考》第三上《汉书艺文志辨伪》,第54—56页。
② 康有为:《新学伪经考》第十三《书序辨伪》,第279页。《书序辨伪》出于陈千秋,然大旨与康氏无异。参朱维铮先生所撰《导言》,《新学伪经考》第7页。另,邵懿辰《礼经通论》坚信《仪礼》十七篇乃孔门足本,未因秦焚而残阙,所谓《逸礼》三十九篇皆系刘歆"作伪"。邵氏对《仪礼》完整无缺的考核,与刘逢禄"《典》《谟》皆完备"之说正可相参。
③ 刘逢禄:《刘礼部集》卷九《诗古微序》,《续修四库全书》第1501册,第169页。

典为目的的挑战书。宋氏曾专门作《拟太常博士答刘歆书》，全面系统地回应了刘歆的论点。宋氏说：

> 昔孝武皇帝表章六经而置博士，俾各守其家法，以相授受。诚以去圣日远，将有曲学虚造变乱是非，以疑观听也。如伏生《尚书》二十八篇，帝王之事已备。孔子虽为百篇之序，或虚存其目，或并合其文，条列明白。子夏之言《书》有七观，莫逾于此。近闻得多十六篇，亦微文碎词而已。《礼经》十七篇，五常之道包括靡遗，不必推士礼以致于天子也。《春秋》先师之说，得孔子窃取之义。左氏所传，其文则史，乌睹《春秋》之法乎？三代岁月谓之疑年，《春秋》岁名未有定测，闻君颇离合古文，以自就其经术。世有明者，难使尽信，且国家有大事，采博士议，务存大体，断事决疑，以经合权也。何用张皇众说，驰骋浮词以炫朝廷哉？先帝怒博士改师法者，盖防其流也。君顾欲迫以相从，毋乃非先帝之意乎？①

此篇文献之所以重要，至少有两点原因。原宋氏之意，汉代今文经典之外的文献，只具有历史文献的意义，而与"帝王之事"、孔子之道无关。因而对这些文献予以保存即可，不必将它们抬升至经典之列。此其一。其二，宋翔凤反对古文经传的另一理由在于，如果今古文经说并存，甚至都可以进入政治之中，那么势必会变乱"师法"，于学于政皆会带来巨大的恶果。这是宋翔凤代今文博士反对刘歆的两大理由。

也正是因此，宋翔凤的基本经学立场仍然可以说是"尊今抑古"的，这也正是历来研究者都将其归诸常州今文学派的主要原因。尽管他与刘逢禄在具体的一些观点上时有出入，但其今文立场是毋庸置疑的。在晚清以降日益盛大的今文学浪潮中，宋翔凤的观点在其中起到了不可忽视的作用。

其次，宋翔凤率先对刘歆与《史记》的关系做出了较系统的关注，这在清代学术史上仍然是有重要意义的一种学术动向。宋翔凤的总体看法可以被归纳为，《史记》中的《鲁世家》被刘歆窜改过，而他的入手处，仍是刘歆的《三统历》。宋氏说：

> 《三统术》（宋注：见《汉书·律历志》）云："《春秋》《殷历》皆以殷，鲁自周昭王以下无年数，故据周公、伯禽以下为纪。鲁公伯禽，推即位四

---

① 宋翔凤：《朴学斋文录》卷一《拟太常博士答刘歆书》，《续修四库全书》第1504册，第335页。

十六年,至康王十六年而薨。子考公立。《世家》:即位四年,炀公立。《世家》:炀公即位六十年,幽公即位十四年,微公(宋注:《史记·鲁世家》作魏公,《世本》与《三统》作微)五十年,厉公三十七年,献公五十年,慎公(宋注:《史记》作真公)三十年。"慎公之十四年,厉王出奔彘,共和行政,为共和元年庚申(宋注:《史记·十二诸侯年表》)。《三统术》以周公摄政七年后为成王元年,伯禽受封之岁至共和元年共二百七十六年。然考《史记·鲁世家》,作炀公六年(宋注:校《三统》少五十四年),献公三十二年(宋注:校《三统》少十八年),共少七十二年。后汉尚书令忠奏言歆"横断年数,损夏益周,考之表纪,差谬数百"。则《世家》年数皆歆私改。又《史记·鲁世家》无伯禽年数,不知歆复何自推为四十二年。且依《三统》,自武王伐纣至赧王初年有八百十余年,而孟子去齐言"由周而来七百有余岁",必除此七十二年乃合耳。①

宋翔凤此处认为,刘歆所引《史记》所记年数与《三统历》时有差异,共少七十二年,而据《后汉书》记载,尚书令陈忠批评刘歆"妄改年数",所以《鲁世家》中的年数一定是刘歆所改。

对于今天的研究者而言,宋翔凤论证的内容固然陌生,但以刘歆篡改《史记》的这一思路其实并不陌生。晚近以来,这种思路主要见于崔适的《史记探源》。这也表明今文经学的思想意识进入到了史学领域之中。崔适说:

《史记》者,《五经》之橐篇,群史之领袖也。乃《汉书》已云其缺,于是续者纷起,见于本书者曰褚先生,见于《七略》者曰冯商,见于《后汉书·班彪传》注及《史通》者,有刘歆等十六人。案《汉书》亦有自言出自刘歆者,《艺文志》曰"录《七略》",《律历志》曰"录《三统历》"是也。乃《儒林传》言经师受授与《七略》相表里,《律历志》言六历五德与《郊祀志》《张苍传》相牵属,《天文》《地理志》言分野与五德相印证,皆可知其为歆作。……《史记》之文,有与全书乖、与此合者,亦歆所续也。至若年代县隔,章句割裂,当是后世妄人所增,与钞胥所脱。②

这里指出,《史记》中有被后人妄改之处,而古文经说多出于刘歆的窜乱。从文献上来看,崔适的《史记探源》并未受到宋翔凤的直接启发,但这并

---

① 宋翔凤:《过庭录》卷十一"刘歆妄改鲁世家年数",第193页。
② 崔适:《史记探源》,张烈点校,北京:中华书局,2004年,第1页。

不影响宋翔凤的上述怀疑在实际上开启了有关刘歆窜乱《史记》的研究。对于崔适之说而言，宋翔凤的观点与思路无疑是一种思想氛围和探索。同时，它对于刘歆在清学史上的形象变迁而言，也是极其重要的一种观察视角。

梁启超在《清代学术概论》中直陈："盖自刘书（《左氏春秋考证》）出而《左传》真伪成问题，自魏书（《诗古微》）出而《毛诗》真伪成问题，自邵书（《礼经通论》）出而《逸礼》真伪成问题。"①梁氏认为辨伪学其实是晚清今文经学的一大特质。由上文所论已可知，刘逢禄的《春秋》与《尚书》学，以及宋翔凤批驳刘歆的许多观点，其实已经具备了辨伪的许多特征，在思路与理论上与后来的今文经学家几乎全同。置诸晚清今文经学的发展序列中，后来的今文经学家的基本观点，其实在刘逢禄、宋翔凤处都已正式开启。从这一点来说，刘逢禄、宋翔凤的经学研究与思想倾向无疑具有深刻的经学史和思想史意义。

---

① 梁启超：《清代学术概论》，第115页。

第四章 "师法"观念在清中晚期的延续与整合

第一节 从吴派的今文经学研究谈起

虽然在近现代学者笔下,吴派通常被认为是古文学派,但事实上惠栋、余萧客、江声等人治经皆今古兼治。晚近以来之所以把乾嘉学派主要看作是古文学派,在很大程度上是为了将其与龚、魏以降的今文经学相区分。然而倘若仔细考索吴派诸人的经学成绩,则会发现他们在今文经学上造诣亦深。在前文所述常州诸儒的"今文"著述中,已可见及与吴派的深刻关联,而从治学方法与内容而言,吴派在晚清还有一种重要的嗣音。在讨论晚清这批今文经学研究者之前,详细梳理吴派在今文经学方面所取得的重要成绩与开创性研究,无疑是建立起二者内在关联的必要前提。

一、《公羊》学在清前中期的兴起历程管窥

近现代学者讨论清代的《公羊》学,每每会追溯至孔广森或庄存与,而较少论及吴派的《公羊》研究。但事实上,吴派学人对于《公羊》学在清代的复兴实有着不可忽视之功。惠栋虽然未有意专倡《公羊》,但《九经古义》中赫然有《公羊古义》在列,若论以"汉学"视角来研究《公羊》的学者,惠氏应是清儒中最早的一位。

《公羊古义》共二卷,遵循的基本路径与《九经古义》中的其他部分并无本质差别,都是以考订文本、注重"古训"为特色。惠氏曾说:"余每校《三传》而得古音,习郑学而识古文,后之学者忽而不察,妄有论辨,窃所未喻。"①于此可见惠氏治《公羊》,仍不满于晋唐以后学者之见。他将《公羊》与《左传》《谷梁》相对照,校其异同,复援引以郑玄为主的多家经说加以参证,从而考

---

① 惠栋:《九经古义》卷十四《公羊古义》,《景印文渊阁四库全书》第191册,第487页。

得古音古义。直至晚年,他在乾隆十八年(1753)前后,还校订《春秋公羊传注疏》甚勤①。

兹举数例,以见惠栋的《公羊》研究特色。《春秋》隐公五年:"春,公观鱼于棠。"《公羊传》:"公曷为远而观鱼?登来之也。"何休注云:"登,读言得来。得来之者,齐人语也。齐人名'求得'为'得来',作'登来'者,其言大而急,由口授也。"②据此,何休以为《公羊》初由口授,其后方著于竹帛,因《公羊》先师多齐人,故"得来"作"登来"。惠栋对此提出不同看法,他以为:"《礼记·大学》云'一人贪戾',郑注云'戾之言利也。《春秋传》曰登戾之',《正义》云'以来为戾,与《公羊》本不同'。下《传》云'百金之鱼公张之',则'登戾'之说信矣。"③在惠氏那里,郑玄经说具有高度权威性,因而可据以修正何休之说。惠氏所谓"习郑学而识古文"者,于此可窥一二。

《春秋》成公四年:"三月壬申,郑伯坚卒。"何休注中"伯坚"作"伯臤"。徐彦疏云:"《左氏》作'坚'字,《谷梁》作'贤'字,今定本亦作'坚'字。"④据《经典释文》中所说的"臤,本或作坚",可知陆德明所见之《公羊》作"臤"。惠栋指出,在《说文》中,"臤,古文以为贤字"。此外因《潘乾校官碑》中有"亲臤宝智",《国三老袁良碑》中有"优臤之宠",今文《大誓》中有"优贤扬历",故而惠氏认为"优臤即优贤也","臤亦为古坚字"。在此基础上,惠氏又考《东观汉记》"阴城公主名贤得",《续汉书·天文志》则作"坚得",故认为"坚又与贤通"。由此,《春秋》三传中的这一文字差异可得而解,惠栋最后说:"疑古坚字、贤字皆省作臤。《公羊》从古文作臤,《谷梁》以为贤,《左氏》以为坚。师读各异故也。"⑤惠氏主要援据汉代文献详加考辨,不仅考证出《三传》此处用字相通,而且指出《三传》文字异同的原因在于三家"师读各异"。

再如,《春秋》昭公十一年:"秋,季孙隐如会晋韩起、齐国酌、宋华亥、卫北宫佗、郑轩虎、曹人、杞人于屈银。"对于此处的地名"屈银",《经典释文》指出"二传作'厥慭'",徐彦疏文亦同。惠栋在这一问题上的考证如下。徐邈注《左传》"厥慭"之"慭"为"五巾反",《说文》"㹞,读若银",又云"慭,从心,㹞声"。据此,惠氏以为《公羊》以"厥"为"屈"、"慭"为"银",字异而音同。而且他还指出,《公羊》初由口授,故而造成了经文有异的现象⑥。由此二例可知,惠氏所说的"校《三传》而得古音",应当是深有心得之论。

---

① 参高桥智:《论惠栋校本春秋公羊传注疏》,《中国经学》第三辑,第216—230页。
② 何休解诂、徐彦疏:《春秋公羊传注疏》卷三,第81页。
③ 惠栋:《九经古义》卷十三《公羊古义》,《景印文渊阁四库全书》第191册,第472页。
④ 何休解诂、徐彦疏:《春秋公羊传注疏》卷十七,第719页。
⑤ 惠栋:《九经古义》卷十四《公羊古义》,《景印文渊阁四库全书》第191册,第484—485页。
⑥ 同上书,第487页。

第四章 "师法"观念在清中晚期的延续与整合

除以上数例外，惠栋在《公羊传》的文字训诂上多有发明。例如他据《熹平石经》考证出"汉时《公羊》昉皆作放"；据《春秋繁露》与《韩诗外传》考证出"尔房焉故鲁侯之美"中的"故"为"知"字之误；据《三传》异同而考证出"古浮、包字同"，认为《汉书》之浮丘伯即为《盐铁论》之包丘子。其他如"鼻、畀同音""古祥字、详字皆省作羊""古读皋为浩、鼬为油""舍有舒音"①，诸如此类，皆胪列众说，勾稽参证，而且原原本本，鲜逞臆见。可以说，在雍正、乾隆之际，《公羊》的汉代诂训由惠氏的考证而渐得彰显。

惠栋之所以重视《公羊》，是因为《公羊》及何休之学在他的"汉学"观念中具有重要的一席之地。不应忘记，惠氏郑重强调过："六经定于孔子，毁于秦，传于汉。汉学之亡久矣，独《诗》、《礼》、《公羊》犹存毛、郑、何三家。"②在这里，毛、郑、何三足鼎立，构成了惠栋心中通向"汉学"的桥梁。他还在《公羊古义》中考述说：

> 康成《六艺论》云："治《公羊》者，胡母生，董仲舒，董仲舒弟子嬴公，嬴公弟子眭孟，眭孟弟子庄彭祖及颜安乐，安乐弟子阴丰（《儒林传》作泠丰）、刘向（本传不载）、王彦（无考）。"刘子政从颜公孙受《公羊春秋》，本传不载，然封事多用《公羊》说。③

可知惠氏对汉代的《公羊》师说传承尤为关注。这种对《公羊》先师的考证，一直持续至江藩。江氏专门撰写《公羊先师考》一文，对西汉、东汉的《公羊》传授皆有详明考察，不仅论说"（何）休之学出于（李）育，育之学本之（胡毋）子都"，而且指出："董子之学盛行于前汉，浸微于后汉，至晋时其学绝矣。"④吴派诸儒对《公羊》传授谱系之所以如此重视，正源于从中可见"汉学"之流变。

同时，我们也可以看到，大致从惠栋开始，清人对何休之学开始产生了浓厚兴趣，何氏的学术形象也由此发生了某种转变。总体而言，清初诸儒沿袭宋明儒旧论，对何休关注不多，评价也较低。阎若璩曾在解释何郑之争时强调："此自是学海（何）远逊经神（郑）。"⑤熊赐履也认为何休"操履有缺，贻

---

① 惠栋：《九经古义》卷十三《公羊古义》，《景印文渊阁四库全书》第191册，第472、473页。
② 惠栋：《易汉学自序》，惠栋撰，谷继明校注：《易汉学新校注》，北京：中国社会科学出版社，2020年，第15页。
③ 惠栋：《九经古义》卷十三《公羊古义》，《景印文渊阁四库全书》第191册，第470页。
④ 江藩：《江藩全集》，《隶经文》卷四《公羊先师考》，第730页。
⑤ 阎若璩：《潜邱札记》卷四上《古文尚书冤词》，李寒光点校，北京：中华书局，2023年，第294页。

玷宫墙,不得与于斯文之列"①。清初儒者普遍对何休无好感,但惠栋将何休的《公羊》学作为汉代硕果仅存的三家之一,显然赋予了何氏之学以新意,对何休地位的提升有着至关重要的意义。在惠氏之后,吴派诸儒便纷纷对何休抱有一种肯认和尊奉的态度。钱大昕就对惠氏做出了这样一种评价:"拟诸汉儒,当在何邵公、服子慎之间。"②以汉儒何休、服虔相比,应当说并未有违惠氏本意。

惠栋弟子江声在《尚书集注音疏》每卷开篇时,都在卷次后书"江声学"三字,而他对此点的解释是:"非敢云纂述也,学焉而已,故曰'学',仿何邵公注《公羊》称'何休学'也。"③可见何休在江氏心中,亦是值得效仿的汉儒楷模。此外,《尚书集注音疏》还多处酌采何休《公羊》注。由此则可知,江氏虽在《尚书》研究上尊奉马、郑,但对今文学家何休同样有所取法。王昶在《春秋》三传中尤其推崇《左传》,但亦维护何休的地位:"《公羊》《谷梁》间有别解,何休承之,亦皆出自孔门弟子,义深文奥,墙仞难窥,不可以偶涉谶纬,辄仿陋儒指斥。"④晚明清初诸儒多以何休喜言谶纬而对其弃置不道,王昶此论正堪纠偏。除江、王两人外,值得注意的还有深于礼学的苏州学者褚寅亮。褚氏对《公羊》及何休注亦颇有研究。据江藩记载:

> (褚寅亮)早年为《公羊》何休之学,撰《公羊释例》三十篇。谓《三传》唯《公羊》为汉学。孔子作《春秋》,本为后王制作。訾议《公羊》者,实违经旨。⑤

褚氏与王鸣盛、钱大昕、王昶皆有较深交往,属于吴派学圈中人。他在撰写《公羊释例》外,还撰有《周礼公羊异义》,可知对《公羊》用功甚深。有学者指出,褚寅亮的《公羊》学"是惠氏学派讲家法在《公羊》研究上的运用"⑥,应当说是有相当道理的。

在何休及《公羊》学地位的抬升方面,王鸣盛最值得重视者,在于他明确给出了汉儒之功的一种排序,即郑玄居首,何休居次,虞翻位于第三,服虔位于第四。王氏毕生尊奉郑玄,郑氏在他心中首屈一指的地位自然无可替代。

---

① 熊赐履:《学统》卷三十七,第341页。
② 钱大昕:《潜研堂文集》卷三十九《惠先生栋传》,《嘉定钱大昕全集》第9册,第667页。
③ 江声:《尚书集注音疏》卷一,第4页。
④ 王昶:《春融堂集》卷六十八《示长沙弟子唐业敬》,《清代诗文集汇编》第358册,第659页。
⑤ 江藩:《汉学师承记》卷二,第43页。
⑥ 黄开国:《清代今文经学新论》,第131页。

但需要注意，惠氏家族所尊奉的大儒服虔，在王鸣盛这里，不得不因"功在传而不在经"而屈居第四。而何休的地位之所以驾越于虞翻、服虔之上，则是源于"无休则无《公羊》，无《公羊》则无《春秋》"的认识①。在这一认识中，何休与《公羊》学的重要性显露无遗。

王鸣盛深知何休、郑玄经学之异，但他似有意对其进行调和。他说："（何）休于《春秋》最深，其学为最精。……愚谓康成于邵公，虽意有不同，其归一也。"②考虑到郑学在王鸣盛心中的特殊意义，此处对何休的评价实不可谓不高。王氏虽不以《春秋》名家，但他对《三传》的抑扬颇值得重视。他说："治《春秋》者，考事宜从《左氏》，书法宜参《公》《谷》，至专门家法则当并存之。"③看似平视《三传》，但实际却是只推崇《左传》与《公羊》。郑玄曾有论："《左氏》善于礼，《公羊》善于谶，《谷梁》善于经。"王鸣盛对《左传》《公羊》均无异辞，但此下则话锋一转："惟《谷梁》意取简约，专以演绎经文为事，而其他不复旁及焉，则'善于经'而已。康成盖意以为《左氏》《公羊》皆胜于《谷梁》，乃俗儒反疑康成此言为推尊《谷梁》，岂不谬乎？"④既然郑玄认为"《左氏》《公羊》皆胜于《谷梁》"，则可知《三传》在王氏心中并非同等重要。王鸣盛对《公羊》及何休的推尊，在清代中期学术史上的意义尚需深入反思，此前学界主要从史学、《尚书》学等方面来定位王鸣盛，或许造成了某种遮蔽。

通过上述梳理，《公羊》学在清代前中期的复兴历程，于吴派学人的著述中清晰可见。清初能留意《公羊》者尚颇乏人，而吴派诸人在兴复"汉学"的学术追求中，将《公羊》及何休之学真正纳入视野，这对《公羊》地位的抬升与何休学术形象的改观都有着非同寻常的促进作用。从这一角度而论，吴派可以说是清代最早重视《公羊》研究的一个学人圈。这也正是常州学派尊崇《公羊》以阐发大义，以及凌曙、陈立援礼学以治《公羊》的重要氛围与根基。只是需要意识到，刘逢禄等人以《公羊》学统摄群经的做法，与吴派诸人的取径差异甚显，反而是凌曙、陈立等人，严守《公羊》家法，更得吴派考求"汉学"之本意。由此而论，吴派的《公羊》研究在清代的两支今文学中其实都有相当深刻的影响，此前将吴派主要视为古文学派的看法实不足以彰显其底蕴。

二、吴派学者与《尚书大传》

在吴派学者的治经范围中，除《公羊》外，尚有一部对后世今文经学影响

---

① 王鸣盛：《蛾术编》卷七"公羊传疏"，第112页。
② 王鸣盛：《蛾术编》卷七"公羊何休学"，第111页。
③ 王鸣盛：《蛾术编》卷七"左氏论断多谬"，第110页。
④ 王鸣盛：《蛾术编》卷七"郑康成意以左氏公羊为胜于谷梁"，第108页。

深巨的著作,即《尚书大传》。它是汉代首出的《尚书》经说,因而受到吴派诸人的特殊重视。以其在清代的学术源流为线索,颇能探明吴派与晚清今文经学的另一种内在关联。

曾任秦代博士的伏生,是西汉最早的《尚书》学经师,也是一般意义上人们所认为的《尚书大传》之"作者"。但在《汉书·艺文志》中,著录《尚书》"传四十一篇",未著撰人。至南朝沈约时,才明确说"伏生创纪《大传》"。此后唐人相沿此说。如《经典释文·序录》中作三卷,称为伏生所作。《隋书·经籍志》载,伏生作《尚书大传》四十一篇,以授同郡张生。据今日学者研究,该书虽旧题伏生撰,但考虑到古书撰述通例以及西汉今文三家《尚书》以前的经学状况,"可称为以伏生为中心之伏氏学派书学之汇纂"①。该书在宋代已无完本,元明以后渐佚,入清之后,伴随着汉学思潮的渐盛,才真正引起学界的广泛关注。

朱彝尊在《经义考》中曾初步辑佚《尚书大传》及郑玄注。此后还有两部较早的辑本值得关注,一种出自不常为人道及的浙江士人董丰垣,另一种则出自惠栋。董氏与惠栋大致同时,于乾隆十六年(1751)中进士,曾任安徽建德、河南扶沟知县。他所辑录的《尚书大传》由惠栋好友、吴派早期代表学人沈彤作序,在清前中期亦是一种重要的辑本②。降至道、咸年间,该本在陈立的《白虎通疏证》中还被提到③。

惠栋所辑的《尚书大传》,在中国国家图书馆藏有抄本。据傅增湘说:"《尚书大传注》四卷,汉郑玄撰。补一卷,清惠栋辑。清惠栋红豆斋写本,墨格,阑外有'红豆斋钞本'五字。补一卷,题'鳝门惠栋定宇钞集',钤有'惠栋之印''松崖''红豆斋'各印。卷中有翁覃溪方纲朱笔校改。"④今检国家图书馆藏《尚书大传注》四卷(补一卷),第五卷(即补一卷)末有"江安傅沅叔收藏善本"朱文印,知此本即傅先生所藏。此本半叶九行,行十七字,注文小字双行,每行字数与正文同,无页码。卷一为《虞夏传》《殷传》,卷二为《周传》,卷三为《洪范五行传》,卷四为《略说》,卷五为《尚书大传补》。其中卷五题"鳝门惠栋定宇抄集"⑤,每条内容皆以双行小字注明采自何书,一依惠氏著述家法。

---

① 侯金满:《〈尚书大传〉源流考》,南京大学文学院硕士学位论文,2013年,第8页。
② 沈彤:《果堂集》卷五《尚书大传考纂序》,《景印文渊阁四库全书》第1328册,第326—327页。
③ 陈立:《白虎通疏证》卷一,第5页。
④ 傅增湘:《藏园群书经眼录》卷一,北京:中华书局,1983年,第33页。该本简况参漆永祥:《东吴三惠著述考》,第392—393页。
⑤ 清钞本《尚书大传》卷五,无页码。

第四章　"师法"观念在清中晚期的延续与整合

观惠氏所辑《尚书大传补》，遍采群籍，如《文选》、《周易集解》、《史记》三家注、《五经正义》、《初学记》、《太平御览》、《艺文类聚》、《北堂书钞》、《玉海》、《困学纪闻》、《绎史》、《路史》等，皆有采择。而尤能见惠氏撰集体例者，为罗列出处不一的文字。如惠辑《尚书大传》"八政何以先食"条云：

八政何以先食？传曰：食者万物之始，人事之所本也。故八政先食（原注：《文选》七、《艺文类聚》七十二、《北堂书钞》百四十三、《御览》八百四十七）。①

又如：

王者德及皇天，则祥风起（原注：《御览》九、《初学记》一）。王者德下究地之厚，则朱草生（惠注：《御览》八百七十三，一云：德光地序则朱草生）。②

由此可见，惠栋辑录《尚书大传》，详列其不同出处，遇有异文则并举，以见其同异。由此则可知惠栋于《尚书大传》的辑录，可谓尽心。此外，在《九经古义》中，我们也可见到惠氏采《尚书大传》以考订《尚书》相关问题的例证。

在此基础上，我们再来看未著录作者的卷一至四。近来侯金满据中国台湾省图书馆藏惠栋稿本《尚书大传》详加研究，证明此本卷一至四的作者实为惠栋本人，其最初稿本各条亦详注文献出处，只是后来惠氏有意删去各条出处，以充旧本，导致后来对此鲜有知者③。惠栋对《尚书大传》的辑录不仅相对条目丰富，而且在整个清代学术史上属于较早者。特别是随着该书收录于《雅雨堂丛书》并在清代学界广为流传，惠栋事实上是以一种隐蔽的形式在对后世的今文《尚书》研究产生着影响。

专精于《尚书》的江声亦对《尚书大传》非常尊奉。他在《尧典》篇目下，既题"虞夏书"，复题"唐书"，并对此解释道：

唐者，尧有天下之号，故《尧典》谓之《唐书》。上既题"虞夏书"，此

---

① 清钞本《尚书大传》卷五，无页码。
② 同上。
③ 参侯金满：《雅雨堂本〈尚书大传〉底本来源及成书考实》，《文史》2019 年第 2 辑，第 27—53 页。

复题"唐书"者,遵伏生《尚书大传》之体也。《大传·尧典》之前题曰《虞夏传·唐传》,后题曰《虞夏传·虞传》,《禹贡》之前题曰《虞夏传·夏传》。案:《史记·儒林列传》云:"伏生,故为秦博士。秦时焚书,伏生壁藏之。"然则伏生之《尚书》,秦灰以前之书,七十子以来递有师承者,其《大传》标题必是古《尚书》之体,故从之。①

江声遵循《尚书大传》的体例,认为其既然标举《虞夏传·唐传》《虞夏传·虞传》《虞夏传·夏传》,则古《尚书》必题作《虞夏书·唐书》《虞夏书·虞书》、《虞夏书·夏书》。江氏此处的依据其实也简单,那就是伏生所传的《尚书》乃是秦火以前之书,"七十子以来递有师承",那么谨守其"师法"岂非顺理成章。其尊信伏生的态度可谓明确。

在具体的经文疏释过程中,江声亦多采取《尚书大传》之解。例如,《尚书·康诰》云:"王若曰:孟侯,朕其弟,小子封。"《尚书大传》解释说:"天子太子年十八曰孟侯。孟侯者,于四方诸侯来朝迎于郊者,问其所不知也。"郑玄解此句为:"孟,迎也,孟侯,呼成王也。时成王年十八。"今观《尚书集注音疏》中,江声这样疏释:"呼成王与俱诰康叔,使诰词若自成王出。"江氏之理由则在于:

> 伏生者,传《尚书》者之鼻祖。其《大传》所说,是未经秦火之时所受于先师之遗谊,盖自七十子以来递有师承者,不可驳也。故郑君从其谊,以"孟侯"为呼成王也……是周公居摄时,以世子礼教成王,则呼成王为"孟侯",不足异也。②

江氏此处依从伏生与郑玄的解释,认为"孟侯"乃是周公呼成王之称。而且江氏再次指出,伏生所说乃从孔门传承而来。需要注意的是,《尚书》孔传将此"孟"字释为"长",认为周公以康叔为五侯之长,故此处"孟侯"为康叔之称。两相对比则可知,在这一有争议的问题上,江声依从伏生之说,且视之为无可辩驳者。

与江声颇多交往的孙星衍亦以《尚书》学名家,除倾力辑佚马、郑注外,他在伏学兴复史上亦值得注意。孙氏曾说:

---

① 江声:《尚书集注音疏》卷一,第2页。
② 江声:《尚书集注音疏》卷六,第446页。

第四章 "师法"观念在清中晚期的延续与整合

> 《尚书》出于伏生壁藏,又口授其义,始有今文二十八篇显于世。……是汉无伏生则《尚书》不传,传而无伏生亦不明其义,即古文《书》后出孔壁,无伏生之今文亦不能识读。则伏生一人为唐、虞、三代微言道统之所寄。……道存乎经,统本于尧、舜、禹、汤、文、武。伏生不传《尚书》,则道何所存?统何所述?……经义无康成则渊源中绝,唐、宋诸儒何由复知道统?①

此处以伏生为"道统"传承中的关键人物,与吴派诸人黜宋儒而进汉儒的观点极近。孙氏在山东为官时还曾访求伏生后裔,说:"宋明已来设立五经博士,惟汉儒未有立后。予权臬东省,访得伏氏嫡裔,属邹平令抚教之,因咨会学使,疏题请立伏博士,遂蒙俞允。"②在提倡伏学方面出力甚多。因而在惠栋、江声之后,孙星衍实可谓兴复伏生《尚书》学的又一功臣。当然,这一时期至少又有任兆麟、孔广林、庄述祖、袁钧等人辑录、研究《尚书大传》,这些也都为伏生《尚书》学地位的提升提供了关键助力。

梳理了这段学术史后,我们可以发现,清中后期今文经学家陈寿祺、皮锡瑞的"尊伏"倾向绝非无源之水,而是有着深厚的学术根基。陈寿祺撰有《尚书大传定本》,在今文《尚书》学的研究过程中,尤为强调伏生之于后世的意义:

> 向微伏生,则唐、虞、三代典、谟、诰、命之经,烟销灰灭,万古长夜。夫天为斯文,笃生名德,期颐之寿,以昌大道,岂偶然哉?③

宋明儒者乐道"天不生仲尼,万古如长夜",而陈寿祺此处提出若无伏生则万古如长夜,推尊之情可谓尽显。晚清经师皮锡瑞自名其居曰"师伏堂",借此表明学术尊奉,这表征着随着清代"汉学"的演进,经学史上的"最先之义"获得了学者的肯认。皮氏曾说:

> 经定自孔子,传自汉初诸儒。使后世学者能恪遵最先之义,不惑于后起之说,径途归一,门户不分,不难使天下生徒皆通经术。况《尚书》

---

① 孙星衍:《岱南阁集》卷一《咨请会奏置立伏郑博士稿》,《清代诗文集汇编》第436册,第144—145页。
② 孙星衍:《冶城挈养集》卷上《乙亥岁正月十日病中撰尚书今古文注疏成因题元戴淳伏生授经图》,《清代诗文集汇编》第436册,第326页。
③ 陈寿祺:《左海文集》卷六《尚书大传笺序》,第241页。

一经,传之者止伏生一老,非若《诗》有齐、鲁、韩三家,《春秋》有公羊、谷梁、左氏,各有所受,本不止一师也。①

与此可相参照的是,皮氏强调"山东之大师,无若济南之闳远"②。这种认识无疑符合历史事实。也正是因此,皮锡瑞提出了研究《尚书》的"师伏"准则。无论是《尚书大传疏证》,还是《今文尚书考证》,都可以清晰反映这一点③。应当说,从惠栋、江声到陈寿祺、皮锡瑞,在对伏生《尚书》经说的复原与疏证上,都有着相近的学术目标与方法。此点并非偶然,因为汉儒经说本是这一系学者最关注的对象所在。

三、《五经异义》的"再发现"

《五经异义》一书是有着"五经无双"之称的东汉经学家许慎的著作④。许氏生当汉代今古文之争愈演愈烈的时代,他面对"五经传说臧否不同"的局面⑤,逐条进行列举,于排比之中呈现出群经师说之差异,最终折衷群言而为一定论。稍晚的郑玄因不满于许氏之说,也以类似的形式撰写了《驳五经异义》⑥,虽然在某些具体经义问题上的结论与许氏时有出入,然而群经的今古文异说同样借以保存。

遗憾的是许、郑的这两部著作都未能完整留传下来。《隋书·经籍志》著录《五经异义》十卷,题"后汉太尉祭酒许慎撰",并未著录《驳五经异义》。《旧唐书·经籍志》著录《五经异义》十卷,题"许慎撰,郑玄驳"。《新唐书·艺文志》与之同。及至《宋史·艺文志》,已无相关著录。清代的四库馆臣根据以上著录情况,判断许、郑二著应为合并流传,"盖郑氏所驳之文,即附见于许氏原本之内,非别为一书"。⑦ 许、郑两人皆是乾嘉汉学家心中的学术偶像,因而此时的许多朝野学者,便将目光逐渐聚焦到这两部佚著上来。他们纷纷从群经注疏及《初学记》《通典》《艺文类聚》《太平御览》等书中辑录《(驳)五经异义》,根据二书的片麟只甲,试图还原汉代经学的师说概貌。

清初的朱彝尊在《经义考》中曾著录《五经异义》,并辑录了见于《三礼正

---

① 皮锡瑞:《经学通论》,第99—100页。
② 皮锡瑞:《尚书大传疏证自序》,《续修四库全书》第55册,第698页。
③ 参吴仰湘:《皮锡瑞的经学成就与经学思想》,长沙:湖南大学出版社,2013年,第172—178页。
④ 范晔:《后汉书》卷七十九下《儒林传》,北京:中华书局,2007年,第761页。
⑤ 同上。
⑥ 范晔:《后汉书》卷三十五《张曹郑列传》,第360页。
⑦ 永瑢等:《四库全书总目》卷三十三《驳五经异义》提要,第269页。

义》外的六条内容①。其后接续朱彝尊辑录之事的当属惠栋。四库馆臣说："近时朱彝尊《经义考》内亦尝旁引郑《驳》数条,而长洲惠氏所辑则搜罗益为广备。"②另外,袁钧在自己所辑《驳五经异义》序文中也曾说："惠氏栋曾抄撮之,未成也。"③虽然目前笔者尚未见到这部惠辑本《(驳)五经异义》,但惠氏在辑佚群书时应当是抄撮了该著,四库馆臣与袁氏所说并非虚语。我们在《九经古义》稿本中,发现惠氏有一眉批云："此处有疑,要查《五经异义》。"④可见惠氏对该书多有注意,且试图以之释疑解难。而且,《后汉书补注》中,惠栋在注解"《五经异义》"时写下了相当长的一段文字:

> 案其书所载,有:《易》孟京说、施雠说、《下邳传》甘容说。古《尚书》说,贾逵说;今《尚书》欧阳、夏侯说。古《毛诗》说;今《诗》齐、鲁、韩说,治《鲁诗》丞相韦玄成说、匡衡说。古《春秋左氏》说,奉德侯陈钦说、侍中骑都尉贾逵说;今《春秋公羊》《谷梁》说,《公羊》董仲舒说、大鸿胪(时)眭[生]说。古《周礼》说;今《戴礼》说,今《大戴礼》说,《礼·王度记》、《盛德记》、《明堂月令》、讲学大夫淳于登说。古《孝经》说。今《论语》说。《鲁郊礼》、叔孙通礼,古《山海经》、《邹书》,公议郎尹更始、侍诏刘更生议石渠。博存众说,蔽以己意,或从古,或从今。《经籍志》曰:"《五经异义》十卷。"⑤

此处所列,几乎囊括了我们今日所见《五经异义》中出现的所有重要经说。可见惠氏对该书内容了如指掌。惠氏之所以在此处不辞辛劳地将《五经异义》中汉儒经说逐一罗列,正是欲通过这些经说而寻得汉儒"师法"。由此而论,《五经异义》之于惠栋的重要性已不言而喻。

惠栋的《周易述》《九经古义》等著,经常援引《五经异义》中的经说。如惠氏认为《乾》卦九二爻辞"见龙在田,利见大人"的"大人"指的是天子,疏文如下:

> 许慎《五经异义》曰:"《易》孟、京说有君人五号:帝,天称也;王,美

---

① 朱彝尊:《经义考新校》卷二百三十九,林庆彰等主编,上海:上海古籍出版社,2010年,第4309—4314页。
② 永瑢等:《四库全书总目》卷三十三《驳五经异义》提要,第269页。
③ 皮锡瑞:《驳五经异义疏证》卷首袁钧辑本序,王丰先整理,北京:中华书局,2014年,第269页。
④ 惠栋:《九经古义》稿本卷八,第141页。
⑤ 惠栋:《后汉书补注》卷十八,《续修四库全书》第270册,第610页。

称也;天子,爵号,三也;大君者,与上行异,四也;大人者,圣明德备,五也。"其说本《乾凿度》。是大人与天子同在五号之中,故云"大人谓天子"。①

《周易述》强调注文与疏文均有来源。此处是通过《五经异义》考稽出孟、京之说,由于此说为汉儒之说,因而惠氏采以注《周易》。《周易述》中的此类例证还有很多,如惠氏对《屯》卦六四爻辞"乘马班如,求婚媾,往吉,无不利"、《同人》卦六二爻辞"同人于宗,吝"、《彖传》"时乘六龙以御天"等的解释②,都与《五经异义》中的经说密切相关。可以说,《五经异义》中保存的大量汉儒经说是惠栋重注《周易》的资料来源之一。

再看《九经古义》中的相关内容。前文已经述及惠栋的《公羊》研究,此处需要强调的是,惠氏尤为重视以礼学说《公羊》,而他频繁征引的文献即为多述礼制的《五经异义》。置诸清前中期的学术史上,惠栋应是自觉以《五经异义》中的经说来研治《公羊》的最早学者之一。

《公羊古义》论及"世卿"之说。《春秋》隐公三年经文云:"夏,四月辛卯,尹氏卒。"《公羊传》载:"尹氏者何? 天子之大夫也。其称尹氏何? 贬。曷为贬? 讥世卿。世卿,非礼也。"③惠栋于此引《五经异义》:"今《春秋公羊》、《谷梁》说云,卿大夫世位则权并一姓,妨塞贤路,事政犯君,故经讥周尹氏、齐崔氏是也;而古《春秋左氏》说,卿大夫皆得世禄,不得世位,父为大夫,死,子得食其故采地,而(惠注:读为如)有贤才则复升父故位"。④ 二者大同而小异,都认为卿大夫只能世禄,不得世位。故惠氏言"《三传》之说,未甚抵牾",而认为《公羊传》当更明确说"世禄,礼也;世卿,非礼也"⑤。需要注意的是,此点正为道咸年间的今文经学家陈立所继承⑥。李开称陈立"基本观点同惠栋","在注释体例上申论惠栋"⑦。这种看法无疑是非常正确的。

《公羊古义》亦论及经学史上"诸侯是否纯臣"的争议。《公羊传》隐公元年何注说:"王者据土,与诸侯分职,俱南面而治,有不纯臣之义。"⑧今古文经学在这一问题上有较大分歧。惠栋详录《五经异义》中的意见,说:

---

① 惠栋:《周易述》卷一,第5—6页。
② 惠栋:《周易述》卷一,卷二,卷九,第16、44、144页。
③ 何休解诂,徐彦疏:《春秋公羊传注疏》卷二,第60—61页。
④ 惠栋:《九经古义》卷十三《公羊古义》,《景印文渊阁四库全书》第191册,第472页。
⑤ 同上。
⑥ 陈立:《公羊义疏》卷五,第185—186页。
⑦ 李开:《惠栋评传》,第162页。
⑧ 何休解诂,徐彦疏:《春秋公羊传注疏》,第33页。

第四章 "师法"观念在清中晚期的延续与整合

许叔重《五经异义》云:"《公羊》说,诸侯不纯臣。《左氏》说,诸侯者,天子藩卫,纯臣。谨案:礼,王者所不纯臣者,谓彼人为臣,皆非己德所及。《易》曰:'利建侯。'侯者,王所亲建纯臣也。""玄之闻也(注:已下郑《驳》):宾者,敌主人之称。而礼,诸侯见天子,称之曰宾,不纯臣诸侯之明文矣。"是郑据《周礼·大行人》以为"不纯臣"之证,与何氏合。①

惠氏此处的考证以郑玄所论为准,明确说郑玄所主张的"诸侯不纯臣"与何休之说相符。他在后文中又援引《白虎通·王者不臣》②,进一步论证了今文经学范围内的各说相合。后来陈立在《公羊义疏》中明言,郑玄在这一问题上采用《公羊》说,而《白虎通·王者不臣》亦合《公羊》③。只是陈氏时代稍后,以引据之详赡、考证之细密而论,时有超越惠栋者,但其条分汉儒师说、辨析礼制,确与惠氏理路相近。

在惠栋的影响下,江声、余萧客、王鸣盛皆重视《五经异义》中的经说。江声在《尚书集注音疏述》中坦言:

声窃愍汉学之沦亡,伤圣经之晦蚀,于是幡阅群书,搜拾汉儒之注,惟马、郑、王三家仅有存焉。外此则许叔之《五经异谊》载有今文、古文家说,然其书已亡,所存廑见。它如伏生之《尚书大传》则体殊训注,间有解诂而已。爰取马、郑之注及《大传》《异谊》参酌而缉之,更傍采它书之有涉于《尚书》者以益之。④

今观《尚书集注音疏》,几乎每卷都有征引《五经异义》,可知该书正是江著中汉代《尚书》经说的重要来源。与此类似,王鸣盛也留意到:"《(驳)五经异义》书已亡,散见各经疏及唐以前书引者尚多。"⑤王氏在《尚书后案》亦多引及《(驳)五经异义》,采取了与江声相近的做法。惠、江、王三人的著作共同表明,《(驳)五经异义》对吴派学人辑古注以撰新疏的学术志业而言意义甚巨。

余萧客的主要学术贡献在辑佚,虽未能撰作新疏,但他所辑录的

---

① 惠栋:《九经古义》卷十三《公羊古义》,《景印文渊阁四库全书》第191册,第471页。
② 同上。
③ 陈立:《公羊义疏》卷三,第110页。
④ 江声:《尚书集注音疏》附《述》,第845页。
⑤ 王鸣盛:《蛾术编》卷二"郑康成总解经之书",第40页。

《(驳)五经异义》亦相当有代表性。余氏在《古经解钩沉》的《序录》中明确著录许慎《五经异义》与郑玄《驳五经异义》①。他根据所辑出的二书内容,将其散录在对应的群经经文之下。依《古经解钩沉》所示,《(驳)五经异义》内容涉及《周易》《尚书》《毛诗》《礼记》《左传》《公羊》等多部经典,其中涉及《公羊》经义最多。因而余氏所辑《(驳)五经异义》各条之间是相互独立的,而且分散在《古经解钩沉》各卷之中。由于很难确指许、郑之语是针对某经某句而发论,余氏的做法自然也就不无可议之处,但这恰展现了吴派学者通过辑录《(驳)五经异义》以达到复原汉儒经说的目的。从此点而论,余萧客对《(驳)五经异义》的独特辑录方式亦不失为一种有益的探索。

周予同指出过:"吴派以经说为基点,而旁及史学与文学;皖派以文字学为基点,而欲上探孔、孟的哲理。"②毫无疑问,《五经异义》是汉儒经说之渊薮。而以吴派最为重视的"师法""家法"观念来看,该书正是通向汉儒经说进而还原"汉学"的一道津梁。吴派诸人纷纷辑录该书的初衷即在此处,他们对其中的今古文经说不做抑扬亦是因此。正是在这一视角下可以发现,稍晚的陈寿祺在进行《五经异义》的全面研究时,亦未对其中的今古文经说有所轩轾,而是注重考辨源流,疏通经义。陈氏在开展《五经异义》的复原与疏通工作时,并未见到惠栋辑本,但这也恰恰说明二者在学术气质上甚为接近,方能在研究对象的选择上不谋而合。皮锡瑞的《驳五经异义疏证》接续了陈氏之作,虽在具体问题上不无异见,但方法取径大体无殊。至于此系学术的集大成者廖平,更是以陈辑本《五经异义》为蓝本,抽绎出"以礼制平分今古"之大端,今古学并立的学术创论也才得以建立。综合来看,吴派学者与陈、皮、廖之间虽无直接的师承关系,但其秉承"师法""家法"观念来还原汉学源流的理路却一以贯之。而这也正是我们要想深刻地理解晚清今文经学而不能不从吴派谈起的一大原因所在。

第二节 咸承"师法":陈寿祺、陈乔枞经学研究的特质与旨归

作为清代闽省最具成就与声望的汉学家,陈寿祺、陈乔枞父子的生平交

---

① 余萧客:《古经解钩沉》卷一,《景印文渊阁四库全书》第194册,第363、365页。
② 周予同:《汉学与宋学》,《周予同经学史论著选集(增订本)》,第332页。

游、经学著述等已经引起了一些研究者的关注①。不过,与常州今文经学不同,陈氏父子的经学重在"述古",因而在清中晚期今文经学的序列中,往往被安排在边缘位置。经学史的轮廓与框架本即与研究者的视角有关,学界迄今为止仍习于由庄、刘、宋而龚、魏,复至康、梁的今文经学一般论述,自然在这种辉光之下造成了某种遮蔽。陈氏父子的经学成就,就属于这种主流论述框架下的被遮蔽者。他们在清中晚期今文经学序列中的位置,无疑是今日学界应当重新反思的议题。

一、理学重镇的汉学名家

清代各区域接受"汉学"观念的历程,颇能展现学术传播的时空差异。即使是在乾嘉时代,"汉学"考据也从未在各区域同步进行。从桂文灿的《经学博采录》中可以看到,在山东、河南、广东、福建、四川等地,"汉学"的兴起普遍要迟至嘉道以后。阮元在道光初年观察到:"粤中学术故不及闽,近日生于书院中立学海堂,加以经史杂课,亦略有三五佳士矣。"②虽有学海堂的建立为之引导,但广东学士要想达致"渐与浙中人物颉颃"的地步③,也绝非一蹴而就之事。

处于清帝国东南隅的八闽地区,自南宋以来便是理学重镇,向有"海滨邹鲁"之称。清代前期,从这里走出过李光地、蔡世远、雷鋐等理学名臣。李光地的理学常被视为朱学在清初的流衍,在清代理学史上占据颇为重要的地位。李氏于闽省士子而言颇具一种楷模意味,直至他离世许多年后,陈寿祺仍为其蜡丸书一事展开辩护④。蔡世远出自李光地门下,曾任闽省著名的鳌峰书院的掌教一职,影响亦堪重视。至于雷鋐,亦是坚定的理学干城,其人品德操不乏值得称道处。晚年的段玉裁深虑世风日下,曾问及陈寿祺:"贵乡如雷翠庭(鋐)先生,今尚有嗣音否?"⑤可知即使在乾嘉学者心中,雷鋐仍未失去其理学名儒的地位。

---

① 代表论著可参吴守礼:《陈恭甫先生父子年谱附著述考略》,载台北帝国大学文政学部:《文学科研究年报》,第三辑,1937年,第109—211页;陈祖武:《陈恭甫先生之人格与学术精神》,《闽江学院学报》第33卷第1期,2012年1月,第1—3页;史革新:《陈寿祺与清嘉道年间闽省学风的转变》,《福建论坛》(人文社科版),2002年第6期,第82—88页;刘奕:《学文汉宋之间:陈寿祺的文论》,《闽江学院学报》,2009年12月,第1—5页;宋一明:《陈寿祺交游研究》,复旦大学古籍所博士学位论文,2015年;等等。
② 陈鸿森:《阮元揅经室遗文辑存(增订本)》卷四《与陈恭甫书二》,收入杨晋龙主编:《清代扬州学术》,台北:"中研院"中国文哲研究所,2005年,第757页。
③ 陈寿祺:《左海文集》卷五《上宫保尚书仪真公书》,《续修四库全书》第1496册,第196页。
④ 陈寿祺:《左海文集》卷三《安溪蜡丸疏辨》,第108—109页。
⑤ 陈寿祺:《左海文集》卷四,附《懋堂先生书三通》,第158页。

雷鋐于乾隆二十五年(1760)去世之时,"汉学"已在江南、京师等地渐成气候。反观闽省学风,可以说依旧在理学的笼罩下缓缓延续。乾隆年间的闽省名儒张甄陶,晚年教授乡里后进,撰有《周易传义拾遗》《尚书蔡传拾遗》《诗经朱传拾遗》《四书翼注》等,从书名即可知皆为羽翼宋儒之作。其弟子孟超然称赞他说:"学以正心术为本,以多闻见为资,以明体达用为归,以济人利物为效。"①而这位孟超然,正是陈寿祺早年的恩师之一。陈寿祺评述孟氏说:"其学以惩忿窒欲、迁善改过为修身立命之门,异于章句小师。尝曰:'变化气质当学吕成公,刻意自责当学吴聘公。'又曰:'谈性命则前儒之书已详,不如归诸践履。'"②孟超然的这种思想,颇与吴与弼等明初诸儒有几分相似,以为生当宋儒之后无需多言,唯躬行实践而已。

据陈寿祺观察,"乾隆庚子(四十五年)以后,闽士知讲汉唐注疏之学",其转折点在于"大兴学士朱筠、太傅珪昆弟相继视学,提倡风尚"③。早在乾隆二十八年(1764),治学提倡尊古崇汉的纪昀出任福建学政④,虽带去一股新鲜之风,但客观效应似欠理想。直到乾隆四十四年(1779)八月,另一提倡"汉学"的学者朱筠以特旨督学福建,他在士子中"一以经学六书倡,口讲指画,示以乡方"⑤。彼时其弟朱珪正为福建乡试正考官,兄弟两人皆受到士子们的拥戴。次年(1780),即陈寿祺所说的庚子年,朱珪于八月奉旨代朱筠为福建学政。在朱氏昆弟的相继倡导下,闽省的学风终于有了明显异动。

综览朱筠在闽的一年间,虽时间不久,然而对闽省士子而言,影响尤为巨大。他曾于福州、延平、汀州、邵武、建宁五府试士,又精择五府学士之文刊刻之,名曰《劝学编》。该集序文由朱氏亲撰,序中有云:

> 唐韩愈氏曰:"士不通经,果不足用。"又曰:"为文须略识字。"今汉儒之书颁在学官者,则有毛苌氏、何休氏、赵岐氏、郑康成氏;其书见传于世者,则有许慎氏。诸生不读许氏书,无以识字;不读毛、何、赵、郑氏书,无以通经。诸生应使者试,为文不如此,其求合于诏令清真雅正之指者,盖难矣。夫清真者,非空疏之谓;雅正者,非庸肤之谓。诸生将求

---

① 陈寿祺:《东越儒林后传》卷一《张甄陶》,道光三年(1823)刻《左海全集》本,第51a页。
② 陈寿祺:《东越儒林后传》卷一《孟超然》,道光三年(1823)刻《左海全集》本,第53a页。
③ 陈寿祺:《东越儒林后传》卷一《张甄陶》,道光三年(1823)刻《左海全集》本,第51a页。
④ 参张维屏:《纪昀与乾嘉学术》,台北:台湾大学出版委员会,1998年,第20页。
⑤ 朱珪:《诰授中议大夫翰林院编修前日讲起居注官翰林院侍读学士加二级竹君朱公神道碑》,载朱筠:《笥河文集》卷首,《续修四库全书》第1440册,第104页。

免于空疏庸肤,以仰符诏旨,其必不能外乎识字以通经矣。①

此序中汉学意味极其明显。朱氏所提倡的"识字以通经"的为学路径,乃是汉学家最为熟悉者。朱筠来闽之前,已多年充任《四库全书》纂修官,更何况清廷之所以创设《四库》馆,亦源于朱氏采辑《永乐大典》中佚书的建议。联系朱筠的为学取向及此《劝学编序》,则益可知于闽省汉学学风的振兴,朱氏实有力于其间。由此亦可知孙星衍所记朱筠离闽时,"攀辕走送者数百里不绝",并非纯粹夸饰之语②。至于替代朱筠的朱珪,任闽省学政前后历三年之久。三年任中,他先后于诸府试士,每至一地,都力劝诸生"崇尚实学"③。自此以后,闽省学风发生较大转变,《清儒学案》说朱氏昆仲"皆乾嘉间主持风会之人,宜当世奉为泰山、北斗"④,他们对于闽省学风的转变而言意义尤巨。

陈寿祺等汉学家的相继出现,正可视为出身于理学风气浓厚之地的士人,在考据学思潮的冲击下所做出的相应调整。从乾隆末到嘉庆初,陈氏数度入京会试。如果说在闽省所感受的"汉学"风气还较为有限,那么在京师的所见所闻足以让陈氏对其心生向往。他曾说:"曩者岁在箸雍敦牂,养素家衖,亦稍事缀辑,取便浏览,人事牵迫,废焉不修。"⑤所说之事在嘉庆三年(1798),陈氏28岁,他所从事的"缀辑"之业,应当就是当时甚为普遍的汉魏古注之学。就在此时前后,陈氏还约集好友谢震、万世美等人结成"殖榭",进行学术讨论,志在通经复古。

清嘉庆四年(1799)的会试最称得人,中试者除陈寿祺之外,尚有张惠言、郝懿行、许宗彦、王引之、胡秉虔、马宗琏、姚文田、鲍桂星等人。《清史稿》记此科之盛云:"一时朴学高才,收罗殆尽。"⑥陈寿祺在京期间,深切感受到"汉学"之风,他后来回忆说:"再上公车,然后见当世大雅宏达所讨论而得其门。"⑦嘉庆八年(1803),陈氏辅助座主阮元纂修《经郛》。陈氏说:"师(阮元)选校官及高才生十有六人,采唐以前说经文字,亲授义例,纂为《经

---

① 朱筠:《笥河文集》卷五《劝学编序》,《续修四库全书》第1440册,第190页。
② 孙星衍:《笥河先生行状》,载朱筠:《笥河文集》卷首,《续修四库全书》第1440册,第111页。
③ 朱珪:《知足斋文集》附年谱,卷中,《续修四库全书》第1452册,第410页。
④ 徐世昌等:《清儒学案》卷八十五《大兴二朱学案》,沈芝盈、梁运华点校,2008年,第3361页。
⑤ 陈寿祺:《左海文集》卷四《上仪征阮夫子请定经郛义例书》,第136—137页。
⑥ 赵尔巽等:《清史稿》卷三百六十四,第11424页。
⑦ 陈寿祺:《左海文集》卷四《答段懋堂先生书》,第157页。

郭》数百卷。属稿具,寿祺与编校焉,辄稽合同异,以俟吾师之审定。"①《经郭》一书,取法唐儒李鼎祚《周易集解》,旨在汇集唐以前的诸家经说。阮元曾致书陈氏云:"《经郭》之业,生意本甚粗率;今年兄所业极为精审,凡二字以上,零玑断璧皆已采而发之,令人叹得未曾有,此有功于经者不浅。生所著,刻之书已多,此种竟专属年兄,以为尊著。"②阮元将《经郭》推为陈氏所著,于此亦可见陈氏与《经郭》关系之密切。据陈祖武考证,《经郭》书名乃是发自陈氏,其体例亦出自陈氏手笔③。则《经郭》一役,要亦可谓陈氏学术道路上的重要一步。

嘉庆初年,陈寿祺不仅与段玉裁、钱大昕等人多有通信,还与臧庸、张惠言、宋翔凤、王引之、许宗彦等时有切磋。此时的段玉裁与钱大昕已是广受尊奉的汉学耆老,陈寿祺作为来自闽省的晚辈后学,向他们多所请益,极表仰慕之情。至于平辈中人,与陈氏交往最多者为臧庸,其次为张惠言、宋翔凤、王引之,都是当时汉学阵营中的健将。尤其是臧庸,对陈寿祺而言是一位重要引导者。嘉庆十五年(1810),陈氏于京师阅《拜经日记》,赞其"穷源竟委,钩贯会通,实为近时说经家所罕"④。陈氏深知臧庸的家学底蕴,在嘉庆十六年(1811)于国史馆总裁任上,极力主张臧庸高祖臧琳当入《国史儒林传》⑤。尤需特别指出的是,陈、臧两人多有书信往来,话题多集中于"汉学"问题上。陈寿祺信中曾说:"前蒙手教,言郑司农《诗笺》《礼注》多用《鲁诗》,诚核诚确……盖郑君先受《韩诗》,实已兼通三家后乃治《毛氏》《礼注》,所据未尝专守一师也。"⑥臧庸认为郑玄曾习《鲁诗》,但"郑用《韩》义无可考",因而必欲"废通《韩》之说",陈寿祺又于信中将郑玄用《韩诗》处一一考稽,详为指陈⑦。

非独于《诗》学如此,陈氏关注汉学师法,在《尚书》学上亦与臧庸多所探讨。如他在与臧庸的通信中,表达了对孙星衍《尚书》学的批评:

> 孙大夫博洽宏通,素所景仰,然其所辑《古文尚书注》,易"嵎夷"为

---

① 陈寿祺:《左海文集》卷八《西湖讲舍校经图记》,第318页。
② 陈鸿森:《阮元揅经室遗文辑存(增订本)》卷四《与陈恭甫书二》,收入杨晋龙主编:《清代扬州学术》,台北:"中研院"中国文哲研究所,2005年,第757页。陈寿祺与《经郭》的关系,详参宋一明:《陈寿祺交游研究》第二章《阮元》,第39—45页。
③ 陈祖武:《陈恭甫先生之人格与学术精神》,《闽江学院学报》第33卷第1期,2012年1月,第1—3页。
④ 臧庸:《拜经日记》卷首,《续修四库全书》第1158册,第49页。
⑤ 臧庸:《拜经堂文集》卷三《上阮芸台侍讲书》,《续修四库全书》第1491册,第579页。
⑥ 陈寿祺:《左海文集》卷四《答臧拜经论郑学书》,第161页。
⑦ 宋一明:《陈寿祺交游研究》,第126—127页。

"峫铁",易"昧谷"为"柳谷",易"不嗣"为"不怡",易"恤哉"为"谧哉",易"阻饥"为"祖饥",易"在治忽"为"采政忽",易"心腹肾肠"为"忧贤扬",皆误仞今文为古文。①

此《古文尚书注》指孙星衍所纂辑的《古文尚书马郑注》。《尚书》中今古文文字之区分,实为清儒论学的重要问题,此处陈寿祺对孙星衍的不满,正在于孙氏著作中今古文的混淆。陈氏复原伏生《大传》,晚年又以《今文尚书经说考》相勉陈乔枞,与他对此前《尚书》学研究的这种不满最有关联。

陈寿祺与精于虞氏《易》的张惠言也多有交往。陈氏称其"天才绝特,慨然有用世之志"②,许之为"平生畏友"③。嘉庆六年(1801),陈氏在诗句中称赞张惠言"绝学吞爻接孟僖",自注云:"同年张皋文精虞氏《易》。"④可知陈氏于张惠言的汉学成就多有高评。陈寿祺还与宋翔凤深入讨论今古文《尚书》。陈氏以为今文无《泰誓》而有《序》,宋翔凤直谓《泰誓》是承自孔安国的真古文说,谓:"《盘庚》等不分篇,此今文之家法;《太誓》分篇,自是古文之家法。"⑤这说明陈寿祺与宋翔凤同时关注的重要问题之一,即在于如何区分《尚书》今古文篇目⑥。毫无疑问,这也是典型的"汉学"话题。

由上述内容可见,陈寿祺治经重"师法"、尊"汉学"的特色,可在师友渊源上获得一种印证。此处并非认为陈氏"师法"观念从臧、张、宋诸人而出,而是强调正是在与诸多师友交相论学的过程中,陈氏以"师法"治经的意识才逐渐走向自觉。

道光十四年(1834)陈寿祺去世前,除《五经异义疏证》《左海经辨》等少数几部著作外,其他多部均未能告竣,不得不托付于长子陈乔枞。陈寿祺在临终之际对陈乔枞说:"尔好汉学,治经知师法,他日能成吾志,九原无憾矣!"⑦陈乔枞并未辜负这一期望,毕生念兹在兹者即为绍述父志,传承家学。

时至今日,由于基本史料并不丰备,有关陈乔枞生平经历的专门研究尚不多见。我们只知道他是陈寿祺的长子,年少中举,其后七次至京赴试不

---

① 陈寿祺:《左海文集》卷四《与臧拜经辨皋陶谟增句疏证书》,第154页。
② 陈寿祺:《左海文集》卷十《驾部许君墓志铭》,第393页。
③ 陈寿祺:《左海文集》卷九《乡贡士岐海何君墓志铭》,第381页。
④ 陈寿祺:《绛跗草堂诗集》卷六《岁暮怀人道中作七首》,《续修四库全书》第1496册,第555页。
⑤ 宋翔凤:《朴学斋文录》卷一《与王伯申学士书》,《续修四库全书》第1504册,第339页。
⑥ 参蔡长林:《宋翔凤与陈寿祺、王引之论〈泰誓〉及其相关问题》,《中国典籍与文化论丛》2021年第2期,第139—165页。
⑦ 谢章铤:《左海后人朴园陈先生墓志铭》,缪荃孙篆录:《续碑传集》卷七十四,《清代传记丛刊》第119册,第310—311页。

中，不得不于道光二十四年（1844）以大挑分发江西①。陈乔枞曾将父子两人近两千种藏书一一编目，以箱为号，共计 31 箱，其中第 22 箱全为父子两人所著书，包含《左海文集》《左海经说》《东越儒林文苑传》《朴园经说》等 9 种②。通过这一藏书目录及独特的庋藏方式，我们不仅可以考索陈氏父子的阅读范围，亦可想见陈乔枞对家学的拳拳持守之心。在这一点上，陈乔枞与惠栋有志于"四世传经"，刘逢禄、宋翔凤时刻不忘庄氏家学，有其共通之处。盖在清代学者那里，这种家学的传承本身就是"师法"观念在现实中的一种反映。

陈乔枞承继父志，于道光二十二年（1842）完成《三家诗遗说考》十五卷，包括《鲁诗遗说考》六卷、《齐诗遗说考》四卷、《韩诗遗说考》五卷。他在三篇序文中都郑重述及乃父论学之语，并多次表达"敬承先志"或"敬承先训"之意③。陈乔枞不仅搜辑亡佚的三家《诗》经说，而且详考其师传源流，使得三家《诗》的基本面貌得以恢复。在撰成《三家诗遗说考》二十年后，陈乔枞于同治元年（1862）终于完成《今文尚书经说考》三十四卷的撰写。值得注意的是，该著成稿于江西寓所，陈氏自道在漫长的撰书过程中，"恒以不克继志为惧"④，可知他于偃蹇抑郁的仕途生活中依然时刻不忘传承家学。《清儒学案》评价陈氏父子说："自左海始兼精研汉学，治经重家法，辨古今文。朴园继志述事，父子并为大师。世以比元和惠氏、高邮王氏，洵无愧焉。"⑤这一高评，陈氏父子足以当之。

二、陈寿祺、陈乔枞与今文《诗经》《尚书》学

陈氏父子在研治汉学的过程中，最明显的学术特点在于深明汉儒"师法"。陈寿祺说："去古日远，师法日微，训诂不明，而九经之文字意恉，浸以不得其解，凌迟至于有宋，极矣。"⑥陈乔枞也总结过，父子两人治今文《尚书》的基本方法是："实事以求是，必溯师承；沿流以讨源，务随家法。"⑦尤需指出的是，陈寿祺曾郑重向友人道及陈乔枞能够传承家学，所谓"两世执经，

---

① 谢章铤：《左海后人朴园陈先生墓志铭》，缪荃孙纂录：《续碑传集》卷 74，《清代传记丛刊》第 119 册，第 309—310 页。
② 陈乔枞：《陈朴园藏书目录》，福建省图书馆编：《福建省图书馆藏稀见书目书志丛刊》第 1 册，北京：国家图书馆出版社，2016 年，第 317 页。
③ 陈乔枞：《三家诗遗说考》，《续修四库全书》第 76 册，第 43、325、494 页。
④ 陈乔枞：《今文尚书经说考自序》，《续修四库全书》第 49 册，第 2 页。
⑤ 徐世昌等：《清儒学案》卷一百二十九《左海学案》，第 5069 页。
⑥ 陈寿祺：《左海文集》卷 4《答王伯申侍郎书》，第 166 页。
⑦ 陈乔枞：《今文尚书经说考自序》，第 2 页。

咸承师法"①,这一评价非对自身学术有明确自觉者而不能道,甚至在临殁之际陈氏仍以汉学"师法"为念。综观陈氏父子毕生的学术志业,无论是对三家《诗》、今文《尚书》的复原与疏通,还是对《五经异义》《尚书大传》的辑集与疏解,都是当之无愧的汉学"师法"之作。

陈寿祺在今文《诗经》学上颇为用心。他对陈乔枞说:"《诗》有三家鲁、齐、韩,犹《春秋》之有《公羊》《穀梁》,不可偏废。二传存而三家《诗》亡,说经者之不幸也。"②他主张:"异者见异,同者见同,绪论所存,悉宜补缀,不宜取此而弃彼也。"③陈寿祺在与臧庸的交流中,获益良多。臧庸为《尔雅》学大家,同时又关注今文《诗经》学,其《拜经日记》中就有"《尔雅》注多《鲁诗》"一条。陈寿祺应当从臧氏那里吸收或印证此见,并把这一认识传递给陈乔枞。今观陈乔枞《鲁诗遗说考自叙》云:

> 《尔雅》亦《鲁诗》之学。汉儒谓《尔雅》为叔孙通所传,叔孙通,鲁人也。臧镛堂《拜经日记》以《尔雅》所释《诗》字训义皆为《鲁诗》,允而有征。④

陈氏父子辑佚今文三家《诗》,于《鲁诗》之学多从臧庸,从中可见及一脉相承之迹。

陈氏父子《诗经》学的最大特色在于,以考寻汉儒"师法"为基本方法,试图恢复出三家《诗》之历史面貌。他们致力于搜辑亡佚的三家《诗》经说⑤,前提便是详考其师传源流。由他们所辑录的汉代《诗经》学者,可以说是清儒所重构的最重要的汉代经师谱系之一。

兹以《鲁诗遗说考》为例。在该著中,陈氏父子于开篇谱列《鲁诗》经师:子夏、曾申、李克、孟仲子、根牟子、荀子、浮邱伯、申公、穆生、白生、楚元王刘交、楚夷王刘郢、阳城侯刘德、刘向、刘歆、孔安国、周霸、夏宽、鲁赐、缪生、徐偃、王臧、赵绾、许生、徐公、王式、韦贤、韦玄成、褚少孙等。这数十位可以说包罗了从先秦至西汉的《鲁诗》代表学者。对这些学者,陈氏父子大多进行了考辨,详细阐述为何将其归为《鲁诗》学派。其搜罗之广、用心之细,堪称

---

① 陈寿祺:《左海文集》卷5《答王伯申尚书书》,第226页。
② 陈乔枞:《诗经四家异文考自序》,《续修四库全书》第75册,第464页。
③ 陈寿祺:《三家诗遗说考自序》,《续修四库全书》第76册,第42页。
④ 陈乔枞:《鲁诗遗说考自叙》,《续修四库全书》第76册,第43页。
⑤ 有关清代三家《诗》学的发展情况,参房瑞丽:《清代三家〈诗〉文献研究》,北京:中国社会科学出版社,2018年;张锦少:《清代三家〈诗〉学新论》,上海:中西书局,2022年。

难得。

在确定师传源流后，陈氏父子便主要致力于研究今文经说。《鲁诗遗说考》先列经文，次列经说，对于《鲁诗》的特殊文本皆有考辨。例如，《关雎》首章"窈窕淑女，君子好逑"之"逑"字，在《毛诗》与三家诗中不尽相同。《毛诗》作"逑"，是今日最常见的一种写法。但在《鲁诗》与《齐诗》中，该字则作"仇"。

这一字之差，正是陈乔枞考证的起点。《鲁诗遗说考》此条云：

> "窈窕淑女，君子好仇。"《列女传一》："《诗》曰：'窈窕淑女，君子好仇。'言贤女能为君子和好众妾也。"乔枞谨案：此义与《毛传》异。郑君《诗笺》云"言善女能为君子和好众妾之怨者"，说即本《鲁诗》。据此，知郑君笺《诗》多用《鲁》义。范史特言"从张恭祖受《韩诗》"，而不知其兼通三家也。又案：《列女传》为《鲁诗》，当作"好仇"，《尔雅注》所引《诗》可证。今本《列女传》作"好逑"，乃后人转写，妄据《毛诗》改字耳。①

对于"君子好逑"之"逑"，《毛传》释为"匹"，意为"宜为君子之好匹"。根据陈乔枞的考证，《鲁诗》作"君子好仇"，意为"贤女能为君子和好众妾"。郑玄在笺释《毛诗》时，所用之义即为《鲁诗》之义。非但如此，陈乔枞直言今本《列女传》作"君子好逑"，乃是据《毛诗》改字。他继而提出，习《齐诗》的匡衡，在上疏中引此句亦作"仇"，因而推断《齐诗》也作"君子好仇"②。

更值得注意的是《韩诗》。陈乔枞考证说：

> 《文选·西都赋》六臣注引《诗》云"君子好求"。唐惟《韩诗》尚存，是《韩诗》字不作"逑""仇"，與鲁、齐、毛并异也。③

此处提出《韩诗》应当作"求"字，与《鲁诗》《齐诗》《毛诗》皆不同。由此例可以看出，从经典文本到训释，陈乔枞所依据的方法即在于汉儒所重视的"师法"，倘若离开这一观念的支撑，上述案语则可以说全为臆测。我们看到，通过这样一种考释，《鲁诗》《齐诗》《韩诗》原初的可能面貌大致得以恢复。与《三家诗遗说考》一样，陈乔枞独自撰成的《齐诗翼氏学疏证》，亦是秉持"师法"观念的代表著作。他在序文中说，三家《诗》在汉初"皆家世传业，

---

① 陈乔枞：《鲁诗遗说考》卷一，《续修四库全书》第76册，第60页。
② 陈乔枞：《齐诗遗说考》卷一，《续修四库全书》第76册，第338页。
③ 陈乔枞：《韩诗遗说考》卷一，《续修四库全书》第76册，第514页。

第四章 "师法"观念在清中晚期的延续与整合

守其师法"①。正是在这样的观念支撑下，其汉代今文《诗》学的研究才得以展开。

陈氏父子在《尚书》学上的成就与方法，也大致同于《诗经》学。我们知道，此前阎若璩、惠栋、江声、王鸣盛、段玉裁、孙星衍等皆有《尚书》学著作，或致力于黜伪存真，或集中于考寻古注，或注目于今古文文字区分，然而对今文《尚书》的伏生、欧阳、大小夏侯经说，皆未深考。陈氏父子著作的出现正充分弥补了这一欠缺。陈寿祺精于今文《尚书》学，其《尚书大传定本》旨在恢复《尚书》伏生学之原貌，相较于此前多位清儒所辑录的《尚书大传》，尤以完备著称。李慈铭称赞说："考证精洽，条系出处，较之卢（见曾）本，实为远胜……陈氏此编，可谓空前绝后矣。"②晚清皮锡瑞作《尚书大传疏证》，所据即为陈本③。由此可见陈氏恢复《尚书》伏生学之功实不可没。陈寿祺还认识到："《尚书》三家今文，各守师法，皆传伏生之业者。苟能钩考佚文，得其单辞片义，以寻三家今文千数百年不传之绪，使百世之下犹知当日幸有三家今文，赖以维持圣经于不坠，则岂徒足以延绝学而广异义云耳哉！"④正是在这样的学术志愿下，陈氏父子把清儒《尚书》学的焦点从东汉推向西汉。

陈乔枞《今文尚书经说考》亦是述其父之学而推衍成书。该著恢复并区分了欧阳、大小夏侯《尚书》学，可以说是西汉今文三家《尚书》学的荟萃。其中的《今文尚书叙录》尤需注意，是两汉《尚书》经师的传记汇编。倘若对照江声所编纂的《尚书经师系表》，则尤能见其用心之处。江声《尚书经师系表》收今文经师近百人，古文经师二十余人，未能区分今古文者九人。而陈乔枞《今文尚书叙录》专录治今文经者，数量几乎是江声所考的两倍。其中缘由，在于江声只收录史有明文的今文经师，而在陈著中，只要与今文《尚书》有联系者，都为之搜罗。从此点来看，陈氏确较江声搜罗更为详备，但也需要注意，正是这种求全心理，导致陈氏在判断时不无武断之嫌。有论者指出，陈氏在将桓谭等多人归入今文学阵营时，其理由未必十分充分，因而整篇《今文尚书叙录》确实"有失之牵强、冗滥之处"⑤。

陈乔枞的《尚书》学也遵从"师法"观念。从体例来看，《今文尚书经说考》首列经文，次列陈氏所搜辑的今文经说，陈氏案语则附其后。陈乔枞在

---

① 陈乔枞：《齐诗翼氏学疏证自叙》，《续修四库全书》第 75 册，第 39 页。
② 李慈铭：《越缦堂读书记》，上海：上海书店出版社，2000 年，第 21 页。
③ 皮锡瑞谓："原注列郑，必析异同；辑本据陈，间加厘订。"见《尚书大传疏证自序》，《续修四库全书》第 55 册，第 698 页。
④ 陈乔枞：《今文尚书经说考自序》引陈寿祺语，《续修四库全书》第 49 册，第 2 页。
⑤ 刘德州：《晚清〈尚书〉学研究》，北京：中国社会科学出版社，2021 年，第 70 页。

编次上完全依从西汉今文《尚书》。如《伪孔传》本《金縢》在《大诰》之前,而陈乔枞则将《金縢》置于《大诰》之后。他说:

> 伏生《尚书大传》以《金縢》次《大诰》后,古文《尚书》则《大诰》次于《金縢》之后,编次不同。叶梦得云:"伏生以《金縢》作于周公殁后,故次《大诰》之下。"今依《大传》编次,从今文二十九篇先后之序也。①

则可知陈乔枞的编排是依从《尚书大传》。在这些细微之处,最能见及陈寿祺父子两人的经学传承。

此外,《今文尚书经说考》如遇经文异文,则罗列众说,各自分疏,不相淆乱。例如在《甘誓》篇中,陈乔枞便列出两种异文。"予维共行天之罚"下列《史记·夏本纪》及《汉书·王莽传》文,而"予维龚行天之罚"下列《汉书·叙传》《东都赋》《白虎通》文②。这表明在陈氏的判分下,"共"与"龚"在今文《尚书》的系统中并行存在,而陈氏予以详细胪列,并未舍此取彼。

陈氏父子的《诗经》《尚书》学成就,在近现代不断得到肯定。诚如学者所言:"陈氏父子之功就在于使得史籍中所引用的三家《诗》义得以复活……使得中断了近乎千年的三家《诗》的传承得以延续,在完善《诗经》学史的过程中具有不可替代的作用。"③胡朴安先生说陈寿祺的《诗经》学"固明于两汉之家法者"④,可谓深得陈氏之学术用心。有关陈氏父子的今文经学,日本学者狩野直喜也辨之甚明,他说:"陈乔枞的学术不像阳湖学派那样直接提倡公羊学而论议儒教的大问题,即孔子改制的问题。他只是研究《诗》《书》等局部问题。但是可以被肯定的是,此前古文派学者认为《毛传》《郑笺》是《诗》学中的唯一权威,马、郑注是《书》学中的唯一权威,但他则使人知道除此之外尚有西汉经师的经说,这是颇具影响力的。"⑤在近代中外学者的评价中,陈氏父子的今文经学研究可以说得到了恰当的认识与肯定。

有关陈氏父子的今文《诗经》《尚书》学,最后必须指出的一点是,陈寿祺父子致力于西汉今文经学的恢复,然而并未有明确的今文经学立场。陈寿祺曾说:"守一先生之言而不敢杂,此经生之分也;总群师之言,稽合同异而

---

① 陈乔枞:《今文尚书经说考》卷十六,第488页。
② 陈乔枞:《今文尚书经说考》卷四,第320—321页。
③ 房瑞丽:《陈寿祺、陈乔枞父子〈三家诗遗说考〉考论》,《广西社会科学》2008年第5期,第147—150页,引文见第150页。
④ 胡朴安:《诗经学》,杭州:浙江人民出版社,1998年,第164页。
⑤ 伊藤裕水:《〈今文尚书经说考〉考——兼论陈乔枞〈尚书〉学史观》,《扬州大学学报》2016年3月,第77—86页,引文见第78页。

不偏废,此通儒之识也。"①他不仅评价郑玄的经学"网罗众家,囊括大典",而且对许慎也赞以"博问通人,允而有证"②。由此点可知,无论是对于许慎抑或郑玄,陈寿祺都以"通儒"视之。遍检陈氏著作,唯有一处似偏向今文经学立场,陈氏尝言:"凡古文《易》《书》《诗》《礼》《论语》《孝经》所以传,悉由今文为之先驱,今文所无辄废。"③然而此处仅是陈氏对汉代经学历程的一种观察,非可视为崇今抑古的立场,因为其下文即云"古《春秋左氏传》,赖张苍先修其业,故传","《礼古经》五十六卷,传",又说:"《尚书》今学精或不逮古文,然亦各受师法。"④则其未持今文经学立场甚明。

周予同评价说,陈寿祺父子辑佚今文经学的著作"给予今文学者以有力的援助",是今文学复兴的"有力的援军"⑤。史革新亦谓陈寿祺"尊古文经学而不排斥今文经学"⑥。陈氏父子注重汉儒"师法",虽重今古文之区分,然而并未展现出尊今文而攻古文的立场。这一点是陈氏父子异于常州一系今文经学家刘逢禄、魏源等人的最明显处,同时也是他们在清代今文经学视野下需要重获审视的关键所在。

三、从《五经异义疏证》看陈寿祺的经学旨归

在朱彝尊、惠栋之后,至少有王复、孔广林、庄述祖、钱大昭等多人相继对《(驳)五经异义》做过恢复工作,但最为完备也最为今日学界所认可的,则是陈寿祺与皮锡瑞对《(驳)五经异义》所作的辑录与疏证。皮锡瑞称许陈著说:"导先河于千载,洞暗室之一灯。"⑦可谓推崇备至。虽然二者的关注焦点不无差异⑧,但不可否认的是,皮氏的研究正以陈著为基。考虑到《五经异义疏证》是陈寿祺最重要的代表著作之一,通过考索其方法与内容,则不仅能探明陈氏的经学归趋,亦能对陈氏在清学史上的地位有所反思。

陈寿祺是持守汉儒"师法"最为严格的学者之一。他明确说:

> 《石渠议奏》之体,先胪众说,次定一尊,览者得以考见家法。刘更

---

① 陈寿祺:《左海文集》卷四《上仪征阮夫子请定经郛义例书》,第135页。
② 同上书,第136页。
③ 陈寿祺:《左海文集》卷六《尚书大传笺序》,第241页。
④ 同上。
⑤ 周予同:《经今古文学》,《周予同经学史论著选集(增订本)》,第20、21页。
⑥ 史革新:《陈寿祺与清嘉道年间闽省学风的演变》,《福建论坛》(人文社科版)2002年第6期,第82—88页,引文见第86页。
⑦ 皮锡瑞:《驳五经异义疏证》自序,第267页。
⑧ 参朱明数:《讲明许郑与分别今古——陈寿祺、皮锡瑞〈五经异义〉研究的特点》,《中国典籍与文化》2020年第2期,第102—114页。

生采之为《五经通义》，惜皆散亡。《白虎通义》经班固删集，深没众家姓名，殊为疏失，不如《异义》所援古今百家，皆举《五经》先师遗说，其体仿《石渠论》，而详赡过之。①

陈氏认为，胪列众说的《石渠议奏》能够使人考见家法，而《白虎通义》却"深没众家姓名"，家法不够明晰。他又在《上仪征阮元夫子请定经郛义例书》及《经郛条例》中反复提及汉代家法，对《白虎通义》不能遵循《石渠议奏》的旧例而深致惋惜，而对许慎、郑玄"述先圣之本意，整百家之不齐"、"先引诸说，次下己意"的做法，评价为"异乎党同妒真、专己守残者"②。他在《五经异义疏证》中董理今古家说，正可视为在这一观念下的恢复汉儒家法面貌的努力。

嘉庆十三年（1808）夏，陈氏在京师寓所，取前人《五经异义》诸本重加厘定，又采择诸经义疏、诸史志传、《说文解字》、《通典》以及清儒著述中能与许、郑相参照者，为之疏通证明，并以"蒙案"二字宣明己见③。数年后，陈寿祺回乡养亲，取《五经异义疏证》与长于礼学的好友万世美相商，酌采其合理意见④。嘉庆十八年（1813）八月，《五经异义疏证》在福州刊行。据陈寿祺好友高澍然说，该著刊行之后，"海内治郑、许学者，咸取正焉"⑤。陈氏于该著刊成次年，寄与段玉裁、阮元等人。较陈氏年长36岁的段玉裁在阅读之后，称许道："既博既精，无语不确，如执事者，弟当铸金事之。"⑥谦恭拜服之情，溢于言表。及至阮元编纂《皇清经解》，将《五经异义疏证》《左海经辨》以及《左海文集》中的说经部分采入，更可见其对陈氏的器重。段、阮等人的感慨与嘉奖，最能说明陈著的超卓成就。

综合来看，《五经异义疏证》的首步工作是重辑《五经异义》，其次是对许、郑佚说疏通证明。该著在这两个方面都表现出相当高的学术水准。在辑佚内容上，陈本较以前诸本更为丰赡，即使是只言片语亦几乎搜罗殆尽。四库馆臣辑本《五经异义》较显粗疏，颇有遗漏，即使是相对精良的王复辑本，经武亿复校，亦在内容上时有缺憾。孙星衍曾指出王本"既出武君手校，

---

① 陈寿祺：《五经异义疏证自序》，王丰先整理，北京：中华书局，2014年，第4页。
② 陈寿祺：《左海文集》卷四《上仪征阮元夫子请定经郛义例书》，《续修四库全书》第1496册，第135页。
③ 陈寿祺：《五经异义疏证自序》，第1页。
④ 据笔者统计，《五经异义疏证》共采万世美说五条。
⑤ 高澍然：《奉政大夫翰林院编修记名御史陈先生寿祺行状》，据钱仪吉纂录：《碑传集》卷五十一，《清代传记丛刊》第109册，第30页。
⑥ 段玉裁：《甲戌九月书》，据陈寿祺：《左海经辨》，《续修四库全书》第175册，第371页。

详核其文,亦尚有遗漏"①,并举出漏略数处。陈寿祺以多家辑本为基础,查漏补缺,如《开元占经》中的零星内容,亦能钩沉靡遗。陈氏辑本中字数最少者当为"玉杂则色杂"一条,共计五字,另如"地有九州,足以承天"一条,亦仅八字,可谓细大不捐。阮元曾言陈氏凡"二字以上"的经义②,靡不搜罗,陈氏的辑佚功力于此可见一斑。尤需指出的是,陈氏辑本在对佚文注明出处的同时,对有两种以上出处的内容,必详列异同,或信或疑,时加案语。这实际上为后来学者的复验提供了绝大帮助。此后皮锡瑞多称美陈著,并且在其基础上继续推进,应当说这一点起到了相当重要的作用。

陈氏对前人辑本的另一不满在于"攟拾丛残,以意分合"③。如孔广林辑本因《隋志》载《五经异义》十卷,故而"强立区类,欲还十卷之旧"④。这显然有相当多的臆断之处。反观陈氏辑本,分上、中、下三卷,除篇次尚存的《田税》《天号》《罍制》三者之外,"其它以类相从"⑤。此外,对孔广林等人的辑校意见,陈寿祺不掠美,不盲从。整部陈氏辑本征引孔广林意见多达23条,或考订文句,或发明经说,但亦明确指出孔氏之不当处。如《周礼注疏》中《罍制》与《天号》的篇次均为第六,孔氏认为"《罍制》第六,《天号》不得又为第六"⑥,因而将《天号》列为第一。陈寿祺则怀疑两处"第六"有一或为"第八"之讹,辑录之时仅出注以献疑,正文一仍旧貌。两相相比,陈说更为谨慎,孔说则不免有武断之嫌。

从以上内容可以看出,此前诸家辑本在《五经异义》重现于世的历程中自有其功绩,然而若论辑佚之完备与精良,则当推陈寿祺辑本。由此也可知段玉裁、阮元诸人的评价,并非虚语。陈氏辑本后出转精,当时就有学者评价,谓《五经异义疏证》刊布学林后,"诸家所辑本,虽俱束之高阁可也"⑦。

陈寿祺疏证《五经异义》的首要目的,并不在于判断今古文经说何者为正,何者为非,而是为许、郑提及的诸家经说进行疏通证明。他在《自序》中说:"圣道至大,百世莫殚。仁者见仁,智者见智,蕲于事得其实、道得其真而已,庸讵与夫悦甘而忌辛、贱鸡而贵鹜者哉?"⑧他对《五经异义》中的今古文

---

① 孙星衍:《孙渊如外集》卷二《五经异义驳义及郑学四种叙》,《清代诗文集汇编》第 436 册,第 379 页。
② 陈鸿森:《阮元揅经室遗文辑存(增订本)》卷四《与陈恭甫书二》,据杨晋龙主编:《清代扬州学术》,台北:"中研院"中国文哲研究所,2005 年,第 757 页。
③ 陈寿祺:《五经异义疏证自序》,第 3 页。
④ 同上。
⑤ 同上。
⑥ 陈寿祺:《五经异义疏证》卷上,第 14 页。
⑦ 周中孚:《郑堂读书记》卷二,上海:上海书店出版社,2009 年,第 19 页。
⑧ 陈寿祺:《五经异义疏证自序》,第 5 页。

诸家经说,从未轻下断语,而是上探其渊源,中察其异同,下明其流变。从此点而言,陈氏不可不谓是许、郑之功臣。兹详举二例以说明之。

例如,对于"天子是否为爵称"的问题,今古文经学有不同的解说。《易》孟氏、京氏认为"天子"是爵称,而《周礼》则认为天子无爵。许慎在此问题上认同后说,他所依据的是《左传》"施于夷狄称天子,施于诸夏称天王,施于京师称王"的说法,天子之称与对象有关,因而不是爵称。至于郑玄则以前说为确,因为"生无爵,死无谥",自周至汉的天子既然皆有谥,因而也应皆有爵。陈寿祺针对此问题,博考经注,指出孟、京之说来源于《易纬·乾凿度》;《白虎通》在该问题上从今文之说;至于何休《公羊解诂》云"天子者,爵称也,圣人受命,皆天所生,故谓之天子",陈氏也指出"与《易》说同"。而许慎"天子无爵"的古文经说观点,并非只存于《周礼》,在《曲礼》和服虔的《左传》注解中亦能找到相近之解,陈寿祺一一为之钩稽指陈①。

再如"诸侯娶同姓"一问题。《公羊传》讳娶同姓,《左传》则认为娶同姓"不当讥"。许慎引《易》"同人于宗,吝",认为娶同姓虽有欠缺然而终究可行,赞同《左传》之说。郑玄攻驳此条的内容今已不存,陈寿祺从《坊记》的郑注中考稽出来,以明郑玄乃从《公羊》说,因而"其于《异义》当驳";同时他给出另一证据,即郑注《周易》"同人于宗"并不解为同姓相娶,因而更可证明许、郑有异。陈氏在此问题上,未有对许、郑不同经说进行正误判分,唯钩稽疏证而已②。

对于陈寿祺的经学成就,皮锡瑞知之最深。皮锡瑞治经亦极为讲求"师法",他有关《尚书大传》《五经异义》的研究,都将陈寿祺的著作视为起点。皮氏虽然郑重指出《五经异义疏证》存在漏略、阔疏、习非与炫博这四点不足③,但并不妨碍他对陈寿祺称许甚高。联系皮氏对常州一系今文经学的批评,其实已颇可见及皮氏所真正奉为学术先导的晚清学人究竟何在。

陈寿祺曾有一个宏大的著述计划:"曩所区区从事者,《五经异义疏证》外,有校定《伏生大传》将付剞劂,又有《欧阳夏侯尚书考》《鲁齐韩诗说考》《礼记郑读考》《春秋左氏礼》《公羊礼》《谷梁礼》,颇发诸家所未及。"④陈氏这份书单中的诸多著作,在其生前并未完成,然而却能透露其学术宗尚与归趋。需要说明的是,《春秋左氏礼》《公羊礼》《谷梁礼》三书,今虽难以考见其

---

① 陈寿祺:《五经异义疏证》卷下,第198—199页。
② 陈寿祺:《五经异义疏证》卷中,第172—173页。
③ 有关皮锡瑞《驳五经异义疏证》的内容和特点,参潘斌:《皮锡瑞学术研究》,成都:四川大学出版社,2015年,第396—404页。
④ 陈寿祺:《左海文集》卷五《上仪征阮夫子书》,第194页。

具体内容,然观其书名,则可推知皆属于以礼说《春秋》者。清儒之中,较早系统以礼制解《春秋》者,当属惠栋之父惠士奇。晚清则有陈立治《白虎通》,撰《公羊义疏》,亦属于以礼治《春秋》一路。陈寿祺意欲发明《春秋》三传与礼学之关系,显然更近陈立。更何况《白虎通》与《五经异义》为汉代今古文经说的两大渊薮,二陈分别治之,透露出的学术气质尤为相似。

由此我们可以对陈寿祺的学术定位稍加考察。支伟成在撰写《清代朴学大师列传》时曾请益章太炎,章氏列出了如下一条意见:"左海父子(指陈寿祺、陈乔枞)学本近吴,列吴派下为得。"在另一处,章氏不仅视陈氏父子为"吴派之变迁",还明确指出"与吴派专主汉学者当为一类,而不当与常州派并存"①。综合章氏以上数语来看,他实际上是在对陈氏父子做学派判分,而判分的依据则在于学术特质。

综观陈氏父子的治经成就,可以说《五经异义》的疏证与西汉今文《诗经》《尚书》学的恢复,构成了最主要的两大端。其起手处均是辑佚,其核心治经观念均为"师法",其在今古文问题上的立场则是平等视之。这些全都与吴派的治经风格堪称密合。前文已指出,吴派学术的一大要旨即在于"考源流"。倘若以之对照陈氏父子的诸多著作,可以发现这一观念非常明晰,那就是将西汉今文《诗经》《尚书》学的"源流"以及《五经异义》中的今古师说"源流"予以展现。在这一点上,陈寿祺、陈乔枞是吴学当之无愧的继承人。从惠栋的《易汉学》到陈氏父子的《五经异义疏证》《三家诗遗说考》《今文尚书经说考》等,都是"师法"观念下的产物,而他们共同考虑到辑录《五经异义》与《尚书大传》,恰能与这一观念相印证。虽然陈寿祺在开展《尚书大传》和《五经异义》的复原工作时,并未见到惠栋辑本,但这正说明二者在学术气质上甚为类似,方选择了相同的研究对象②。

虽然同为今文经学家,但陈寿祺、陈乔枞父子的经学研究与常州经学风格迥异。其学术根基在于由吴派所揭橥的"师法"观念,而非表面意义上的"今文"经说。章太炎判断他们是"吴派之变迁",蒙文通也观察到他们的学术气质与吴派相近,这种共识恰能指引研究者重新思考清代学术的流变过程。狭义的吴派经学在江藩等人处已告消歇,然而我们在陈氏父子那里看到了这种治经方法的复活。倘若深入推进陈氏父子的相关研究,那么不仅会对吴派经学的意义产生新的认知与理解,而且也促使我们对清学史的基

---

① 支伟成:《清代朴学大师列传》卷首《章太炎先生论订书》,第5、8、9页。
② 陈寿祺对江藩《汉学师承记》颇为用功,蒙文通记述"江书有陈寿祺眉注本,偶见传抄"。陈氏与吴派的直接渊源,于此细微处可得一证。见张之洞撰,范希曾补正:《书目答问补正》,第39页。

本框架做出某种反思与微调。

第三节　陈立与晚清的礼学、《公羊》学

除陈寿祺、陈乔枞父子外，清中晚期研治今文经学的学者，尚有陈立值得重视。陈立学出凌曙，虽然凌氏师承刘逢禄，与常州学派有一定的渊源，但凌、陈两人在《公羊》学研究方面走出了以礼制治《公羊》的独特路径。陈立为了研究《公羊》，专力疏通《白虎通》，于其中的今古礼制有颇多发明。他尽毕生之力为《公羊传》及何注作疏证，仅从篇幅多达七十六卷这一点上，亦能看出确实"于《公羊》用力尤深"①。关于陈立的经学成就，近来不断有研究者进行探讨②，但与常州一系今文经学家对比而言，仍缺乏深入、系统的论述。事实上，如果对陈立的礼学、《公羊》学未有较充分的研究与定位，那么对清代今文经学全貌的认知势必是不完善的。

一、刑官、幕宾与经学家：出处之间的学者本色

生活于嘉、道、咸、同年间的清代经学家陈立，在近现代研究者的笔下，常常给人以"神龙见首不见尾"的感觉。他的《公羊义疏》多达二百余万字，堪称皇皇巨著，被梁启超称为《公羊》学领域"登峰造极的著作"③。而另一部书稿《白虎通疏证》则是目前有关《白虎通》研究最完善的著作之一。但迄今为止的许多研究都对陈立的生平行事语焉不详。原因或许在于刘恭冕为陈氏所写的墓志铭仅不足五百字，而且内容多是论学，以致后人难以窥其行迹。但陈立之子曾经请刘寿曾代撰一篇《陈卓人先生行述》，惜仅有传抄、影印之稿，故而未被研究者广泛利用④。刘寿曾是陈立的老师刘文淇之孙，刘、陈二家为世交，因而《行述》内容翔实，史料价值极高，正可据以补充今日研究中的薄弱环节。

陈立，字卓人，号默斋，又号句溪，于嘉庆十四年（1809）生于江苏句容陈

---

① 刘恭冕：《广经室文钞·清诰授中宪大夫曲靖府知府陈君墓志铭》，张连生、秦跃宇点校：《宝应刘氏集》，扬州：广陵书社，2006年，第591页。
② 参黄世豫：《陈立〈公羊义疏〉研究》，中国文化大学中国文学研究所硕士学位论文，2002年；施德顺：《陈立〈公羊义疏〉研究》，华中师范大学历史文化学院博士学位论文，2021年；陈鸿森：《陈立编年事辑》，《中国经学》第二十九辑，第39—88页。
③ 梁启超：《中国近三百年学术史（新校本）》，第241页。
④ 据笔者管见所及，只有施德顺《陈立〈公羊义疏〉研究》与陈鸿森《陈立编年事辑》二文充分利用了《陈卓人先生行述》。

武庄。陈氏原籍河南光州固始,其先人在南宋乾道年间任句容令,故而举家东迁。从历史上看,陈氏家族少有致身通显者,然而"士农工商各安素业","名儒硕学、谨愿独行之士,世不乏人"①。在这些"名儒硕学"者中,陈立应当说是最具成就与声望的一位。

陈立五岁开蒙,至道光元年(1821)十三岁时,跟随经商的父亲来到扬州,先后从学于江都凌曙与仪征刘文淇。此时的凌曙已是蜚声学坛的《公羊》学家,其《公羊礼疏》《公羊问答》等著业已付梓。而刘文淇则是凌氏之甥,"授受渊源,具有端绪"②,与宝应刘宝楠并称为"扬州二刘"。凌曙对陈立的才华深表赞赏,特命其抄录自己的著述稿本。凌氏笔迹不易辨识,涂乙增删甚多,但陈立心解神悟,原原本本予以抄录。由于平日对凌、刘两位老师的学问耳濡目染,陈立在不到二十岁时便"有志于著述"③。

陈立与《公羊传》颇有缘分。他从凌曙那里所学,本就以《公羊》学、礼学为多。凌曙以徐彦疏文多未恰切,"思别为义疏,章比句栉,以补徐氏所未逮"④,惜中岁早卒而未能完成夙愿。刘文淇也说:"汉儒之学,经唐人作疏,其义益晦。徐彦疏《公羊》,空言无当。贾、孔礼《疏》,亦少发明。"⑤可知陈立以研究《公羊》为志业,受乃师影响最深。道光八年(1828),陈立与刘文淇、梅植之、刘宝楠等同赴乡试,相约各治一经,陈氏又独任《公羊传》。在此后的四十年时间中,陈立便朝夕与《公羊传》相伴,孜孜矻矻,矢志不渝,最终以一己之力撰成七十六卷的《公羊义疏》。

陈立二十六岁中举,三十三岁中进士,散馆后任职于刑部。从道光二十七年(1847)至咸丰十年(1860),除省亲与丁忧外,陈氏大部分时间都在刑部任上。他先后迁转于贵州、广东、广西、江西等清吏司,职位也从正六品的主事、从五品的员外郎,渐升至正五品的郎中。清代的刑部事务在六部之中最为繁杂,司官不仅要深入研习律典,而且要审核外省送来的刑案。另需强调的是,刑部司官普遍收入微薄,这是陈立不得不面对的一大现实问题⑥。浙

---

① 陈立:《句溪杂著》卷六《陈氏宗谱自序》,《续修四库全书》第176册,第609页。
② 陈汝恭(刘寿曾代):《陈卓人先生行述》,屈万里、刘兆祐主编:《冶麓山房丛书》第3册《金陵传记杂文钞》,联经出版事业公司,1976年,第817页。
③ 陈汝恭:《陈卓人先生行述》,《冶麓山房丛书》第3册,第817页。
④ 同上书,第822页。
⑤ 刘文淇:《句溪杂著序》,陈立:《句溪杂著》卷首,《续修四库全书》第176册,第539页。
⑥ 士人多不愿供职于刑部,"儒生"与"法吏"之间的身份认同危机姑且不提,收入也相比他部为低。参郑小悠:《人命关天:清代刑部的政务与官员(1644—1906)》,上海:上海人民出版社,2022年,第195、281页。

江士人沈垚曾讥讽陈氏"甚好利"①,但如果了解其特殊生活处境,也许不必有太多苛责。出身于寒门的陈立携家带口住在京城,在"穷忙"的状态中整整熬了十多个年头。直至咸丰八年(1858)获京察一等后,才迎来了京官们最为艳羡的外放之机。

京官外放要缺,已是相当难得,而陈立外放的云南曲靖知府,则属于"冲繁疲难"的最要缺。通常情况下,在云南曲靖任满后的外放官员极有可能进一步升迁。咸丰十年(1860)陈氏上任之前,咸丰帝召见他说:"汝官刑部久,为人清慎,朕知道的。今用汝为外官,汝好好做去。"②考虑到刑部事务的繁冗与专门性,陈氏在京城期间堪称敬事本职,为官勤勉。据《行述》记载,陈立"于律例研求精审,书吏不敢欺,其断狱务持情法之平,不事深刻"③。刑名、钱粮历来都是最受朝廷重视者,而陈立凭借在刑名事务上的突出才干与"谦逊平和"的为人风格④,深得咸丰帝的信任与器重。

然而咸、同之际的云南并不太平。就在陈立外放曲靖知府的前一年,云南昭通爆发了大规模民变。这场民变波及云南、四川、湖北、陕西、甘肃等地,前后持续六年之久⑤。正是因此,陈立虽两次试图前往,初止于陕西,再止于四川,最终未能到任⑥。时任成都将军的福济,奏请陈氏暂留军中效力,其后福济调任云贵总督,而陈氏则专司钱粮调度,因而不得不长期奔走,以致积劳成疾。同治元年(1862),五十四岁的陈立决定辞官回乡,却因捻军起事而不得不绕道山西。在山西布政使郑敦谨的延请下,陈氏于介休绵山书院出任主讲,于养病之余设席授徒。三年之间,他"指授诸生文法,孜孜不倦",对从学者的经解、诗赋细加评论,培养了不少青年才俊,以至于他在离开介休时,"衣冠而踶拜者凡百余人"⑦。此足见陈氏深得当地士人们的欢迎。总体而言,除了常有羁旅之思外,陈氏在山西的生活应当是平静而惬意的。

---

① 沈垚说:"陈卓人已相识,其能读书,洵如足下所云,特甚好利耳。垚今日取友,总以不好利为主也。"沈垚:《落帆楼文集》卷八《外集二》,《续修四库全书》第1525册,第465页。钱穆曾指出,沈氏对嘉道以降的学风颇有观察,对士人之批评尤其严苛,参钱穆:《中国近三百年学术史》,第619页。
② 陈汝恭:《陈卓人先生行述》,《冶麓山房丛书》第3册,第818页。
③ 同上。
④ 桂文灿:《经学博采录》卷六,陈居渊注,桂林:广西师范大学出版社,2011年,第135页。
⑤ 参胡汉生:《李蓝起义史稿》,重庆:重庆出版社,1983年。
⑥ 云南官匪勾结,地方势力错综复杂。咸丰十一年(1861),也曾担任过曲靖知府的邓尔恒(邓廷桢子),就在赴任陕西巡抚途中,被害于曲靖府衙。陈立未能赴任,从其个人安危而言,未尝不是好事。邓尔恒事参《清史稿》卷三百九十六。
⑦ 陈汝恭:《陈卓人先生行述》,《冶麓山房丛书》第3册,第819页。

第四章 "师法"观念在清中晚期的延续与整合

同治三年(1864)夏秋间,渐入晚景的陈立携家眷南归。因句容旧宅历经战火而圮毁,陈氏一家不得不另觅栖身之处。曾国藩、李鸿章因看重陈立"乡望素孚"①,故而请其在南京短暂主持劝农局务。同治六年(1867),陈氏至武昌入湖广总督李瀚章幕府,专司刑案。次年李瀚章调任浙江巡抚,又随同入浙。同在幕府的浙江士人杨岘记载:"时筱荃师(李瀚章)聘陈卓人管刑名,幕府多暇,卓人撰《公羊义疏》。"②据《公羊义疏》稿本中的多条签记如"丁卯(1867)某月某日再稿""己巳(1869)某月某日校毕"等③,可知陈氏在李瀚章幕府中对该书多有誊抄校订。而且这一工作一直持续至陈氏离浙返乡。同治八年(1869)十月,陈氏因病乘舟归里,途中忽添痢疾,最终逝世于镇江旅次,终年六十一岁。因事发突然,《公羊义疏》不仅正文未写定,自序亦付之阙如。

综观陈立的一生,年轻时任职刑部,中岁奔走四方,辞官后承任书院主讲,及至晚年又不得不远游作幕,从仕宦角度而言自然是相当困顿。他曾撰写一副楹联来概括自己的境遇:"是出非出,是处非处;有官无官,有家无家。"④但需要注意的是,不论他是出是处,有官无官,都始终未曾放弃早年立下的解经志向。陈立生性好学,"自少至老,无一日离书"⑤,友人称他"衣带虽如绳,嗜学罕其比"⑥。他在京师供职时,自言"伏几鲜暇"⑦,但在繁忙的公务之余仍坚持撰写《白虎通疏证》与《公羊义疏》。桂文灿在咸丰二年(1852)与陈氏订交之时,就亲见前书手稿⑧。离京之后,两部书稿也跟随陈氏"蹀躞燕、晋、秦、蜀间"⑨,时经修订。一直到晚年在李瀚章幕府中,陈氏仍利用闲暇时间完善《公羊义疏》。该著前后耗费了四十年光阴,陈氏诗句"董何绝业分明在,老去蹉跎两鬓星"⑩,可让我们窥见其中甘苦⑪。

陈立性情和易,"语言谦朴,疑于不文",为官后亦"起居节俭,同于寒

---

① 陈汝恭:《陈卓人先生行述》,《冶麓山房丛书》第3册,第819页。
② 杨岘:《藐叟年谱》,《北京图书馆藏珍本年谱丛刊》第163册,北京:北京图书馆出版社,1999年,第608页。
③ 施德顺:《上海图书馆藏陈立〈公羊义疏〉稿本考述》,第86页。
④ 陈汝恭:《陈卓人先生行述》,《冶麓山房丛书》第3册,第819页。
⑤ 同上书,第821页。
⑥ 孙雄辑:《道咸同光四朝诗史》乙集卷二《有怀陈比部》,《续修四库全书》第1628册,第570页。
⑦ 陈立:《句溪杂著自序》,《续修四库全书》第176册,第540页。
⑧ 桂文灿:《经学博采录》卷六,第135页。
⑨ 陈立:《句溪杂著自序》,《续修四库全书》第176册,第540页。
⑩ 杨钟羲:《雪桥诗话全编》,北京:人民文学出版社,2011年,第1323页。
⑪ 陈立早年书斋名"惜分轩",即惜时专心之意。

素"①。他在宗族中享有很高威望,不仅重修宗谱,而且创立义塾,族中后辈"赖以成就者甚众"②。晚清岭南学者陈澧评价他"神气肃穆,有儒者气象"③,可以代表当时士人对其形象的观感。陈立去世后,晚清"清流"代表黄体芳以其学行、著述奏呈国史馆,拟入《儒林传》,并请从祀于江宁府学的顾炎武祠④。及至近现代,伴随章太炎、廖平、刘师培、蒙文通、吕思勉等人的推扬,陈立著作的学术价值渐得显露。刑官出身、命途多舛的陈立,毕生未改学者本色,而这一点正是他得以跻身清代一流汉学家之林而无愧的一大原因所在。

二、《白虎通疏证》的撰写过程与今古文区分

陈立之所以要在研究《公羊传》的道路上转而去研究《白虎通》,源于他对礼制及今古文源流的关注。道光八年,陈氏立志研治《公羊传》。数年之后,他在给刘文淇的书信中说:

> 《白虎通德论》一书,实能集礼制之大成。且书中所列,大抵皆《公羊》家言,而汉代今文、古文学之流别,亦见于此书。昔人有言:"非通全经,不能治一经。"若《白虎通德论》者,诚可谓通全经之滥觞矣。立欲治《公羊》,拟先治此书,将古代典章制度,疏通证明,然后从事于《公羊》,则事半功倍。不知夫子以为何如?⑤

在陈氏看来,《白虎通》值得深究的原因有二,一为该书集礼制之大成,一为该书颇可见汉代今古文之流别。《陈卓人先生行述》也记载:"其初治《公羊》也,因采何、郑之义,旁及汉儒说经师法,谓莫备于《白虎通》,先为疏证。"⑥所谓"汉儒说经师法",正指汉代今古文源流。由此可见,陈立拟从《白虎通》中抽绎出汉儒师法之大端,从而为他疏解《公羊传》提供基础。

《白虎通疏证》一书的撰写过程持续甚久。陈立《自序》撰写于道光十二年(1832),此时他年方二十四岁。有论者认为,此年并非成书之年,而是撰

---

① 刘恭冕:《广经室文钞·清诰授中宪大夫曲靖府知府陈君墓志铭》,《宝应刘氏集》,第591页。
② 陈汝恭:《陈卓人先生行述》,《冶麓山房丛书》第3册,第820页。
③ 文廷式:《纯常子枝语》卷二引,《续修四库全书》第1165册,第23页。
④ 张邵棠等:《续纂句容县志》,成文出版社有限公司,第708—709页。
⑤ 陈立:《上刘孟瞻先生书》,收入刘师培:《读书随笔(外五种)》,第94—95页。刘师培识语谓:"此书仅有传抄之稿。然先生治经之大略,具于此矣。"第95页。
⑥ 陈汝恭:《陈卓人先生行述》,《冶麓山房丛书》第3册,第822页。

第四章 "师法"观念在清中晚期的延续与整合

书开始之年①。这一推断是有道理的。因为前文所述陈氏贻书刘文淇一事,约在道光十七年(1837)秋冬间②,而此时陈氏自言还在"拟先治此书(《白虎通》)",可知远未卒业。此外,考虑到陈立的《句溪杂著》在生前即多次刊刻,可推知《白虎通疏证》倘若有定稿,应当也会付梓。但事实上,《白虎通疏证》与《公羊义疏》都未能最终写定,二书在陈氏生前均未有刊本③,实属必然。有论者推测说:"《白虎通疏证》的校补大约是伴随陈立著述一生的。"④这一观点当为近实。

国家图书馆藏有陈立《白虎通疏证》稿本十二卷。此本中增删涂乙甚多,遍布眉端、地脚与行间。从这些增删涂乙处,恰可以窥见陈氏撰写该书的过程,同时亦能见及该书并未最终写定。有文献证据表明,陈氏最后对《白虎通疏证》进行过一次文字校订,但有些问题得以解决,有些则无果而终。例如稿本卷四有一处引据《后汉书注》,眉端有"查"字,下又书"后汉书章帝纪"六字。由于这一出处已经查明,今本《白虎通疏证》故而改作"《后汉书·章帝纪注》"云云⑤。但眉批如"《大传》脱出处","杨子云说,查"⑥,皆未见修订结果⑦。此外,稿本眉端多补充引书之书名或篇名,但也有许多地方只书"脱篇名""补篇名""补出处"等校语,而这些问题皆未得到妥善处理。今本《白虎通疏证》的引文之所以体例不一,有的明显缺具体出处,应当说主要原因就是并未最终写定。

从撰写过程来看,陈氏先取卢文弨抱经堂本《白虎通》为底本,又益以庄述祖所辑《阙文》,逐条为之疏证,而在疏证的过程中,将相关材料陆续补充入书中。需要说明的是,整部《白虎通疏证》引书有四百种之多⑧,而陈氏每见一书,必留心其中是否有补益己作的内容。从陈氏增补的内容可以看到,《白虎通疏证》中凡征引《后汉书》《国语》《荀子》《淮南子》《新书》《盐铁论》《说苑》《潜夫论》《抱朴子》《孔丛子》《太平御览》等著相关内容,多是陈氏后

---

① 施德顺:《陈立〈公羊义疏〉研究》,第13页。
② 陈氏信中问刘文淇"已成《扬州水道记》一书,未知曾刊行否?"刘氏此书撰成于道光十七年,该年九月阮元为之作序。参郭院林:《刘文淇学行考论》,《云梦学刊》2006年3月,第24页。
③ 《白虎通疏证》初刻于光绪元年(1875)春,此时陈立已去世六年。《白虎通疏证》的版本概况,参邵红艳:《〈白虎通疏证〉版本考》,《图书馆杂志》2018年第6期,第108页。
④ 邵红艳:《〈白虎通疏证〉版本考》,《图书馆杂志》2018年第6期,第112页。
⑤ 陈立:《白虎通疏证》卷四,国家图书馆藏稿本(扫描件),第35页;北京:中华书局,1994年,第177页。
⑥ 陈立:《白虎通疏证》,国家图书馆藏稿本,卷一,第11页;卷三,第20页。
⑦ 陈立:《白虎通疏证》卷一,第11页;卷三,第109页。
⑧ 具体统计结果参邵红艳:《〈白虎通疏证〉研究》,浙江大学博士学位论文,2014年,第249—262页。

来所补充的。而对于清儒著作，陈立亦多有增补，如钱大昕《潜研堂答问》、包慎言《论语古训研》、阎若璩《潜邱札记》、孔广森《经学卮言》等著作中的相应内容①，都是在撰述过程中逐渐吸纳进来的。

陈立的修订还包括篇中细目。卢文弨本《白虎通》在目录中详列篇名及细目名称，而陈立则将细目名称列入每一细目之正文后，以清眉目。但细目数量及具体命名与卢本稍有不同②。稿本中显示，如卷五中的"右论王者征伐所服""右论告天告祖之义""右论诛不避亲""右论三谏待放之义""右论士不得谏""右论妻谏夫""右论子谏父"等细目名称，都是后来所添加的。另外他还在眉端书"王者受命，当另节提写"等，③表明对细目的划分亦有斟酌。

最后值得注意的是《白虎通疏证》自序中的文字更改。陈氏最初的自序收录于《句溪杂著》卷一，与今本《白虎通疏证》前的自序不完全一致。如陈氏叙述说："迄乎庄、老横流，康壶自宝，僭伪谬托，赝鼎杂陈。深信者失之愚，矫枉者过其正。遂禁绝于天监，致燔灭于开皇。侯官集遗，尘珠略见，华容著录，片羽仅存。"④这段话在今本中则作："迄乎庄、老横流，康壶自宝，僭伪谬托，赝鼎杂陈。遂禁绝于天监之年，燔灭于开皇之世。华容著录，片羽仅存，侯官集遗，尘珠略见。"⑤前者是早年之文，后者则是修订后的样貌。再取稿本进行检证，更可以见到在形成今日面貌之前，自序经历了陈氏的若干润饰⑥。虽然前后大旨不殊，但充分说明这篇题写于"道光壬辰（十二年）"的自序，在之后的岁月中至少经历了两次修改。陈立对该书的撰作可谓十分用心⑦。

《白虎通疏证》如同《公羊义疏》一样，虽未写定，但大体已成，因而该书的特色与着力点亦大致可见。综合而论，与早年的期许相对应，陈立的疏证主要围绕礼制与今古文区分进行，而这二者又是深相关联的。

《白虎通疏证》中对礼制的疏解实可谓翔实精密。曹元弼曾称赞它说："沈实精博，蔚为礼家巨观。"⑧例如《白虎通》曾论及一个重要问题，诸侯在

---

① 陈立：《白虎通疏证》，卷三，第 122、128 页；卷八，第 377 页；卷十，第 488 页；卷十二，第 588 页。
② 邵红艳：《〈白虎通疏证〉研究》，浙江大学博士学位论文，第 97—98 页。
③ 陈立：《白虎通疏证》卷五，国家图书馆藏稿本，第 5 页。
④ 陈立：《句溪杂著》卷一《白虎通疏证自序》，《续修四库全书》第 176 册，第 544 页。
⑤ 陈立：《白虎通疏证自序》，第 2 页。
⑥ 陈立：《白虎通疏证》，国家图书馆藏稿本，第 3 页。
⑦ 《白虎通疏证》基本成型后，陈氏还专门做了文字校对，此后又取《白虎通》元大德本及小字本详加校勘。陈立的底本是卢文弨本《白虎通》，书中"旧本"即元大德本，此外还有"小字本"。以上三种《白虎通》版本的基本情况，参班固撰，胡春丽校点《白虎通德论》校点说明，北京：北京大学出版社，2023 年，第 3—5 页。
⑧ 曹元弼：《礼经学》，周洪校点，北京：北京大学出版社，2012 年，第 407 页。

服丧期间又遭逢天子之崩,那么是否应当奔天子丧? 该书主张诸侯应奔天子丧。陈立首先指出,这与《公羊》中的礼制相符。《春秋》隐公三年"三月庚戌,天王崩",《公羊传》说:"天子记'崩'不记'葬',必其时也。诸侯记'卒'记'葬',有天子存,不得必其时也。"何休《解诂》云:"设有王后崩,当越绋而奔丧,不得必其时。"①依据《公羊传》与何休的解释,诸侯之所以记"葬",是因为若遇天子之丧,则诸侯当先奔天子丧,故而葬期不时。陈氏又举出《通典》中所引《五经异义》之文:"《公羊》说:天王丧,赴者至,诸侯哭,虽有父母之丧,越绋而行事。……谨案:礼,不得以私废公,以卑废尊,如礼得奔丧。今以私丧废奔天子之丧,非也。"②可证《白虎通》与《五经异义》皆取《公羊》说,认为诸侯不得以私丧废天子之丧。

但《谷梁传》中的礼制与此正相反。《谷梁传》定公元年:"周人有丧,鲁人有丧,周人吊,鲁人不吊,周人曰:'固吾臣也,使人可也。'鲁人曰:'吾君也,亲之者也。使大夫,则不可也。'故周人吊,鲁人不吊。"③《谷梁传》主张诸侯若自己有丧,则可以暂时不奔天子丧。陈立对该说非但没有视而不见,反而从《通典》中节引刘向的《五经通义》,对该说进行疏解,不仅指出二者相符,而且道出其中缘由:"刘向习《谷梁春秋》故也。"④陈立还发现,汉代持此说者,尚有大鸿胪眭生与郑玄。因而,尽管陈氏在此条末尾处做出了认同《白虎通》的判断,但他将不同的礼制之说尽可能钩沉,且通过胪列众说使其各成脉络,呈现出隐含其中的对立关系。桂文灿评价该著说:"事事详审精密而绝无驰骋之辞,盖博极群书而矜慎出之者也。"⑤在礼制考辨上,《白虎通疏证》当得起如此高评。

再如天子是否为爵称的问题也有争议。《白虎通》说:"天子者,爵称也。"陈立首先指出,这是"《易》说、《春秋》今文说"⑥,援引《周易乾凿度》与《五经异义》予以证明,并发现郑玄采用此说。此外,陈氏还勾稽出,《周礼》与《左传》都认为天子并非爵称,只是面对诸夏时称"天王",面对夷狄时则称"天子"。陈氏对此处的歧义,就从今古文角度来予以解释。他说:"两汉之世,《易》孟京、《春秋》公羊立于学官,古《周礼》、古《左氏》尚未盛行,故与《白

---

① 何休解诂、徐彦疏:《春秋公羊传注疏》卷二,刁小龙整理,上海:上海古籍出版社,2013年,第59页。
② 陈立:《白虎通疏证》卷十一,第527页。
③ 《春秋谷梁传注疏》卷十九,《十三经注疏》整理本,北京:北京大学出版社,第358页。
④ 陈立:《白虎通疏证》卷十一,第528页。
⑤ 桂文灿:《经学博采录》卷六,第135页。
⑥ 陈立:《白虎通疏证》卷一,第1页。

虎通》多异也。"①

与此例类似，陈立在诸侯嫡夫人是否可以更立的问题上，也指出今古学在这一礼制上的差异。《白虎通》曾举出两种不同的说法。一种说："嫡夫人死，更立夫人者，不敢以卑贱承宗庙。自立其娣者，尊大国也。《春秋传》曰：'叔姬归于纪。'叔姬者，伯姬之娣也。伯姬卒，叔姬升于嫡，经不讥也。"另一种则说："嫡死不复更立，明嫡无二，防篡煞也。祭宗庙，摄而已。以礼不聘为妾，明不升。"前者以嫡夫人可以更立，后者则认为不可。陈立反复加以考证，指出前者乃《春秋》今文说，后者则是"古文《春秋》及《礼》家说"②。此处所谓《春秋》今文其实指《公羊传》，而古文《春秋》则指《左传》。陈氏又进一步考察出，郑玄《驳五经异义》与《左传》杜注皆认为嫡夫人不可更立，所用礼制为古文经学礼制。他还提出："杜氏说经，虽无家法，然必刘（歆）、贾（逵）、郑（玄）、服（虔）相传之精义。"③陈氏在今古文问题上并未崇今抑古，而是注意从礼制方面辨析今古文之不同。因而也可以看到，他对礼制的疏通，实际上与今古文家法的疏通是相辅相成的。

陈立总结说："《白虎通》于《易》《书》《诗》《礼》《春秋》多用今文说，于古文说间及之。"④但即使如此，他对古文说进行疏证的细密度也并不亚于今文说。据研究者统计，在《白虎通疏证》中，"'今文'二字出现约121次，'古文'二字出现约107次。"⑤从这一数据上看，则是今古文的疏证都受到陈立的重视。而且尤为重要的是，陈立已经发现今文经说彼此是相合的。例如他说："是汉世今文《五经》家并如此说，古《周礼》、古《尚书》则异。"⑥正是因此，晚清叶昌炽就评价《白虎通疏证》说："援据赅洽，而于古今文源流派别，言之尤能凿凿。"⑦

陈立对于自己经学研究的这一特点有着相当清晰的认知。《白虎通疏证自序》在条述疏证工作之"四难"后，说：

> 立质赋颛愚，学惭俗陋，耻向壁之虚造，守先儒之旧闻，不揣梼昧，为之疏证，凡十二卷。只取疏通，无资辨难，仿冲远作疏之例，依河间述

---

① 陈立：《白虎通疏证》卷一，第1页。
② 陈立：《白虎通疏证》卷十，第483页。
③ 同上书，第484页。
④ 陈立：《白虎通疏证》卷一，第4页。
⑤ 邵红艳：《〈白虎通疏证〉研究》，浙江大学博士学位论文，2014年，第190页。
⑥ 陈立：《白虎通疏证》卷四，第129页。
⑦ 叶昌炽：《缘督庐日记钞》卷二，《续修四库全书》第576册，第349页。

义之条,析其滞疑,通其结车辖,集专家之成说,广如线之师传。①

此处明确指出,该作撰写旨在"只取疏通,无资辨难"。综观全书内容,陈立甚少对《白虎通》记载的经说进行正误辨正,而是以其他书中的大量相关经说进行疏通,在此一过程中达到"集专家之成说,广如线之师传"的目的。这一目的中的"家""师",倘若回到汉儒的语境中,则正对应"家法""师法"。以此点而论,《白虎通疏证》的撰写对陈立"师法""家法"观念的奠定有极其重要的地位。而他在这一基础上撰写的《公羊义疏》自然是深明家法之作。

今古文两派的学说源流在陈立这里有了初步显现。虽然今古文分派的原则还不甚清晰,他的平视今古的做法甚至由于缺乏"断制"而遭到近现代学者的批评,但他对《白虎通》经说的疏通、排比与论证,无疑在今古文源流问题上迈出了重要一步,并对此后经学史的发展产生了深刻影响。也正是因此,批评者固然可以将陈立等人打入晚清今文经学"别子"与"旁支"的另册,但真正明晓师法、家法观念之于汉学的重要性的学者,如廖平、刘师培、蒙文通等,不论其学术渊源为今文学或古文学,都能对陈立的学问表示尊重,并视其为进一步探索汉代经学的重要阶梯。

三、《公羊义疏》的今文"家法"

前文已经述及,陈立拟先治《白虎通》,后治《公羊》,以期"事半功倍"②。从文献证据来看,《白虎通疏证》与《公羊义疏》的关系确实相当紧密。大体而论,前者的主要撰写时间应早于后者,但两部书的修订过程几乎都伴随了陈立的一生。《白虎通疏证》未最终写定,已见前述。同治八年(1869)四月,陈立为刘宝楠《论语正义》作序,其中说:"立于《公羊疏》匆匆四十年,近甫辑成稿本七十余卷,复橐笔游楚、越,疏漏浅谬,卒未核正,岁月如逝,写定无期。"③可知陈氏去世当年,《公羊义疏》大体已成,但仍未最终全部核正。今人根据陈立《公羊义疏》的稿本与再稿本进行研究,推知陈立《公羊义疏》的初稿大体撰成于道光三十年(1850)、咸丰元年(1851)之间,再稿则撰成于同治五年(1866)、六年之间④。他最后欲对全书进行核正,惜未及完成而突发疾病去世。

---

① 陈立:《白虎通疏证自序》,第2页。
② 陈立:《上刘孟瞻先生书》,刘师培:《读书随笔(外五种)》,第94—95页。
③ 陈立:《句溪杂著》卷六《刘楚桢先生论语正义序》,《续修四库全书》第176册,第608页。
④ 施德顺:《陈立〈公羊义疏〉研究》,第116页。

从写作内容而言，陈氏二书也表现出深刻关联。据学者统计，《公羊义疏》除少数几卷外，全书对《白虎通》内容的征引非常频繁，总计 433 条①。而从具体写作而言，《白虎通疏证》直接为《公羊义疏》的撰写提供了大量引用资料。若比较二书内容，则不难发现许多疏证有相当高的相似度。例如前文所提及的诸侯奔天子丧、嫡夫人更立等案例，陈氏的疏证就再次出现于《公羊义疏》相关注文下，无论主要见解还是所利用的资料，都能见其一致性②。由此可知陈氏关于《白虎通》的研究确实对他的《公羊》学起到了极大的促进作用。此外，笔者根据《白虎通疏证》稿本推测，《公羊义疏》的撰写过程可能也促使前者资料得以更加完备，例如前者所引孔广森《公羊通义》中的部分文字，可能就是撰写《公羊义疏》时发现并补入的③。虽然陈氏二书的主体部分在撰写时间上有先后之别，但并不妨碍相互参照，并各有补益。

《公羊义疏》最初的撰写想法与凌曙的遗志最有关系。凌曙不满于《公羊》徐彦疏，欲重新撰写一部疏解《公羊》何注的著作，这直接导致陈立对《公羊》"旧疏"有这样一种基本判断："窃思徐氏作《疏》，只知疏通字义，于《公羊》家法昧乎未闻。"④徐彦疏文有牵缠《左传》《谷梁》进行疏解之例证，依陈氏之见，此即不明《公羊》家法处。《公羊义疏》书中多批评"旧疏"，原因亦在于此⑤。此外，陈立称凌氏必言"凌先生曙"⑥，对凌氏著作《公羊礼疏》《公羊问答》《春秋繁露注》也多有征引，对《公羊》中的礼制尤为关注。可以说，来自凌氏的影响在在可见。

由于对"旧疏"的不满，也由于对《公羊》家法的坚执，陈立特别重视何注以及其他《公羊》古义。需要留意的是，《陈卓人先生行述》说："其初治《公羊》也，因采何、郑之义，旁及汉儒说经师法。"⑦所谓"何、郑之义"，恰是《公羊义疏》书名之"义"所包含的重要面向。《行述》还记载："（陈立）乃取前所录何、郑义，博采唐以前《公羊》古谊，及国朝诸儒说《公羊》者附益之，左右采获，择精语详，草创三十年，长编甫具。"⑧所采"古义"以唐代为断限，引录清儒著述正是为了疏通此"古义"。这再次说明陈著的首要目标在于恢复、疏通《公羊》之"古义"，而这一"古义"自然是以最完备的何休注为重心。正

---

① 邵红艳：《〈白虎通疏证〉研究》，第 7 页。
② 陈立：《公羊义疏》卷五，第 180—181 页。
③ 陈立：《白虎通疏证》卷一，第 39、104 页。
④ 陈立：《上刘孟瞻先生书》，刘师培：《读书随笔（外五种）》，第 94 页。
⑤ 陈立不认为旧疏作者为唐人徐彦："旧疏名氏迄无定据，故今所引但称'旧疏'也。"见《公羊义疏》卷七十六，第 2920 页。
⑥ 陈立：《公羊义疏》卷二，第 67 页；卷十，第 367 页。
⑦ 陈汝恭：《陈卓人先生行述》，第 822 页。
⑧ 同上。

第四章 "师法"观念在清中晚期的延续与整合

是因此,陈氏撰写此书的初衷并未直接指向《公羊》的义理系统,倘若我们望文生义,仅以"义理"来理解《公羊义疏》之"义",应当说并不符合陈著之本旨。

前引陈立诗句说:"董何绝业分明在。"《公羊义疏》一书尊奉董仲舒与何休之说,尤其严守后者家法。陈立明确指出:

> 《公羊传》中之不见明文而见诸董、何书者,不可枚举。其时去古未远,师说未替,决非后学以意说经者比。[1]

此处对董、何重要性与特殊性的强调,与吴派诸人"汉儒去古未远"、"学有渊源"的认识可谓极为接近。陈氏意在说明,因汉代师说未改,故而相比唐宋以后之说经者更具权威。正因如此,他在《公羊义疏》中大量引录董、何之说,并对其进行疏解。甚至在卷次问题上,陈氏亦是依从何休《解诂》,将《公羊义疏》分为十一总卷,其下细分若干子卷。这一点在稿本中体现得尤为明显[2],惜后来的七十六卷分卷方式使这一严守何休"家法"的观念荡然无存。

由于持守《公羊》师说甚严,陈立的《公羊》研究不仅与撰写《公羊通义》的孔广森取径甚异,而且与刘逢禄相比也有所不同。孔广森学出皖派,其自立"三科九旨"的学术取向正是皖派学风重"裁断"的体现。因在皖派学人那里,恢复、疏通汉代《公羊》学"古义"并非首要目标,其所重者在于综览各家之说而提出"自得"之新解[3]。因而,虽然刘逢禄可以站在绍述何休、援孔氏为友军的立场上,评价《公羊通义》是"以《公羊春秋》为家法"的首出之作[4],但在陈立看来,不但孔广森是不守"家法"的典型[5],即使宣称"一瓣心香奉董何"的刘逢禄也有所欠缺[6]。

兹举二例以明陈立《公羊义疏》之严守家法。《春秋》成公八年:"秋,七

---

[1] 陈立:《公羊义疏》卷十,第365页。引文标点有改动。
[2] 施德顺:《上海图书馆藏陈立〈公羊义疏〉稿本考述》,第90—91页。
[3] 有关孔广森《春秋》学研究,参曾亦、郭晓东:《春秋公羊学史》,上海:华东师范大学出版社,2017年,第906—956页;施婧娴:《孔广森〈春秋〉学研究》,复旦大学历史学系博士学位论文,2013年。
[4] 刘逢禄:《刘礼部集》卷三《春秋论下》,《续修四库全书》第1501册,第57页。
[5] 例如陈立说:"孔氏广森著《公羊通义》,遗何氏而杂用宋氏(衷)。"他还这样论道:"近儒孔巽轩专治《公羊》,为汉学家专门之学,然三科九旨,语稍立异,非复劭公之家法矣。"分别见陈立:《公羊义疏》卷一,第7页;《上刘孟瞻先生书》,刘师培:《读书随笔(外五种)》,第94页。
[6] 刘逢禄:《刘礼部集》卷十一《闰六月三十重度时春秋释例成题四章示诸生》,《续修四库全书》第1501册,第206页。

月,天子使召伯来锡公命。"《公羊传》说:"其称天子何?'元年春,王正月',正也。其余皆通矣。"何休《解诂》云:"皆相通矣,以见刺讥是非也。"① 按照何休之说,《春秋》中"天子""天王""王"之称与"刺讥是非"相关。但《左传》师说对此有不同解释。杜预注《左传》说:"天子、天王,王者之通称。"孔疏则谓:"三称并行,传无异说,故知天子、天王,王者之通称也。其不同者,史异辞耳。"② 将其归结为史文之不同,并无褒贬深意可言。孔广森《公羊通义》认同这一说法:"皆通者,明非刺讥所系。或言天王,或言天子,并是至尊之称……临文随称,无有意义。"③ 孔氏虽研治《公羊》,但多援引《左传》《谷梁》以立论,于三传中往往择善而从,此例中的见解颇具代表性。但陈立通过综合考察何休对经传的诂说,坚定认为:"天王者正称,其称王者皆有所讥刺,与称天子同。"由于陈立坚守何义,故而对孔广森深致不满:"孔义与何义乖,犹杜云'史异辞'之谬说也。"④ 孔氏立异何休,在陈氏眼中绝非严守《公羊》家法者。

刘逢禄虽总体不信《左传》,但在《公羊》与《谷梁》的不同经说之间亦有摇摆。《春秋》隐公元年:"秋七月,天王使宰咺来归惠公、仲子之賵。"其中"仲子"的身份向来有两种说法。《公羊》解为桓公之母,而《谷梁》则解为惠公之母、孝公之妾。但惠公与桓公为父子,此二说显然不能并存。郑玄认为,孝公、惠公之妾皆号仲子,倘若此处仲子是桓公之母,"桓未为君,则是惠公之妾,天王何以賵之?"⑤ 郑玄显然认同《谷梁》之说。清儒对此亦颇有讨论,刘逢禄的说法是其中的典型。刘氏《谷梁废疾申何》认为:"隐为桓立,故以桓母之丧赴于王,《春秋》因之以成公意焉。"⑥ 这是在说《公羊》褒赏隐公能为桓公妾母之丧考虑,依然沿着《公羊》"隐为桓立"的意思推衍而来。然而刘氏《公羊解诂笺》在这一问题上又说:"《谷梁》得之。"⑦《左氏春秋考证》亦援据《史记》中《鲁世家》及《十二诸侯年表》的记载,认为:"《谷梁》谓'仲子,惠公之母'者是也。"⑧ 可见刘氏最终选择了《谷梁》之说。陈立对刘逢禄这种依违于《公羊》《谷梁》之间的说法非常不满,反驳道:

---

① 何休解诂、徐彦疏:《春秋公羊传注疏》卷十七,第731页。
② 陈立:《公羊义疏》卷五十二引,第1996页。
③ 同上书,第1997页。
④ 陈立:《公羊义疏》卷五十二,第1997页。
⑤ 陈立:《公羊义疏》卷三引,第92页。
⑥ 刘逢禄:《春秋公羊释例后录》卷五《谷梁申废疾》,第427页。
⑦ 刘逢禄:《春秋公羊释例后录》卷一《公羊申墨守》,第297页。
⑧ 刘逢禄:《春秋公羊释例后录》卷四《左氏广膏肓》,第380页。

第四章 "师法"观念在清中晚期的延续与整合

《年表》所载,本之《左氏》。《左传》明云仲子生而有文在手,何得以《史记》不云仲子,即据为仲子非桓母之证?既说《公羊》而又牵涉《谷梁》,殊不可解。①

这一反驳直指刘逢禄不守《公羊》"家法"。陈立在后文中还批评说:"刘氏于仲子主《谷梁》之说,故与何君全乖。……何氏墨守本经,刘氏讥之,慎矣。"②刘逢禄采信《谷梁》之说与他不信《左传》或有关联,然而却与《公羊》家说相抵牾,陈立批评他"既说《公羊》而又牵涉《谷梁》",确实是深中其病。

这样的例证还有很多③。陈立还说:"何氏之义本自明显,孔、刘二家牵涉《谷梁》,甚无谓也。"④他对孔、刘最不满处,即在于说《公羊》而牵涉《左传》《谷梁》。陈氏在《三传》异同上的基本立场是:"《三传》各有义例,不必强同。"⑤正是这种明晰的立场,使得陈氏在阐释《公羊》时严守董、何经说,非但丝毫不使《谷梁》《左传》之说阑入,而且对《三传》也不刻意抑扬。特别需要指出的是,刘逢禄的那种对《左传》极力攻毁的做法,在陈立这里几乎看不到。虽然同为今文经学家,但对古文的态度可谓大异其趣。

梁启超曾评论《公羊义疏》说:"此书严守'疏不破注'之例,对于邵公只有引申,绝无背畔。盖深知《公羊》之学专重口说相承,不容出入也。"⑥梁氏深明陈立著书本旨,所说大体无谬⑦。在众多"引申"何休之说的案例中,"王鲁说"是最重要同时也是最典型者之一。作为《公羊》学的重大问题之一,该说历来聚讼纷纭。董仲舒所说的"《春秋》缘鲁以言王义"(《春秋繁露·奉本》)或可被视作此义先声,何休则对其充分发挥,明确讲出"《春秋》王鲁"、"《春秋》托王于鲁,因假以见王法"等义⑧。按照何休之说,"王鲁"二字虽未出现于《春秋》及《公羊传》中,然而实存于其义理之中。但这一说法极易被理解为"以鲁为王",倘若以作为诸侯国君的鲁君为王,非但有违"正名"之义,而且还有可能危及现实政治秩序的稳定性。从东汉的贾逵,历宋

---

① 陈立:《公羊义疏》卷三,第93页。
② 陈立:《公羊义疏》卷七,第248页。
③ 有关孔广森未能持守《公羊》家法的研究,可参看陈其泰:《公羊家法与清代今文学复兴之统绪》,《齐鲁学刊》2007年第4期,第24—27页。陈立对刘逢禄、孔广森等人的批评可参黄开国:《公羊学发展史》,第563页;黄世豪:《陈立〈公羊义疏〉研究》第四、五章,中国文化大学中国文学研究所硕士学位论文,2002年;施德顺:《陈立〈公羊义疏〉研究》第五章。
④ 陈立:《公羊义疏》卷十一,第416页。
⑤ 陈立:《公羊义疏》卷二,第77页。
⑥ 梁启超:《中国近三百年学术史(新校本)》,第240页。
⑦ 在极个别的例证中,陈立对何休稍加质疑。参孙烁晨:《陈立〈公羊义疏〉研究》,第39—41页。
⑧ 何休解诂,徐彦疏:《春秋公羊传注疏》卷三,第96页;卷十七,第705页。

儒叶梦得、晁说之,再到清儒齐召南,他们之所以皆斥"王鲁"为异端邪说,最主要的理由便是在此①。

清代《公羊》学史上着力阐述"王鲁说"的当首推刘逢禄。他将"王鲁"视为《公羊》学之一"例":

> 王鲁者,则所谓"以《春秋》当新王"也。夫子受命制作,以为托诸空言,不如行事博深切明,故引史记而加乎王心焉。……圣人在位,如日之丽乎天,万国幽隐,莫不毕照,庶物蠢蠢咸得系命,尧、舜、禹、汤、文、武是也。圣人不得位,如火之丽乎地,非假薪蒸之属,不能舒其光,究其用。"天不生仲尼,万古如长夜",《春秋》是也。故日归明于西,而以火继之。尧、舜、禹、汤、文、武之没,而以《春秋》治之,虽百世可知也。……吾故曰:《春秋》者,火也。鲁与天王、诸侯皆薪蒸之属,可以宣火之明,而无与于火之德也。②

刘氏认为,《春秋》是有德无位的圣人的教诫,他将其喻为"火",将鲁国、周天子及其他诸侯喻为"薪蒸","薪蒸"可使《春秋》之义更为明朗,然而其本身并不是《春秋》之义。这一譬喻生动地展现了《春秋》中具体史迹的工具性,可以说深得何休微意,故而陈立对此极为赞赏,在《春秋王鲁说》中援引此喻。艾尔曼提出,至少在"王鲁说"上,陈立受到了刘逢禄的重要影响③。

然而艾尔曼似未注意到《春秋王鲁说》所受另一学者包慎言的影响。包氏与陈立曾同赴乡试,此后亦多交往。陈立称许包氏所撰《王鲁说》"较刘氏尤为畅恰"④。包氏之说大旨如下:

> 《春秋》,鲁史也。因鲁以明王法,是之谓"王鲁"云尔。……《春秋》以鲁史拨周乱,因曰"王鲁",曷尝假王号于鲁哉?……此十二君者,鲁之君乎哉?《春秋》之君也。方之于周,则此二百四十二年,隐公之统绪也。继世相延,而业隆太平,则十二公皆筌蹄也。……然则《春秋》自为一代,有祖有宗,而假之于鲁。……"王鲁"云者,犹曰兴于鲁焉耳。⑤

---

① 参黄开国:《公羊学发展史》,北京:人民出版社,2013年,第382—384页。
② 刘逢禄:《春秋公羊经何氏释例》卷六《王鲁例》,第152—153页。
③ 艾尔曼:《经学、政治和宗族——中华帝国晚期常州今文学派研究》,第176页。
④ 陈立:《公羊义疏》卷一,第17页。
⑤ 陈立:《公羊义疏》卷一引,第16—17页。

第四章 "师法"观念在清中晚期的延续与整合

包氏的"王鲁"说可归结为"因鲁以明王法"和"以鲁史拨周乱",强调孔子缘借鲁国来阐明大义,寄托政治理想。其中,"筌蹄"一语可与刘逢禄的"薪蒸"之喻并观,二者皆谓具体史迹不过是阐明道义之工具。然而包氏此论较之刘逢禄更显细密,因为其明言《春秋》之君与鲁国之君有着根本不同。包氏着重提出,十二公不是鲁之君,而是《春秋》之君。① 据此观点,鲁史上之隐公与《春秋》中之隐公绝非同一隐公,后者是理想中的"新王"形象,《春秋》虽未实以之为王,然而却通过他为"新王"提供了准则。正是因此,段熙仲论及历史上各家之王鲁说,独称包氏"言之最畅"②。

在刘逢禄、包慎言之后,陈立亦撰一篇《春秋王鲁说》。他援引孟子论《春秋》的两段文字及赵岐注,并据以提出:"明乎'设(素王之法)'之义,'窃取'之义,可无疑于今文《春秋》王鲁之说矣。"又进一步解释道:

> 王鲁者,托王于鲁,非以鲁为王也。……盖托之空言,不如见诸行事之深切著明,故引史记而加乎王心也。殷继夏,周继殷,《春秋》继周,故以隐为受命王。《春秋》之隐公,则周之文王也。……君人者能继天奉元,养成万物,行《春秋》之道,则可以拨乱,则可以反正,则可以获麟。故麟之瑞于鲁,为《春秋》之鲁言之,非为衰周之鲁言之也。王鲁故新周,新周故故宋、黜杞,所谓"异义非常可怪之论",此也。所谓"知我""罪我",此也。③

此文曾述及刘逢禄、包慎言的王鲁说,文繁不具引。从上述引文中不难发现,此论显是承刘、包二者而来。倘若深察其中思路,实与包氏更近,而有进一步发挥。陈氏明言"王鲁"并非"以鲁为王",而是"托王于鲁"。他以隐公为受命王,又将"《春秋》之鲁"与"衰周之鲁"相区别,皆与包氏之论合辙。陈氏说的"衰周之鲁"只是具体史迹,亦是刘氏所谓"薪蒸"与包氏所谓"筌蹄",但"《春秋》之鲁"则不能以"薪蒸"或"筌蹄"视之,而是孔子寄托"王法"之希望所在。从这个意义而言,陈立所说的"《春秋》之鲁",才是真正的"王鲁"之鲁,它不是工具性的史迹,而是寄托了孔子政治希望的道义之邦。陈氏对何休之说所做的"引申",较之刘逢禄、包慎言更为明确与圆融。今日学者有谓陈立是"有清以来对'王鲁'说阐释得最为透彻者",

---

① 参施德顺:《陈立〈公羊义疏〉研究》,第 86 页。
② 段熙仲:《春秋公羊学讲疏》,南京:南京师范大学出版社,2002 年,第 479 页。
③ 陈立:《句溪杂著》卷二《春秋王鲁说》,《续修四库全书》第 176 册,第 559 页。

"可谓是何氏之功臣"①,这一评价应当说是精准的。

最后需要指出的是,陈立在"王鲁说"问题上批评孔广森不守家法。孔氏虽治《公羊》,但对何休时有立异,他开篇就在"王鲁说"上提出了反对意见:"天子、诸侯通称君。古者诸侯分土而守,分民而治,有不纯臣之义,故各得纪元于其境内。而何邵公猥谓'唯王者然后改元立号',经书元年为'托王于鲁',则自蹈所云'反传违戾'之失矣。"②孔氏认为"有不纯臣之义"的诸侯既然可以在境内改元,则谈不上"唯王者然后改元立号"。陈立则针锋相对地提出意见:

> 《公羊》家以《春秋》托王于鲁,明假鲁为王者,故谓"唯王者然后改元立号"也,有何"反传违戾"之有?……《白虎通·爵篇》云"《春秋》曰:'元年春,王正月,公即位。'改元位也。王者改元即事天地,诸侯改元即事社稷"者,盖春秋之世,容有诸侯各自纪元于其国中者。如桓二年《左传》云"惠之二十四年""惠之三十年"是也。《春秋》自论其正,故云"唯王者然后改元立号"。其实隐公即位,当时自己称元,必不仍平王四十九年之称。圣人即其称元,以著王法,所谓假事以托义也。③

此处援引《白虎通》与《左传》来论证诸侯于国中各自纪元,较之孔广森多了礼制和史事的证据。孔、陈两人俱认为,春秋时期诸侯国在尊奉周天子纪年的同时,拥有各自独立的纪年方式,而陈氏又将这种各自的纪年方式赋予了新的意义,将它们与"王鲁"之说相结合。他认为,隐公即位自当改元,而在《春秋》之中,这种改元正是"假事以托义"的体现,孔子通过隐公称元来寄托受命王的大义。这一解释既维护了何休的说法,又沟通了"事"与"义",对于孔说的反驳可以说是有力的。

孔广森认为"王鲁说"不见于《公羊传》,因而不可取信。他开篇即指出:"'黜周王鲁''以《春秋》当新王'云云之说,皆绝不见本传,重自诬其师。"④由此,我们再来看前引陈立之言:"《公羊传》中之不见明文而见诸董、何书者,不可枚举。"两相对照可知,后者应当是有为而发之论。综览陈氏在

---

① 郭晓东:《论陈立对〈春秋〉"王鲁说"的发挥》,《同济大学学报(社会科学版)》2019年8月,第94页。陈立还据"王鲁说"阐述整部《公羊传》,具体例证除郭文外,还可参施德顺:《陈立〈公羊义疏〉研究》,第86—88页。
② 孔广森:《春秋公羊经传通义》卷一,第1页。
③ 陈立:《公羊义疏》卷一,第13—14页。引文标点有改动。
④ 孔广森:《春秋公羊经传通义叙》,第1页。

第四章 "师法"观念在清中晚期的延续与整合

《公羊义疏》中的阐述,不仅相对于孔广森而言堪称严守家法,即使与刘逢禄相比亦更为贴合何义。正是因此,梁启超才这样评价《公羊义疏》:"其于《公羊》家三世九旨诸说——邵公所谓'非常异义可怪之论'者,阐发无余蕴,不独非巽轩所梦见,即方耕、申受亦逊其精锐。"①

《公羊义疏》所持有的"假事以托义""王鲁"等基本立场与《公羊》学传统是相符的,此外,在具体礼制的考订与文字训诂等方面亦是以"汉义"为准。因而,该著最为独特的学术贡献即在于全面恢复了汉代的《公羊》经说,为后世的经学研究提供了一条通途。晚清学者朱一新曾说过如下一段话:

> 近儒为《公羊》学者,前则庄方耕,后则陈卓人。方耕间有未纯,大体已具;卓人以《繁露》《白虎通》说《公羊》,乃真《公羊》家法也。非常可怪之论,至于董子、邵公可以止矣。刘申受于邵公所不敢言者,毅然言之,卮辞日出,流弊甚大。②

朱氏又谓:

> 《公羊》家多非常可怪之论,西汉大师自有所受,要非心知其意,鲜不以为悖理伤教。故为此学者,稍不谨慎,流弊滋多。近儒惟卓人深明家法,亦不过为穿凿。若刘申受、宋于庭、龚定庵、戴子高之徒,蔓衍支离,不可究诘。③

"卮辞""穿凿""流弊"云云,显指常州学派尤其是刘逢禄的《公羊》学而论,而尤需注意的是,朱氏所说的"真《公羊》家法"已暗含了对晚清两脉今文经学的抑扬。此后蒙文通明言晚清有所谓"伪今文经学",与朱氏之说正可相参。也正是在此处,我们可以看到,从《公羊》家法而论,陈立确与常州今文学派相比有着绝大不同。陈立所选择的道路是考索钩沉"古义"并疏通证明之,从学术风格来看,更接近于乾嘉考证学风,尤近于吴派考求古训一脉。与常州学派相比,他的学术可谓纯正平实,不过为矫激,不牵涉新论,虽然在晚清思想史、社会史上的影响颇为有限,然而就学术价值而言,绝非能轻易替代者。皮锡瑞教导后学言,读《公羊义疏》"以求大备,斯不愧专门之

---

① 梁启超:《中国近三百年学术史(新校本)》,第240—241页。
② 朱一新:《佩弦斋文存》卷上《答康长孺书》,《朱一新全集》,第1102—1103页。
③ 朱一新:《无邪堂答问》卷一,《朱一新全集》,第31页。

学"①。今人曾亦评价说:"就整个《公羊》学史而论,恪守何氏之家法,实无出卓人之右者。"②郜积意在综考《公羊》经传注疏后,对陈氏也致以高评:"设若何休、徐彦复生,陈立以《公羊义疏》质之,可以无惭矣。"③可知时间愈久,陈著的学术价值愈得世人的肯认。

第四节　清代"师法"观念的整合:廖平与《今古学考》

在近百年来的学术思想史研究中,廖平是颇受关注也是极具争议的今文经学家。现有的许多论著对廖氏的生平、经学旨趣及反响都有较详实的研究④。而本书所关心的是,如何在惠栋以降的学术史脉络上定位廖平"初变"时期的经学理念,以及重新反思廖氏在晚清今文经学"系谱"中的位置。廖氏"以礼制平分今古"的观点并非无源之水,本书重点讨论的"师法"观念便是其得以创生的理论根基。而在梁启超构建的晚清今文经学"谱系"外,从陈寿祺、陈立至廖平的这一脉今文经学在学术上自有其弥足珍贵的价值,是"清代今文经学"论域中不可或缺的一支,理当获得今日研究者的重视。

一、廖平的"师法"观念与《今古学考》

四川地处清帝国的西南边陲,虽然是大省,但与外界交流十分有限。就在京师与吴、皖、扬、常等多区域的"汉学"风潮正盛之际,蜀地士人几乎对此

---

① 皮锡瑞:《经学通论》,第488页。
② 曾亦、郭晓东:《春秋公羊学史》,第1129页。
③ 郜积意:《义例与用字:何氏公羊综考》,北京:中华书局,2023年,第491页。
④ 本节主要论述廖平"初变"时期"平分今古"的学术主张,此后"数变"则未有探讨。有关廖氏的"平分今古",前人研究主要可参看陈德述、黄开国、蔡方鹿:《廖平学术思想研究》,成都:四川社会科学院出版社,1987年;李耀仙:《廖平与近代经学》,成都:四川人民出版社,1987年;陈文豪:《廖平经学思想研究》,文津出版社,1995年;陈其泰:《廖平与晚清今文经学》,《清史研究》1996年第1期,第58—66页;赵沛:《廖平春秋学研究》,成都:巴蜀书社,2007年;崔海亮:《廖平今古学研究》,长沙:岳麓书社,2014年;黄开国:《廖平评传》,百花洲文艺出版社,2015年;皮迷迷:《被"建构"的今、古文经学及其意义——另一种看待廖平今、古学之辨的视角》,《哲学门》第三十四辑,北京:北京大学出版社,2016年,第163—178页;张凯:《经今古文之争与近代学术嬗变》,成都:四川大学出版社,2020年;等等。关于廖平进入20世纪后的思想,可参魏彩莹:《经典秩序的重构:廖平的世界观与经学之路》,台北:联经出版事业股份有限公司,2018年;杨世文:《至圣前知:廖平的大统世界》,收入氏著:《儒学转型与经学变古》,上海:上海古籍出版社,2022年,第263—277页;余一泓:《廖平天人论述旨——兼论宋育仁之"天学"》,《新亚学报》第40卷第2期,2023年,第176—202页。

鲜有感知①。除科举时文外，他们甚少读书，"至毕生不见《史》《汉》"②。再加上太平天国时期，由于战乱的原因，省内的士绅比例一直在下降，蜀地的文化水准与士习氛围着实堪忧③。

这种局面在同光之际才有所改观。同治十二年（1873），张之洞简放四川学政。光绪元年（1875），在总督、学政与地方士绅的共同倡议下，尊经书院建成。由书院名称可知，目的正是促进蜀地士子"通经学古"④，尽快融入到川外的主流学界之中。也正是在同一年，张之洞撰成《书目答问》与《輶轩语》二书，意在化导省内的年轻人才。在这些年轻人才中，就有被张之洞格外看重的井研人廖平。

廖平出生于咸丰二年（1852），入尊经书院时25岁⑤。他初好宋学，自进入书院学习后，深受张之洞提倡的"汉学"学风影响，转而"从事训诂文字之学"，而且"用功甚勤，博览考据诸书"⑥。考虑到廖平最初受到赏识是由于对《说文》稍有心得，此后张氏又以《说文》训导诸生，所谓"小学必先求诸段注《说文》"⑦，那么廖氏此数年的用功所在应当主要是以《说文》为中心的小学训诂，兼习"汉学"经解。

据廖平自述："庚辰以后，厌弃破碎，专事求大义，以视考据诸书，则又以为糟粕而无精华，枝叶而非根本。"⑧学者多据此认为，廖氏从光绪六年庚辰（1880）开始，转向考求今文经学的"微言大义"，而这一转向之所以发生，则多归因于湘儒王闿运的到来⑨。光绪五年，王闿运入川主持尊经书院事务，这对于"蜀学"形成意义甚巨。然而具体到王氏对廖平的影响上，则不宜简单地概括为"转向今文经学"。详细考察廖平在光绪六年前后的学术思想，

---

① 嘉道年间蜀地攻"汉学"者，除撰写《毛诗训纂》《尚书后案驳正》的王劼外实不多见。参蔡长林：《文章自可观风色：文人说经与清代学术》，台北：台湾大学出版中心，"中研院"中国文哲研究所，2019年，第305—306页。
② 廖宗泽：《六译先生行述》，《廖季平年谱》，成都：巴蜀书社，1985年，第85页。
③ 朱维铮：《学人必读书——张之洞和〈书目答问〉两种》，收入氏著：《求索真文明——晚清学术史论》，上海：上海古籍出版社，1996年，第117页。
④ 张之洞：《创建尊经书院记》，《张之洞全集》第12册，武汉：武汉出版社，2008年，第368页。有关尊经书院的研究，参李晓宇：《尊经书院与近代蜀学研究》，上海：三联书店，2023年；Yu Li, "Training Scholars Not Politicians: Zunjing Academy and the Introduction of Han Learning to Sichuan in the Late Nineteenth Century", *Modern Asian Studies*, Vol. 37, No. 4 (Oct., 2003), pp. 919-954.
⑤ 王承军：《廖季平先生年谱长编》，北京：中华书局，2019年，第35页。
⑥ 廖平：《经学初程》，舒大刚、杨世文主编：《廖平全集》第1册，上海：上海古籍出版社，2015年，第467页。
⑦ 张之洞：《创建尊经书院记》，《张之洞全集》第12册，第369页。
⑧ 廖平：《经学初程》，《廖平全集》第1册，第467页。
⑨ 黄开国：《公羊学发展史》，第602页；赵沛：《廖平春秋学研究》，第24—25页。

可知其并未在"汉学"立场上改弦更张,他对于王闿运的《谷梁》与《公羊》研究可能有所吸纳①,但总体而言其学思理路仍然处于乾嘉"汉学"的延长线上。

我们可以从廖平早年的《谷梁》研究上稍做分析。廖氏自光绪六年至十年专力于《谷梁》,先撰成《谷梁先师遗说考》四卷,谓:

> 《谷梁》师法,汉初甚微。建武以后无博士,唯显于宣、元之间,不过三十年。佚《传》遗说,殊堪宝贵。今辑《孟》《荀》及宣、元间本师旧说,仿陈左海例,作《谷梁先师遗说考》四卷,故注中引用,不复更注所出焉。②

该著与陈寿祺父子的《三家诗遗说考》《今文尚书经说考》相比,意旨与方法都极其类似,只是辑佚对象因经典不同而有所区别。原廖氏之意,是欲通过搜辑《谷梁传》之汉儒古义,疏通经典,彰显义例。关于前引文中的"大义"一语,廖氏亦有说明。他在光绪九年(1883)赴京应试途中,"冥心潜索,得素王、二伯诸大义"。③ 他又拟撰《谷梁大义》,由《重订谷梁春秋经学外篇叙目》所概述的内容可知,该著主要是考察《谷梁传》之义例与传授等面向④。需要注意的是,廖氏对"大义"的探求,主要限定在《谷梁》"家法"内部,并未做扩张性的阐释与发挥。

被廖平称为"学者之金科玉律"的《輶轩语》⑤,亦能对此处"大义"的所指提供旁证。张之洞重视小学训诂,但同时也主张"治经贵通大义","每一经中皆有大义数十百条,宜研究详明,会通贯串,方为有益。"⑥显然,张氏此处所言"大义"与常州今文学派的"微言大义"存在相当大的距离。盖张氏、廖氏所言之"大义",与以《说文》为代表的小学训诂相对,近于经义、条例之大端。吴仰湘提出的廖平此时期"着力探索经典中蕴含的书例、义理或整体

---

① 《谷梁申义》的撰写过程,参刘少虎:《经学以自治:王闿运春秋学思想研究》,华夏出版社,2007年。赵沛认为:"王闿运的谷梁学对廖平的影响似乎没有引起学者的关注。廖平对于三传注疏的态度,于范宁《春秋谷梁传集解》的批评最为严厉,直斥为'纠谬'……王闿运《谷梁申义》对范宁《春秋谷梁传集解》的批评,可能在很大程度上影响了廖平。"赵沛:《廖平春秋学研究》,第74页。
② 廖平:《谷梁古义疏》附录二《叙目》,第728页。
③ 廖平:《谷梁古义疏》,第5页。
④ 廖平:《谷梁古义疏》,第728—729页。
⑤ 廖平:《经学初程》,《廖平全集》第1册,第472页。
⑥ 张之洞:《輶轩语》,《张之洞全集》第12册,第201页。

上的大义要旨"①,应是符合廖氏学术倾向的准确概括。因而,廖平自己所说的由小学训诂向"大义"的转向,主要指的是从琐碎支离的文字训诂中超拔出来,着力于经义大端之探求,并非表明其立场有了从古文经学到今文经学的彻底更换。他此时期的经学立场应该说更接近于张惠言、陈寿祺、陈立等人,即以"汉学"方法研治今文经,在立场上并不崇今抑古。正是因此,张之洞对廖平立志于《谷梁》研究,是大体可以接受的②。

由此我们才可以理解,同为"初变"时期著作的《谷梁古义疏》与《今古学考》,在基本的经学立场与观念上是相通的。否则,廖平既已转向今文立场,同时又力倡"平分今古",岂非自相矛盾。《谷梁古义疏》书名中的"古义",承乾嘉而来,实即"汉儒之义"。廖氏说:"范氏《集解》不守旧训。今志在复明汉学,故专以旧说为主。至于范《注》,听其别行,不敢本之为说。"③廖氏删去范注而自注自疏,与惠栋删去《周易》王注而自注自疏,异曲同工。在汉学家眼中,范宁、王弼、杜预等人都是改易汉儒"师法"的代表,自应遭到贬斥。廖氏还说:"范不通本《传》,乃杂引《左氏》《公羊》以解之,故于此反攻先师以掩其迹,恶先儒之专守,倡信心之邪帜,唐宋之祸,此实作俑。"④这种对范宁不守"师法"的严厉批评,在《释范》与《谷梁集解纠谬》等著作中亦多有反映⑤。廖氏深抑范宁,推崇刘向,尊称刘向为"刘子",其《谷梁古义疏》疏证了以刘向为代表的汉儒之《谷梁》旧义。其友人张祥龄对此看得十分透彻,评价廖著"申刘氏旧义,可信今而传后"⑥。

由此可知,廖氏的"古义"与庄存与、刘逢禄等人的"大义"相去甚远,如果说要在清代学术史上找寻其渊源,反而是惠栋笔下的"古义"与之差堪仿佛。张素卿曾构筑了从惠栋《谷梁古义》到廖平《谷梁古义疏》络绎相承的学术脉络,认为:"(廖著)基本上仍援据汉代经师之古义加以申述,且详于礼

---

① 吴仰湘:《论廖平1880年并未转向今文经学——"庚辰以后,厌弃破碎,专事求大义"辨析》,《湖南大学学报(社会科学版)》2009年第3期,第46页;另可参吴仰湘:《近代湘学考述》,北京:中华书局,2022年,第77—87页。
② 张之洞对廖平《谷梁》学的意见,参郑伟:《谷梁学:古文经学向今文经学的研究转向——兼评张之洞经学思想对巴蜀学风之影响》,《求索》2013年9月。需要指出的是,早在王闿运入川之前,继张之洞之后任四川学政的谭宗浚就称赞廖氏说"廖子朴学追服刘"。所谓"刘"当然指刘向,而考辑、疏证刘氏《谷梁》学仍属于"朴学"范畴。这是理解廖氏早年经学的一个很重要的面向。见谭宗浚:《荔村草堂诗钞》卷八《尊经书院十六少年歌并序》,《续修四库全书》1564册,第258页。
③ 廖平:《谷梁古义疏》凡例,第6页。
④ 廖平:《谷梁古义疏》附录三《释范》,第743页。
⑤ 参赵沛:《廖平春秋学研究》,第105—108页。
⑥ 张祥龄:《张祥龄集》,成都:巴蜀书社,2018年,第213页。

制,就撰述旨趣而言,无疑是一部依循'汉学'典范的《谷梁》新疏。"①这一判断颇能探廖著之底蕴。与张素卿从《谷梁》脉络出发稍有不同,张舜徽将廖平的《谷梁》研究与陈立的《公羊义疏》相提并论,评价"两家《公》《谷》之学,最为专门"②。盖陈氏之尊何与廖氏之尊刘,都是"汉学"典范下的产物,所谓"专门"正是"师法"之学的另类表达。

"初变"时期的廖平尤为讲求汉儒"师法",这在《今古学考》中也有明显反映。需要指出,虽然廖著并没有提及所受惠栋的影响,然而由惠氏所揭橥的"汉人通经有家法",恰是《今古学考》能够成立的基本前提。《今古学考》中所列出的《汉艺文志今古学经传师法表》、《郑君以前今古诸书各自为家不相杂乱表》、《今古学鲁齐古三家经传表》等等,倘若离开汉儒重"师法"的基本思路,几乎是不可能出现的。

廖平对"师法"的进路有过着重论述。他说:"说经则当墨守家法,虽有可疑,不能改易,更据别家为说。"③他曾这样阐述《今古学考》的写作目的:

> 举汉至今家法融会而贯通之,以求得其主宰。举今、古存佚群经,博览而会通,务还其门面,并行而不害,一视而同仁。彼群经今、古之乱,不尽由康成一人。今欲探抉悬解,直接卜、左,则举凡经学蒙混之处,皆欲积精累力以通之,此作《今古考》之意也。④

所谓"经学蒙混之处",即指群经今古淆乱而言,其目的正在于"务还其门面"、"一视而同仁"。廖氏说:"《今古学考》张明两汉师法,以集各代经学之大成者也。"⑤可见其并无扬今抑古之意,所着力者在于将今古"师法"之不同予以朗现。他的"平分今古"以《五经异义》为基点,认为:"许君《五经异义》胪列今古师说,以相折中。今与今同,古与古同,二者不相出入,足见师法之严。"⑥他把今古文淆乱的罪责归于郑玄,指出:

> 郑君之学,主意在混合今、古。予之治经,力与郑反,意将其所误合

---

① 张素卿:《"汉学"典范下的清代〈谷梁〉学》,《中国经学》第四辑,桂林:广西师范大学出版社,2009年,第236页。
② 张舜徽:《中国文献学》,武汉:华中师范大学出版社,2004年,第222页。
③ 廖平:《今古学考》卷下,刘梦溪主编:《中国现代学术经典·廖平蒙文通卷》,石家庄:河北教育出版社,1996年,第38页。
④ 廖平:《今古学考》卷下,《中国现代学术经典·廖平蒙文通卷》,第47页。
⑤ 廖平:《经学六变记·四益馆经学四变记》,《廖平全集》第2册,第886页。
⑥ 廖平:《今古学考》卷上,《中国现代学术经典·廖平蒙文通卷》,第15页。

之处,悉为分出。经学至郑一大变,至今又一大变。郑变而违古,今变而合古。离之两美,合之两伤,得其要领,以御繁难,有识者自能别之。①

"离之两美,合之两伤"云云,正是廖氏在今、古文经学问题上的基本立场。而所谓将郑玄"误合之处,悉为分出"的"要领",则是使今、古学互不统摄,各显系统②。

廖平对郑玄的批评,与常州刘逢禄等人的说法貌同而实异。刘氏等人主要基于今文立场而对郑玄展开批判,郑氏之过主要在于导致了今文经传的沦亡。在刘氏眼中,何、郑之异在相当程度上代表了今、古之别,故而其基本态度是崇何黜郑。及至龚自珍、魏源,则更以郑玄为攻击目标,举凡郑氏《诗》《书》学,皆遭攻毁。但廖平"初变"时期并无今文立场,郑氏之过主要在于混淆了今古,而通过许慎、郑玄则可以大体恢复出今古文"家法"。同时,廖平对于汉代今古文条理的认知显然较刘、龚、魏等人更清晰,他亦深知在郑玄之前今古学已然出现混乱,"非郑康成之过也"③。后来蒙文通批评龚、魏说:"徒以攻郑为事,究不知郑氏之学已今古并取,异郑不必即为今文。"④正是为了将其师与常州一系进行区隔。

有论者已经指出,廖平之所以能提出"平分今古"之论,与他的《谷梁》研究深相关联⑤。而从"师法"角度,正可窥见《谷梁古义疏》与《今古学考》的内在渊源。廖平最初在研究《春秋》学时,专力于《谷梁》,自谓"鲁学家法不敢稍逾"⑥。所谓"原夫素王撰述,鲁学独专,俗义晚张,旧解全佚"⑦,即谓鲁学最为正宗。廖氏最初将《谷梁》与《王制》相比勘,由后者记载的"二伯"而悟得《谷梁》为二伯,《公羊》为五伯⑧。由这一关节点,进而发现《王制》无一条不与《谷梁春秋》相同⑨。廖氏说:"其(《谷梁》)所言尽合于《王制》,知其先传今学,笃守师说也。"⑩由研究《谷梁》而发现《王制》之意义,这是他

---

① 廖平:《今古学考》卷下,《中国现代学术经典·廖平蒙文通卷》,第58页。
② 参黄开国:《廖平评传》,南昌:百花洲文艺出版社,2010年,第86页。
③ 廖平:《今古学考》卷下,《中国现代学术经典·廖平蒙文通卷》,第45页。
④ 蒙文通:《井研廖季平师与近代今文学》,《经学抉原》,第95页。
⑤ 郜积意:《谷梁古义疏》点校前言,第4—10页;潘斌、李楠:《清代"以礼制平分今古"学说的兴起与衍变》,《西南政法大学学报》2022年第4期。
⑥ 廖平:《谷梁古义疏》,第5页。
⑦ 同上。
⑧ 廖平:《今古学考》卷下,《中国现代学术经典·廖平蒙文通卷》,第61页。关于"二伯",郜积意《谷梁古义疏》点校前言论述甚详。
⑨ 廖平:《今古学考》卷下,《中国现代学术经典·廖平蒙文通卷》,第60页。
⑩ 廖平:《何氏公羊解诂三十论·再续十论》,《廖平全集》第9册,第2174页。

将《王制》视为"今文之主"的重要前提。

在廖平之前,俞樾已指出《王制》为今文,但廖氏的创见在于,以《王制》与《周礼》相对立,分别统领起庞大的今古文经传系统。具体到《春秋》学上,廖氏因《谷梁》与《王制》相合,视二者为鲁学的正宗;《左传》属于古学,于地域上对应燕赵;而《公羊》虽出自今学,但又间采古学,是齐学的代表。廖氏说:

> 今古之分,鲁笃守《王制》,于今学为纯。古学全用《周礼》,于古为纯。南北相驰,辛甘异味。齐学本由鲁出,间居两大之间,不能不小用古学,如《公羊》是也。①

在这里,廖氏搭建起了"师法"与地域之间的关联。他还从"师法"的角度比较《公》《谷》,认为:"《谷梁》,鲁学,笃守师法;《公羊》,齐学,间及大统。"②由此可见在廖氏心中,《谷梁》确然优于《公羊》。

针对鲁学与燕赵之学的差异,廖平以孔子弟子所闻师说之不同解释之。他说:"鲁乃孔子乡国,弟子多孔子晚年说,学者以为定论,故笃信遵守……燕赵弟子,未修《春秋》以前,辞而先反,惟闻孔子'从周'之言。已后改制等说未经面领,因与前说相反,遂疑鲁弟子伪为此言,依托孔子。故笃守前说,与鲁学相难。"③至于孔子何以早晚年有不同,廖氏则进一步提出"改制"之说,谓:"周制到晚末,积弊最多,孔子以继周当改,故寓其事于《王制》。"④在廖氏那里,《王制》蕴含了孔子的"改制"精神,是与《周礼》制度相区分的孔子晚年之说。由此,《今古学宗旨不同表》中的核心义旨得以建立,廖氏所构建的"今学—《王制》—改制—鲁/古学—《周礼》—从周—燕赵"的解释框架也正式形成。

可以看到,"师法"观念是贯通于《谷梁古义疏》与《今古学考》中最重要的经学观念之一。此前研究多指出二书皆重礼制,但正如张舜徽所说:"礼制者,(廖)平持以权衡家法、辨析汉师同异者也。"⑤倘若缺失"师法"观念的根基,"以礼制平分今古"的创见亦实难以证成。

因廖平承认今古文"师法"的客观存在,故而极力捍卫经学本身的内在

---

① 廖平:《今古学考》卷上,《中国现代学术经典·廖平蒙文通卷》,第33页。
② "间及大统",另有版本作"著录稍晚"。廖平:《谷梁古义疏》卷一,第2页。
③ 廖平:《今古学考》卷下,《中国现代学术经典·廖平蒙文通卷》,第44页。
④ 同上书,第49页。
⑤ 张舜徽:《清人文集别录》,第579页。

机理。他在 1913 年答复江瀚的书信中说：

> 以汉师家法比今之功令，近于谑矣！至以利禄鄙汉师，更不敢强同。利禄者，朝廷鼓舞天下妙用，古今公私学说，其不为啖饭地者至鲜矣。汉之经，唐之诗赋，宋之心学，明之制义，下至当今新学，同一利禄之心，特其学术不能不有等差。武帝之绩出于《公羊》，宣帝之功成于《谷梁》。朝廷立一利禄之标准以求士，士各如其功令以赴之，同一利禄之心而优劣悬殊，不能尊王曾而鄙宋祁，以沙弥乞食为佛法大乘。史公之叹利禄，盖深慕武、宣善养人才，不虚掷其利禄之权，预料后来所不及；足下乃因利禄而鄙薄其学术，以为不足重，恐非史公之本旨矣。①

廖氏所关注者，在于今古学知识系统的差异。在其解释框架中，是否立于学官的标准必须遭到舍弃，取而代之的则是学问本身的不同。廖氏之后，皮锡瑞、章太炎、刘师培等虽有今古立场的差异，但皆能深察此理。郜积意指出："从经学史的角度看，《今古学考》的意义更在于开启了讨论两汉今、古学之争的知识学倾向。"② 这一进路应当是讨论两汉经学时不能缺位者。时至今日，廖平的"平分今古"之说仍然在学界产生着深刻影响，尽管不断有学者提出质疑乃至否定③，我们却不得不承认该说是一种具有里程碑意义的创见。因为在廖平之后的学者一旦涉及今古文的讨论，无论同意与否，都必须对廖氏的观点有所说明④。

二、清代今文经学"系谱"中的廖平

梁启超的《清代学术概论》在述及清代今文经学时，自庄存与、刘逢禄而至龚自珍、魏源，终至康有为，并未着重叙述廖平。依梁氏之见，康有为作为今文学运动之中心，集庄、刘、龚、魏以来今文学之大成，而廖平只是"颇知守

---

① 廖平：《四益馆杂著·答江叔海论今古学考书》，《廖平全集》第 11 册，第 639—640 页。
② 郜积意：《刘歆与两汉今古文学之争》，复旦大学历史学系博士学位论文，2005 年，第 134 页。
③ 李学勤：《〈今古学考〉与〈五经异义〉》，收入氏著：《古文献丛论》，上海：上海远东出版社，1996 年，第 318—328 页；路新生：《中国近三百年疑古思潮研究》，上海：上海人民出版社，2001 年，第 441—468 页。
④ 即使是西方汉学界，亦能认识到《五经异义》以及廖平在今古文之争上的重要性，叶翰（Hans Van Ess）与戴梅可（Michael Nylan）是其代表。参 Michael Nylan, "The 'Chin Wen/Ku Wen' Controversy in Han Times", *T'oung Pao*, Second Series, Vol. 80, Fasc. 1/3 (1994), pp. 83–145. Hans Van Ess, "The Old Text/New Text Controversy: Has the 20th Century Got It Wrong?", *T'oung Pao*, Second Series, Vol. 80, Fasc. 1/3 (1994), pp. 146–170.

今文家法"①,在这一脉络中并无重要位置。究其原因,梁氏所构建的今文经学"系谱",从学理上看,最明显的特征之一便是崇今文而排古文,尤其对汉代古文学的代表人物刘歆持严厉批判态度②。这一系的一个基本理论,乃是刘歆伪造了古文经传,所以将古文经斥为"伪经"。梁氏评价陈寿祺、陈乔枞、冯登府等人的著述,"皆不过言家法同异而已,未及真伪问题"③。言下之意即"家法"问题在"真伪"问题面前应居第二位。由此来看梁启超评价廖平的"颇知守今文家法"一语,可知亦是在"不过言家法同异而已"的行文氛围中。以这种重"真伪"而轻"家法"的视角观察清代今文经学,陷于一偏是可以想见的。

前文也曾指出,常州一系经学家对西汉今文学本身并未有太多关注。蒙文通说:

> 今世之言今、古学者,固自与古不同。在昔两汉言学,严守师法,各有义类、统归,于同道则交午旁通,于异家则不相杂越,笃信谨守,说不厌详。而晚近言学则异是。刘(逢禄)、宋(翔凤)、龚(自珍)、魏(源)、崔(适)、康(有为)之流,肆为险怪之辩,不探师法之源,徒讥讪康成,诋评子骏,即以是为今文……董(仲舒)、伏(胜)、韩(婴)、杨(何)之术,岂其若斯。若张惠言、陈寿祺之述论,则庶有当于今文家法之学。④

蒙氏此处所论,显与梁启超所言适成反悖。为梁氏所推崇的常州一系今文经学,在蒙氏的系谱中转而变成"伪今文学";而梁氏一向所不强调的张惠言、陈寿祺等人,却得到了蒙氏的极力推崇。其中区别从学术内部看来,正在于本书多处强调的"师法""家法"进路。

如前所述,张惠言、陈立、陈寿祺、陈乔枞等仍是以"师法"治经,因而在他们那里,并未对古文进行攻毁,而是条分缕析地将今古文异同进行辨析,试图恢复今古文两大系统的样貌。从其著作可知,他们一般对郑学保持尊奉,致力于对汉代今文学的疏通,同时也未将古文经传视为刘歆的"伪造"。

廖平对陈寿祺、陈立的著作极为尊服。廖氏尝自言,其学"无往非因,亦

---

① 梁启超:《清代学术概论》,第117—118页。
② 本书第三章曾将刘歆在清代经学中的受批判历程,作了大致梳理。刘逢禄对刘歆的攻毁,主要集中在《春秋》与《尚书》上,另外,魏源、邵懿辰等亦为刘歆批判提供了关键的助缘。此后则以康有为《新学伪经考》为攻毁古文经学的高潮。
③ 梁启超:《清代学术概论》,第115页。
④ 蒙文通:《古史甄微自序》,蒙默编校,北京:商务印书馆,2020年,第4—5页。

无往非创"①,此处所说的"因袭"之内容,即包含陈寿祺、陈立的经学著作。《今古学考》明确说:"今古二家各不相蒙,今古先师早有泾渭矣。以今古分别礼说,陈左海、陈卓人已立此宗旨矣。"②又说:"今学、古学之分,二陈已知其流别矣。"③陈寿祺、陈立皆以"师法"治学,着眼于今古学礼制大端,故而廖氏在书中着重推扬两人。"平分今古"的学术主张,虽由廖氏正式揭出,然而不可不谓深受二陈的影响④。

对"平分今古"之见有重大启发意义的《五经异义》,廖氏所据之本即为陈寿祺的《五经异义疏证》。陈氏胪列、疏通各家经说的做法,无疑给廖氏提供了最为直接的学术基础。廖氏曾说:

> 乃据《五经异义》所立之今、古二百余条,专载礼制,不载文字。今学博士之礼制出于《王制》,古文专用《周礼》。故定为今学主《王制》、孔子,古学主《周礼》、周公。然后二家所以异同之故,灿若列眉,千溪百壑,得所归宿。⑤

从利用《五经异义》一书来看,廖氏的经学成就实由陈氏导其先路,只是陈氏不明礼制于今古学而言的关键地位,因而距廖氏之巨大创获尚有一步之遥。然而只此一点,陈氏对廖氏之影响亦不可谓不深。

学界对此多述其荦荦大者,此处试举二处显例,以见廖平对陈寿祺的承袭。《五经异义疏证》载:

> 《公羊》说:存二王之后,所以通天三统之义。《礼·郊特牲》云:"天子存二代之后,犹尊贤也。尊贤不过二代。"古《春秋左氏》说:周家封夏、殷二王之后以为上公,封黄帝、尧、舜之后,谓之"三恪"。许慎谨案云:治《鲁诗》丞相韦玄成、治《易》施雠说引《外传》曰:"三王之乐,可得闻观乎?"知王者所封三代而已。而(陈案:当作"不")与《左氏》说同。⑥

陈寿祺此处断定"而"字应作"不",因《鲁诗》、《易》施雠说与《左氏》说相

---

① 廖平:《今古学考》卷下,《中国现代学术经典·廖平蒙文通卷》,第47页。
② 同上书,第46页。
③ 同上书,第61页。
④ 参陈德述、黄开国、蔡方鹿:《廖平学术思想研究》,第39页。
⑤ 廖平:《经学六变记·四益馆经学四变记》,《廖平全集》第2册,第885页。
⑥ 陈寿祺:《五经异义疏证》卷下,第187页。

异。《五经异义疏证》又载：

> 《诗》鲁说：丞相匡衡（蒙案：匡衡习《齐诗》，此云"鲁说"，盖传写误，当作"齐说"）以为殷中宗、周成、宣王皆以毁。《古文尚书》说：经称中宗，明其庙宗而不毁。谨案：《春秋公羊》御史大夫贡禹说（蒙案：此则贡禹习《公羊春秋》，本传不言）：王者宗有德，庙不毁。宗而复毁，非尊德之义。郑从而不驳。（《毛诗·烈祖·正义》）①

陈寿祺此处考证匡衡习《齐诗》，因而将《五经异义》所引"鲁诗"订正为"齐诗"，这一考订完全据汉人之"师法"而得。需要注意的是，上述两点被廖平完全继承，并在此基础上排列出《齐诗》与《公羊》的相同处。廖氏说：

> 《诗》齐说丞相匡衡说一，治《鲁诗》丞相韦玄成说一，按：以上今《诗》齐、鲁、韩三家说，全与古学异，与今学《春秋公羊》同。②

综合来看，廖氏的此条判断与陈寿祺两条案语有着密不可分的关系。

另外，廖氏亦尝约集同人撰写《王制义证》，而陈寿祺的著述正可作为蓝本。他说：

> 今文《尚书》《三家诗》用陈氏（指陈寿祺）辑本。至于《春秋》《孝经》《论语》《易》《礼》尚须再辑。③

陈氏父子之学在廖平眼中的地位由此可知。廖氏多次称道陈寿祺父子的著述，并建议蒙文通多读陈氏书。与廖平论学相契的刘师培，亦告弟子应读陈氏书④。要亦因陈氏父子治经有"师法"，能得汉儒经学真髓之故。

廖平研治经学的另一得力之书是《白虎通》，其所取法的对象正是陈立的《白虎通疏证》。廖氏说："《注》以《王制》为主，参以西汉先师旧说，从班氏为断。"⑤所谓班氏，即纂集《白虎通》的班固。陈立多年粹力于《白虎通》与《公羊》，于其中之今古"师法"与礼制最为尽心。廖平受其启发，从中抽绎出

---

① 陈寿祺：《五经异义疏证》卷上，第70页。
② 廖平：《今古学考》卷上，《中国现代学术经典·廖平蒙文通卷》，第16页。
③ 廖平：《今古学考》卷下，《中国现代学术经典·廖平蒙文通卷》，第57页。
④ 蒙文通记："忆昔初见刘师（刘师培），师诏之以初学治经，但宜读陈乔枞父子书。"见蒙文通：《廖季平先生与清代汉学》，《经学抉原》，第103页。
⑤ 廖平：《谷梁古义疏》卷首《重订谷梁春秋经传古义疏凡例》，第8页。

礼制与今古文之关系,蒙文通所说的"廖师稽之礼而今古家法得以重彰,持石渠、白虎之旧规以判析两汉,而今古之辨显"①,正是指此而论。

由此我们可以探析廖平对清代今文学的基本判断,廖平曾说:"陈氏父子《诗》、《书》遗说,虽未经排纂,颇伤繁冗,然独取今文,力追西汉,魏晋以来,无此识力。"②廖氏评价陈氏父子"独取今文,力追西汉",反而对受到梁启超推崇的魏源《诗古微》《书古微》置之不道。魏氏二书虽立于今文立场而攻击古文经传,但并不以西汉"师法"治经,因而在廖平眼中实难称得上"独取今文,力追西汉"。廖氏说:"魏默深以《孟子》《史记·舜本纪》之文为《舜典》,据而补之……皆误于伪《序》之故。"③对于《书古微》显有异见。章太炎、皮锡瑞对魏源经学所做的"学无师法"的基本判断,也可与廖氏此处的认知相印证。

因而,廖平并不以常州系统的后继者自居,是可以想见的。他所绍述者,其实正是重视今、古之别的二陈一系。廖氏曾说:

> 尝考国朝经学,顾、阎杂有汉、宋,惠、戴专申训诂,二陈(原注:左海、卓人)渐及今古;由粗而精,其势然也。鄙人继二陈而述两汉学派,撰《今古学考》,此亦天时人事,非鄙人所能自主者也。初撰《学考》,意在分门别户,息争调和。④

常州一系以今文立场攻毁古文经传,在晚清影响甚大。盖在廖氏看来,此即所谓"门户"之见,故而他提出"平分今古"的学术主张,借以平衡常州一系对古文经学的排斥。

与常州一系明显不同的是,廖平郑重将今、古学皆视为研治经学的通途:

> 今古学人好言今、古学得失,争辨申难,无所折中。窃以为虽汉已如此,然皆非也。今学如陆道,古学如水路,各有利害。实皆因地制宜,自然之致,自有陆水,便不能偏废舟车。今驾车者诋舟船之弊,行舟者鄙车马之劳,于人则掩善而著恶,于己则盖短而暴长。自旁观言之,则

---

① 蒙文通:《井研廖师与汉代今古文学》,《经学抉原》,第118页。
② 廖平:《知圣篇》,《廖平全集》第1册,第365页。
③ 廖平:《古学考》,《廖平全集》第1册,第138页。
④ 廖平:《四益馆文集·与宋芸子论学书》,《廖平全集》第11册,第659页。

莫非门户之见,徒为纷更而已。①

今、古文两大系统为经学不可偏废的两支,因其皆有学理可言,则自然不能扬此抑彼,好丹非素。他还专门论述汉初古文经学的传承,以明古文经传并非汉人所伪撰:

> 汉初,古文行于民间,其授受不传。然《尚书》《史记》所引多古文说,则武帝时有古《尚书》师也。毛公为河间献王博士,则古《诗》有师。古《周礼》说多见于《戴记》师说,当时尚多引用,是《周礼》亦有传也。暇时当辑为《汉初古文群经先师遗说考》,以明古文之授受非汉人伪作也。②

联系常州一系对古文经传的攻毁,则可知廖氏此说显然有为而发。在《今古学考》一书中,多处可见廖氏的这种用心。有学者指出:"廖平区分今文学和古文学,则持一种平正的态度。他认为今古文学虽有不同,但却无轻、重之分,经学史上今文学和古文学相互排斥、贬低是门户之见。"③也正是因此,廖氏即使在第二变"尊今抑古"之时,也并未如康有为那样认为古文全为伪造。廖氏的学术观点虽屡经变化,然而始终认为经学自有其系统性在。

廖平在1932年去世后,蒙文通撰写了多篇文章来总结乃师学术。其最主要的用意之一,即在于辨析廖氏经学与常州一系今文学之不同。他多次述及清代今文学有二系,并批评常州经学为"伪今文学"④。他还说:

> 廖师之所以成一家之言,与所以发千载之绝绪者,本自不同,统观学派,穷源而竟其流,则近世之学,孰为正宗,孰为旁支,孰为贤劳,孰为乱贼……自可了然。观乎自考据之兴以来,积数百年之岁月,劳千百人之心神,铢积寸累,所就者亦仅此一途,所启者仅此一端。⑤

抑扬之间,可见蒙氏心中"正脉"正是讲求"师法"之一脉。

---

① 廖平:《今古学考》卷下,《中国现代学术经典·廖平蒙文通卷》,第68页。
② 同上书,第66页。
③ 陈德述、黄开国、蔡方鹿:《廖平学术思想研究》,第34—35页。
④ 蒙文通:《井研廖季平师与近代今文学》,《经学抉原》,第95页。
⑤ 同上书,第102页。

以"师法"观念为视角而持上述观点的,并非蒙文通一人。针对梁启超所构建的清代今文经学"谱系",我们至少还可以在张尔田、邵瑞彭、张舜徽等人那里听到异样的声音。1935年,被蒙文通推尊为"今世齐学一大师"的邵瑞彭①,为皮锡瑞《驳五经异义疏证》作序,序中称"晋陵(常州)之学,至龚、魏而日替",反而高度评价陈寿祺、陈乔枞、陈奂、陈立所谓"四陈"之学,认为他们在学术方法上"以寻绎师法、辨章条贯为主"②。陈奂著《诗毛氏传疏》、陈立著《公羊义疏》,皆可谓"守专门""讲师法"之学者。邵瑞彭未从今古"门户"出发,唯以"师法"立论,于晚清经学之源流可谓能识其大者。另据蔡长林研究,张尔田在判分晚清学术时所采取的立场,显然与梁启超不同,极力推尊凌曙、陈立一系③。重视"师法"之学的还有清学修养醇正深厚的张舜徽。他也观察到廖平的学术气质与常州经学不可同日而语,说:"平之经学,实二陈之嗣音。其于湘潭王氏,早已分立门庭,自为家法,无论龚、魏矣。且龚、魏徒播空论,言之无物。平则长于《春秋》,精究礼制,能推明其所以然。学之虚实既殊,识之浅深自见。后之论者,辄举龚、魏、王、廖并称,岂知言哉?"④从蒙文通到张舜徽,这些学术大家的评论无疑都促使我们反思清代今文经学的另类研究孔道。

至此,则可以对"平分今古"的学术气质在清学史上的渊源,稍作考察。前文已经述及,惠栋通过"师法""家法"的学术进路,恢复了汉代《易》学"源流"。而二陈的学术贡献,也可以说是在恢复两汉《诗》、《书》、礼学的"源流"。而在这样的一种视角下,再来看廖平的"平分今古",则能体察诸人之间的学术联系。前辈学者都已指出,廖平的经学初变,乃是经学史研究的代表,此后则开始经学理论的构建⑤。王汎森在评述廖平经学特色时也说:"还原家法、条例,努力弄清楚某书究属何派,而某派学术在不同时代持说究竟有何不同。这其实是一种相当具有学术史眼光的工作。"⑥从"师法""家法"的角度进行汉代经学史的研究,这是从惠栋到廖平一系经学的特色所

---

① 蒙文通:《井研廖季平师与近代今文学》,《经学抉原》,第96页。
② 皮锡瑞:《驳五经异义疏证》卷首邵瑞彭序,第265页。
③ 有关张尔田对清学史的脉络梳理,参蔡长林:《"六艺由史而经"——张尔田对经史关系之论述及其学术归趋》,收入氏著:《从文士到经生:考据学风潮下的常州学派》,第463—506页。
④ 张舜徽:《清人文集别录》,第579页。
⑤ 黄开国谓,"廖平的经学史研究,主要见于经学第一变和经学第二变,其后的经学史论述,都是服务于经学理论的建构","严格地讲,经学第二变的经学史研究也是服务于经学理论建构的"。见氏著:《廖平评传》,第226页。
⑥ 王汎森:《从经学向史学的过渡——廖平与蒙文通的例子》,《历史研究》2005年第2期,第59—74页,引文见第60页。

在。揭橥这一观念的为吴派大师惠栋,传承这一观念的则是吴派后学以及清中后期二陈,而最终凭借此种观念对汉代经学史做出总体概观与分疏的,则是此派学术的殿军廖平。只有理解这一点,才能明白从惠栋到廖平的发展线索确乎存在,也才对清学史的总体认知与以往相比显现出了微调。

　　蒙文通说:"言汉学,必先明其家法,然后乃能明其学说,又必跳出家法,然后乃能批判其学说。"①周予同也认为,研究经学要不受今古文学的拘束,"所谓不受拘束,并不是治经不谈'家法',而是以'家法'或学派为基础而否定了它,超越了它,而到了一个新的阶段。"②蒙、周二位先生的观点,无疑能够说明研究汉代经学时,"师法"观念的重要性。时至今日,如何历史地看待今古文差异,如何按照内在条理来展现今古文经学的发展变迁,或仍是考验现代学人的重要课题。在这个意义上,我们看到《今古学考》正是清儒以"师法"治经的一个硕果,从惠栋到廖平这一系讲求"师法"的经学家,为我们留下了一笔不可多得的学术遗产。

---

① 蒙文通:《治经杂语》,《经学抉原》,第269页。
② 周予同:《怎样研究经学》,《周予同经学史论著选集(增订本)》,第633页。

结语:"师法"观念与清代学术史再研究

按照皮锡瑞在《经学历史》中的说法,经学在宋代以降即进入了所谓"变古时代"与"积衰时代"①。由宋至明,理学成为这一时期的主流儒家学说。如果说在唐代经学中尚能见到汉儒"师法""家法"的余绪,那么在宋代以后,学术上的进路其实用"自得"来表述更为恰当。这一时期每位学者都可以从孔、孟之"道"那里有所得,其学术的进路并不依傍于师弟传承,而主要是求之于内心。《明儒学案》中的许多儒者多从"四书"中选取某一"义"作为"宗旨",也可以在一定意义上说明"自得"进路的普遍性。

很多学者都已经指出,明末清初的学术正在经历一场"范式"变革。在梁启超、钱穆、余英时等学者那里,这一场思想转折有着不同的观察视角,也形成了诸多理论解说②。本书侧重于沿着章太炎、钱穆、蒙文通等学者开辟的路径,力求证明在"师法""家法"观念下,清代经学有其独特的变迁过程。在这一视角下,不仅吴派的学术定位有所调整,而且清代今文经学的光谱也呈现出与以往研究较不同的面向。

在此仍有必要回顾一下值得我们重视的一些说法。如章太炎晚年在论述清代学术时说:

> 在苏州者为惠周惕、惠士奇、惠栋。士奇《礼说》已近汉学,至栋则纯为汉学,凡属汉人语尽采之,非汉人语则尽不采,故汉学实起于苏州惠氏。在徽州者为江永,由朱熹之学入门,有《近思录集注》,本非汉学,惟讲《周礼》甚好,且较惠氏尚过之,故世亦称之为汉学,然江氏本人则不自认为汉学也。江永弟子有金榜,曾作《礼笺》;又有戴震,则实为宋学家,非汉学家。③

---

① 皮锡瑞:《经学历史》,第220、274页。
② 参丘为君:《清代思想史"研究典范"的形成、特质与义涵》,见《戴震学的形成——知识论述在近代中国的诞生》附录,北京:新星出版社,2006年。
③ 章太炎:《清代学术之系统》,《章太炎全集·演讲集》,第427页。

该说出现于章氏1932年的一篇演讲文字中,相当重要。较之章氏早年《清儒》中的观点,可以说在吴、皖分派的标准上更为明确。章氏此处指出,严格来说,惠栋之学为"汉学",江永、戴震等人并非"汉学",因江、戴有很深的宋学渊源,而且从他们的学术著作来看,往往透露出较浓厚的宋学精神。

张尔田的如下见解,颇可与章太炎的上述说法并观:

> 有考据学,有汉学。正音读,通训诂,考制度,辨名物,此考据学也。守师说,明家法,实事求是,以蕲契先圣之微言,七十子后学之大义,此汉学也……而求其真符夫汉学之实者,则吾必首推定宇惠先生……何也?则以汉儒之师说,汉儒治学之家法,至先生而始明也。①

张氏此说辨析了考据学与汉学之不同。笼统来看,考据学与汉学自然有很多共同特征,不深入其中或很难辨析二者之不同。但戴震等皖派学者关注经典文本训释,注重声音文字之学,与考据更切;而惠栋等吴派学者则关注汉儒经训纂辑,注重"师法""家法",实为严格意义上之"汉学"。张尔田所做的这种区分,正是从学术进路上来看待吴、皖不同。也正是在这个意义上,我们可以认识到,揭橥"师法"观念的惠栋,在整个清学史上的地位是无可替代的。

以"师法"观念治经,其实就是以汉儒经义的内在条理从事汉代经学史的研究工作。其首要一步在于恢复汉代经学的基本面貌。邓秉元师曾指出:"惠栋一派学者大都重视辑佚,如做《古经解钩沉》的余萧客、《汉学堂经解》的黄奭;而戴震一派则多重校勘。辑佚的目的就是为学术史研究做第一步的工作。"②由此我们也可以理解,何以惠栋将李鼎祚的《周易集解》与王应麟的《周易郑氏注》奉为楷模,而他的代表著作如《周易述》与《易汉学》等,也都以辑佚工作为基本依托。惠栋最重要的学术工作旨在将汉代《易》学恢复、疏通,而由于汉儒讲"家法""条例",所以惠氏便依据此"家法""条例"将汉《易》的面貌予以朗现。以惠氏自己的话而言,他的研究主旨就在于厘清"汉《易》源流"。惠栋在《九经古义》中有意强调"述而不作",并且将自己晚年萃力而撰的著作命名为"周易述",都与这一学术追求有关。

当然,惠栋的《尚书》学、《诗经》学、礼学、《春秋》学也都有着深刻的"汉学"烙印。他所理解的"汉学"本身即一整体,是以学术史的眼光去辨析研究

---

① 张尔田:《松崖读书记序》,见王欣夫:《蛾术轩箧存善本书录》,第1319页。
② 邓秉元:《新文化运动百年祭》,第74页。

的对象。正是因此,他既崇尚郑玄,又推尊伏生,既以恢复《左传》古注为蕲向,亦能究心于《公羊》经传。倘若必以今文、古文经学来衡量,上述现象岂非凿枘不可解。殊不知在吴派学者那里,今古学之区分只具有学术史的意义,研治今文经典未必就一定持有今文经学的立场。这一点倘若联系陈寿祺、陈立的经学立场,则更能明白二者的相近之处。在二陈一系今文经学那里,研究今文却对古文同样抱有尊重,这与惠学在学术倾向上是完全一致的。而究其根源,就在于此系学者讲求"师法""家法",以"汉学"之条理研治经传。

吴派学者所重视的"师法""家法"观念,一个层面表现在治经的内容中,另一层面则表现在对自己师承的重视上。例如余萧客、江声对惠栋的推尊之意普遍见于《古经解钩沉》与《尚书集注音疏》的行文之中。另如江声弟子顾广圻,在纪念江声的一篇文字中说自己"惧师法之失"①。戴震评价余、江等人说:"彬彬有汉世郑重其师承之意。"②这些都是吴派尊师重道的鲜明表现。甚至在一些书写细节上,都可以看出吴派"师法"的传承。惠栋为祖父惠周惕的座主王士禛《渔洋山人精华录》作训纂,因王士禛称惠周惕为"老门生",便自署"小门生",自得之情与绍述之意端然可见。而江藩在《周易述补》中自属"小门生",顾广圻也在惠栋《后汉书补注》手稿本卷末题跋自称"小门生",等等。倘若联系吴派诸人的治学态度而言,则可知亦是笃守"师法"的一种表现。

由此我们再看常州今文经学。常州经学的基本学术蕲向,其实并不在于复古,用钱穆先生的观察来说,他们对"汉学"的态度是"尊之为大义,援之以经世"③。由此点而论,常州学派的经学是"通经致用"的传统在清代中后期的复活。虽然吴派学者也都不排斥"通经致用",然而若论其学问的表现方式、与现实的关联,则不得不承认吴派学者大多是在从事书斋里的学问。而常州学派则明显不同,他们显然不是单纯的"复古运动",而是在复古的外衣下隐藏了试图因应时代的经学活力。也正是因此,此派学术在晚清会出现龚、魏乃至康有为的经学,他们已全然不是经生的面貌,与现实政治正在发生日益深广的实质性关联。就此而言,魏源认为常州学术乃是"真汉学"④,未尝没有其道理。

---

① 顾广圻:《思适斋集》卷十五《题江艮庭先师遗札册后》,《续修四库全书》第1491册,第24页。
② 戴震:《戴震文集》卷十一《题惠定宇先生授经图》,第168页。
③ 钱穆:《中国近三百年学术史》,第584页。
④ 魏源:《魏源集·武进庄少宗伯遗书序》,第238页。

倘以"师法"为理解吴派学术的关键,那么仍然需要讨论的问题之一便是,这一"师法"观念与常州经学的特质究竟有无联系。今日有关常州经学的研究,大多溯源于庄存与,此下立足于庄氏家学的延续,讨论刘逢禄、宋翔凤等人的学术,直至论及晚清的龚自珍、魏源等。其实这一脉学术不可只做如此"纵向化"的梳理,而是要观察常州经学兴起的思想背景,将常州经学视作乾嘉以降思想变迁的一部分,并对之进行"横向化"研究。简言之,即将庄存与、庄述祖、刘逢禄、宋翔凤等人置于乾嘉时期的学林中来理解。

这样的思路亦有来源。例如章太炎曾说:

> 与苏州学派不算一支而有关系者,为常州学派,此为今文学派,其治学专以《春秋公羊传》为宗。此派开端者为庄存与,其后有名者为刘逢禄、宋翔凤,以及浙江之戴望等人;人虽多,而学术精良者少。①

章太炎此处将常州学派定位为"与苏州学派不算一支而有关系者",甚为有见。尽管他未指出具体如何有关系,但这种大判分并无误。他还说:

> 清代经学,自分布之地域观之,最先为苏州(后又分出常州一支),次徽州,又次为扬州,浙江在后。②

对此处所引之语,今日有关常州今文经学的研究者鲜有提及。章太炎将常州学派视为从苏州分出者,其实正能说明,在章太炎看来,苏、常之间的经学在很多方面都有关联,常州经学在某种程度上可以被视为苏州的"分支"或"变异"。如果我们将苏、常经学完全割裂看待,则不仅不符合历史的样貌,而且也不利于对常州经学做出更深刻、更全面的研究。

除章太炎之外,钱穆先生是另一位特别强调苏、常关联的学者。他曾在《中国近三百年学术史》中,明确指出苏州、常州间"实以家法观念一脉相承"③。据本书的研究,章氏、钱氏的上述论断大体可得证实,只是需要补充修正的两点是:常州经学不应仅仅涉及庄氏家族,而是应扩大至常州其他学者,如臧庸、张惠言、洪亮吉、孙星衍等人,在此数人的学术著作中,我们都能寻见汉学"师法"的因子,也能在其接受"汉学"的历程中,考寻苏州、常州间的学术互动,从这个意义上说,钱先生所指出的苏州、常州"家法观念一脉相

---

① 章太炎:《清代学术之系统》,《章太炎全集·演讲集》,第429页。
② 同上书,第430页。
③ 钱穆:《中国近三百年学术史》,第586页。

承",无疑可得到历史的证实。此其一。其二,常州庄氏家族中的"家法"观念,并不与苏州惠学完全相同,倘若我们详细考寻其接引、取舍之迹,更能促进我们对常州经学的深入认识。

因而笔者尝试提出,常州经学的代表人物庄述祖、刘逢禄、宋翔凤等人对吴派学术进行了吸取与改造,使得"师法"一观念进入常州地区后,便开始了"变异"的历程①。常州庄氏经学并不以"汉学"自限,而是欲以"师法"观念为津梁,袭取其方法,变换其旨趣,在汉学与家学间努力取得平衡。从这个意义上说,对于苏州惠学而言,常州庄氏经学乃是一种与之密切互动中的接引与改造。无论是庄述祖的《毛诗考证》《尚书今古文考证》,还是刘逢禄的《虞氏易言补》《春秋公羊经何氏释例》《尚书今古文集解》等著,抑或是宋翔凤在《过庭录》等书中对于汉学的探讨,都以吴派经学方法为根基,复结合家学而进一步阐发新说。易言之,庄、刘、宋的经学中,往往有"师法""家法"的因子,但这种经学形态又与苏州经学表现出不同的取向。因而我们看到,庄述祖并不认为自己是在从事"汉学"研究,他对汉学家极为不满;而反观江声、江藩等吴派学者,又对庄氏的学术见解不以为然。同样地,作为常州庄氏家学的后继者,刘逢禄、宋翔凤也从不满足考求"汉学"之"源流",他们所更为倾心的,则是在庄氏家学基础上,以"群经相通"来阐发经典中的"微言大义"。因而,常州经学汲取了吴派"师法"的方法,但保留了庄氏家学的说经底蕴,同时又极力吸收宋学的某些内容,这是本书将其定位为"师法"观念的"变异"形态的原因所在。本书对常州经学的这种解读,或可视为章太炎"(苏州)分出常州一支"论的注脚。

以"师法"治经的学术进路,主要体现在余萧客、江声、王鸣盛等学者的著述中,因而,倘若施以严格的学术判分,吴派的历史并未持续多久。虽然如此,我们仍然不能说"师法"之学随着吴派学人的消逝而不复存在。清代中后期持守"师法"的学者,仍然可以被定位在这一脉络上而获得新的理解。

邵瑞彭曾评价陈寿祺、陈乔枞、陈奂、陈立所谓"四陈"之学说:

> 乾嘉师儒诵法许、郑,以训诂名物为治经涂术,弗尚墨守,弗标流别,于东汉古文之学为近。晋陵庄、刘诸子好言《公羊春秋》,则为今文之学。由是学者始言门户。其后,侯官陈恭甫、朴园父子、长洲陈硕甫、句容陈卓人四陈君接踵而作,大氏以寻绎师法、辩章条贯为主,虽取舍

---

① 蔡长林先生的一系列论述,对笔者此论启发甚大。详参蔡长林:《常州庄氏学术新论》,台湾大学中国文学研究所博士学位论文,2000年;《从文士到经生:考据学风潮下的常州学派》,台北:"中研院"中国文哲研究所,2010年。

不尽同,要之,各能自名其家。①

"四陈"之学的说法是否成立,当然还可细论。但是陈奂著《诗毛氏传疏》,陈立著《公羊义疏》,皆可谓皮锡瑞所谓"守专门"的学者。邵瑞彭未从今古文门户出发,唯以"师法"立论,于晚清经学的源流而言可谓能识其大者。且此段论述中明确说因常州诸儒而"学者始言门户",则抑扬之间,已能充分见及邵氏对两种学术的基本态度。事实上,除却上述学者外,对常州一系批判甚严、对陈寿祺、陈立一系推许甚高的学人,我们尚可举出皮锡瑞、廖平等,毫无疑问,他们都是晚清今文经学的代表。

确实的,皮锡瑞与廖平对陈寿祺、陈立一系学者,尤为推崇,我们甚至可说皮、廖二人的许多学术工作都是在二陈一系的脉络下才得以展开的。此派学术的特质在于讲求"师法"。他们的经学研究,重点放在了西汉今文经说的恢复与疏通上,并着重区分了今古文经说的异同。在这一点上,他们是继吴派学人之后以"师法"治经的最重要的代表性学人。

上述这样一种今文经学,就学术的表现方式来看,与常州系统展现出极大的差别。常州系统的"今文"立场甚为明显,排毁古文经传不遗余力,因而表现出了辨伪的特质。本书已经讨论刘逢禄对《左传》的质疑、对古文《尚书》十六篇的指控,而魏源则更是提出《毛诗》与马、郑《尚书》不可信,邵懿辰则进一步指控逸《礼》三十九篇并不存在。事实上,这一学术风格在现代学术中的最重要的嗣响,便是影响甚大的疑古派史学②。从刘逢禄历龚、魏而至康有为,除却今古文之争愈演愈烈外,也促使了现代学人如顾颉刚、钱玄同等以辨伪的眼光反思古史。

在常州学术的对照下,陈寿祺、陈立、皮锡瑞、廖平等今文学者所表现的重心不在辨伪而是在辑佚。对辑佚出的经说,将其疏通证明,排比归纳,并在此基础上,由廖平最终系统呈现了汉代今古文经学学理上的不同。在这一点上,二陈与皮、廖的今文经研究,展现了与吴派"师法"观念难以割舍的渊源。也正是因此,从惠栋到廖平的经学史,在某种意义上就是"师法""家法"观念在清代学术中的变迁史。这一观念是理解清代学术的一把钥匙,对于它的深入把握与系统反思,不仅是重新认识吴派的一种要求,同时也是今天的清学史研究持续走向深入的应有之义。

---

① 皮锡瑞:《驳五经异义疏证》卷首邵瑞彭序,第 265 页。
② 参王汎森:《古史辨运动的兴起——一个思想史的分析》,台北:允晨文化出版公司,1987年;路新生:《中国近三百年疑古思潮研究》,上海:上海人民出版社,2001 年。

至此,我们可以对清代"师法"之学的意义与得失稍做评判。我们知道,清代是中国传统学术思想的总结期。前贤早已指出,清学以经学史的"倒演"为基本表现方式,它的基本精神则在于对两汉经学的回溯。由明而返宋,由宋而返唐,由唐而返晋,由晋而返归两汉。在这一学术态势下,讲来历、明渊源成了清代学者最重要的学术信念。从学术进路上来看,宋明时人所标榜的"自得"已经被完全抛弃,取而代之的则是"师法"。宋明儒可以无所依傍地索解某义,但清儒则必求"师承"与"渊源"。在这个意义上,我们可以说清代是一个"师法"观念重新走向自觉的时代。作为一种重要的学术观念,"师法"可以涵盖这一时期大部分学者的学术取向与精神归趋。

　　前文也曾述及,以子夏、荀子一系为代表的"师法"进路,与以思孟学派为代表的"自得"之学形成一种反照。惠栋以降,子夏、荀子一系的学问真正在清代走向复活与兴盛①。倘若说宋明儒是颜、曾、思、孟的思想裔孙,那么清儒无疑是子夏、荀子一系的正宗法嗣。从顾炎武以"日知"名书,到惠栋提倡为学重"积累",再到钱大昕以"驽马十驾"自许,倘若追溯其义,都无疑是出自子夏、荀子。而清儒中以"授经""拜经""抱经""味经""广经"等为名号,更是体现了清儒"以经为师"的基本观念。这与子夏、荀子等传经诸儒的学术特质是完全相符的。正是因此,"师法"之学的首要意义便在于为清儒开出了一整套回归经传的学术路径。这种路径不仅对于晚明学术是一种重要的"范式"转换,而且置于整个中国学术史上也具有强烈的"返本"与"溯源"的意味。

　　此前曾有很多学者批评"师法"之学缺乏"断制"。从惠栋、江声到陈寿祺、陈立,治经的一个典型特征便是不加裁断地将众说予以呈现,进而通过排列比对指出其间的异同。章太炎评价江声与余萧客"笃于尊信,缀次古义,鲜下己见"②,梁启超评价江声"没有什么别择剪裁"③,都是在说这一特点。反观陈寿祺与陈立的经学,亦是近此。其实这一特点,乃是重"师法"的清代学者所共有的一大特征,因为在经学回归"汉学"的漫长运动中,以"师法""家法"治经正是还原、疏解汉儒经学的一条必由之途。特别推尊以"师法""家法"治经的蒙文通先生,曾诘问道:

---

① 愈是到了晚年,惠栋愈是频繁地校阅《荀子》,他在荀子的每一处师法下作注。"师法,见闻也",这一近乎概念的判断,可以最直接地表明惠栋对"师法"进路产生自觉。联系此观念在惠栋之后所产生的广泛影响,则会发现它在清代学术史上的特殊意义。惠栋:《荀子微言》,《续修四库全书》第 932 册,第 467 页。
② 章太炎:《訄书(初刻本、重订本)》,第 132 页。
③ 梁启超:《中国近三百年学术史(新校本)》,第 222 页。

不明家法，不究条例，萃古文于一篇，折群言而归一是，于此而言学在能断，余不知断从何起？①

这一有力的诘问，足以彰显以"师法""家法"治经而不以"裁断"见长的此派学者的特殊贡献。今日的许多论著在评价吴派经学的缺陷时，多从缺乏断制立论，然而以本书来看，此点并不足以构成一种巨大缺陷。吴派诸人本不追求一种"定论"或"新见"，而是在"辨章学术，考镜源流"的基础上开辟出汉代经学史的研究路径。今日倘欲研究两汉经学的基本面貌，吴派学人以及二陈一系今文经学的著述是无论如何都不能绕开的一道津梁。只此一点，已可见"师法"之学的存古、释古之功。

从经学内部的角度来看，吴派与二陈的不足应当说主要不在于缺乏裁断，而是在于对汉儒"师法""家法"的历史复杂性未有较充分的估量。惠栋、江声这些早期"师法"之学的代表自不必论，他们常常笼统地认为"汉人通经有家法"，虽能意识到汉儒各家有不同，但解说经义时并未严格落实，以致常常对各家分疏不足。陈寿祺、陈乔枞的《诗经》学、《尚书》学实可谓后出转精，对三家《诗》以及欧阳、夏侯《尚书》皆能够条分缕析。但通过陈氏父子二人的矛盾之处②，我们不难窥见清人对汉儒"师法""家法"的判断亦存在一定的主观倾向。同时，根据今日的汉代经学相关研究，汉代今古文"家法"实有着更复杂的面向，今古文经学截然对立的描述或不符合两汉经学的实相③，所以单纯依据汉人的师承、家学或依据某些片段经义来判断所属家派，应当说具有一定的不确定性。吴派与二陈在区分"师法""家法"方面有过贡献，但也不可避免地存在一些误导性判断。这提醒我们，在处理汉儒的"师法""家法"问题上，应抱持一种更为审慎的态度，充分考虑清儒的"所见"与"不见"。

此外，用本书绪论中柳诒徵的说法，清代的"师法"之学实为"考史之学"。由于其关注焦点在汉代，因而充其量也只是将汉代经学的"源流"予以恢复，尚非真正的经学。倘以孔门四科衡之，吴派诸人也只是将"文学科"发挥至极致，与有体有用的真经学尚有明显距离。在这方面，反而是不自限于"师法"之学的常州经学有所表现，尽管依然存在诸多问题，但在晚清以降的

---

① 蒙文通：《廖季平先生与清代汉学》，《经学抉原》，第 104 页。
② 陈寿祺曾认为《史记》兼采今古文《尚书》，但陈乔枞则认为《史记》只用今文《尚书》。再如陈寿祺认为《白虎通》用今文《尚书》，但陈乔枞则进一步认为《白虎通》用大、小夏侯《尚书》。可见父子之间亦有认知分歧。参刘德州：《晚清〈尚书〉学研究》，第 79、82 页。
③ 姜广辉：《中国经学史》，《汉唐编》第十六章，长沙：岳麓书社，2022 年；吴仰湘：《〈易〉孟氏古文说与汉代经学今古文问题》，《中国社会科学》2023 年第 7 期，第 181—203 页。

思想史上具有实质影响,而且其今文学精神确实滋养过晚清民初的诸多士人。吴派与二陈一系的今文学,大多做的是"采铜于山"的工作,而在"铸铜为器"方面则显有欠缺,虽然有"返本"之功,但却难当"开新"之任。这也直接造成了经学在进入20世纪后几近"失语"的状态。如何在"考史之学"的基础上建立起真正的新学术,仍是今天不得不面对的重大课题。

清代经学为我们留下了丰厚的学术思想遗产。今天的学术界虽然在知识体系与价值观念上都已发生巨大的变化,但回顾清代经学仍旧有着重要而特殊的意义。在经学与经学史研究日渐复兴的21世纪初叶,想要重寻中国传统,想要更深层次地理解中华文明,清代学者的长期积累必然是不可绕开的重要一环。只有在此根基之上,中华学术才能真正"返本",也才能真正"开新"。

参 考 文 献

基本典籍（依四部分类为序）：

毛奇龄：《仲氏易》，《景印文渊阁四库全书》第41册。
惠士奇：《易说》，陈岘点校，北京：中国社会科学出版社，2021年。
惠栋：《周易述（附易汉学、易例）》，郑万耕点校，北京：中华书局，2007年。
惠栋：《易汉学新校注：附易例》，谷继明校注，北京：中国社会科学出版社，
　　2020年。
孙星衍：《孙氏周易集解》，黄冕点校，北京：中华书局，2018年。
孔颖达：《尚书正义》，黄怀信整理，上海：上海古籍出版社，2007年。
惠栋：《古文尚书考》，《续修四库全书》第44册。
惠栋辑：《尚书大传》，中国国家图书馆藏惠氏红豆斋钞本。
庄存与：《尚书既见》，《续修四库全书》第44册。
江声：《尚书集注音疏》，复旦大学图书馆藏清乾隆间近市居刊本。
江声：《尚书集注音疏》，曲文、徐阳校点，北京：北京大学出版社，2023年。
王鸣盛：《尚书后案》，陈文和主编：《嘉定王鸣盛全集》第1—3册，北京：中华
　　书局，2010年。
戴震：《尚书义考》，杨应芹、诸伟奇主编：《戴震全书》第1册，合肥：黄山书
　　社，2010年。
段玉裁：《古文尚书撰异》，《续修四库全书》第46册。
庄述祖：《尚书今古文考证》，《续修四库全书》第46册。
（题）王应麟撰集、孙星衍补集：《古文尚书》，上海图书馆藏阳湖孙氏问字堂
　　乾隆六十年刊本。
孙星衍：《尚书今古文注疏》，陈抗、盛冬铃点校，北京：中华书局，2004年。
刘逢禄：《尚书今古文集解》，《续修四库全书》第48册。
刘逢禄：《书序述闻》，《续修四库全书》第48册。

魏源:《书古微》,《魏源全集》第 2 册,长沙:岳麓书社,2004 年。
陈乔枞:《今文尚书经说考》,《续修四库全书》第 49 册。
皮锡瑞:《尚书大传疏证》,《续修四库全书》第 55 册。
孔颖达:《毛诗正义》,北京:北京大学出版社,2000 年。
朱熹:《诗集传》,朱杰人、严佐之、刘永翔主编:《朱子全书》第 1 册,上海:上海古籍出版社,2010 年。
陈启源:《毛诗稽古编》,《景印文渊阁四库全书》第 85 册。
惠周惕:《诗说》,《续修四库全书》第 1421 册。
陈乔枞:《三家诗遗说考》,《续修四库全书》第 76 册。
陈乔枞:《诗经四家异文考》,《续修四库全书》第 75 册。
陈乔枞:《齐诗翼氏学疏证》,《续修四库全书》第 75 册。
惠士奇:《礼说》,《景印文渊阁四库全书》第 101 册。
陈寿祺:《礼记郑读考》,《续修四库全书》第 106 册。
凌曙:《礼说》,《续修四库全书》第 110 册。
惠栋:《春秋左传补注》,《景印文渊阁四库全书》第 181 册。
惠栋:《古文春秋左传》,上海图书馆藏稿本。
庄存与:《春秋正辞》,《续修四库全书》第 141 册。
孔广森:《春秋公羊经传通义》,崔冠华点校,北京:北京大学出版社,2012 年。
刘逢禄:《春秋公羊经何氏释例 春秋公羊释例后录》,曾亦点校,上海:上海古籍出版社,2013 年。
刘逢禄:《左氏春秋考证》,《续修四库全书》第 125 册。
凌曙:《春秋公羊礼疏》,《续修四库全书》第 129 册。
凌曙:《春秋公羊问答》,《续修四库全书》第 129 册。
陈立:《公羊义疏》,刘尚慈点校,北京:中华书局,2017 年。
廖平:《谷梁古义疏》,郜积意点校,北京:中华书局,2012 年。
江声:《论语竢质》,《丛书集成新编》第 18 册,台北:新文丰出版股份有限公司,1985 年。
宋翔凤:《论语郑注》,《食旧堂丛书》本,北京:中国书店,1925 年。
宋翔凤:《论语说义》,《续修四库全书》第 155 册。
宋翔凤:《论语师法表》,上海图书馆藏嘉庆二十五年刻《浮溪经舍丛书》本。
戴震:《孟子字义疏证》,何文光整理,北京:中华书局,1982 年。
宋翔凤:《孟子刘注序》,嘉庆七年朴学斋刻本。
陆德明:《经典释文》,张一弓点校,上海:上海古籍出版社,2012 年。

孙承泽:《五经翼》,《四库全书存目丛书》经部第151册。
惠栋:《九经古义》,《景印文渊阁四库全书》第191册。
惠栋:《九经古义》,上海图书馆藏稿本。
钮树玉:《九经古义参证》,复旦大学图书馆藏稿抄本。
余萧客:《古经解钩沉》,《景印文渊阁四库全书》第194册。
余萧客:《古经解钩沉》,济南:山东友谊书社(据北京图书馆藏乾隆六十年刊《古经解钩沉》影印),1993年。
陈寿祺、皮锡瑞:《五经异义疏证 驳五经异义疏证》,王丰先整理,北京:中华书局,2014年。
陈寿祺:《左海经辨》,《续修四库全书》第175册。
陈立:《句溪杂著》,《续修四库全书》第176册。
廖平:《今古学考》,刘梦溪主编:《中国现代学术经典·廖平蒙文通卷》,石家庄:河北教育出版社,1996年。
康有为:《新学伪经考》,朱维铮、廖梅编校,上海:中西书局,2012年。
惠栋、江声:《惠氏读说文记》,《续修四库全书》第203册。
段玉裁:《说文解字注》,上海:上海古籍出版社,1979年。
徐承庆:《说文解字注匡谬》,《续修四库全书》第214册。
班固:《汉书》,北京:中华书局,1978年。
惠士奇、惠栋:《汉书纂录》,上海图书馆藏抄本。
范晔:《后汉书》,北京:中华书局,2007年。
惠栋:《后汉书补注》,《续修四库全书》第270册。
惠栋:《汉事会最人物志》,上海图书馆藏稿本。
黄宗羲:《明儒学案》,沈芝盈点校,北京:中华书局,1985年。
万斯同:《儒林宗派》,《景印文渊阁四库全书》第458册。
陈遇夫:《正学续》,北京:中华书局,1985年。
江藩:《汉学师承记》,周予同选注,商务印书馆,1933年。
江藩、方东树:《汉学师承记(外二种)》,徐洪兴编校,上海:中西书局,2012年。
江藩、赵之谦:《汉学师承记笺释(附经师经义目录 汉学师承记续记)》,漆永祥笺释整理,北京:北京联合出版公司,2022年。
桂文灿:《经学博采录》,陈居渊注,桂林:广西师范大学出版社,2011年。
陈寿祺:《东越儒林后传》,复旦大学图书馆藏道光三年《左海全集》本。
陈乔枞:《陈朴园藏书目录》,福建省图书馆编:《福建省图书馆藏稀见书目书志丛刊》第1册,北京:国家图书馆出版社,2016年。

吴修:《昭代名人尺牍小传》,《清代传记丛刊》本。
徐世昌等:《清儒学案》,沈芝盈、梁运华点校,北京:中华书局,2008年。
钱仪吉纂录:《碑传集》,《清代传记丛刊》本。
缪荃孙纂录:《续碑传集》,《清代传记丛刊》本。
章学诚:《文史通义校注》,叶瑛校注,北京:中华书局,1985年。
章学诚:《文史通义新编新注》,仓修良编注,北京:商务印书馆,2023年。
朱彝尊:《经义考新校》,林庆彰等主编,上海:上海古籍出版社,2010年。
永瑢等:《四库全书总目》,北京:中华书局,1965年。
钱林:《文献征存录》,《续修四库全书》第540册。
钱泰吉:《曝书杂记 甘泉乡人题跋》,冯先思整理,北京:中华书局,2020年。
周中孚:《郑堂读书记》,黄曙辉、印晓峰标校,上海:上海书店出版社,2009年。
中国第一历史档案馆编:《雍正朝汉文朱批奏折汇编》,南京:江苏古籍出版社,1991年。
沈德潜、顾诒禄纂:《乾隆元和县志》,南京:江苏古籍出版社,1991年。
彭慰高等编:《彭氏宗谱》,辽宁省图书馆藏清光绪九年刊本。
《武进庄氏增修族谱》,中国国家图书馆藏清道光十八年刊本。
刘翊宸等纂修:《西营刘氏家谱》,上海图书馆藏清光绪二年刊本。
钱大昕编、钱庆曾校注并续编:《钱辛楣先生年谱》,《乾嘉名儒年谱》第6册,北京:北京图书馆出版社,2006年。
史善长:《弇山毕公年谱》,《北京图书馆藏珍本年谱丛刊》第106册,北京:北京图书馆出版社,1999年。
杨岘:《藐叟年谱》,《北京图书馆藏珍本年谱丛刊》第163册,北京:北京图书馆出版社,1999年。
叶昌炽:《缘督庐日记钞》,《续修四库全书》第576册。
谭献:《谭献日记》,范旭仑、牟晓朋整理,北京:中华书局,2013年。
赵烈文:《赵烈文日记》,樊昕整理,北京:中华书局,2020年。
惠栋:《荀子微言》,《续修四库全书》第932册。
王先谦:《荀子集解》,沈啸寰、王星贤点校,北京:中华书局,2013年。
班固:《白虎通德论》,胡春丽校点,北京:北京大学出版社,2023年。
陈立:《白虎通疏证》,吴则虞点校,北京:中华书局,1994年。
陈立:《白虎通疏证》,中国国家图书馆藏稿本。
陈继儒:《太平清话》,《四库全书存目丛书》子部第244册。
顾炎武著、黄汝成集释:《日知录集释》,栾保群、吕宗力校点,上海:上海古籍出版社,2014 年。
何焯:《义门读书记》,崔高维点校,北京:中华书局,1987 年。
阎若璩:《潜邱札记》,李寒光点校,北京:中华书局,2023 年。
惠栋:《九曜斋笔记》,《丛书集成续编》第 92 册。
惠栋:《松崖笔记》,《丛书集成续编》第 92 册。
惠栋:《松崖读书记》,复旦大学图书馆藏王欣夫辑本。
钱大昕:《十驾斋养新录》,杨勇军整理,上海:上海书店出版社,2011 年。
纪昀:《阅微草堂笔记》,上海:上海古籍出版社,2010 年。
钱泳:《履园丛话》,孟裴校点,上海:上海古籍出版社,2012 年。
宋翔凤:《过庭录》,梁运华点校,北京:中华书局,1986 年。
阮元:《定香亭笔谈》,《续修四库全书》第 1138 册。
臧庸:《拜经日记》,《续修四库全书》第 1158 册。
沈涛:《铜熨斗斋随笔》,《续修四库全书》第 1158 册。
余金:《熙朝新语》,《续修四库全书》第 1178 册。
梁章钜:《退庵随笔》,《续修四库全书》第 1197 册。
顾禄:《清嘉录 桐桥倚棹录》,来新夏、王稼句点校,北京:中华书局,2008 年。
李慈铭:《越缦堂读书记》,由云龙辑,上海:上海书店出版社,2000 年。
陈康祺:《郎潜纪闻初笔二笔三笔》,晋石校,北京:中华书局,1997 年。
朱一新:《无邪堂答问》,《朱一新全集》上册,上海:上海人民出版社,
    2017 年。
文廷式:《纯常子枝语》,《续修四库全书》第 1165 册。
韩愈:《韩昌黎文集校注》,马其昶校注,上海:上海古籍出版社,2014 年。
钱谦益:《牧斋初学集》,钱仲联标校,上海:上海古籍出版社,2009 年。
归有光:《震川先生集》,周本淳校点,上海:上海古籍出版社,2007 年。
顾炎武:《亭林文集》,《清代诗文集汇编》第 42 册。
孙奇逢:《孙奇逢集》,张显清主编,郑州:中州古籍出版社,2003 年。
朱彝尊:《曝书亭集》,《清代诗文集汇编》第 116 册。
全祖望:《全祖望集汇校集注》,朱铸禹汇校集注,上海:上海古籍出版社,
    2000 年。
梅文鼎:《绩学堂诗文钞》,何静恒、张静河点校,合肥:黄山书社,1995 年。
徐枋:《居易堂集》,黄曙辉、印晓峰点校,上海:华东师范大学出版社,
    2009 年。
汪琬:《汪琬全集笺校》,李圣华笺校,北京:人民文学出版社,2010 年。
王士禛:《渔洋精华录集释》,惠栋注补,李毓芙等整理,上海:上海古籍出版

社,1999年。

李绂:《穆堂初稿》,《续修四库全书》第1422册。

李绂:《穆堂类稿》,《续修四库全书》第1422册。

惠周惕、惠士奇、惠栋:《东吴三惠诗文集》,漆永祥整理,台北:"中研院"中国文哲研究所,2006年。

惠栋:《渔洋山人精华录训纂》,《四库全书存目丛书》集部第225册。

戴震:《戴震文集》,赵玉新点校,北京:中华书局,1980年。

王昶:《春融堂集》,《清代诗文集汇编》第358册。

沈彤:《果堂集》,《景印文渊阁四库全书》第1328册。

江声:《江声遗文小集》,陈鸿森辑,《中国经学》第四辑,桂林:广西师范大学出版社,2009年。

江声:《艮庭小慧》,复旦大学图书馆藏清乾隆间近市居刊本。

余萧客:《文选音义》,曹守平、曹炜点校,上海:上海古籍出版社,2023年。

余萧客:《文选纪闻》,曹炜、巫洁点校,上海:上海古籍出版社,2024年。

彭启丰:《芝庭文稿》,《四库未收书辑刊》第9辑第23册。

彭绍升:《二林居集》,《清代诗文集汇编》第397册。

彭绍升:《观河集》,《清代诗文集汇编》第397册。

吴翌凤:《与稽斋丛稿》,《续修四库全书》第1463册。

薛起凤:《香闻遗集》,彭喜双主编:《清儒四家集 彭刻四种广编》,北京:学苑出版社,2015年。

钱大昕:《潜研堂文集》,陈文和主编:《嘉定钱大昕全集》第9册,南京:凤凰出版社,2016年。

钱大昕:《潜研堂诗续集》,《嘉定钱大昕全集》第10册。

钱大昕:《潜研堂文集补编》,《嘉定钱大昕全集》第10册。

段玉裁:《经韵楼集》,钟敬华校点,上海:上海古籍出版社,2008年。

孙星衍:《平津馆文稿》,《清代诗文集汇编》第436册。

孙星衍:《岱南阁集》,《清代诗文集汇编》第436册。

孙星衍:《问字堂集》,《清代诗文集汇编》第436册。

孙星衍:《冶城挈养集》,《清代诗文集汇编》第436册。

孙星衍:《孙渊如外集》,王重民辑,《清代诗文集汇编》第436册。

王昶:《湖海诗传》,《续修四库全书》第1626册。

王昶:《国朝词综》,《续修四库全书》第1731册。

洪亮吉:《洪亮吉集》,刘德权点校,北京:中华书局,2001年。

钮树玉:《匪石先生文集》,《清代诗文集汇编》第463册。

汪缙：《汪子诗录》，《续修四库全书》第 1437 册。
臧庸：《拜经堂文集》，《续修四库全书》第 1491 册。
王引之：《王文简公文集》，《续修四库全书》第 1490 册。
朱筠：《笥河文集》，《续修四库全书》第 1440 册。
朱珪：《知足斋诗续集》，《续修四库全书》第 1452 册。
杭世骏：《道古堂文集》，《清代诗文集汇编》第 282 册。
江藩：《江藩集》，漆永祥整理，上海：上海古籍出版社，2006 年。
江藩：《江藩集校注》，高明峰校注，武汉：武汉大学出版社，2023 年。
江藩：《江藩全集》，高明峰整理，南京：凤凰出版社，2023 年。
毕沅：《灵岩山人诗集》，《续修四库全书》第 1450 册。
卢文弨：《抱经堂文集》，王文锦点校，北京：中华书局，1990 年。
庄述祖：《珍艺宦文钞》，《续修四库全书》第 1475 册。
庄绶甲：《拾遗补艺斋文钞》，《清代诗文集汇编》第 512 册。
庄有可：《慕良杂著》，上海图书馆藏民国十九年铅印本。
刘逢禄：《刘礼部集》，《续修四库全书》第 1501 册。
宋翔凤：《朴学斋文录》，《续修四库全书》第 1504 册。
宋翔凤：《忆山堂诗录》，《续修四库全书》第 1504 册。
宋翔凤：《忆山堂诗录》，上海图书馆藏嘉庆二十三年刻本。
宋翔凤：《洞箫楼诗纪》，《清代诗文集汇编》第 513 册。
宋翔凤：《乐府余论》，唐圭璋编：《词话丛编》第 3 册，北京：中华书局，1986 年。
张惠言：《茗柯文编》，黄立新校点，上海：上海古籍出版社，1984 年。
阮元：《揅经室集》，邓经元点校，北京：中华书局，1994 年。
阮元：《阮元揅经室遗文辑存（增订本）》，陈鸿森辑，杨晋龙主编：《清代扬州学术》，台北："中研院"中国文哲研究所，2005 年。
焦循：《雕菰集》，《清代诗文集汇编》第 472 册。
陈寿祺：《左海文集》，《续修四库全书》第 1496 册。
陈寿祺：《绛跗草堂诗集》，《续修四库全书》第 1496 册。
桂馥：《晚学集》，《清代诗文集汇编》第 389 册。
魏源撰，中华书局编辑部编：《魏源集》，北京：中华书局，2018 年。
李兆洛：《养一斋文集》，《续修四库全书》第 1495 册。
江沅：《染香盦文外集》，《清代诗文集汇编》第 484 册。
戴望：《谪麟堂遗集》，《清代诗文集汇编》第 732 册。
刘台拱等：《宝应刘氏集》，张连生、秦跃宇点校，扬州：广陵书社，2006 年。

顾广圻:《思适斋集》,《续修四库全书》第 1491 册。
卢见曾:《雅雨堂文集》,《续修四库全书》第 1423 册。
钱塘:《溉亭述古录》,《清代诗文集汇编》第 86 册。
赵翼:《瓯北诗钞》,《赵翼全集》第 4 册,曹光甫校点,南京:凤凰出版社,
　　2009 年。
齐召南:《宝纶堂文钞》,《续修四库全书》第 1428 册。
沈垚:《落帆楼文集》,《续修四库全书》第 1525 册。
赵怀玉:《亦有生斋集》,《续修四库全书》第 1470 册。
陈衍:《石遗室诗集》,《续修四库全书》第 1576 册。
孙诒让:《籀庼遗文》,徐和雍、周立人辑校,北京:中华书局,2013 年。
陈作霖:《金陵传记杂文钞》,屈万里、刘兆祐主编:《冶麓山房丛书》第 3 册,
　　台北:联经出版事业公司,1976 年。
俞樾:《春在堂诗编》,《俞樾全集》第 16 册,杭州:浙江古籍出版社,2018 年。
李慈铭:《越缦堂文集》,《续修四库全书》第 1559 册。
张之洞:《张之洞诗文集》,《张之洞全集》第 12 册,武汉:武汉出版社,
　　2008 年。
朱一新:《佩弦斋文存》,《朱一新全集》中册,上海:上海人民出版社,
　　2017 年。
孙雄辑:《道咸同光四朝诗史》,《续修四库全书》第 1628 册。
杨钟羲:《雪桥诗话全编》,雷恩海、姜朝晖校点,北京:人民文学出版社,
　　2011 年。

近人论著(依姓氏拼音为序):

一、著作

(美)艾尔曼:《经学、政治和宗族——中华帝国晚期常州今文学派研究》,赵
　　刚译,南京:江苏人民出版社,1998 年。
(美)艾尔曼:《从理学到朴学——中华帝国晚期思想与社会变化面面观》,赵
　　刚译,南京:江苏人民出版社,1995 年。
鲍国顺:《戴震研究》,台北:编译馆,1997 年。
鲍有为:《晚清今文经学与孔学义理的阐释》,上海:复旦大学出版社,
　　2022 年。
(日)本田成之:《中国经学史》,李俍工译,桂林:漓江出版社,2013 年。
蔡长林:《从文士到经生:考据学风潮下的常州学派》,台北:"中研院"中国文

哲研究所,2010年。
蔡长林:《文章自可观风色:文人说经与清代学术》,台北:台湾大学出版中心,"中研院"中国文哲研究所,2019年。
柴德赓:《清代学术史讲义》,北京:商务印书馆,2013年。
陈伯适:《汉易之风华再现:惠栋易学研究》,台北:文史哲出版社,2006年。
陈居渊:《汉学更新运动研究:清代学术新论》,南京:凤凰出版社,2013年。
陈其泰:《清代公羊学》,北京:东方出版社,1997年。
陈祖武:《清初学术思辨录》,北京:中国社会科学出版社,1992年。
陈祖武:《清儒学术拾零》,长沙:湖南人民出版社,1999年。
陈祖武、朱彤窗:《乾嘉学派研究》,石家庄:河北人民出版社,2005年。
陈德述、黄开国、蔡方鹿:《廖平学术思想研究》,成都:四川省社会科学出版社,1987年。
崔海亮:《廖平今古学研究》,长沙:岳麓书社,2014年。
戴景贤:《明清学术思想史论集》,香港:香港中文大学出版社,2012年。
邓秉元:《新文化运动百年祭》,上海:上海人民出版社,2019年。
邓秉元:《孟子章句讲疏》,上海:上海人民出版社,2022年。
邓志峰:《王学与晚明师道复兴运动(增订本)》,上海:复旦大学出版社,2020年。
董莲池:《段玉裁评传》,南京:南京大学出版社,2006年。
段熙仲:《春秋公羊学讲疏》,南京:南京师范大学出版社,2002年。
房瑞丽:《清代三家〈诗〉文献研究》,北京:中国社会科学出版社,2018年。
郜积意:《义例与用字:何氏公羊综考》,北京:中华书局,2023年。
龚鹏程:《晚明思潮》,北京:商务印书馆,2005年。
古国顺:《清代尚书学》,台北:文史哲出版社,1981年。
谷继明:《参赞化育:惠栋易学考古中的大道微言》,北京:三联书店,2024年。
(美)恒慕义主编:《清代名人传略》,中国人民大学清史所翻译,西宁:青海人民出版社,1990年。
何铭鸿:《皮锡瑞〈尚书〉学研究》,台北:花木兰文化出版社,2010年。
何淑苹:《屈大均〈翁山易外〉研究》,台北:花木兰文化出版社,2009年。
洪博昇:《求古与考据:江声与王鸣盛〈尚书〉学研究》,台北:元华文创股份有限公司,2018年。
胡汉生:《李蓝起义史稿》,重庆:重庆出版社,1983年。
胡朴安:《诗经学》,杭州:浙江人民出版社,1998年。
黄爱平:《朴学与清代社会》,石家庄:河北人民出版社,2003年。

黄开国:《廖平评传》,南昌:百花洲文艺出版社,1993年。
黄开国:《清代今文经学的兴起》,成都:巴蜀书社,2008年。
黄开国:《公羊学发展史》,北京:人民出版社,2013年。
黄开国:《清代今文经学新论》,北京:人民出版社,2017年。
姜广辉:《走出理学——清代思想发展的内在理路》,沈阳:辽宁教育出版社,1997年。
姜广辉:《中国经学史》,长沙:岳麓书社,2022年。
江弘远:《惠栋易例研究》,台北:花木兰文化出版社,2010年。
(日)江尻徹誠:《陳啓源の詩経学:『毛詩稽古編』研究》,北海道大学出版会,2010年。
江乾益:《陈寿祺父子三家诗遗说研究》,台北:花木兰文化出版社,2010年。
(日)近藤光男:《清代考証学の研究》,东京:研文社,1987年。
康廷山:《清代荀学史略》,北京:中华书局,2020年。
李纪祥:《道学与儒林》,上海:上海辞书出版社,2020年。
李经国:《钱大昕年谱长编》,北京:中华书局,2020年。
李开:《戴震评传》,南京:南京大学出版社,1992年。
李开:《惠栋评传(附惠周惕、惠士奇评传)》,南京:南京大学出版社,1997年。
李学勤:《古文献丛论》,上海:上海远东出版社,1996年。
李耀仙:《廖平与近代经学》,成都:四川人民出版社,1987年。
梁启超:《论中国学术思想变迁之大势》,上海:上海古籍出版社,2001年。
梁启超:《清代学术概论》,朱维铮校注,北京:中华书局,2010年。
梁启超:《中国近三百年学术史(新校本)》,夏晓虹、陆胤校,北京:商务印书馆,2011年。
廖幼平:《廖季平年谱》,成都:巴蜀书社,1985年。
林存阳:《清初三礼学》,北京:社会科学文献出版社,2002年。
林庆彰:《明代考据学研究》,台北:学生书局,1986年。
林庆彰:《清代经学研究论集》,台北:"中研院"中国文哲研究所,2002年。
林文华:《戴震经学之研究》,台北:花木兰文化出版社,2008年。
凌郁之:《苏州文化世家与清代文学》,济南:齐鲁书社,2008年。
刘德州:《晚清〈尚书〉学研究》,北京:中国社会科学出版社,2021年。
刘墨:《乾嘉学术十论》,北京:三联书店,2006年。
刘盼遂:《刘盼遂文集》,北京:北京师范大学出版社,2002年。
刘师培:《刘师培辛亥前文选》,李妙根编,朱维铮校,上海:中西书局,2012年。
刘师培:《刘申叔遗书》,南京:江苏古籍出版社,1997年。

刘师培:《读书随笔(外五种)》,万仕国点校,扬州:广陵书社,2015年。
刘少虎:《经学以自治:王闿运春秋学思想研究》,北京:华夏出版社,2007年。
刘昭仁:《戴学小记:戴震的生平与学术思想》,台北:秀威信息科技股份有限公司,2009年。
柳诒徵:《柳诒徵文集》,杨共乐、张昭军主编,北京:商务印书馆,2018年。
柳诒徵:《中国文化史》,上海:三联书店,2007年。
路新生:《中国近三百年疑古思潮研究》,上海:上海人民出版社,2001年。
罗检秋:《清代汉学家族研究》,北京:中华书局,2019年。
马积高:《荀学源流》,武汉:崇文书局,2023年。
马宗霍:《中国经学史》,北京:商务印书馆,1998年。
蒙文通:《经学抉原》,上海:上海人民出版社,2006年。
蒙文通:《中国史学史》,上海:上海人民出版社,2006年。
蒙文通:《古史甄微》,蒙默编校,北京:商务印书馆,2020年。
牟润孙:《注史斋丛稿》,北京:中华书局,2009年。
(日)内藤湖南:《中国史通论》,夏应元等译,北京:社会科学文献出版社,2004年。
潘斌:《皮锡瑞学术研究》,成都:四川大学出版社,2015年。
潘景郑:《著砚楼书跋》,上海:上海古籍出版社,2006年。
彭林编:《清代经学与文化》,北京:北京大学出版社,2005年。
皮锡瑞:《经学历史》,周予同注释,北京:中华书局,1981年。
皮锡瑞:《经学通论》,吴仰湘点校,北京:中华书局,2020年。
戚学民:《清史档案中的清代文史书写》,北京:清华大学出版社,2022年。
漆永祥:《江藩与〈汉学师承记〉研究》,上海:上海古籍出版社,2006年。
漆永祥:《乾嘉考据学研究(增订本)》,北京:北京大学出版社,2020年。
钱基博:《国学文选类纂》,上海:上海古籍出版社,2012年。
钱穆:《国学概论》,北京:商务印书馆,1997年。
钱穆:《两汉经学今古文平议》,北京:商务印书馆,2001年。
钱穆:《中国近三百年学术史》,北京:商务印书馆,1997年。
钱婉约:《内藤湖南的中国学》,北京:九州出版社,2020年。
丘为君:《戴震学的形成——知识论述在近代中国的诞生》,北京:新星出版社,2006年。
屈守元:《文选导读》,成都:巴蜀书社,1993年。
尚小明:《学人游幕与清代学术》,北京:东方出版社,2018年。
施建雄:《王鸣盛学术研究》,北京:中国社会科学出版社,2009年。

孙钦善:《清代考据学》,北京:中华书局,2018年。
汤志钧:《清代经今文学的复兴:庄存与和经今文》,北京:中国人民大学出版社,2014年。
田富美:《清代荀子学研究》,台北:花木兰文化出版社,2011年。
王承军:《廖季平先生年谱长编》,北京:中华书局,2019年。
王达敏:《姚鼐与乾嘉学派》,北京:学苑出版社,2007年。
王东杰:《探索幽冥:乾嘉时期两部志怪中的知识实践》,成都:巴蜀书社,2022年。
王汎森:《古史辨运动的兴起——一个思想史的分析》,台北:允晨文化出版公司,1987年。
王汎森:《中国近代思想与学术的系谱》,长春:吉林出版集团有限责任公司,2010年。
王光辉:《三代可复:常州学派公羊学思想研究》,北京:人民出版社,2018年。
王国维:《观堂集林》,谢维扬、房鑫亮主编:《王国维全集》第8卷,杭州:浙江教育出版社,2010年。
王俊义:《清代学术探研录》,北京:中国社会科学出版社,2002年。
王欣夫:《蛾术轩箧存善本书录》,鲍正鹄、徐鹏整理,上海:上海古籍出版社,2002年。
王应宪:《清代吴派学术研究》,上海:华东师范大学出版社,2009年。
魏彩莹:《经典秩序的重构:廖平的世界观与经学之路》,台北:联经出版事业股份有限公司,2018年。
吴通福:《晚出〈古文尚书〉公案与清代学术》,上海:上海古籍出版社,2007年。
吴仰湘:《皮锡瑞的经学成就与经学思想》,长沙:湖南大学出版社,2013年。
吴仰湘:《近代湘学考述》,北京:中华书局,2022年。
徐复观:《两汉思想史》,上海:华东师范大学出版社,2001年。
徐立望:《嘉道之际扬州常州区域文化比较研究》,杭州:浙江大学出版社,2007年。
徐茂明:《明清以来苏州文化士族与社会变迁》,北京:中国社会科学出版社,2011年。
徐雁平编著:《清代文学世家姻亲谱系》,南京:凤凰出版社,2010年。
徐雁平:《清代世家与文学传承》,北京:三联书店,2012年。
徐雁平:《清代的书籍流转与社会文化》,南京:南京大学出版社,2021年。

许苏民:《顾炎武评传》,南京:南京大学出版社,2006年。
杨世文:《儒学转型与经学变古》,上海:上海古籍出版社,2022年。
杨向奎:《清儒学案新编》,济南:齐鲁书社,1994年。
杨向奎:《绎史斋学术文集》,上海:上海人民出版社,1983年。
余行达:《说文段注研究》,成都:巴蜀书社,1998年。
余英时:《中国思想传统的现代诠释》,南京:江苏人民出版社,2006年。
余英时:《论戴震与章学诚——清代中期学术思想史研究》,北京:三联书店,2000年。
曾亦、郭晓东:《春秋公羊学史》,上海:华东师范大学出版社,2017年。
张广庆:《武进刘逢禄年谱》,台北:学生书局,1997年。
张惠贞:《王鸣盛〈十七史商榷〉研究》,台北:花木兰文化出版社,2005年。
张锦少:《清代三家〈诗〉学新论》,上海:中西书局,2022年。
张凯:《经今古文之争与近代学术嬗变》,成都:四川大学出版社,2020年。
张舜徽:《清代扬州学记》,上海:上海人民出版社,1962年。
张舜徽:《清人文集别录》,北京:中华书局,1963年。
张舜徽:《清儒学记》,济南:齐鲁书社,1991年。
张舜徽:《中国文献学》,武汉:华中师范大学出版社,2004年。
张维屏:《纪昀与乾嘉学术》,台北:台湾大学出版委员会,1998年。
张岩:《审核古文〈尚书〉案》,北京:中华书局,2006年。
张志强:《朱陆·孔佛·现代思想——佛学与晚明以来中国思想的现代转换》,北京:中国社会科学出版社,2012年。
章太炎:《章太炎全集》,上海:上海人民出版社,1982年起。
章太炎:《訄书(初刻本、重订本)》,朱维铮编校,上海:中西书局,2012年。
章太炎:《国学概论》,北京:中华书局,2009年。
赵灿鹏:《汉宋相假:中国学术思想史论集》,北京:中国社会科学出版社,2017年。
赵沛:《廖平春秋学研究》,成都:巴蜀书社,2007年。
郑小悠:《人命关天:清代刑部的政务与官员(1644－1906)》,上海:上海人民出版社,2022年。
郑任钊:《公羊学思想史研究》,北京:中国社会科学出版社,2018年。
郑朝晖:《述者微言:惠栋易学的"逻辑化"世界》,北京:人民出版社,2008年。
支伟成:《清代朴学大师列传》,上海:上海人民出版社,2014年。
周予同:《周予同经学史论著选集(增订本)》,朱维铮编,上海:上海人民出版社,1996年。

朱维铮:《求索真文明:晚清学术史论》,上海:上海古籍出版社,1996年。

朱维铮:《中国经学史十讲》,上海:复旦大学出版社,2002年。

朱维铮:《朱维铮史学史论集》,上海:复旦大学出版社,2015年。

二、期刊论文

暴鸿昌:《乾嘉考据学流派辨析——吴派、皖派说质疑》,《史学集刊》1992年第3期。

蔡长林:《清代今文学派发展的两条路向》,收入彭林编:《经学研究论文选》,上海:上海书店出版社,2002年,第75—100页。

蔡长林:《常州学派略论》,收入彭林主编:《清代学术讲论》,桂林:广西师范大学出版社,2005年,第45—60页。

蔡长林:《宋翔凤与陈寿祺、王引之论〈泰誓〉及其相关问题》,《中国典籍与文化论丛》2021年第2期。

陈东辉:《〈毗陵经籍志〉著者考辨》,《南京师范大学文学院学报》2017年第2期。

陈鸿森:《臧庸年谱》,《中国经学》第二辑,桂林:广西师范大学出版社,2007年。

陈鸿森:《王鸣盛年谱》(上),《"中研院"历史语言研究所集刊》第82本第4分,2011年。

陈鸿森:《王鸣盛年谱》(下),《"中研院"历史语言研究所集刊》第83本第1分,2012年。

陈鸿森:《余萧客编年事辑》,《中国经学》第十辑,桂林:广西师范大学出版社,2012年。

陈鸿森:《陈立编年事辑》,《中国经学》第二十九辑,桂林:广西师范大学出版社,2021年。

陈居渊:《乾嘉"吴派"新论》,《社会科学战线》1995年第5期。

陈居渊:《毛奇龄与乾嘉经学典范的重塑》,《浙江学刊》2002年第3期。

陈居渊:《清代"乾嘉新义理学"研究》,《求索》2003年第5期。

陈鹏鸣:《宋翔凤经学思想研究》,《中华文化论坛》2001年第4期。

陈其泰:《廖平与晚清今文经学》,《清史研究》1996年第1期。

陈其泰:《公羊家法与清代今文学复兴之统绪》,《齐鲁学刊》2007年第4期。

陈祖武:《关于乾嘉学派的几点思考》,收入《清代经学国际研讨会论文集》,台北:"中研院"中国文哲研究所,1994年。

陈祖武:《乾嘉学派吴皖分野说商榷》,《贵州社会科学》1992年第7期。
陈祖武:《陈恭甫先生之人格与学术精神》,《闽江学院学报》2012年1月。
成棣:《出世与淑世——彭绍升和清代中期的王学余波》,载邓秉元主编:《新经学》第三辑,上海:上海人民出版社,2018年。
邓秉元:《〈九经古义〉校点说明》,载邓秉元主编:《新经学》第二辑,上海:上海人民出版社,2018年。
邓志峰:《学术自由与中国的思想传统——兼论会通派王学与晚明经学的突破》,收入刘青峰、岑国良编:《自由主义与中国近代传统——中国近现代思想的演变研讨会论文集(上)》,香港:香港中文大学出版社,2002年。
丁进:《汉代经学中的家法和师法辨析》,《湖南大学学报(社会科学版)》2011年第5期。
樊宁:《惠栋〈春秋左传补注〉版本考述》,《文献》2020年第6期。
房瑞丽:《陈寿祺、陈乔枞父子〈三家诗遗说考〉考论》,《广西社会科学》2008年第5期。
(日)高桥智:《惠栋校本春秋公羊传注疏》,乔风译,收入彭林主编:《中国经学》(第三辑),广西师范大学出版社,2008年,第216—230页。
郜积意:《汉代今古学的礼制之分——以廖平今古学考为讨论中心》,"中研院"历史语言研究所集刊》,2006年第77卷第1分。
谷继明:《张惠言〈易〉学与晚清今文学》,《海南大学学报(人文社会科学版)》2019年第1期。
谷颖:《陈寿祺生平及著述考》,《长春师范学院学报(人文社会科学版)》2006年9月。
郭晓东:《论陈立对〈春秋〉"王鲁说"的发挥》,《同济大学学报(社会科学版)》2019年8月。
郭晓东:《常州学派与〈春秋〉谷梁学——以庄存与、刘逢禄、戴望为讨论中心》,《中国经学》第三十一辑,2022年。
郭院林:《刘文淇学行考论》,《云梦学刊》2006年3月。
何俊:《宋元儒学的重建与清初思想史观——以宋元学案全氏补本为中心的考察》,《中国哲学》2006年8月。
洪博昇:《江声〈尚书集注音疏〉对惠栋学术之继承及开展》,《世新中文研究集刊》第十期,2014年。
侯金满:《雅雨堂本〈尚书大传〉底本来源及成书考实》,《文史》2019年第2辑。

（日）荒木见悟：《道统论的衰退与新儒林传的展开》，收入吴震、吾妻重二主编：《思想与文献：日本学者宋明儒学研究》，上海：华东师范大学出版社，2010年。

黄开国：《廖平的平分今古之论——清代学术的三大发明之一》，《南京大学学报》1992年第4期。

黄开国：《刘逢禄经学思想早晚期的变化》，《中华文化论坛》2006年第3期。

黄克武：《清代考证学的渊源——民初以来研究成果之评价》，《近代中国史研究通讯》1991年第11期。

蒋国保：《汉儒之"师法"、"家法"考》，《中山大学学报（社会科学版）》2011年第3期。

（日）近藤光男：《吴郡惠氏三代の文学——清朝学人の诗の渊源》，《御茶水女子大学中国文学会报》第二号，1983年，第1—14页。

来新夏：《王鸣盛学术述评》，《南开史学》1982年第2期。

李帆：《今古文分派之说始自何人——从刘师培的一则文字谈起》，《史学史研究》2012年第2期。

李开：《宋翔凤及常州学派的经学阐释和学理》，《中国经学》第十辑，桂林：广西师范大学出版社，2012年。

李立民：《惠栋与乾嘉史学》，《清史论丛》2016年第一辑。

李圣华：《汪琬的经学思想及吴派经学近源论》，《甘肃社会科学》2013年第2期。

李学勤：《清代学术的几个问题》，《中国学术》2001年总第6辑。

李自华：《试论雍正对学政制度的发展》，《史学集刊》2006年第5期。

林丛：《刘逢禄易学之公羊学意蕴探微》，《周易研究》2022年第4期。

林东进：《陈寿祺学术年表》，《闽江学院学报》2009年2月。

林庆彰：《我研究经学史的一些心得》，《中国思想史通讯》2006年第1辑。

刘德州：《论段玉裁〈古文尚书撰异〉区分今、古文》，收于《经学研究论丛》第十八辑，台北：学生书局，2010年，第95—103页。

刘德州：《常州学派与〈尚书〉之"微言大义"》，载《天津社会科学》2013年第4期。

刘静：《论庄述祖〈毛诗考证〉的治〈诗〉方法与特点》，《河北师范大学学报（哲学社会科学版）》2016年第4期。

刘骏勃：《惠栋校本〈周易集解〉辨误——兼论惠栋易学的"不知家法"》，《历史文献研究》总第41辑。

刘奕：《学文汉宋之间：陈寿祺的文论》，《闽江学院学报》2009年12月。

卢鸣东:《取象释礼:张惠言虞氏易礼中的公羊思想》,收于蔡长林、丁亚杰主编:《晚清常州地区的经学》,台北:学生书局,2009年。

鲁梦蕾、宫辰:《论惠周惕〈诗说〉在诗经研究史上的地位》一文,《黄山学院学报》第8卷第2期。

陆骏元:《惠氏家藏〈前汉书〉批校考》,《经学文献研究集刊》第16辑,2016年。

罗检秋:《清代汉学的家法观念辨析》,《中国史研究》2018年第2期。

罗义俊:《论汉代博士家法——兼论两汉经学运动》,《史林》1990年第3期。

吕东超:《〈春秋左传诂〉成书考——以其所辑〈左传〉汉儒旧注为考察中心》,《中国典籍与文化》2021年第2期。

潘斌、李楠:《清代"以礼制平分今古"学说的兴起与衍变》,《西南政法大学学报》2022年第4期。

皮迷迷:《被"建构"的今、古文经学及其意义——另一种看待廖平今、古学之辨的视角》,《哲学门》第三十四辑,北京:北京大学出版社,2016年。

漆永祥:《东吴三惠著述考》,《国学研究》第十四卷,北京:北京大学出版社,2004年。

齐思和:《魏源与晚清学风》,收入杨慎之等编:《魏源思想研究》,长沙:湖南人民出版社,1987年。

邵红艳:《〈白虎通疏证〉版本考》,《图书馆杂志》2018年第6期。

沈明杰:《〈武进庄存与庄述祖年谱稿〉补正》,《大众文艺》2020年第10期。

施德顺:《上海图书馆藏陈立〈公羊义疏〉稿本考述》,《文献》2021年第3期。

史革新:《陈寿祺与清嘉道年间闽省学风的演变》,《福建论坛(人文社会科学版)》2002年第6期。

孙思旺:《余萧客〈古经解钩沉〉成书及得失考论》,《清史论丛》2020年第1期。

汤志钧:《庄大久之经学研究》,收入彭林主编:《经学研究论文选》,上海:上海书店出版社,2002年。

王汎森:《从经学向史学的过渡——廖平与蒙文通的例子》,《历史研究》2005年第2期。

王俊义:《再论乾嘉汉学的几个问题》,收入台湾中山大学清代学术研究中心编:《清代学术论丛》(第二辑),台北:文津出版社,2001年。

王庆成:《清代学政官制之变化》,《清史研究》2008年第1期。

王树民:《王鸣盛的经史之学》,《河北师范大学学报》1998年第7期。

王树民:《江藩的学术思想及汉学与宋学之争》,《河北师范大学学报》

1992年第2期。

王应宪:《惠栋"通经致用"思想及其学术转型意义》,《重庆社会科学》2006年第12期。

王应宪:《贝琪及其〈吴学甄微〉考述》,《史学史研究》2012年第2期。

王鸶嘉:《学术史中的话语演变与谱系构建——清代公羊学史与庄存与》,《学术月刊》2018年第3期。

王鸶嘉:《学术札记与排他性判断——惠栋公羊古义的研究取向》,《中国典籍与文化》2018年第1期。

万茹:《江声〈尚书集注音疏〉研究史》,《学术交流》2018年第6期。

吴守礼:《陈恭甫先生父子年谱附著述考略》,载台北帝国大学文政学部:《文学科研究年报》第三辑,1937年。

吴仰湘:《论廖平1880年并未转向今文经学——"庚辰以后,厌弃破碎,专事求大义"辨析》,《湖南大学学报(社会科学版)》2009年第3期。

吴仰湘:《〈易〉孟氏古文说与汉代经学今古文问题》,《中国社会科学》2023年第7期。

许雪涛:《刘逢禄〈论语述何〉及其解经方法》,《中国哲学史》2005年第2期。

杨青华、杨权:《"师法""家法"辨》,《现代哲学》2017年第6期。

叶舟:《近代苏南宗族与上海——以武进西营刘氏为个案》,《史林》2013年第6期。

(日)伊藤裕水:《〈今文尚书经说考〉考——兼论陈乔枞〈尚书〉学史观》,《扬州大学学报》2016年3月。

余一泓:《廖平天人论述旨——兼论宋育仁之"天学"》,《新亚学报》第40卷第2期,2023年。

於梅舫:《惠栋构筑汉学之渊源、立意及反响》,《中国哲学史》2014年第3期。

於梅舫:《汉学名义与惠栋学统——〈汉学师承记〉撰述旨趣再析》,《南京大学学报》2016年第2期。

张锦少:《庄存与〈毛诗说〉经学史意义新考——从梁启超的清代学术史谈起》,载虞万里主编:《经学文献研究集刊》第二十七辑,上海:上海书店出版社,2022年。

张凯:《平议汉学:蒙文通重构近代"今文学"系谱的尝试》,《中国哲学史》2012年第4期。

张素卿:《"经之义存乎训"的解释观念——惠栋经学管窥》,《乾嘉学者的义理学》,台北:"中研院"中国文哲研究所,2003年。

张素卿:《惠栋〈毛诗古义〉与清代〈诗经〉学》,中国诗经学会编:《第六届诗经国际学术研讨会论文集》,北京:学苑出版社,2005年。

张素卿:《"汉学"典范下的清代〈谷梁〉学》,《中国经学》第四辑,桂林:广西师范大学出版社,2009年。

赵沛:《廖平的王制研究》,《四川大学学报(哲学社会科学版)》2006年第6期。

郑伟:《谷梁学:古文经学向今文经学的研究转向——兼评张之洞经学思想对巴蜀学风之影响》,《求索》2013年9月。

朱明数:《讲明许郑与分别今古——陈寿祺、皮锡瑞〈五经异义〉研究的特点》,《中国典籍与文化》2020年第2期。

三、学位论文

包凯:《陈寿祺学术思想研究》,湖南大学硕士学位论文,2011年。

蔡长林:《常州庄氏学术新论》,台湾大学中国文学研究所博士学位论文,2000年。

丁蓉:《科举、教育与家族:明清常州庄氏家族研究——以毗陵庄氏族谱文献为中心》,华东师范大学古籍研究所博士学位论文,2012年。

窦淳冉:《余萧客〈文选纪闻〉研究》,苏州大学文学院硕士学位论文,2020年。

郜积意:《刘歆与两汉今古文学之争》,复旦大学历史学系博士学位论文,2005年。

侯金满:《〈尚书大传〉源流考》,南京大学文学院硕士学位论文,2013年。

胡媛:《何(休)、郑(玄)之争的近代回响》,湖南大学博士学位论文,2022年。

黄世豪:《陈立〈公羊义疏〉研究》,中国文化大学中国文学研究所硕士学位论文,2002年。

李南:《宋翔凤年谱》,南京大学硕士学位论文,2011年。

刘德州:《清代〈尚书〉学蠡探——今文经学背景下的〈尚书〉学研究》,南开大学博士学位论文,2011年。

邵红艳:《〈白虎通疏证〉研究》,浙江大学博士学位论文,2014年。

沈明杰:《庄述祖研究三题》,扬州大学硕士学位论文,2021年。

施德顺:《陈立〈公羊义疏〉研究》,华中师范大学历史文化学院博士学位论文,2021年。

施婧娴:《孔广森〈春秋〉学研究》,复旦大学历史学系博士学位论文,2013年。

宋一明:《陈寿祺交游研究》,复旦大学古籍所博士学位论文,2015 年。
孙烁晨:《陈立〈公羊义疏〉研究》,华中师范大学硕士学位论文,2021 年。
王祥辰:《惠栋与吴派经学研究》,扬州大学文学院博士学位论文,2020 年。
王忠杰:《余萧客〈文选〉学研究》,华侨大学文学院硕士学位论文,2019 年。
张鑫龙:《江声〈尚书集注音疏〉研究》,山东大学儒学高等研究院硕士学位论文,2018 年。

四、英文文献:

Benjamin A. Elman, *From Philosophy to Philology: Intellectual and Social Aspects of Change in Late Imperial China*, Harvard University Press, 1984.

Hans Van Ess, "The Old Text/New Text Controversy: Has the 20th Century Got It Wrong?", *T'oung Pao*, Second Series, Vol. 80, Fasc. 1/3 (1994), pp. 146-170.

Hans Van Ess, "The Apocryphal Texts of the Han Dynasty and the Old Text/New Text Controversy", *T'oung Pao*, Second Series, Vol. 85, Fasc. 1/3 (1999), pp. 29-64.

John Makeham, "The Earliest Extant Commentary on Lunyu: Lunyu Zheng shi zhu", *T'oung Pao*, Second Series, Vol. 83, Fasc. 4/5 (1997), pp. 260-299.

Michael Nylan, "The 'Chin Wen/Ku Wen' Controversy in Han Times", *T'oung Pao*, Second Series, Vol. 80, Fasc. 1/3 (1994), pp. 83-145.

Paul R. Goldin, "Xunzi and Early Han Philosophy", *Harvard Journal of Asiatic Studies*, Vol. 67, No. 1 (Jun., 2007), pp. 135-166.

Yu Li, "Training Scholars Not Politicians: Zunjing Academy and the Introduction of Han Learning to Sichuan in the Late Nineteenth Century", *Modern Asian Studies*, Vol. 37, No. 4 (Oct., 2003), pp. 919-954.

后　　记

　　本书的初稿是我在2016年6月完成的博士学位论文《吴派与晚清的今文经学——"师法"观念下的〈尚书〉学变迁》。当时由于学力有限，主要以《尚书》学视角展开论述，对吴派与今文经学的其他诸多关联，尚未能深入探讨。博士毕业后，尤其是近几年间，我对论文进行了系统增补与修订。与初稿相较，除删去若干章节外，主要增改了余萧客、刘逢禄、宋翔凤、陈立、廖平等人的相关章节。若从涉及的经典而论，则主要增补了《尚书》学之外的内容。增订篇幅约占最后成书的三分之一。

　　记得是在2006年秋季，我从复旦大学的选课表上第一次知道了"中国经学史"这门课程与学问。当时望文生义，猜测是关于中国"经典"的历史，不禁心生向往。在了解经学史的内涵后，更加确信这就是我想要学习的东西。如今，将近二十年的时光倏忽而逝，面前的这部书稿终于即将付梓。每当我念及最初的那种求知热情，内心就会充满对命运的感恩。

　　首先要感谢的是邓秉元师。我从本科二年级起，就在邓师指导下开展课题研究，此后顺理成章地成为了他的硕士研究生。邓师学问宏通渊雅，引领我一步步走入学术研究的殿堂，让我认识到经学与经学史研究的广博与高深。2011年末，我向院系提交了硕士转博士的申请，并在邓师的支持下，报考了朱维铮先生的博士研究生。朱先生是经学史研究领域的一代大家，能够跟随他学习是我梦寐以求之事。然而天不遂人愿，就在次年春季面试的前一天，身染沉疴的朱先生遽归道山。这一突如其来的消息让我永远失去了向先生面聆教诲的机会，留下无法弥补的遗憾。

　　我在博士阶段继续跟随邓师读书。正是在邓师的建议下，选定了《从惠栋到廖平：吴派与清代的今文经学》这一题目。我至今还记得，在选题过程中，邓师一再告诫我要选择那些"堂堂正正"的"一流"题目来做。这对我而言既是压力，也是动力。初期的写作过程很是艰难，如同在一个黑魆魆的山洞中缓慢爬行，处处碰壁，挫败感十足。但邓师循循善诱，常常在关键时刻给予我光亮和希望，有时他的一两句话，就能让我重拾信心。在我提出调整

后　记

思路、变更计划时，邓师总是多加勉励并惠以新的指点。待论文初具雏形后，他又逐字逐句审阅，提出更深层次的问题。可以说，如果没有邓师在前方指引，我绝没有足够的胆气、见识和毅力来完成这样一项研究。

复旦大学历史学系的章清老师、高晞老师、王维江老师和姜鹏老师，审阅过我的博士论文初稿。论文最终定稿后，有幸得到严佐之教授、陈居渊教授、李天纲教授、王维江教授、宁镇疆教授、邰积意教授、吴通福教授以及两位匿名评审人的评审，他们的意见使我受益良多。严佐之教授在我答辩结束多日后，还通过短信赐示一些史料，令人铭感。陈居渊教授和李天纲教授多年来一直关心我的学术成长，在我需要帮助时更是有求必应。博士毕业后，我先后于图宾根大学、浙江大学从事过一段时间的研究工作，在讲座和读书会上宣读了本书中的一些章节，蒙闵道安（Achim Mittag）老师、陈新老师提出意见和建议。此外，台湾学者蔡长林教授的许多论著对本书写作影响甚大。我在2017年末与蔡老师取得联系后，得到他的大量帮助和指点，于平日交流中获益匪浅。谨向以上诸位师长敬申谢忱。

在本书撰写过程中，有许多友人曾给我以温暖和力量。同窗金菊园、张涛、王维佳、张轩赫、归彦斌、季培刚，多次耐心地听我表达论文中的想法，与他们的共同探讨极大地促进了我的思考和写作。张钰翰、苏正道、李骛哲、徐立、崔庆贺、邓盛涛、钱奕冰、成棣、余一泓、杜倩倩等学友，或寄赠资料，或惠予高见，或代为校核文献。他们的深情厚谊让我难以忘怀，在此一并致谢。

本书初稿在2021年申报了国家社科基金后期资助项目，有幸获准立项。五位匿名评审专家的宝贵修改意见已被吸收进本书之中。华东师范大学历史学系给予我优良的科研环境，与同仁们的愉快交流是本书得以顺利完成的重要助缘。特别是李孝迁老师、王应宪老师、裘陈江老师在我初来乍到时曾施以援手，让我心生感激。此外，复旦大学出版社在申报基金时鼎力推荐，胡春丽编审更是为本书出版付出了大量心血。这些都是我应当亟为感谢的。

最后，感谢我的父母和姐姐，他们无条件的支持让我在求学和工作时没有后顾之忧。当然，还要特别感谢我的人生伴侣王婕姗女士一直以来对我无尽的理解、慰勉和照顾，让我得以在舒适的生活环境中安心写作，在漫长的学术道路上勇毅前行。

赵四方
2024年6月10日

图书在版编目(CIP)数据

吴派与清代的今文经学/赵四方著. --上海：复旦大学出版社,2024.11. -- ISBN 978-7-309-17600-1

Ⅰ. Z126.274.9

中国国家版本馆 CIP 数据核字第 2024MD9601 号

吴派与清代的今文经学
赵四方　著
责任编辑/胡春丽

复旦大学出版社有限公司出版发行
上海市国权路 579 号　邮编：200433
网址：fupnet@fudanpress.com　http://www.fudanpress.com
门市零售：86-21-65102580　团体订购：86-21-65104505
出版部电话：86-21-65642845
常熟市华顺印刷有限公司

开本 787 毫米×1092 毫米　1/16　印张 20.75　字数 361 千字
2024 年 11 月第 1 版
2024 年 11 月第 1 版第 1 次印刷

ISBN 978-7-309-17600-1/Z·128
定价：128.00 元

如有印装质量问题，请向复旦大学出版社有限公司出版部调换。
版权所有　侵权必究